패턴 학교
Vol.3 팬츠 편

마루야마 하루미 감수   황선영 옮김 | 문수연 감수

이아소

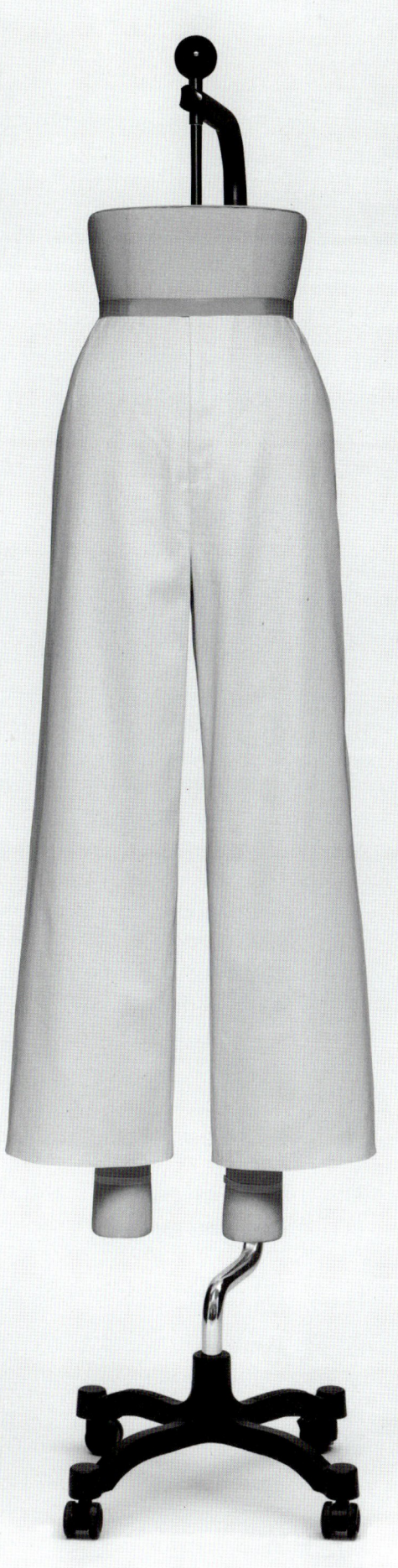

바느질이 익숙해지면 그다음엔 이런 생각이 들죠.
'내가 디자인해서 옷을 만들어보는 건 어떨까?'
'그럼 사이즈와 모양을 내 맘에 쏙 들게 만들 텐데.'

《패턴 학교》는 바로 이런 분들의 바람을 실현해줄 것입니다.
옷을 만들 때는 바느질이 중요하지만,
그 이상으로 패턴도 중요합니다.

이번에는 팬츠 편입니다.

디자인이 다양하고 코디네이션에 필수인 팬츠.
기성품에서는 딱 맞는 사이즈를 찾기 힘들어
'내 사이즈로 원하는 디자인을 만들고 싶다'는
여러 독자분들의 성원에 힘입어 팬츠 편을 발행하게 되었습니다.
하반신은 운동량이 많아 특히 기능성이 중요합니다.
그 열쇠가 되는 밑위 부분에 대해 자세히 설명했습니다.

원형은 엉덩이 여유와 허리 피트감에 변화를 준

4종의 '기본 패턴'.

그 가운데 2종은 체형에 맞게 변형할 수 있도록
실물 대형 패턴을 수록했습니다.
팬츠를 처음 만들 때는 이 기본 패턴 디자인을 그대로 만들어 착용하고
착용감이나 피트감, 활동성을 확인하는 것이 좋습니다.
이것을 토대로 패턴을 전개하거나 소재를 바꾸어
응용하면 팬츠의 완성도를 한층 높일 수 있습니다.

디자인의 가능성은 무한대.

이 책을 활용해 나만의 독창적인 디자인으로
멋진 스타일을 연출해보세요.

Contents

이 책의 내용 / 강의 내용과 목적 / 제도 표시 보는 법 / 패턴 제작에 사용하는 용어와 영어 약자 ········ 6
정확한 패턴 제작에 필요한 제도 용구 ·· 8

기초 강의

기초 강의 보는 법 ········ 9

팬츠 패턴 ········ 10

- **예습1** 패턴과 팬츠의 각 부분 명칭 ········ 12
- **예습2** 몸의 각 부분 명칭과 치수 재기 ········ 14
- **예습3** 움직임에 따른 몸과 팬츠의 변화 ········ 15
- **예습4** 기본 패턴 ❶～❹에 대하여 ········ 16

1 스트레이트 팬츠 ········ 20
- Ⓐ 기본 패턴 ❶ 그대로 ········ 20
- Ⓑ 줄이는 위치와 밑단에서 각 1cm 좁힌다(❶) ········ 21
- Ⓒ 줄이는 위치와 밑단에서 각 2cm 좁힌다(❶) ········ 22
- Ⓓ 기본 패턴 ❹ 그대로 ········ 23
- Ⓔ 줄이는 위치와 밑단에서 각 1cm 좁힌다(❹) ········ 24
- Ⓕ 줄이는 위치와 밑단에서 각 2cm 좁힌다(❹) ········ 25

2 슬림 팬츠 ········ 26
- Ⓖ 줄이는 위치와 밑단에서 각 3cm 좁힌다(❹) ········ 26
- Ⓗ 줄이는 위치와 밑단에서 각 4cm 좁힌다(❹) ········ 27
- Ⓘ 줄이는 위치에서 각 3cm 밑단에서 각 4cm 좁힌다(❹) ········ 28
- Ⓙ 줄이는 위치에서 각 4cm 밑단에서 각 6cm 좁힌다(❹) ········ 29

3 스키니 팬츠 ········ 30
- Ⓚ 줄이는 위치에서 각 4cm 밑단에서 각 7cm 좁힌다(❹) ········ 30
- Ⓛ 줄이는 위치에서 각 4cm 밑단에서 각 8cm 좁힌다(❹) ········ 31
- Ⓜ 줄이는 위치에서 각 4.5cm 밑단에서 각 8.5cm 좁힌다(❹) ········ 32

4 벨보텀 팬츠 ········ 34
- Ⓝ 줄이는 위치에서 각 1cm 좁히고 밑단 쪽으로 넓힌다(❹) ········ 34
- Ⓞ 줄이는 위치에서 각 3cm 밑단에서 각 1cm 좁힌다(❹) ········ 35

5 배기 팬츠 ········ 36
- Ⓟ 밑아래를 수직으로 내리고 옆선을 조금 넓힌다(❹) ········ 36
- Ⓠ 밑아래를 수직으로 내리고 밑단을 잘라서 벌린다(각 3cm/❹) ········ 37

6 플레어 팬츠 ········ 38
- Ⓡ 밑아래를 수직으로 내리고 밑단을 잘라서 벌린다(각 6cm/❹) ········ 38
- Ⓢ 밑아래를 수직으로 내리고 밑단을 잘라서 벌린다(각 9cm/❹) ········ 39

7 와이드 팬츠 ········ 40
- Ⓣ 기본 패턴 ❷ 그대로 ········ 40
- Ⓤ 기본 패턴 ❸ 그대로 ········ 41

8 스커트 팬츠 ········ 42
- Ⓥ 옆에서 10cm 추가(❸) ········ 42
- Ⓦ 옆에서 20cm 추가(❸) ········ 43

9 턱트 팬츠 ········ 44
- Ⓧ 턱 1개(❶) ········ 44
- Ⓨ 턱 2개(❶) ········ 45
- Ⓩ 턱 1개(❷) ········ 46
- ⓐ 턱 2개(❷) ········ 47
- ⓑ 턱 1개(❸) ········ 48
- ⓒ 턱 2개(❸) ········ 50
- ⓓ 턱 2개(❸) ········ 51
- ⓔ 턱 4개(❸) ········ 52
- ⓕ 턱 6개(❸) ········ 53
- ⓖ 턱 1개(❹) ········ 54
- ⓗ 턱 1개(❹) ········ 55
- ⓘ 턱 1개(❹) ········ 56
- ⓙ 턱 1개(❹) ········ 57
- ⓚ 턱 2개(❹) ········ 58
- ⓛ 턱 1개(❹) ········ 59

10 가우초 팬츠 ········ 60
- ⓜ Ⓠ를 자른다 ········ 60
- ⓝ Ⓢ를 자른다 ········ 61
- ⓞ ⓐ를 자른다 ········ 62
- ⓟ ⓑ를 자른다 ········ 63
- ⓠ 기본 패턴을 자른다 (❶❷❸) ········ 64

11 퀼로트 ········ 66
- ⓡ 기본 패턴 ❹를 응용 ········ 66
- ⓢ 기본 패턴 ❷를 응용 ········ 67

12 디자인 팬츠 ········ 68
- ⓣ 사루엘 ········ 68
- ⓤ 조거 팬츠(❶) ········ 69
- ⓥ 레깅스(❹) ········ 70
- ⓦ 진(❹) ········ 71
- ⓧ 세일러 팬츠(❹) ········ 72
- ⓨ 드로어즈(❸) ········ 73
- ⓩ 콩비네종(❶) ········ 74

※ ( ) 안의 숫자는 기본 패턴

특별 강의 — 75

- 밑아래 길이 차이에 따른 비교 …………… 76
- 허리 위치 …………………………………… 78
- 허리 위치와 벨트의 관계 …………………… 78
- 허리 유형과 제도의 상관관계 ……………… 78
- 곡선 벨트와 직선 벨트의 차이 ……………… 79
- 허리 위치의 제도와 완성의 상관관계 ……… 79
- 허리 위치의 변경 방법 ……………………… 80
- 허리 마무리의 종류 ………………………… 82
- 트임 종류 …………………………………… 84
- 포켓 종류 …………………………………… 85
- 곡선 벨트 만드는 법과 활용법 ……………… 86
- 천에 따른 이미지 변화 ……………………… 88
- 밑위점 차이에 따른 비교 …………………… 90
- 뒤 밑위길이 차이에 따른 비교 ……………… 92
- 밑위길이와 넓적다리 너비 차이에 따른 비교 … 94
- 뒤 밑아래의 늘이는 분량 차이에 따른 비교 … 95
- 뒤 밑아래선 차이에 따른 비교 ……………… 96
- 옆선의 위치 차이에 따른 비교 ……………… 98
- 옆선과 중심선의 경사 차이에 따른 비교 …… 99
- 옆선의 모양 차이에 따른 비교 ……………… 100
- 여유분 차이에 따른 비교 …………………… 101
- 줄이는 위치 차이에 따른 비교 ……………… 102

실습 — 103

- 디자인 결정하는 법 ………………………… 104
- 팬츠와 허리 마무리의 대응표 ……………… 105
- 패턴 만드는 과정 …………………………… 106
- 응용 방법 …………………………………… 107
- 디자인 변형 ………………………………… 108
  - 오리지널 디자인 1 턱을 넣은 가우초 팬츠 … 108
  - 오리지널 디자인 2 딱 맞는 레깅스 팬츠 …… 110
  - 오리지널 디자인 3 하이 웨이스트의 턱트 팬츠 … 112
  - 오리지널 디자인 4 스포티한 카고 팬츠 …… 114
  - 오리지널 디자인 5 유행 콩비네종 팬츠 …… 116
- 깔끔하게 완성하는 테크닉 [모양잡기] …… 118 / [보정] …… 120

보존판·스페셜 부록

팬츠 제작에 유용한 기본 박는 법과 부분 박음질 — 123

- 기본 … 124
  - 팬츠 박는 순서 …… 124
  - 트임 만드는 순서 …… 125
- 트임 … 126
  - 앞 지퍼 트임 (벨트의 경우) …… 126
  - (안단의 경우) …… 128
  - 맞댄 지퍼 트임 (안단의 경우) …… 130
  - 지퍼의 필요 치수와 조정법 …… 131
- 허리 마무리 … 132
  - 직선 벨트 …… 132
  - 곡선 벨트 …… 133
  - 뒤 고무줄 …… 134
  - 옆 고무줄 …… 135
  - 고무줄 …… 136
  - 벨트 고리 …… 137
- 포켓 … 138
  - 이음 포켓 …… 138
  - 옆 솔기 이용 포켓 …… 140
  - 파이핑 포켓 …… 142
  - 패치 포켓 …… 144
  - 장식 박스 포켓 …… 145

보너스 | 안감 넣기 … 146

집중 강의 — 147

1 기본 패턴 만드는 법

- 기본 패턴 1 2 만드는 법 ……………………… 148
- 기본 패턴 3 만드는 법 ………………………… 154
- 기본 패턴 4 만드는 법 ………………………… 156
- 기본 패턴 4 의 디자인을 1 로 만드는 법 …… 159

2 제도 방법

- 패턴 법칙 ……………………………………… 160
- 뒤 밑아래선 길이의 조정법 …………………… 161
- 디자인 팬츠 V (레깅스) ……………………… 162
- 디자인 팬츠 W (진) …………………………… 164
- 디자인 팬츠 Z (콩비네종) ……………………… 166

3 처리 방법

- 맞댄다 ………………………………………… 168
- 닫는다·벌린다(고정 치수를 벌린다) ………… 169
- 기준점을 잡고 잘라서 벌린다 ………………… 170
- 평행으로 잘라서 벌린다 ……………………… 171
- 위아래에서 다른 치수를 잘라서 벌린다(1곳) … 172
- 위아래에서 다른 치수를 잘라서 벌린다(2곳 이상) … 173
- 처리 위치 수정 ………………………………… 174

4 패턴 마무리 방법

- 맞춤 표시 하기 ………………………………… 175
- 패턴 체크 ……………………………………… 176
- 시접 넣기 ……………………………………… 177

이 책의 내용

이 책은 팬츠 편이다.
52종류의 디자인과 패턴을 소개한다.
팬츠 길이와 볼륨 등을 자유자재로 응용해 다양한 팬츠를 창작할 수 있다.

원형이 되는 기본 패턴은 엉덩이 여유와 허리 모양이 다른 ❶~❹의 4종류.
대부분의 디자인은 이 4종류의 기본 패턴에서 전개해 손쉽게 패턴을 만들 수 있어 편리하다.
또 기본 패턴 ❶과 ❷는 줄이는 위치에서 윗부분을 다양한 사이즈로 전개한 실물 대형 패턴을 수록했다.
아랫부분만 그려 넣어서 완성한다. ❸은 처음부터, ❹는 ❶을 사용해 제도하지만
제도 순서를 자세하게 설명하고 있어서 초보자도 문제없이 만들 수 있다.

이 책은 '제도 입문서'로서 역할도 한다.
기본 패턴을 '원형'으로 사용함으로써 디자인 전개의 기본을 습득할 수 있다.
또 몸의 움직임에 따른 고찰이나 각 부분의 치수 변화에 따른 비교 등 팬츠에 관한 모든 항목을 망라했다.
마스터하면 다양한 디자인의 팬츠를 시도할 수 있어 옷 만들기가 한층 더 즐거워질 것이다.

강의 내용과 목적

팬츠 편은 4개의 강의와 보존판·스페셜 부록을 더해 5부로 구성한다. 독창적인 디자인의 팬츠 제작을 위한 필수 사항을 기초 강의, 특별 강의, 실습에서 설명한다. 집중 강의에서는 실제로 패턴을 만드는 작업을 소개한다. 보존판·스페셜 부록에서는 만드는 법을 보충 설명한다.

제도 표시 보는 법

이 책의 제도에는 제도를 알기 쉽게 표현하기 위한 기호와 약속이 있다.
주로 쓰이는 것을 그림과 함께 설명하였으므로 패턴을 만들 때 참고한다.

선 종류

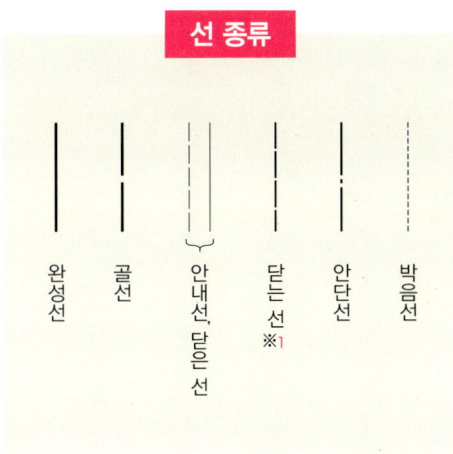

완성선 / 골선 / 안내선, 닿은 선 / 닿는 선 ※1 / 안단선 / 박음선

※1 완성선을 표시하는 경우도 있다

기호 종류

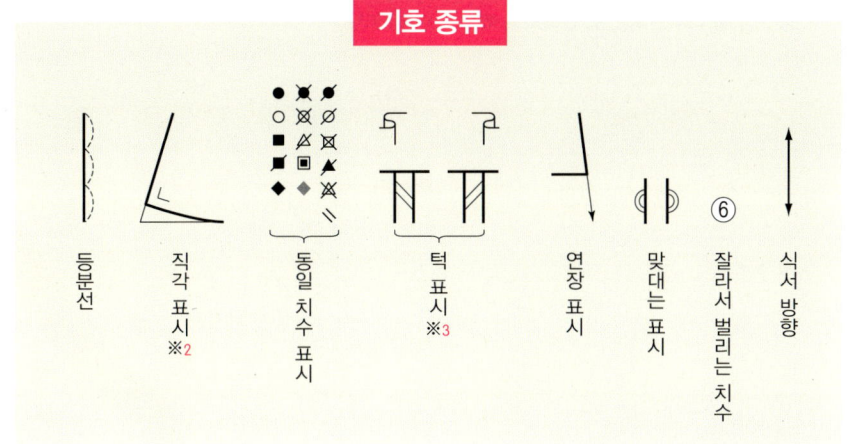

등분선 / 직각 표시 ※2 / 동일 치수 표시 / 턱 표시 ※3 / 연장 표시 / 맞대는 표시 / 잘라서 벌리는 치수 / 식서 방향

※2 수평·수직선에는 넣지 않는다
※3 사선의 위쪽에서 아래쪽으로 접는다

패턴 제작에 사용하는 용어와 영어 약자

옷을 만들기 위한 제도와 패턴 설명에 사용하는 용어를 알아보자.
의미를 정확하게 이해하면 패턴 만들기가 순조롭게 진행된다.

[트임]
옷을 입고 벗거나 활동할 때 편하도록 트는 부분. 허리의 지퍼 트임이나 밑단의 슬릿, 벤트 등이 있다.

[여유분 줄임]
천을 입체적으로 만드는 테크닉. 다림질로 천을 줄여 그 부분의 길이를 짧게 한다.

[기준점]
'잘라서 벌린다'나 '맞댄다' 등 패턴 처리를 할 때 지점이 되는 위치.

[이음선]
천을 맞춰 박는 위치. 이때 생기는 솔기를 '이음선'이라고 한다.

[제도]
패턴을 만들기 위한 기초 설계도.

[처리]
팬츠 패턴을 완성하기 위해 필요한 작업으로 제도 다음으로 한다. '맞댄다', '닿는다·벌린다', '잘라서 벌린다' 등.

[다트]
팬츠의 허리에 있고, 엉덩이와 허리 치수의 차이를 처리하기 위한 V자형 부분. 입체적인 모양을 만드는 역할을 하고, 이 선 끝의 포인트를 '다트 끝'이라고 한다.

[고정 치수]
사이즈에 따라 변하지 않는 고정된 치수. 정해진 치수.

[완성 치수]
완성했을 때의 치수.

[완성선]
완성했을 때 솔기나 끝이 되는 위치.

[동일 치수]
같은 치수. 2곳 이상의 위치에서 치수가 같은 경우 여러 가지 기호(이 페이지 위쪽 '기호 종류' 참조)를 사용해 표시한다.

[박음질 끝]
박음질이 끝나는 위치. 팬츠에서는 슬릿이나 턱 등이 대표적이다.

[올 방향]
천의 세로 실과 가로 실 방향. 이 책에서는 필요한 경우에만 세로 실의 방향(식서)을 화살표로 표시한다.

[잇기]
천과 천을 이어 붙여 한 장으로 만드는 것. 이어 붙이는 위치.

[패턴]
팬츠를 완성하기 위한 옷본. 기초 설계도인 제도를 다른 종이에 베끼며 필요한 처리를 추가해 완성한 것. 또 맞춤 표시하거나 패턴 체크를 마치고 시접을 넣은 것을 시접 포함 패턴이라고 한다.

[필요 치수]
옷을 입고 벗을 때 또는 걷거나 앉는 동작에 필요한 최소한의 치수. 이 책에서는 속옷을 입고 잰 치수에 여유분을 더한 치수를 말한다. 허리둘레, 엉덩이둘레 등.

[분량]
'다트', '플레어', '개더' 등의 부분 치수.

[밑위]
가랑이에서 윗부분, 허리선까지이다.

[밑위 앞뒤 길이]
앞 허리선에서 가랑이를 지나 뒤허리선까지이다.

[밑아래]
가랑이에서 아랫부분.

[덧천]
기능성이나 볼륨을 보완하기 위해 추가하는 파트.

[골선]
패턴은 오른쪽 반신이지만, 앞뒤 중심 같은 위치에서 반전시켜 이어지는 것이다. 기본적으로 이 위치에서 대칭이 된다.

[옆 밑단]
옆선과 밑단선의 교점.

[W]
웨이스트, 허리둘레. 복부의 가장 가는 위치.

[WL]
웨이스트라인, 허리선. 웨이스트의 수평 위치를 1바퀴 돌린 선.

[H]
히프, 엉덩이둘레. 엉덩이의 제일 튀어나온 위치.

[HL]
히프라인, 엉덩이선. 히프의 수평 위치를 1바퀴 돌린 선.

[MH]
미들 히프, 중간 엉덩이둘레. WL과 HL의 중간 위치.

[MHL]
미들 히프라인, 중간 엉덩이선. 미들 히프의 수평 위치를 1바퀴 돌린 선.

정확한 패턴 제작에 필요한 제도 용구

제도를 순조롭게 진행하고 정확한 패턴을 만들기 위해 필요한 용구를 알아보자.
용구를 잘 다루면 시간도 단축되고 제도가 쉬워진다.

줄자
신체 치수나 패턴의 곡선을 잴 때 쓰는 테이프 모양의 자.

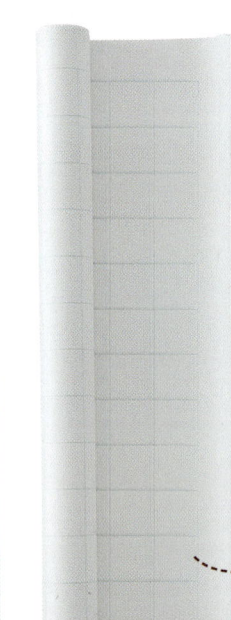

패턴지
얇고 잘 비쳐 패턴을 베끼기 편리한 제도용지. 까슬까슬한 면을 위로 해서 사용한다. 수평·수직선을 그리기 쉬운 모눈종이 타입도 있다.

룰렛
부분적인 선을 베낄 때나 패턴 체크 시 사용한다. 톱니 끝이 날카롭지 않은 부드러운 타입이 좋다.

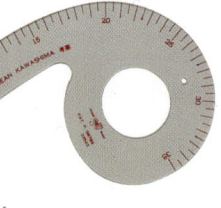

D커브자
곡선 벨트나 다트를 닫은 후의 허리선 수정 등 곡선을 그리는 데 편리하다.

L자
엉덩이와 허리선의 곡선이나 직각선을 그을 때 사용한다.

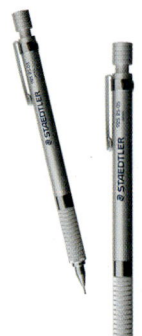

제도용 샤프펜슬
알맞은 무게로 자에 착 붙어 정확한 선을 그릴 수 있다. 굵기는 가늘고(0.3, 0.5mm), 심은 단단한(HB, H 등) 것을 추천한다.

모눈자(방안자)
직선용 자. 모눈이 있어 시접을 표시하거나 평행선, 직각선을 그을 때 편리하다. 30cm와 50cm를 같이 쓰면 좋다. 완만한 곡선을 잴 때도 사용.

곡선용 자(그레이딩 자)
곡선을 잴 때 사용한다. 얇고 잘 휘어지는 소재.

문진
제도나 패턴을 베낄 때 종이가 움직이지 않도록 눌러두는 도구. 사용 빈도가 높다.

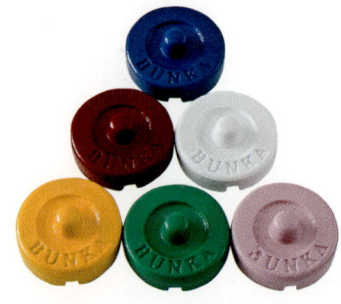

Lecture on Pattern-making

패턴의 종류와 완성품을 비교한다
기초 강의

팬츠 패턴과 완성품의 관계를 설명한다.
다양한 스타일 속에서 나만의 개성적인 디자인을 구체화해보자.
제도는 기본적으로 오른쪽 반신을 표시한다. P.10 이후 견본 작품은 특별한 것을 제외하고,
팬츠용 천으로서 일반적 특성을 지닌 능직의 두꺼운 트윌을 사용한다.
다른 천을 사용한 경우는 그때마다 표시를 했다.

기초 강의 보는 법

① **디자인 번호**
  디자인, 실루엣의 일련번호. '(숫자) 교시'로 표시.
② **디자인 명칭**
  소개하는 디자인의 일반적인 명칭.
③ **디자인 설명**
  ②를 소개하고 패턴에 관한 전반적인 사항을 설명한다. ② 옆으로 표시.
④ **디자인, 패턴 소개**
  ②에 속한 패턴과 완성 사진을 소개.
⑤ **디자인, 패턴 번호**
  알파벳으로 표시. A~Z, a~z의 모두 52종류를 알파벳 대문자, 소문자의 순서로 소개.
⑥ **제도 요점**
  제도 방법의 개요를 표시.
⑦ **제도 설명**
  ⑥을 자세히 설명한다. 주의점 등도.
⑧ **사용 패턴** ······ 제도에 사용한 기본 패턴을 표시(디자인 팬츠 t 제외). 각 패턴을 만들기 전에 준비해둔다.
⑨ **제도** ······ 패턴의 설계도. 오른쪽 반신을 표시하는 것이 원칙. 이 치수대로 실제로 제도한다.
⑩ **처리 후 패턴** ······ '맞댄다', '닫는다 · 벌린다', '잘라서 벌린다' 등 다양하게 처리한 결과의 패턴 모양을 표시.
⑪ **박스 기사** ······ 필요에 따라 디자인이나 사이즈에 참조할 사항, 주의점 등을 보충한다.
⑫ **완성 이미지 사진** ······ 기본은 앞, 옆(오른쪽), 뒤 3장.
⑬ **완성 이미지 설명** ······ 모양의 특징이나 다른 디자인과의 비교 등을 구체적으로 설명. 디자인을 결정할 때 참고한다.
⑭ **각주** ······ 관련 페이지 표시. 참조하면 이해도를 한층 높일 수 있다.
⑮ **패턴 인덱스** ······ 좌우 양 페이지에 나온 디자인 명칭과 패턴 번호를 표시한다.

기초 강의

팬츠 패턴

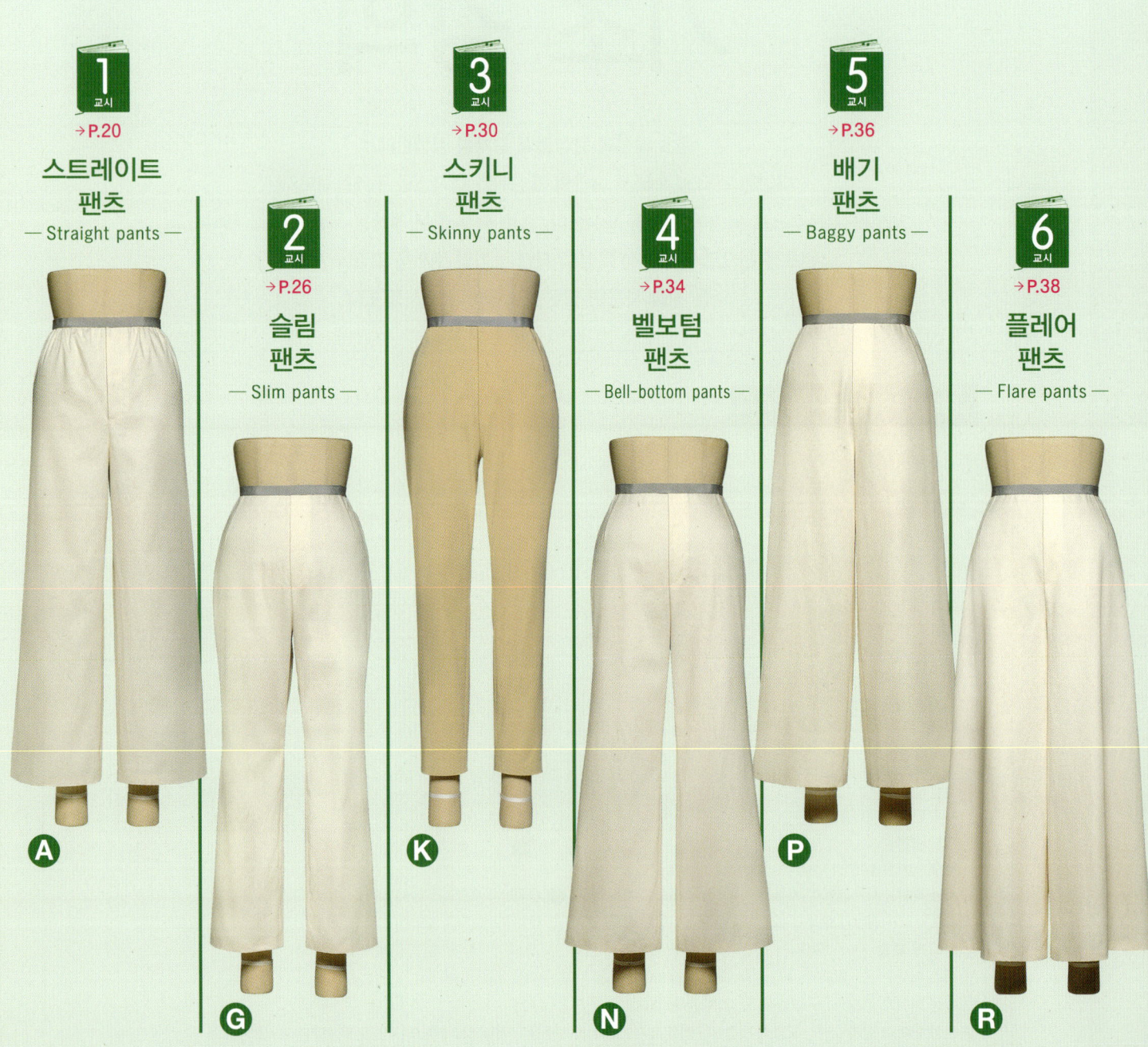

1교시 → P.20
스트레이트 팬츠
— Straight pants —
A

2교시 → P.26
슬림 팬츠
— Slim pants —
G

3교시 → P.30
스키니 팬츠
— Skinny pants —
K

4교시 → P.34
벨보텀 팬츠
— Bell-bottom pants —
N

5교시 → P.36
배기 팬츠
— Baggy pants —
P

6교시 → P.38
플레어 팬츠
— Flare pants —
R

팬츠란 두 갈래의 통 모양 부분으로 두 다리를 따로따로 감싸는 옷이다.
영국에서는 트라우저스, 프랑스에서는 판탈롱이라고 한다.
이 책에서는 기본적인 팬츠 11가지 스타일에 독창적인 패턴을 채용한 디자인 팬츠를 추가해
12가지 스타일로 구성했다. 변형을 포함해서 모두 52종류의 디자인을 소개한다.
1~11교시와 12교시의 **t**, **u**, **x**, **y**는 모든 허리 위치를 허리선,
완성 치수를 W 치수＋1cm(여유분)로 설정. 여기에 같은 치수의 벨트를 달았다.
12교시의 **v**, **w**, **z**는 각각의 디자인에 맞춘 방식이다.

7 교시 →P.40
와이드 팬츠
— Wide pants —

8 교시 →P.42
스커트 팬츠
— Skirt pants —

9 교시 →P.44
턱트 팬츠
— Tucked pants —

10 교시 →P.60
가우초 팬츠
— Gaucho pants —

11 교시 →P.66
퀼로트
— Culottes —

12 교시 →P.68
디자인 팬츠
— Design pants —

예습 1 패턴과 팬츠의 각 부분 명칭

패턴 설명에 사용되는 명칭은 같은 위치에서도 그 역할에 따라 달라진다.
예를 들어 패턴의 구성 요소가 되는 선(라인)에서는 'WL(허리선)', '밑위선'이라고 하지만,
그 선이 치수를 나타낼 경우는 '허리의 완성 치수', '넓적다리 너비'로 명칭을 바꿔서 사용한다.
같은 곳에 쓰이는 이 2종류의 표현을 이해하는 것이 패턴 제작의 첫걸음이다.
또 앞뒤 한쪽을 지정할 경우는 '앞 WL', '뒤 WL'처럼 표현한다.
설명에 필요한 각 부분 명칭을 스트레이트 팬츠 D로 표시했다.
기억해두면 패턴에 대한 설명을 쉽게 이해할 수 있다.

스트레이트 팬츠 D

패턴

패턴의 각 부분 명칭을 표시.
█ 는 선과 점, █ 는 치수를 나타내는 명칭이다.

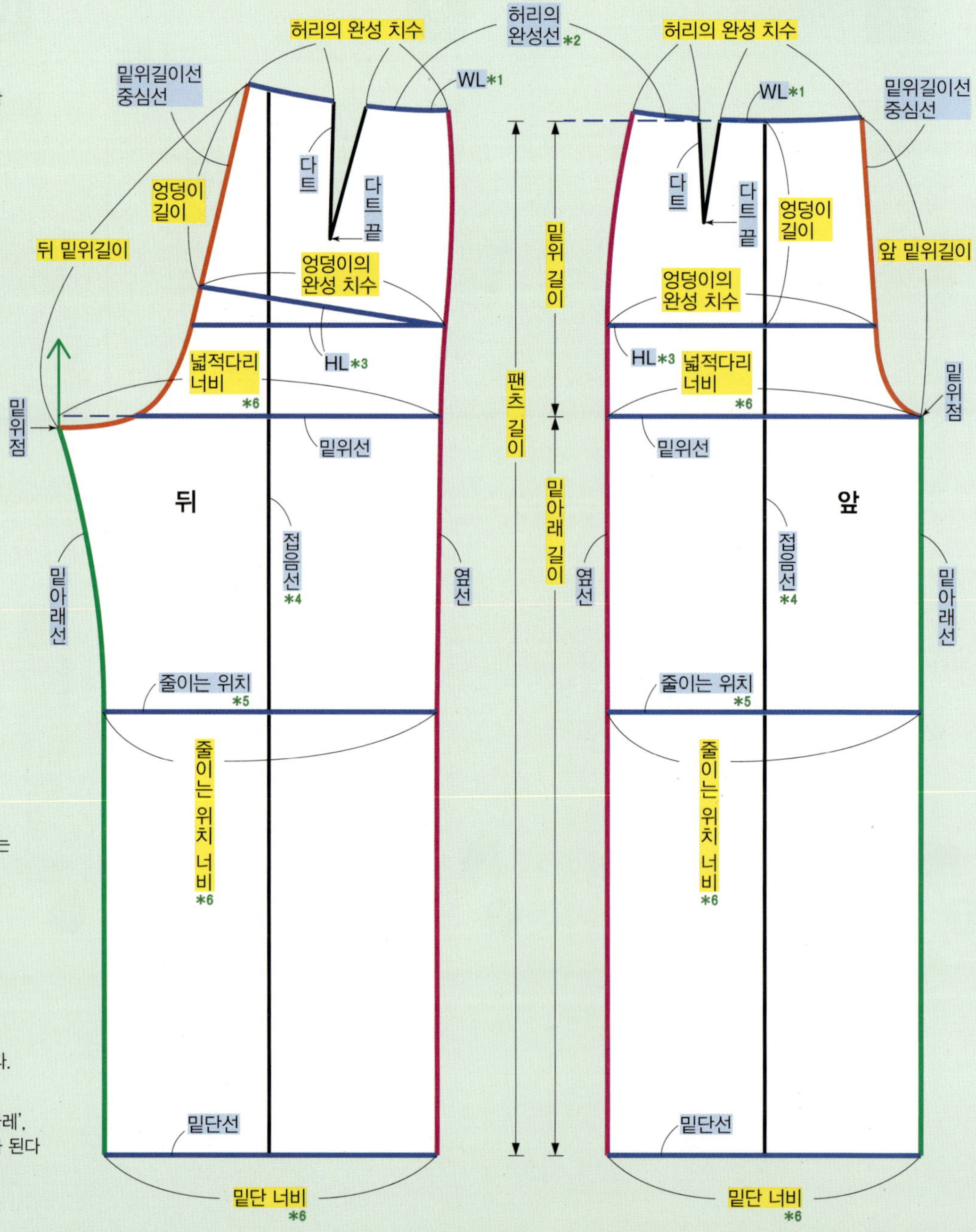

- W … 웨이스트(허리둘레)
- WL … 웨이스트라인(허리선)
- H … 히프(엉덩이둘레)
- HL … 히프라인(엉덩이선)

*1 'WL'은 몸의 WL(복부의 가장 가는 위치)이다. 항상 고정.
  이 경우는 허리의 완성선과 같다
*2 디자인에 따라 변동한다
*3 수평선은 원래 HL, 사선이 착용 시 HL
*4 접지 않는 경우도 있다
*5 KL(니라인/ 무릎선)이라고도 한다.
  단, 실제 무릎 위치보다는 위
*6 앞뒤를 더하면 각각 '넓적다리 둘레', '줄이는 위치 둘레', '밑단 둘레'가 된다

— 팬츠 패턴을 배울 때 알아야 할 위치와 그 명칭 —

팬츠 완성된 팬츠의 각 부분 명칭을 표시. 왼쪽 페이지와 비교해보자.

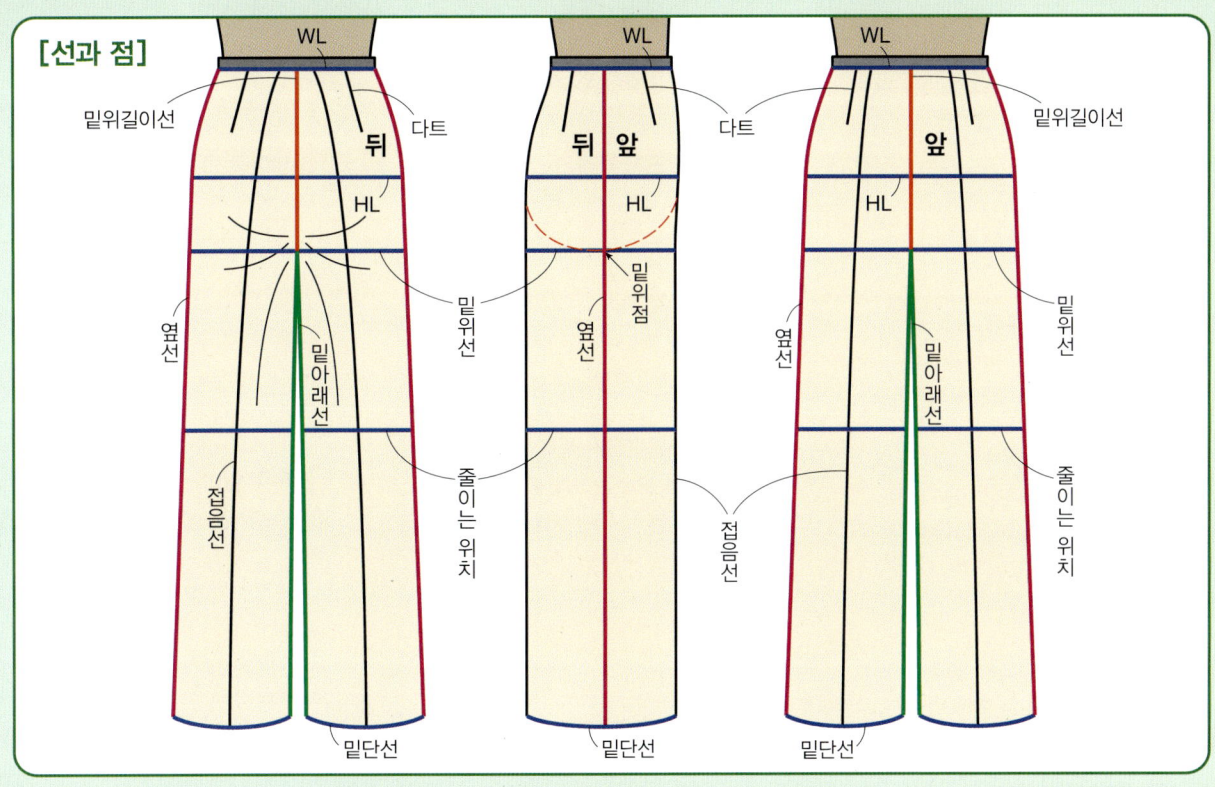

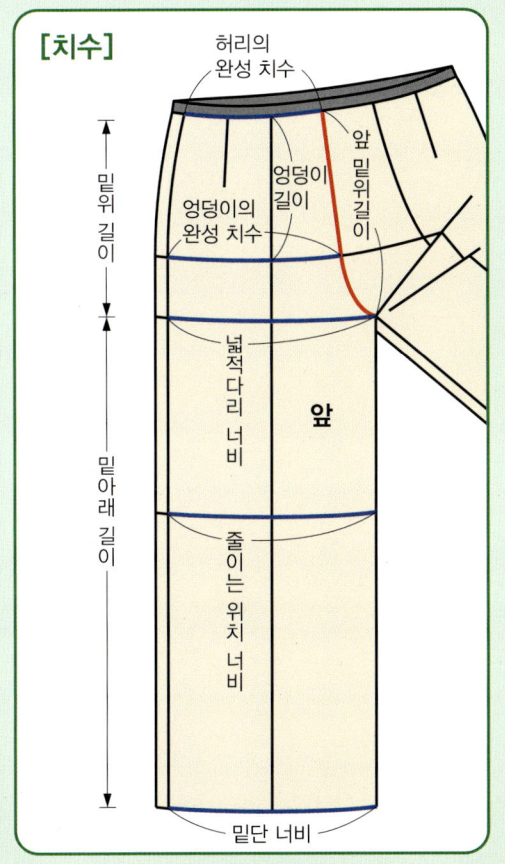

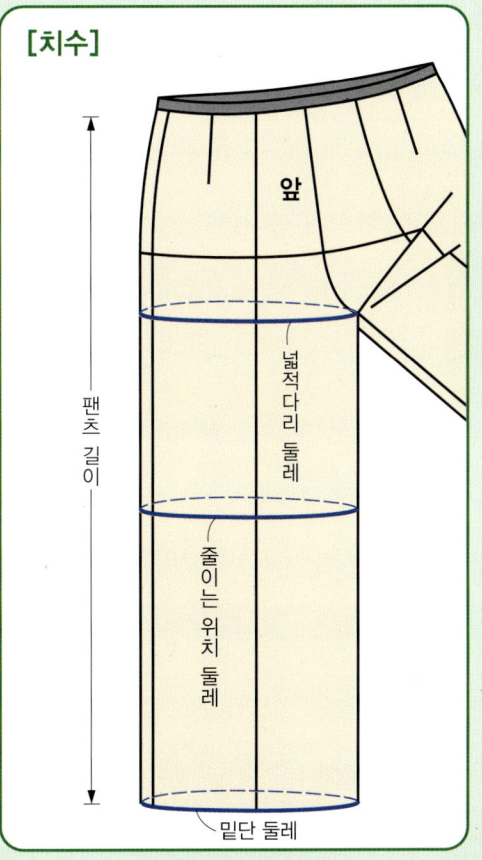

예습 2 — 몸의 각 부분 명칭과 치수 재기

팬츠를 만들 때 알아야 할 몸의 각 부분 명칭과 치수 재는 법을 설명한다. 치수 재기란 패턴 제작에 필요한 몸의 치수를 재는 것이다. 치수를 정확히 재는 것이 '정 사이즈'의 딱 맞는 옷을 만드는 첫걸음이다. 착용감이 편한 옷을 만들려면 항상 입는 속옷(부드러운 거들 등)을 입고 재서 꽉 끼지 않도록 하자. 측정한 치수는 P.15의 표에 적어 넣는다.

❶ 허리둘레, WL
가는 끈을 감았을 때 안정감 있는 수평 라인. 기본적으로 가장 가는 위치로, 이곳을 1바퀴 돌려 잰다.

❷ 엉덩이둘레, 엉덩이 돌출점, HL
엉덩이 돌출점(엉덩이에서 제일 튀어나온 위치)의 수평 라인. 배가 나온 부분을 포함해 1바퀴 돌려 잰다.

❸ 중간 엉덩이둘레, MHL
WL과 HL의 정확히 중간 수평 라인. 기준은 허리뼈 위치로 1바퀴 돌려 잰다. 뒤가 내려가지 않도록 주의한다.

❹ 넓적다리(넙다리), 넓적다리 둘레
가랑이에서 무릎까지 부분. 가장 굵은 위치를 수평으로 1바퀴 돌려 잰다.

❺ 무릎, 무릎 둘레
다리 중간에 있는 관절 부분. 무릎뼈의 중앙을 수평으로 1바퀴 돌려 잰다.

❻ 장딴지, 장딴지 둘레
종아리의 불룩한 부분. 가장 굵은 위치를 수평으로 1바퀴 돌려 잰다.

❼ 복사뼈, 발목 둘레
발목에 안팎으로 둥글게 나온 뼈. 이 위치를 수평으로 1바퀴 돌려 잰다.

❽ 발뒤꿈치, 발뒤꿈치 둘레
발바닥의 뒤쪽과 발목 사이의 불룩한 부분. 발뒤꿈치와 발등을 지나 1바퀴 돌려 잰다.

❾ 엉덩이 길이
WL에서 HL까지 수직으로 잰다. 비교적 평평한 옆쪽에서 재는 것이 정확하다.

❿ 밑(샅)위, 밑위 길이
가랑이에서 윗부분. 가랑이에 모눈자를 끼우고 그 위쪽 끝에서 WL까지 수직으로 잰다.

⓫ 밑아래, 밑아래 길이
가랑이에서 아랫부분. 가랑이에 모눈자를 끼우고 그 위쪽 끝에서 복사뼈까지 수직으로 잰다.

⓬ 팬츠 길이
풀렝스인 경우의 치수. WL에서 복사뼈까지 수직으로 잰다.

⓭ 무릎 길이
WL에서 무릎뼈 아래쪽 끝까지 수직으로 잰다.

⓮ 밑위 앞뒤 길이
앞 WL에서 가랑이를 지나 뒤 WL까지 몸의 중심에서 잰다.

⓯ 몸 두께
벽에 살짝 엉덩이를 붙이고, 벽에 직각으로 옆쪽에 자를 댄 다음 배가 가장 나온 곳에서 엉덩이의 제일 튀어나온 곳까지 수평으로 잰다.

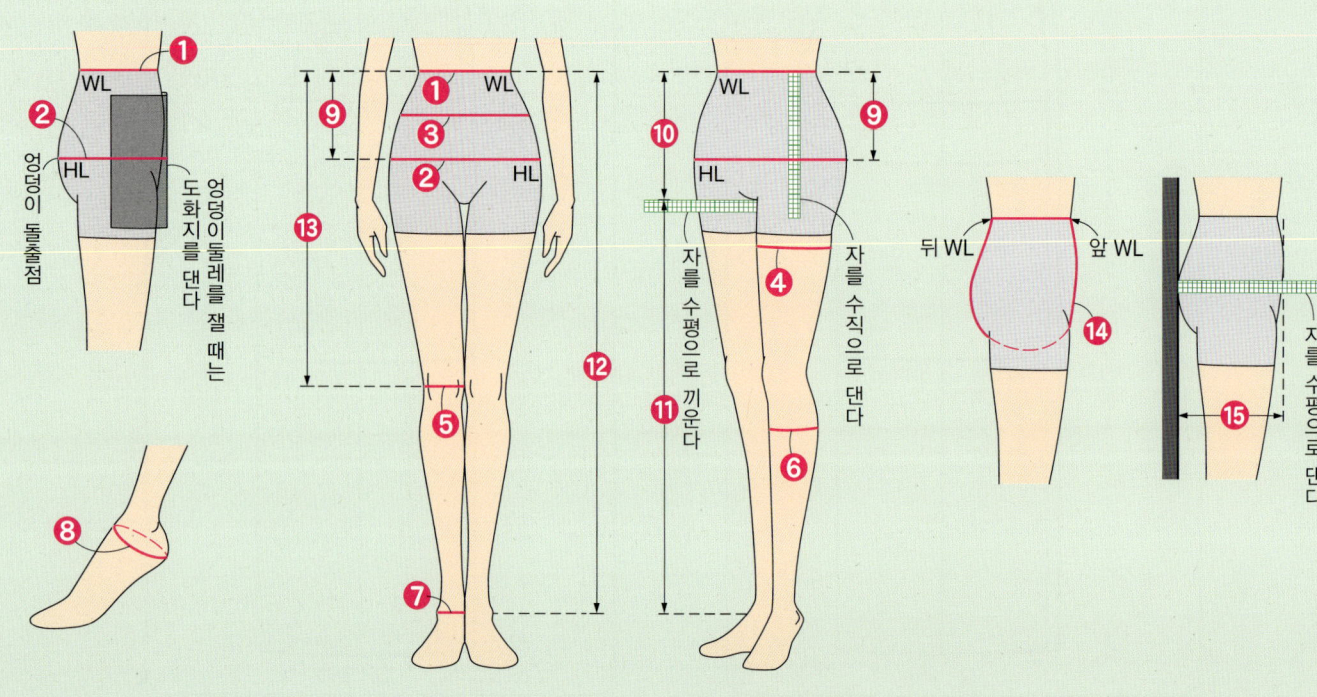

예습 3 움직임에 따른 몸과 팬츠의 변화

똑바로 서 있을 때와 움직일 때 몸의 표면 치수가 달라진다. 이것은 피부가 신축하면서 일어나는 현상. 팬츠를 착용하는 하반신은 활동량이 많은 부위로, 치수 변화가 특히 심해진다. 이 치수 변화가 동작에 따라 어느 부분에서 얼마나 일어나는지 이해하면 패턴을 만들 때 도움이 된다.

계단을 오른다

앞으로 구부린다

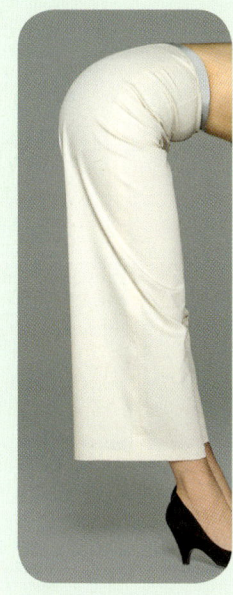

의자에 앉는다, 쭈그려 앉는다

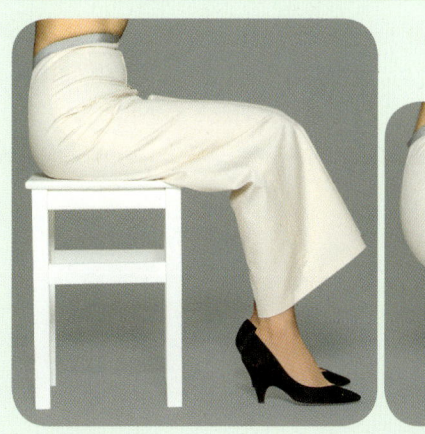

엉덩이 피부가 늘어나 뒤 밑위길이가 부족하여 뒤허리 위치가 내려간다. 또 엉덩이를 압박하며 엉덩이 치수가 늘어 꽉 끼게 된다. 아랫배 쪽이 땅기면서 천이 남지만, 앞무릎은 늘어나 팬츠 길이가 부족해서 앞 밑단이 올라간다. 쭈그려 앉는 쪽이 부족분은 많다.

다리를 올린 쪽은 다리 윗부분이 줄어들어 천이 남고, 앞무릎이 늘어나 팬츠 길이가 부족하여 앞 밑단이 올라간다. 엉덩이 피부가 늘어나 뒤 밑위길이가 부족해서 뒤허리 위치가 내려간다. 다리를 내린 쪽은 팬츠가 앞쪽으로 땅기며 주름이 생긴다.

엉덩이 피부가 늘어나 뒤 밑위길이가 부족하여 뒤허리 위치가 내려간다. 뒤 팬츠 길이도 부족해서 옆에 주름이 잡히고 뒤 밑단이 올라간다. 아랫배 쪽이 땅기면서 천이 남고 주름이 진다.

Point 부족분의 조정은…

팬츠 길이… 부족분은 똑바로 서면 없어지고, 밑단도 수평이 되므로 문제는 없다. 신경이 쓰일 경우는 전체 길이를 조정하자.

뒤 밑위길이… 허리 위치가 내려가는 것이 신경 쓰일 경우는 허리 쪽에서 1~2cm 추가한다. 단, 똑바로 서면 남기 때문에 주의.

엉덩이둘레… 엉덩이둘레 1바퀴에 2cm 이상의 여유분이 들어가 있으면 특별히 문제는 없지만, 꽉 낀다고 느낄 때는 1사이즈 크게 하자.

자신의 치수표와 참고 치수

치수를 적는 표이다. 참고 치수는 이 책의 제도에 사용한 속옷을 입고 잰 치수와 천을 사용할 때 최소한 확보해야 할 여유분 치수를 함께 표기했다. 여유분 치수는 각자의 치수와 패턴의 완성 치수를 비교해 필요한 여유분이 들어가 있는지 확인할 때 참고한다. 또 스트레치 소재나 니트 소재 같은 신축성 있는 소재는 여유분이 없거나 또는 적어도 OK. 천이 늘어나는 정도나 취향에 맞게 조정하자.

치수 \ 부위		❶ 허리둘레	❷ 엉덩이둘레	❸ 둘레 중간 엉덩이	❹ 둘레 넓적다리	❺ 무릎둘레	❻ 장딴지둘레	❼ 발목둘레	❽ 둘레 발뒤꿈치	❾ 엉덩이 길이	❿ 밑위 길이	⓫ 밑아래 길이	⓬ 팬츠 길이	⓭ 무릎 길이	⓮ 길이 밑위 앞뒤	⓯ 몸 두께
자신의 치수																
참고	치수(9호)	67	91	84	54	36	35	23	29	18	26	65	91	57	68	23
	여유분(최소한)	1	2	1.5	3	5	3	1	1	0	0	0	0	0	0	

적어 넣는다

단위는 cm

> 기초 강의

예습 4 기본 패턴에 대하여

| 기본 패턴 ❶ |

웨이스트 루스형·엉덩이둘레 여유분 2cm

엉덩이둘레(H) 치수에 최소한의 여유분(엉덩이 전체에서 2cm)을 넣은 스트레이트 실루엣. 허리를 엉덩이와 같은 치수로 하기 때문에 트임 없이도 입고 벗는 것이 가능하다. 옆에서 볼 때 옆선이 균형 잡힌 위치에 오도록 하기 위한 치수(앞뒤 차이)를 1cm로 설정. 줄이는 위치는 무릎 위치보다 조금 위쪽으로 해서 다리가 길어 보이는 스타일을 만든다. 줄이는 위치와 밑단 너비가 같은 치수인 가장 기본적인 패턴으로 허리 위치는 WL.

부록
줄이는 위치에서 위쪽
실물 대형 패턴
첨부

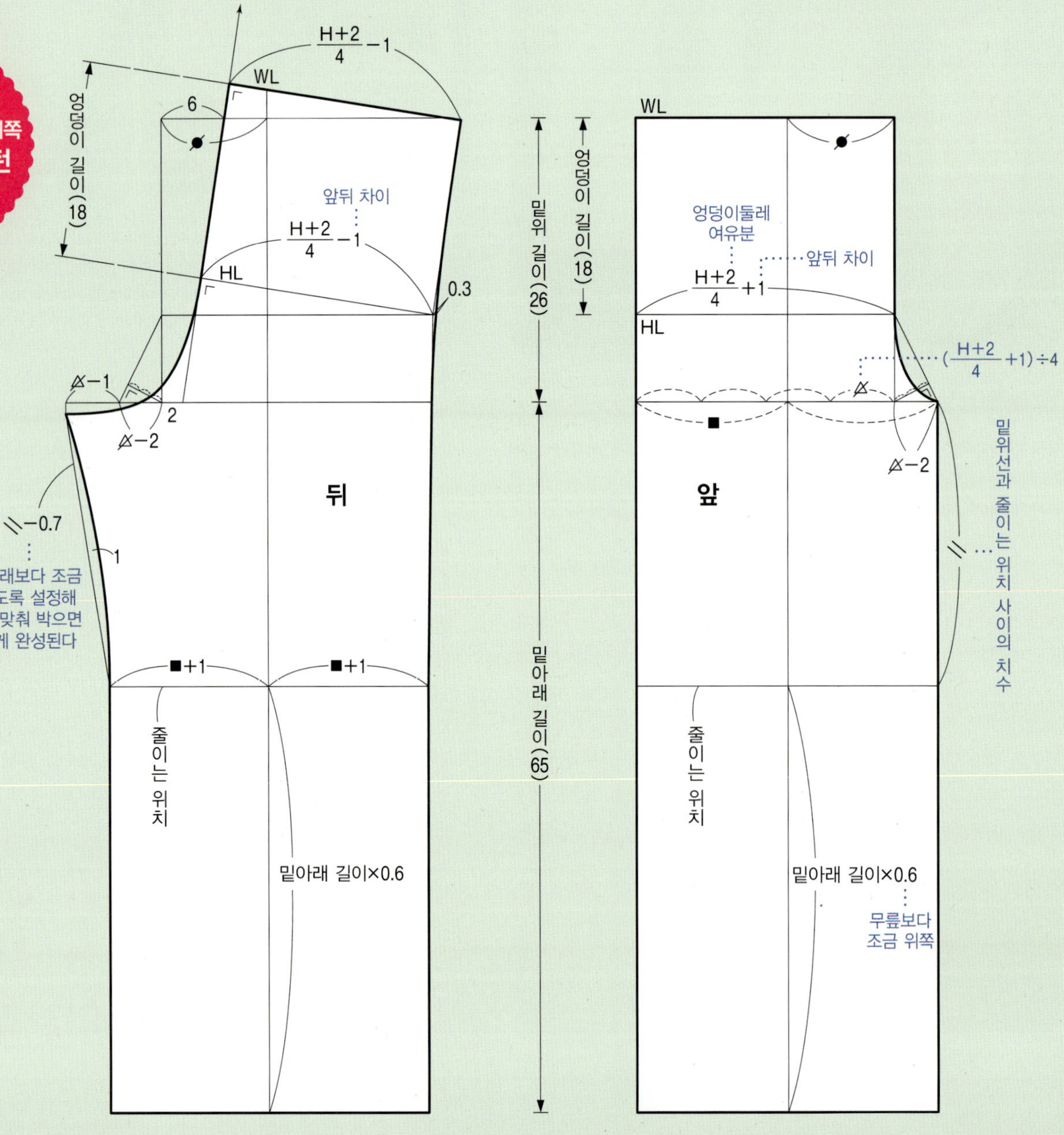

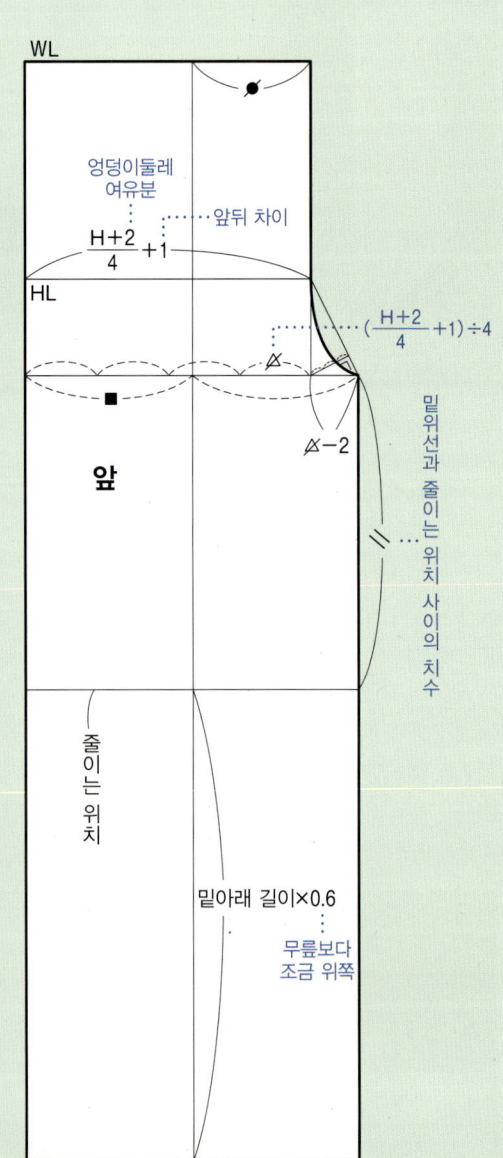

→ 기본 패턴 ❶ 만드는 법…P.148, 허리 위치에 대하여…P.78~81

— 기본 패턴을 이해하자 —

이 책에서 '기본 패턴'이란 다양한 디자인의 팬츠를 만들 때 원형이 되는 오른쪽 반신분의 패턴이다.
허리와 엉덩이 여유분을 달리한 웨이스트 루스형 3가지 타입에 웨이스트 피트형을 추가해 4종류로 분류했다.
엉덩이 길이나 밑위 길이 같은 괄호 안의 치수는 참고 치수(9호 치수 · P.15).

기본 패턴 ❷

웨이스트 루스형 · 엉덩이둘레 여유분 20cm

엉덩이둘레(H) 치수에 많은 여유분(엉덩이 전체에서 20cm)을 넣은 와이드 실루엣.
모양과 줄이는 위치는 ❶과 같다. 여유분이 많아져 앞뒤 차이는 필요 없고, 밑위 길이도 조금 길게 한다.
뒤 중심 경사는 완만하게 해서 균형을 잡고, 그로 인해 WL의 올림도 적어진다.
볼륨감 있고 편안한 타입의 디자인에 주로 사용한다.
옆선이 수직이라서 앞뒤를 연결하는 것도 가능. 허리 위치는 WL.

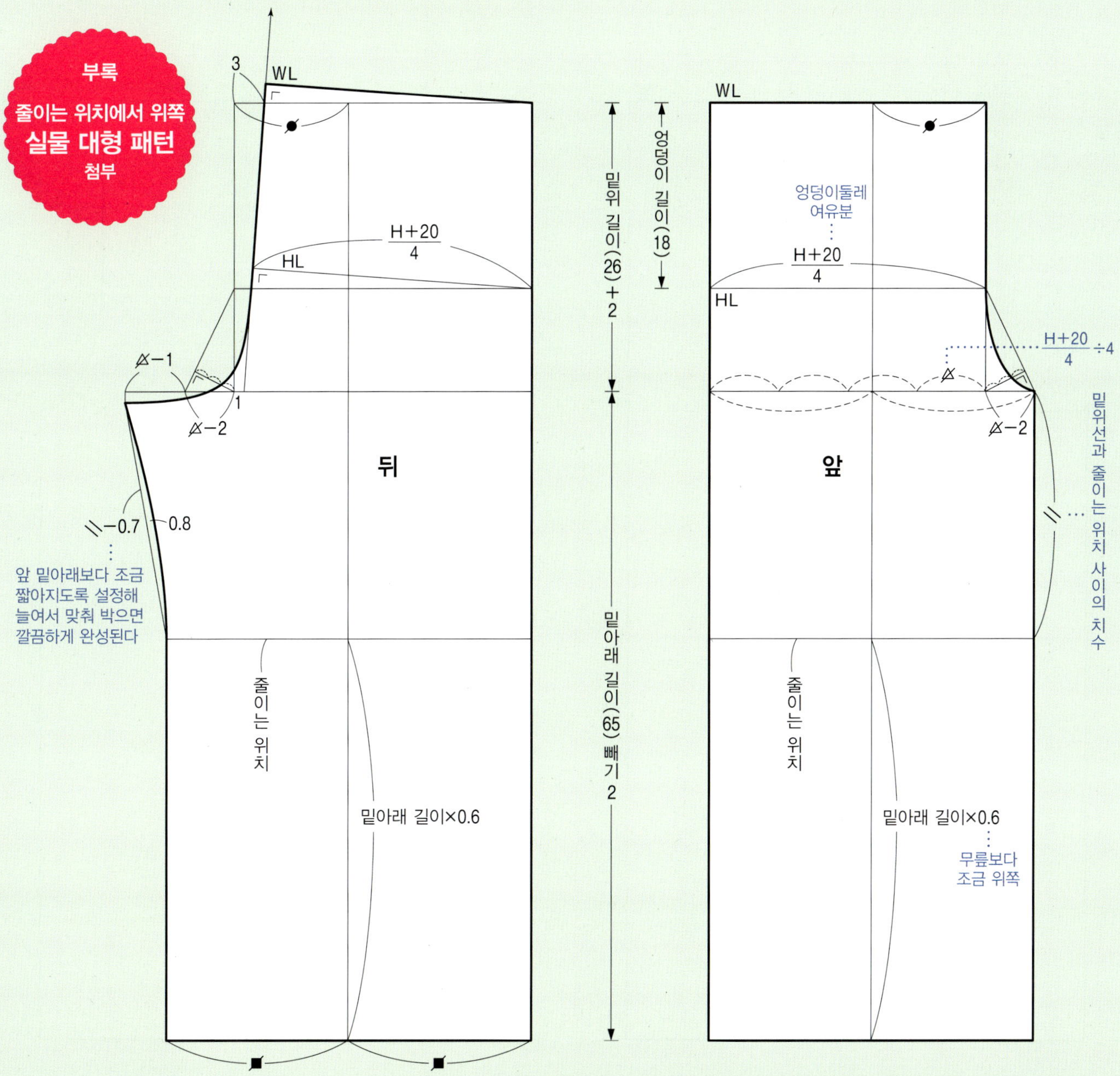

→ 기본 패턴 ❷ 만드는 법…P.148, 허리 위치에 대하여…P.78~81

기본 패턴 ❸

웨이스트 루스형·엉덩이둘레 여유분 40cm

엉덩이둘레(H) 치수에 풍성하게 여유분(엉덩이 전체에서 40cm)을 넣은 볼륨 실루엣.
밑위 길이도 길게 한다. 활동량이 확보되어 뒤 중심 경사는 필요 없고,
WL의 올림도 없어 평평하다. 밑위 앞뒤 길이 이외에는 모두 직선으로 구성한 패턴으로,
스커트 감각의 퀼로트나 가우초, 스커트 팬츠 등의 디자인에 사용한다.
옆선이 수직이라서 앞뒤를 연결하는 것도 가능. 허리 위치는 WL.

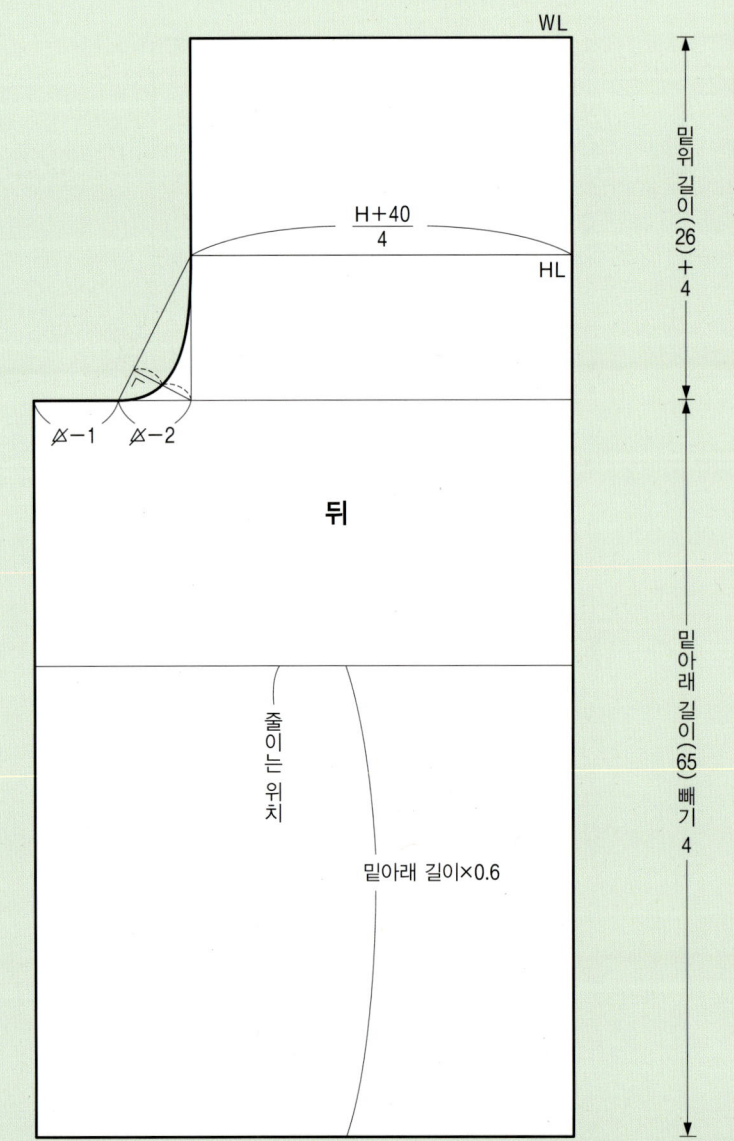

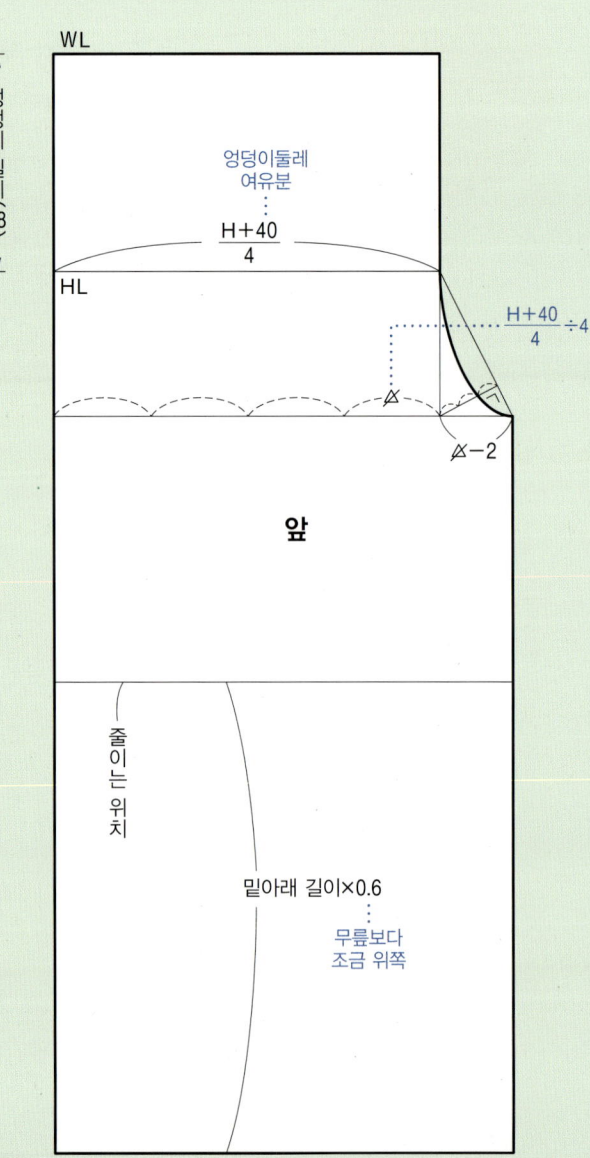

→ 기본 패턴 ❸ 만드는 법…P.154, 허리 위치에 대하여…P.78~81

기본 패턴 ❹

웨이스트 피트형・엉덩이둘레 여유분 2cm

엉덩이둘레(H) 치수에 최소한의 여유분(엉덩이 전체에서 2cm)을 넣은 스트레이트 실루엣.
기본 패턴 ❶을 원형으로 앞뒤 중심과 옆을 자르고,
다시 다트를 넣어 HL에서 윗부분을 몸에 잘 맞게 한다. 이를 위해 각 치수는
엉덩이와 허리의 치수 차이를 배분한다(P.156~158 참조).
허리 여유분은 전체에서 1cm. 허리 위치는 WL.

별 기호 보는 법

허리와 엉덩이의
치수 차이 24cm인 경우

⟨WL의 올림 치수⟩
☆…앞뒤 중심(0.3)
☆…옆(0.8)

⟨H와 W의 치수 차이 배분량⟩
★…뒤 중심(1.7)
★…뒤 다트(3.0)
★…옆(2.3)
★…앞 다트(1.9)
★…앞 중심(1.3)

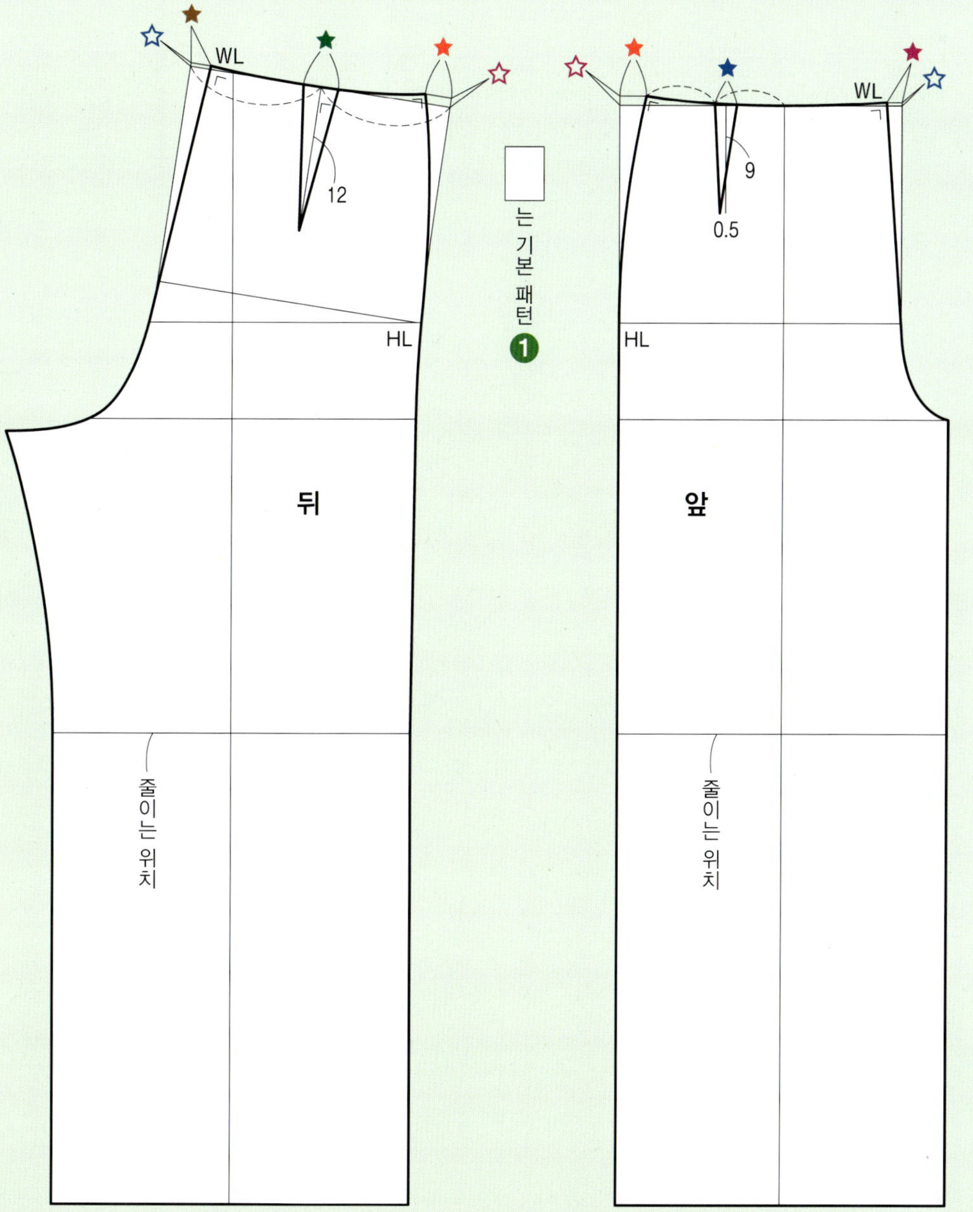

→ 기본 패턴 ❹ 만드는 법…P.156, 허리 위치에 대하여…P.78~81

 스트레이트 팬츠
— Straight pants —

A 기본 패턴 ① 그대로

기본 패턴 ①을 그대로 사용한
웨이스트 루스형. 줄이는 위치에서 밑단까지
수직으로 내린 가장 기본적인 모양.
HL에 최소한의 여유분(전체에서 2cm)을 넣고
WL도 같은 치수로 한 직선 라인으로,
트임 없이 입을 수 있는 가장 가는 엉덩이둘레가 된다.

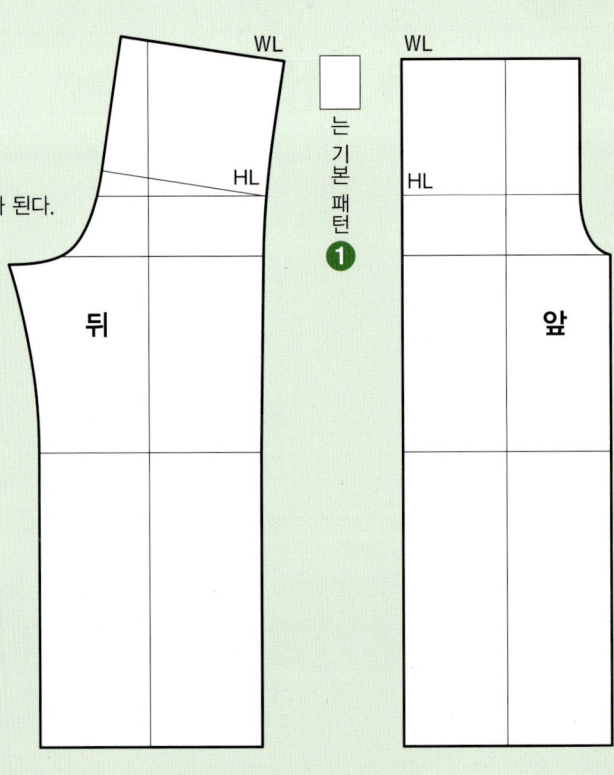

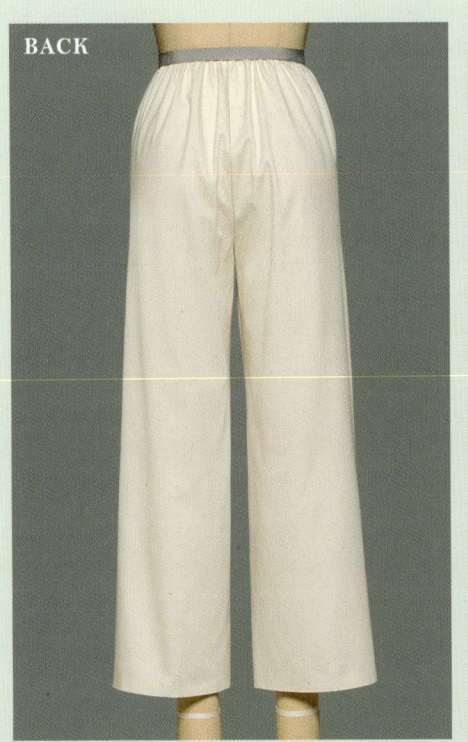
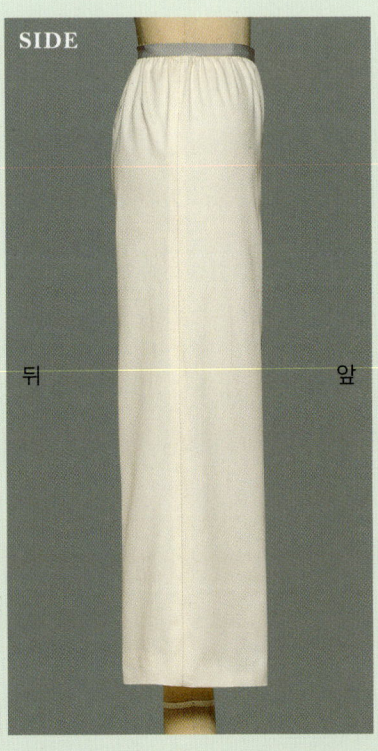
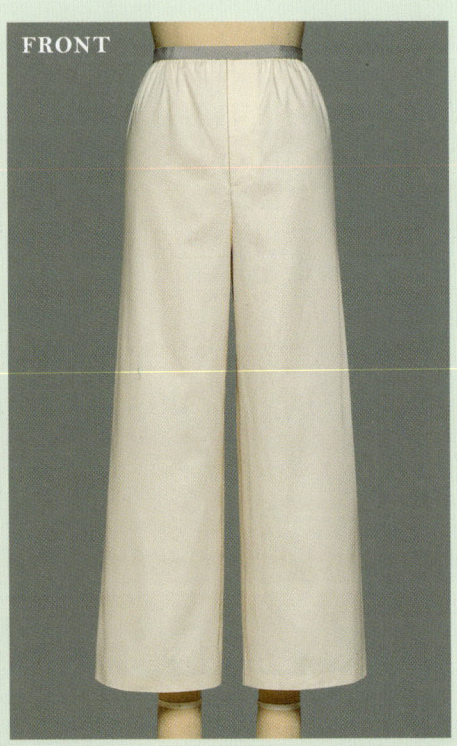

밑아래 폭이 넓고 굵은 스트레이트. 옆도 밑아래도 줄이는 곳 없는 직선 라인.
HL과 WL이 같은 치수로, WL을 고무줄이나 개더 등으로 줄인다.

팬츠의 기본형이라고도 할 수 있는 거의 직선 실루엣이다.
여러 가지 디자인의 기본이 되는 스타일로, 캐주얼에서 포멀한 옷까지 폭넓은 용도로 활용할 수 있다.

B 줄이는 위치와 밑단에서 각 1cm 좁힌다 (기본 패턴 ①)

기본 패턴 ①을 사용한 웨이스트 루스형.
옆선과 밑아래선을 줄이는 위치에서 밑단까지
평행으로 1cm씩 자르고, 한쪽 다리 전체에서는 4cm 좁게 한다.
줄이는 위치에서 위쪽 옆선은 HL과,
밑아래선은 밑위점과 완만한 곡선으로 연결한다.

! 뒤 밑아래 치수 조정이 필수. 자세히 그리는 법은 P.161 참조.

스트레이트 팬츠
A
B

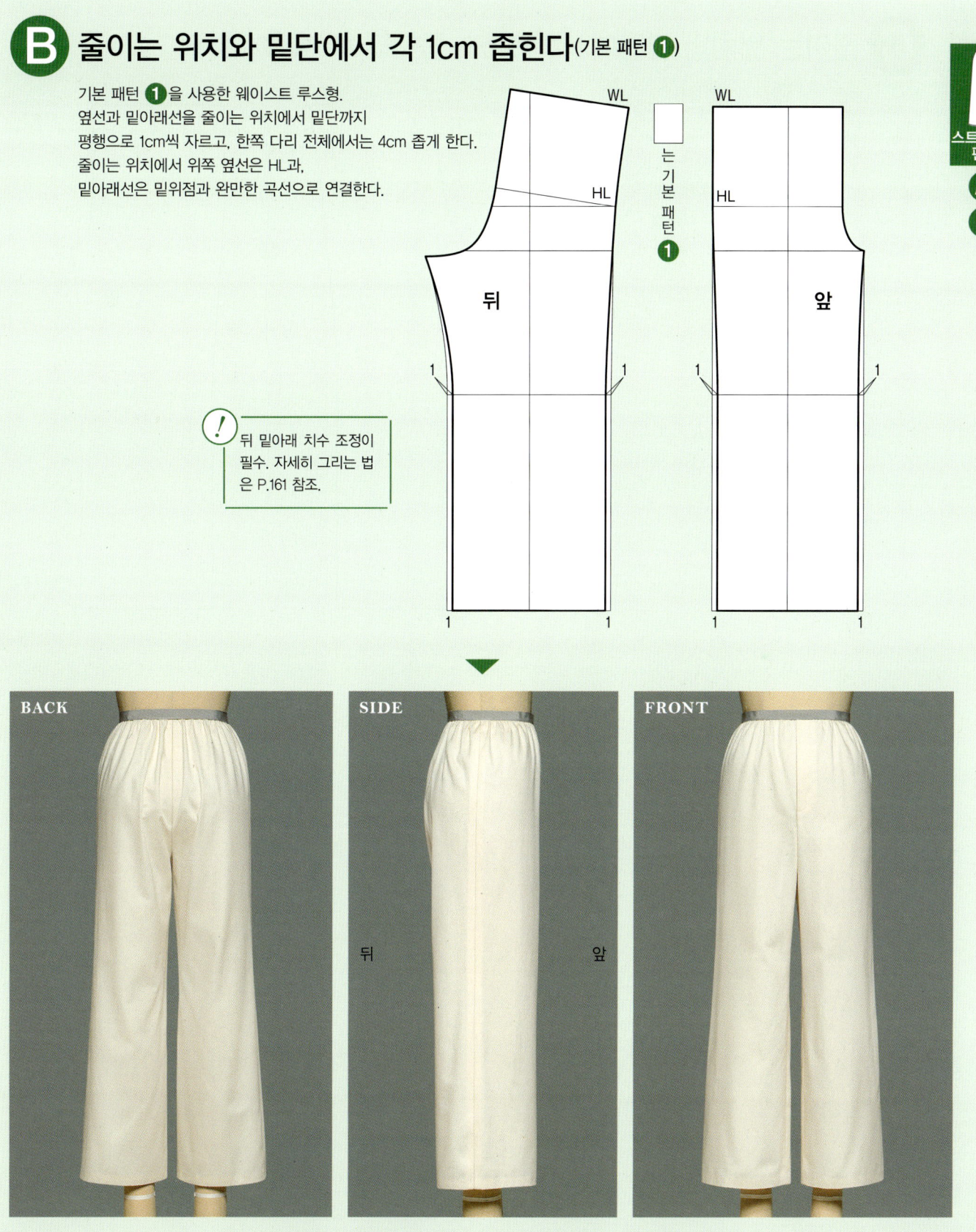

BACK SIDE 뒤 앞 FRONT

밑아래 폭이 A 보다 좁은 정통적인 스트레이트. HL에서 줄이는 위치까지 약간 좁아진다.
HL과 WL이 같은 치수로, WL을 고무줄이나 개더 등으로 줄인다.

→ 기본 패턴 ① 만드는 법…P.148

1 스트레이트 팬츠
— Straight pants —

C 줄이는 위치와 밑단에서 각 2cm 좁힌다 (기본 패턴 ①)

기본 패턴 ①을 사용한 웨이스트 루스형.
옆선과 밑아래선을 줄이는 위치에서 밑단까지
평행으로 2cm씩 자르고, 한쪽 다리 전체에서는 8cm 좁게 한다.
줄이는 위치에서 위쪽 옆선은 HL과,
밑아래선은 밑위점과 완만한 곡선으로 연결한다.

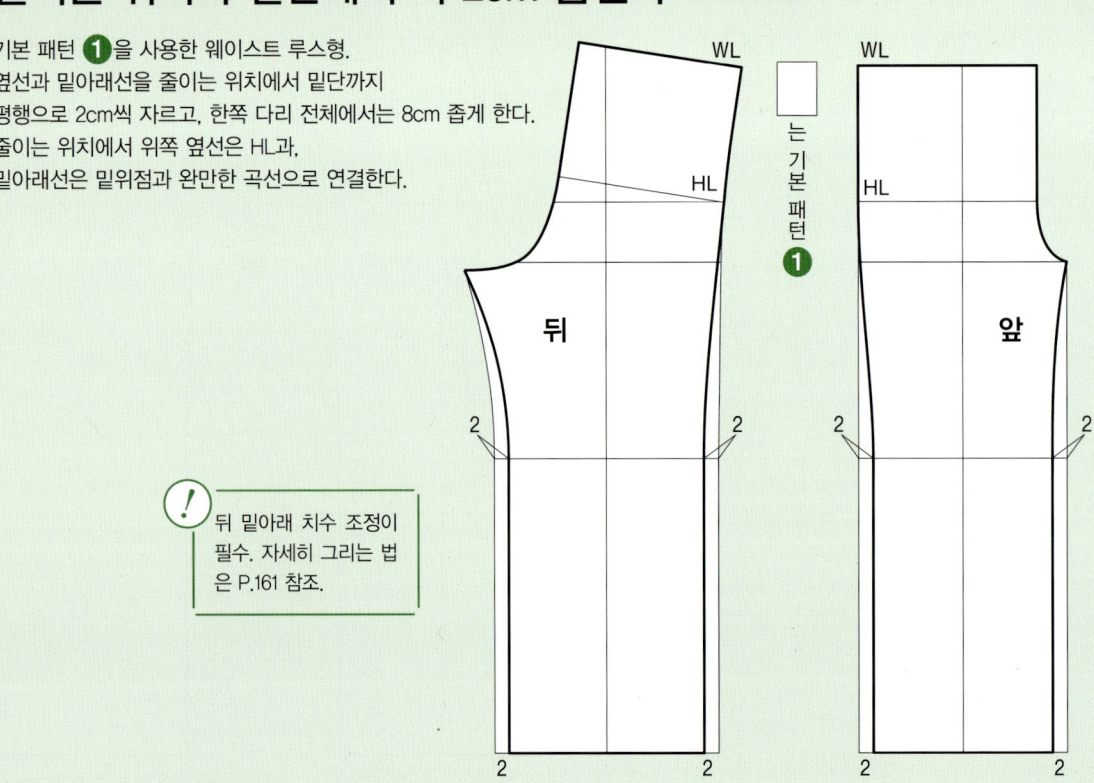

! 뒤 밑아래 치수 조정이 필수. 자세히 그리는 법은 P.161 참조.

BACK

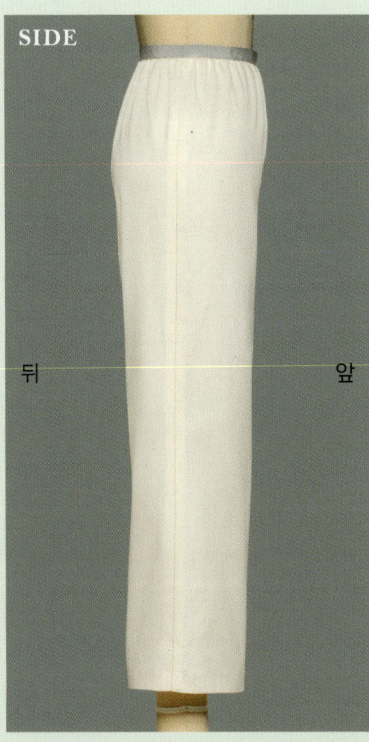
SIDE

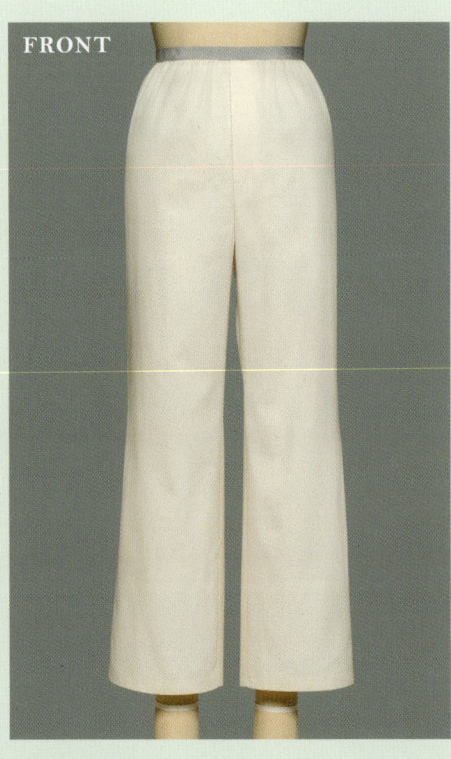
FRONT

밑아래 폭이 ❷보다 좁고 가는 스트레이트. HL에서 줄이는 위치까지 조금 좁아진다.
HL과 WL이 같은 치수로, WL을 고무줄이나 개더 등으로 줄인다.

→ 기본 패턴 ① 만드는 법…P.148

D 기본 패턴 ❹ 그대로

기본 패턴 ❹를 그대로 사용한 웨이스트 피트형. 줄이는 위치에서 밑단까지 수직으로 내린 가장 기본적인 모양. WL과 HL에 최소한의 여유분 (전체에서 WL 1cm, HL 2cm)을 넣은 직선적인 라인.

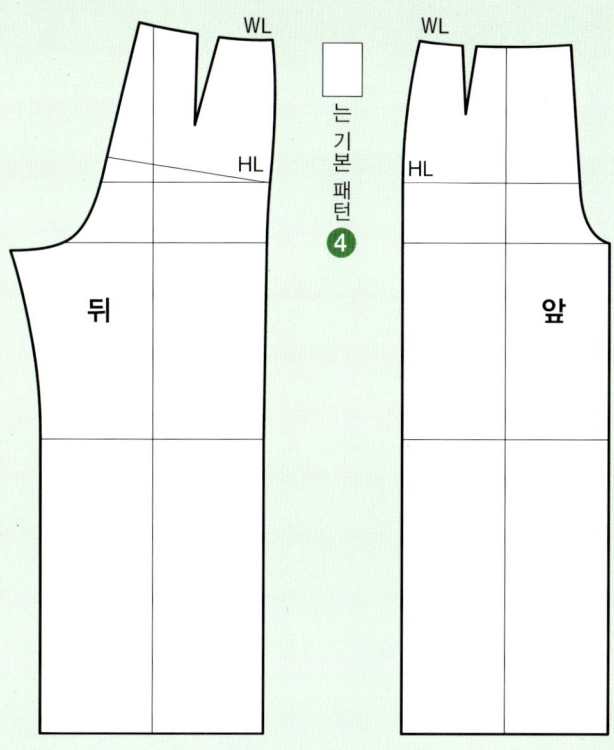

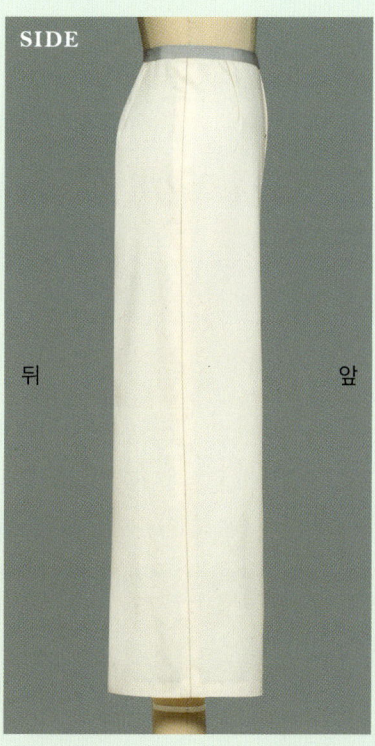

ⓐ와 마찬가지로 밑아래 폭이 넓고 굵은 스트레이트. 옆과 밑아래 모두 줄이는 곳 없는 직선 라인.
다트 효과로 HL에서 WL 사이는 딱 맞는다.

→ 기본 패턴 ❹ 만드는 법…P.156

기초 강의

1교시 스트레이트 팬츠
— Straight pants —

E 줄이는 위치와 밑단에서 각 1cm 좁힌다 (기본 패턴 ④)

기본 패턴 ④를 사용한 웨이스트 피트형.
옆선과 밑아래선을 줄이는 위치에서 밑단까지
평행으로 1cm씩 자르고, 한쪽 다리 전체에서는 4cm 좁게 한다.
줄이는 위치에서 위쪽 옆선은 HL과,
밑아래선은 밑위점과 완만한 곡선으로 연결한다.

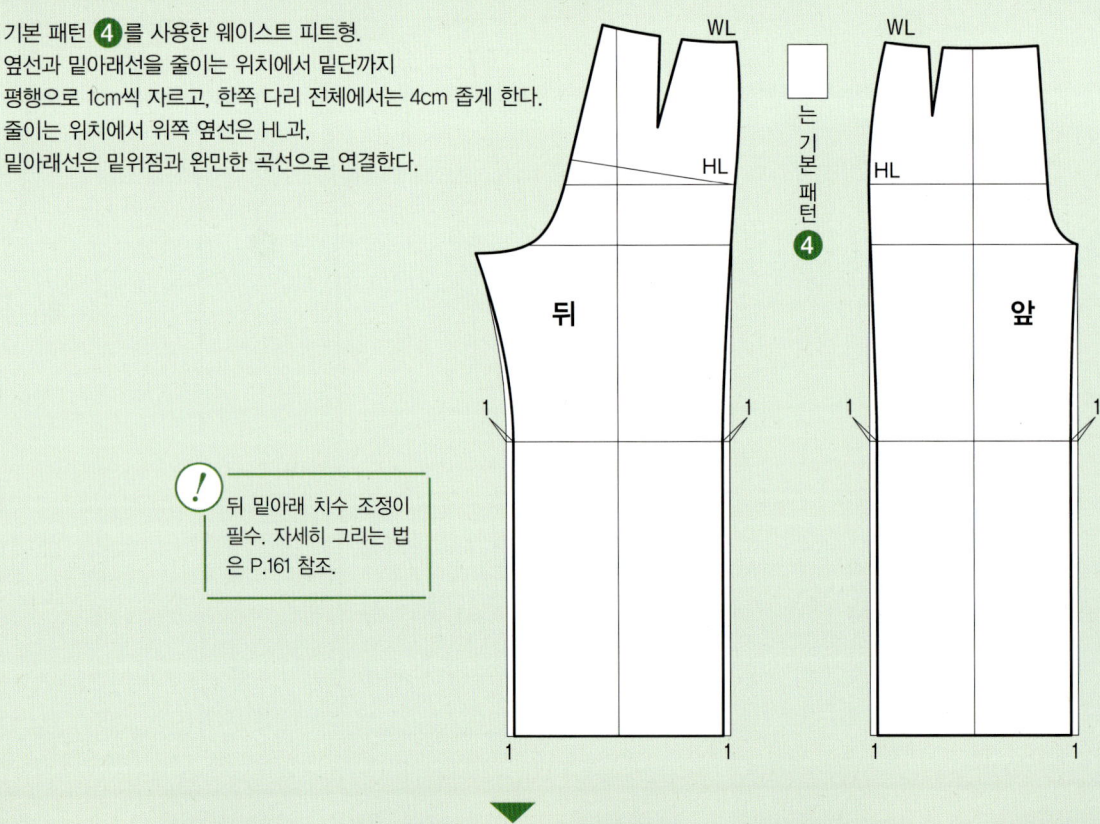

! 뒤 밑아래 치수 조정이 필수. 자세히 그리는 법은 P.161 참조.

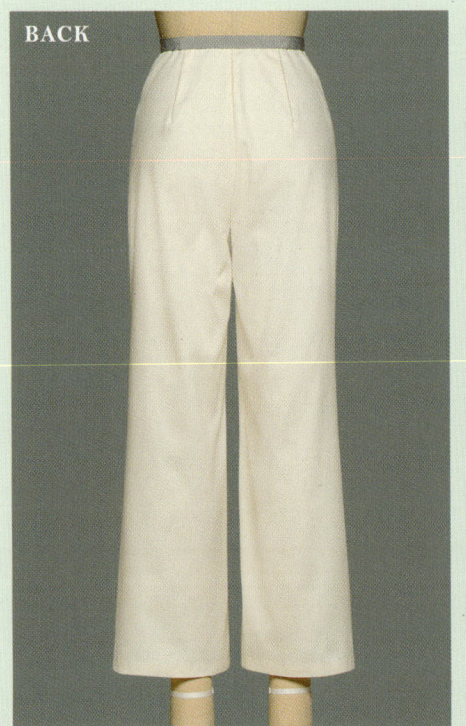
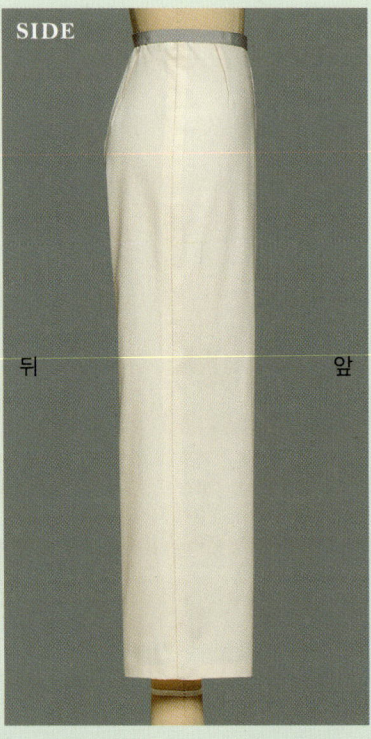
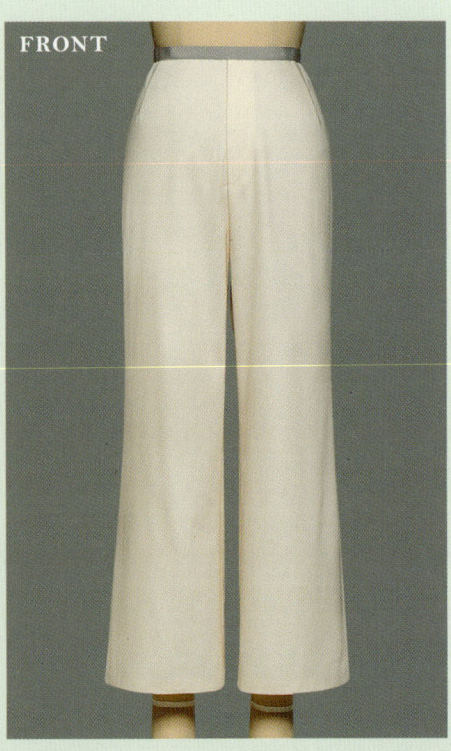

Ⓑ와 같은 정통적인 스트레이트. HL에서 줄이는 위치까지 약간 좁아진다.
다트 효과로 HL에서 WL 사이는 딱 맞는다.

→ 기본 패턴 ④ 만드는 법…P.156

F 줄이는 위치와 밑단에서 각 2cm 좁힌다 (기본 패턴 ④)

기본 패턴 ④를 사용한 웨이스트 피트형.
옆선과 밑아래선을 줄이는 위치에서 밑단까지
평행으로 2cm씩 자르고, 한쪽 다리 전체에서는 8cm 좁게 한다.
줄이는 위치에서 위쪽 옆선은 HL과,
밑아래선은 밑위점과 완만한 곡선으로 연결한다.

스트레이트 팬츠
E
F

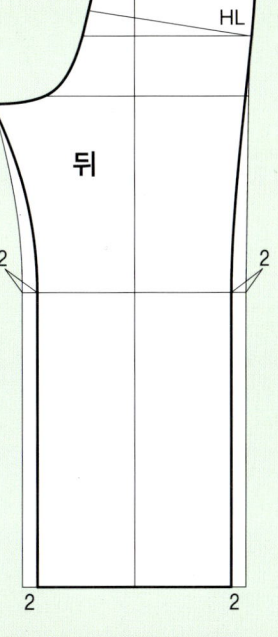
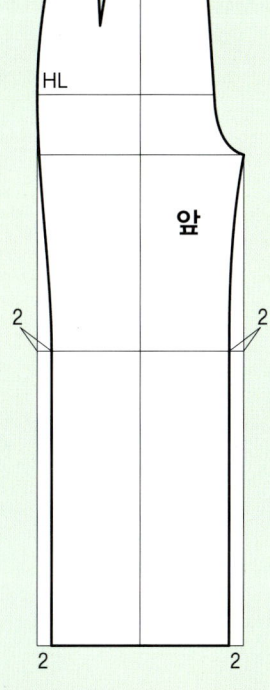

! 뒤 밑아래 치수 조정이 필수. 자세히 그리는 법은 P.161 참조.

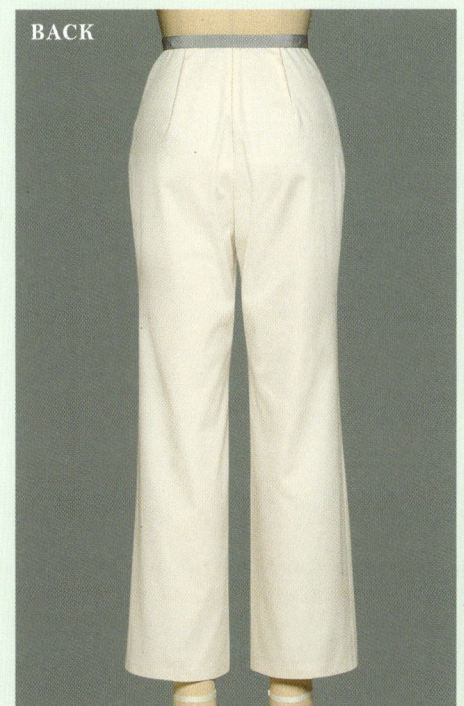
BACK

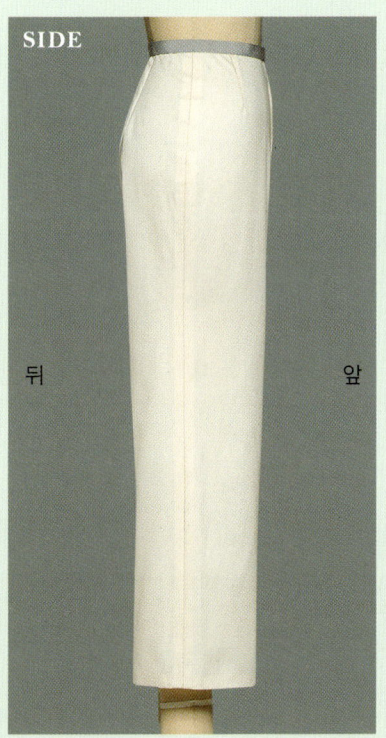
SIDE
뒤 앞

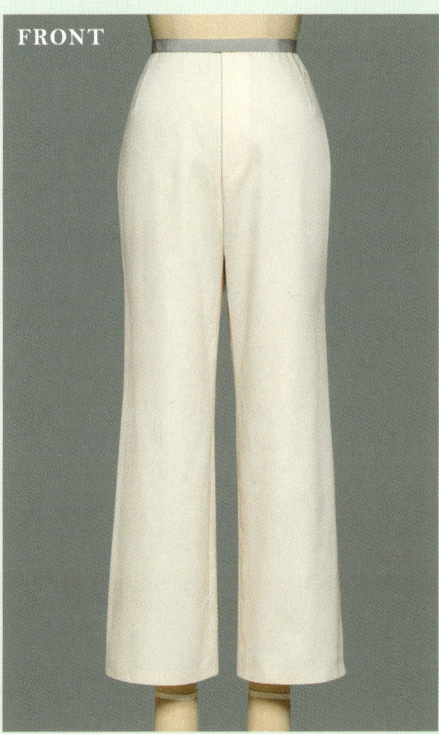
FRONT

밑아래 폭이 좁고 가는 스트레이트. HL에서 줄이는 위치까지 더 좁아진다.
다트 효과로 HL에서 WL 사이는 딱 맞는다.

→ 기본 패턴 ④ 만드는 법···P.156

> 기초 강의

2교시 슬림 팬츠
— Slim pants —

G 줄이는 위치와 밑단에서 각 3cm 좁힌다 (기본 패턴 ④)

기본 패턴 ④를 사용한 웨이스트 피트형.
옆선과 밑아래선을 줄이는 위치에서 밑단까지
평행으로 3cm씩 자르고, 한쪽 다리 전체에서는 12cm 좁게 한다.
줄이는 위치에서 위쪽 옆선은 HL과,
밑아래선은 밑위점과 완만한 곡선으로 연결한다.

□는 기본 패턴 ④(①로도 가능)

뒤 / 앞

! 뒤 밑아래 치수 조정이 필수. 자세히 그리는 법은 P.161 참조.

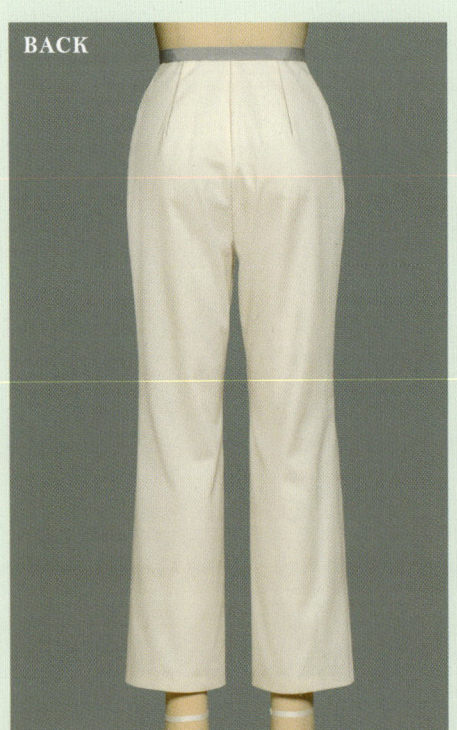
BACK

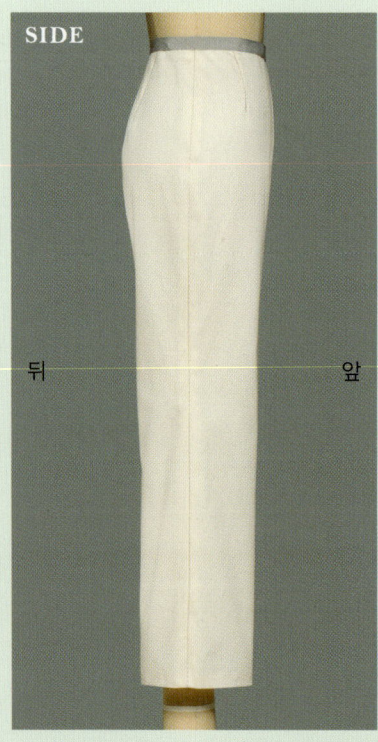
SIDE
뒤 / 앞

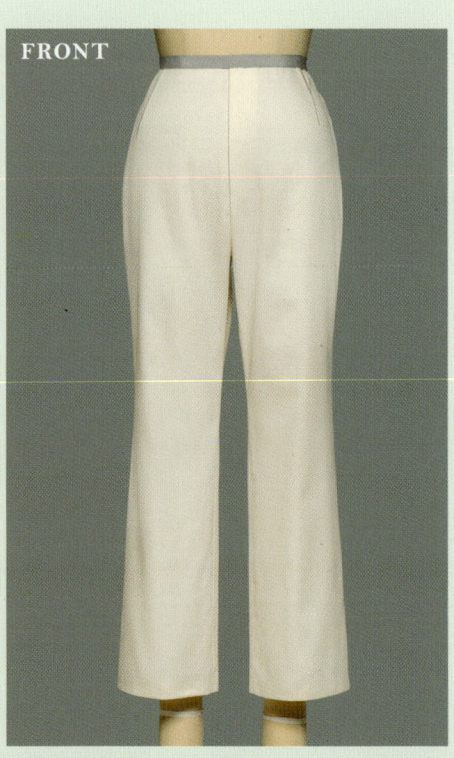
FRONT

직선적인 세로 라인을 유지하며 밑아래 폭을 좁힌 슬림 스트레이트. HL에서 줄이는 위치 쪽으로 P.25 스트레이트 팬츠 F보다 좁아진다.
엉덩이 주위는 피트. 무릎 주위는 쭈그려 앉을 때도 꽉 끼지 않게 적당히 여유분이 들어간다.

→ 기본 패턴 ④ 만드는 법…P.156, 기본 패턴 ①로 만드는 법…P.159

폭이 좁은 실루엣. 밑위선부터 밑단 쪽으로 여유를 줄여 좁게 한다.
4종류의 디자인을 기본 패턴 ❹에서 전개해 설명하지만, 기본 패턴 ❶로도 똑같이 응용할 수 있다.
여유가 적어지므로 스트레치 소재를 사용하는 것이 바람직하다.

H 줄이는 위치와 밑단에서 각 4cm 좁힌다(기본 패턴 ❹)

기본 패턴 ❹를 사용한 웨이스트 피트형.
옆선과 밑아래선을 줄이는 위치에서 밑단까지
평행으로 4cm씩 자르고, 한쪽 다리 전체에서는 16cm 좁게 한다.
줄이는 위치에서 위쪽 옆선은 HL과,
밑아래선은 밑위점과 완만한 곡선으로 연결한다.

! 뒤 밑아래 치수 조정이 필수. 자세히 그리는 법은 P.161 참조.

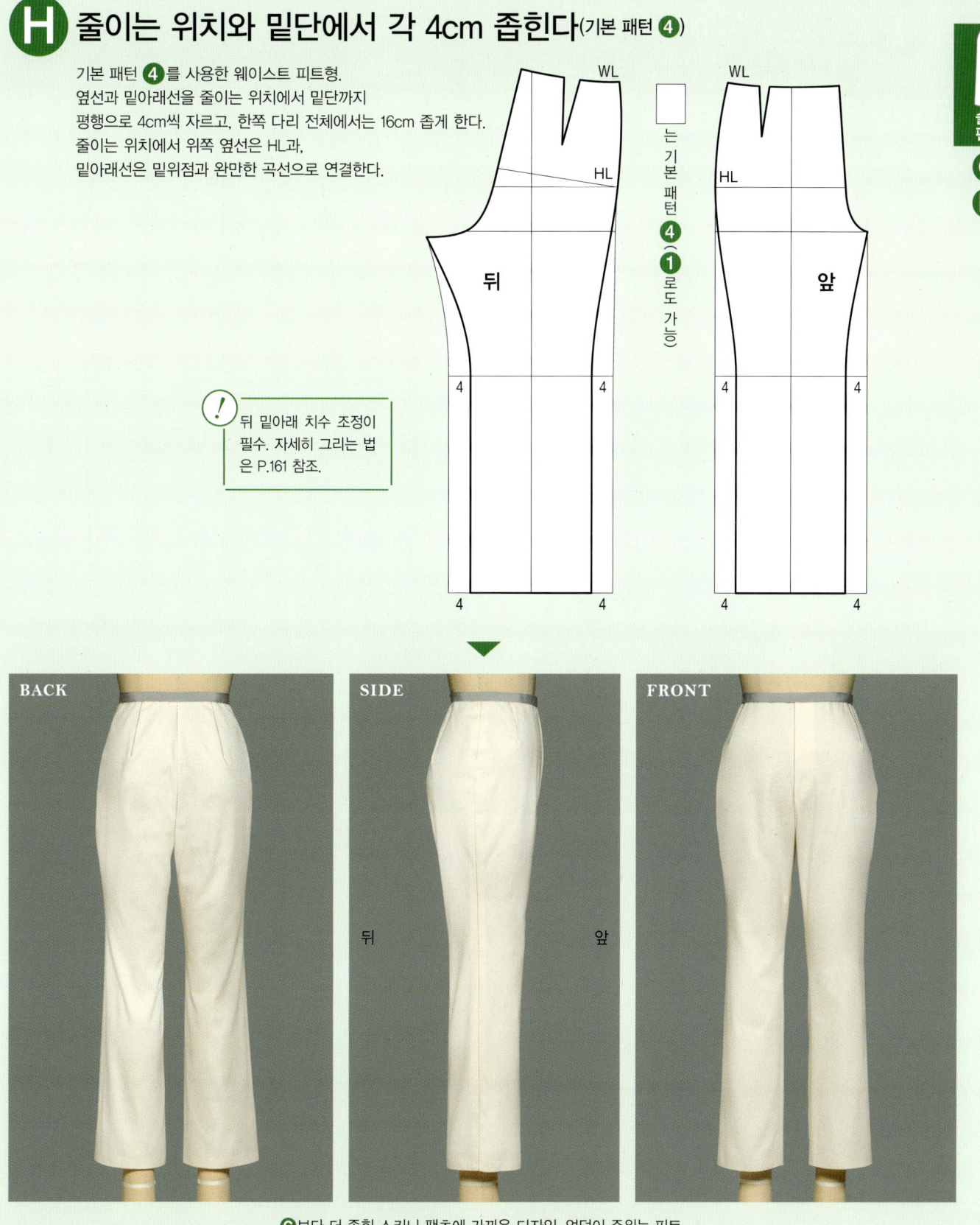

❻보다 더 좁힌 스키니 팬츠에 가까운 디자인. 엉덩이 주위는 피트.
밑단 주위는 줄이는 위치와 같은 치수로 아직 여유가 있다.

→ 기본 패턴 ❹ 만드는 법…P.156, 기본 패턴 ❶로 만드는 법…P.159

기초 강의

2교시 슬림 팬츠
— Slim pants —

I 줄이는 위치에서 각 3cm
밑단에서 각 4cm 좁힌다 (기본 패턴 ❹)

기본 패턴 ❹를 사용한 웨이스트 피트형.
줄이는 위치에서 3cm, 밑단에서 4cm 자르고,
한쪽 다리 전체에서는 줄이는 위치에서 12cm,
밑단에서 16cm 좁게 한다.
줄이는 위치와 밑단을 직선으로 잇고
줄이는 위치에서 위쪽 옆선은 HL과,
밑아래선은 밑위점과 완만하게 연결한다.

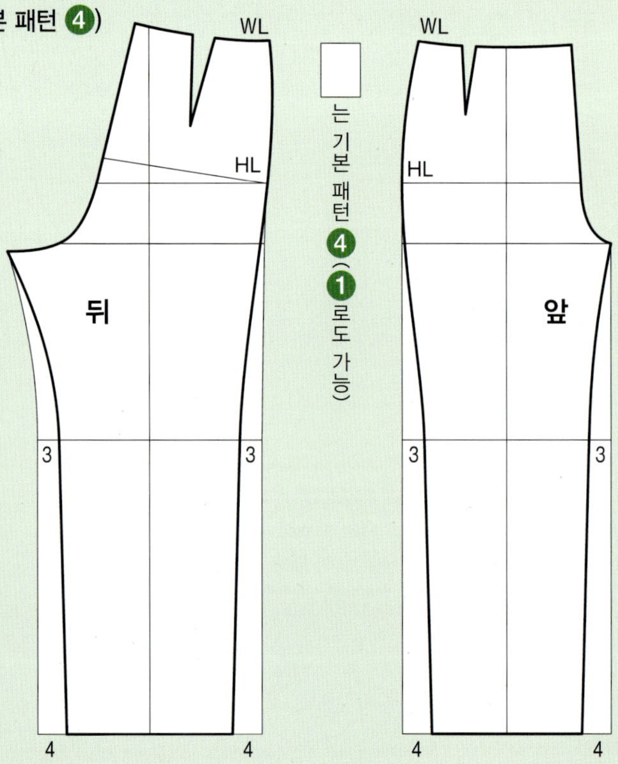

(☐ 는 기본 패턴 ❹ (❶로도 가능))

! 뒤 밑아래 치수 조정이 필수. 자세히 그리는 법은 P.161 참조.

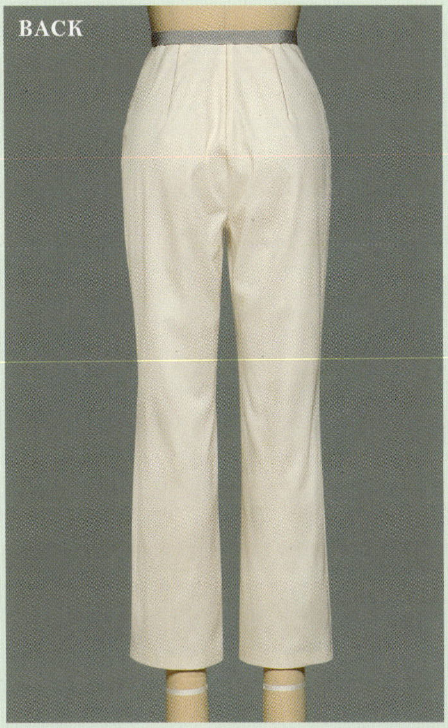

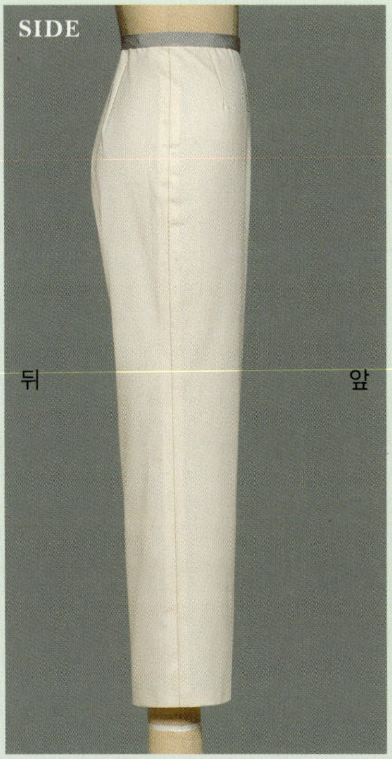

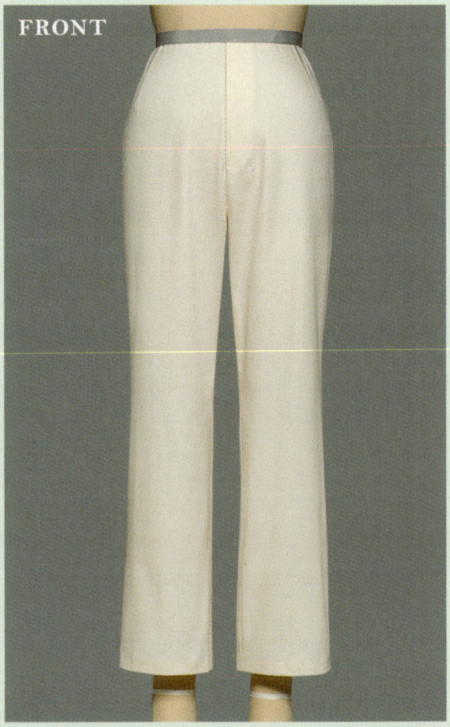

BACK SIDE FRONT

밑단 쪽으로 서서히 좁아지며 스트레이트에 가깝게 약간 오므라든 실루엣. 엉덩이 주위는 피트.
무릎 주위는 ❻와 마찬가지로 쭈그려 앉을 때도 꽉 끼지 않게 적당히 여유분이 들어간다.

→ 기본 패턴 ❹ 만드는 법…P.156, 기본 패턴 ❶로 만드는 법…P.159

J 줄이는 위치에서 각 4cm 밑단에서 6cm 좁힌다 (기본 패턴 ④)

기본 패턴 ④를 사용한 웨이스트 피트형.
줄이는 위치에서 4cm, 밑단에서 6cm 자르고,
한쪽 다리 전체에서는 줄이는 위치에서 16cm,
밑단에서 24cm 좁게 한다.
줄이는 위치와 밑단을 직선으로 잇고
줄이는 위치에서 위쪽 옆선은 HL과,
밑아래선은 밑위점과 완만하게 연결한다.

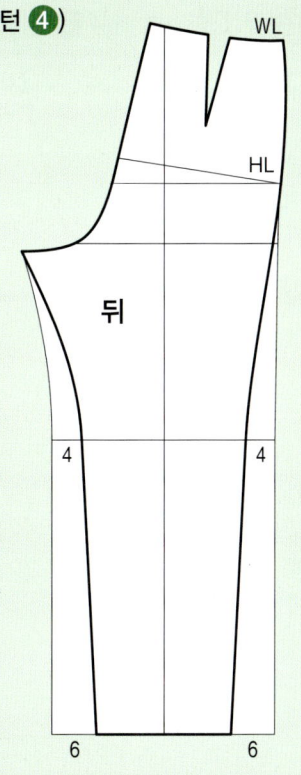
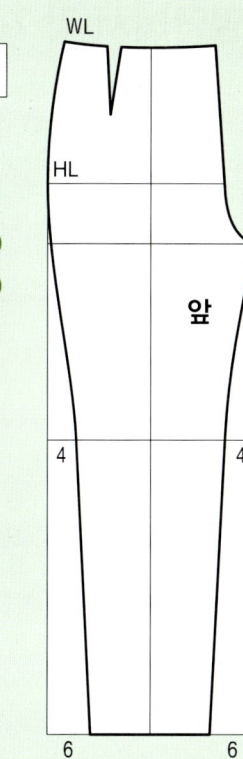

(는 기본 패턴 ④ ①로도 가능)

! 뒤 밑아래 치수 조정이 필수. 자세히 그리는 법은 P.161 참조.

슬림팬츠
I
J

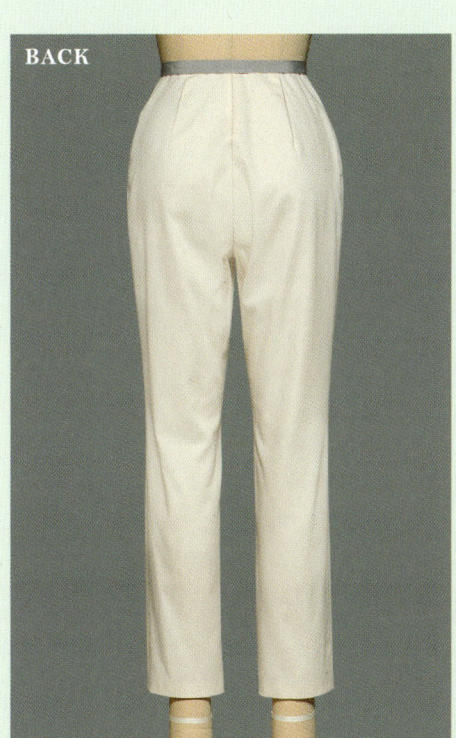
BACK

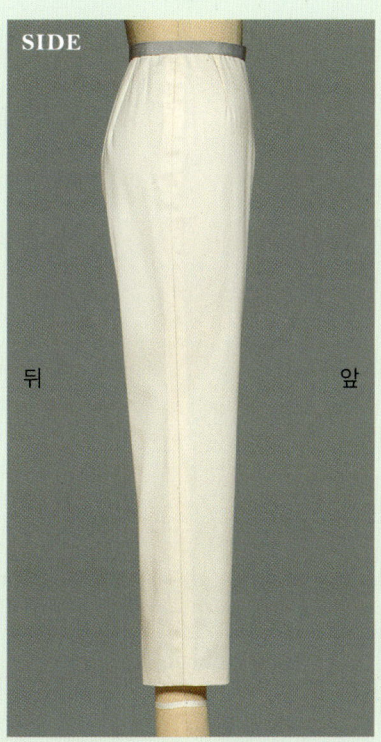
SIDE 뒤 앞

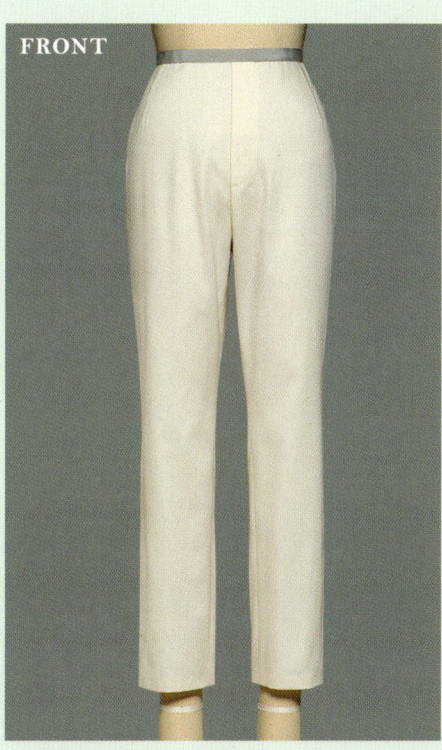
FRONT

① 보다 더 좁고 ⑪ 보다 더 스키니 팬츠에 가까운 디자인. 엉덩이 주위는 피트.
자르는 분량은 천으로 만들 경우 거의 최대 분량. 밑단 쪽 경사가 ① 보다 급하고 좀 더 오므라든다.

→ 기본 패턴 ④ 만드는 법…P.156, 기본 패턴 ①로 만드는 법…P.159

기초 강의

3교시 스키니 팬츠
— Skinny pants —

K 줄이는 위치에서 각 4cm 밑단에서 각 7cm 좁힌다 (기본 패턴 ❹)

기본 패턴 ❹를 사용한 웨이스트 피트형.
줄이는 위치에서 4cm, 밑단에서 7cm 자르고,
한쪽 다리 전체에서는 줄이는 위치에서 16cm,
밑단에서 28cm 좁게 한다.
줄이는 위치와 밑단을 직선으로 잇고
줄이는 위치에서 위쪽 옆선은 HL과,
밑아래선은 밑위점과 완만하게 연결한다.

! 뒤 밑아래 치수 조정이 필수. 자세히 그리는 법은 P.161 참조.

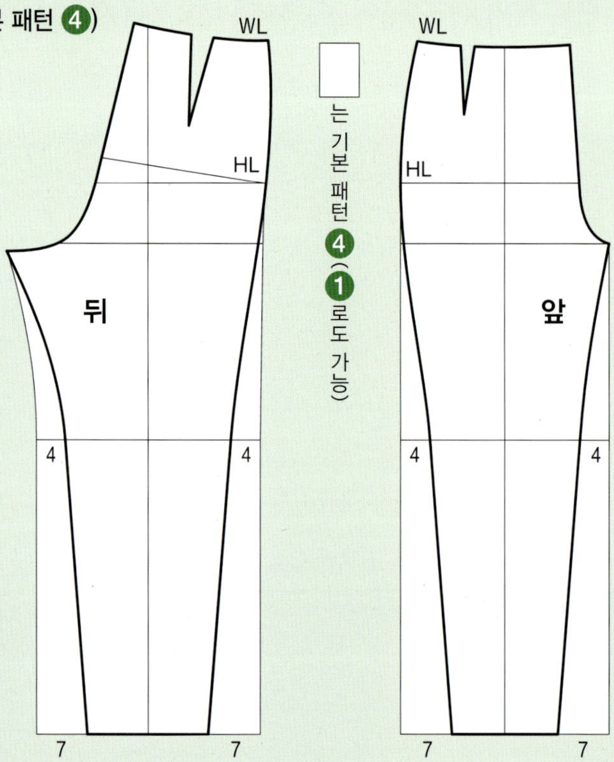

(□는 기본 패턴 ❹ → ❶로도 가능)

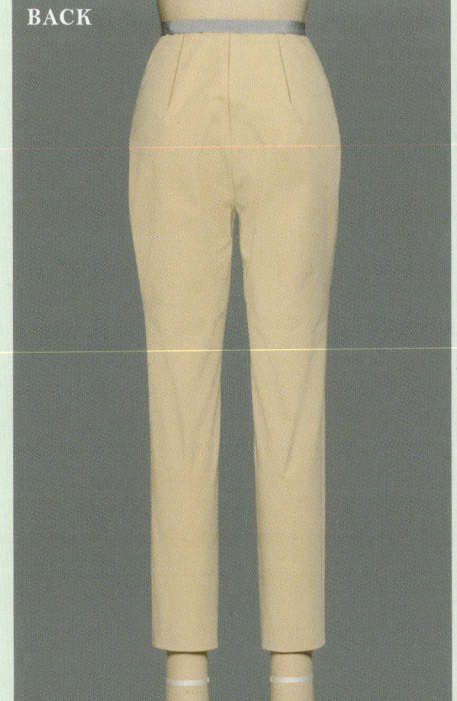
BACK

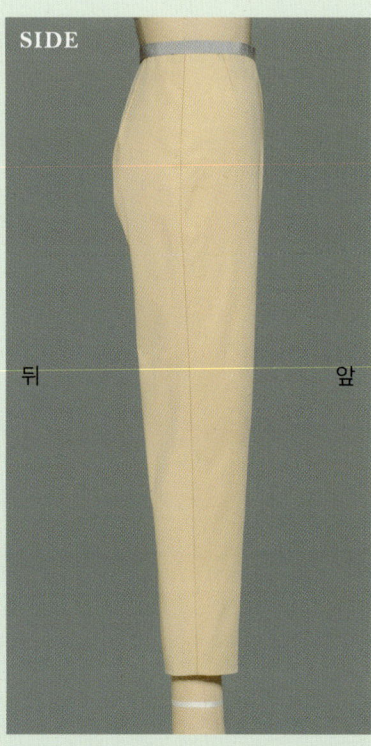
SIDE

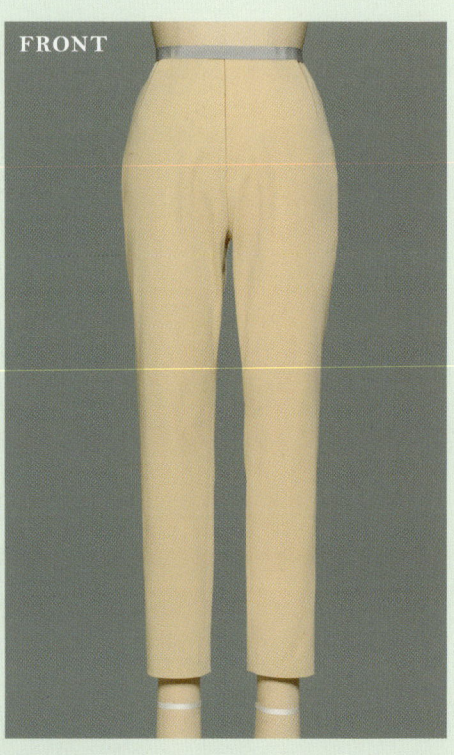
FRONT

엉덩이 주위와 마찬가지로 넓적다리에서 무릎, 장딴지까지 약간 붙는 좁은 팬츠.
밑단 주위에는 아직 약간의 여유가 있고, 앞뒤 실루엣은 줄이는 위치에서 밑단까지 스트레이트로 보인다.

→ 기본 패턴 ❹ 만드는 법…P.156, 기본 패턴 ❶로 만드는 법…P.159

스키니란 '몸에 딱 붙는'이라는 의미로, 다리 라인을 강조하도록 꼭 맞게 한다. 기본 패턴 ❹에서 전개해 설명하지만,
기본 패턴 ❶로도 똑같이 응용할 수 있다. 밑아래 부분의 여유가 매우 적어 여기서는 면 스트레치 소재를 사용.
실제로 만들 때도 신축성이 좋은 스트레치 소재 또는 니트 소재를 사용한다.
또 P.14의 요령으로 넓적다리, 무릎, 장딴지, 발뒤꿈치 둘레를 재서 제도 치수도 체크하는 것이 중요하다.

L 줄이는 위치에서 각 4cm 밑단에서 각 8cm 좁힌다 (기본 패턴 ❹)

기본 패턴 ❹를 사용한 웨이스트 피트형.
줄이는 위치에서 4cm, 밑단에서 8cm 자르고,
한쪽 다리 전체에서는 줄이는 위치에서 16cm,
밑단에서 32cm 좁게 한다.
줄이는 위치와 밑단을 직선으로 잇고
줄이는 위치에서 위쪽 옆선은 HL과,
밑아래선은 밑위점과 완만하게 연결한다.

! 뒤 밑아래 치수 조정이 필수. 자세히 그리는 법은 P.161 참조.

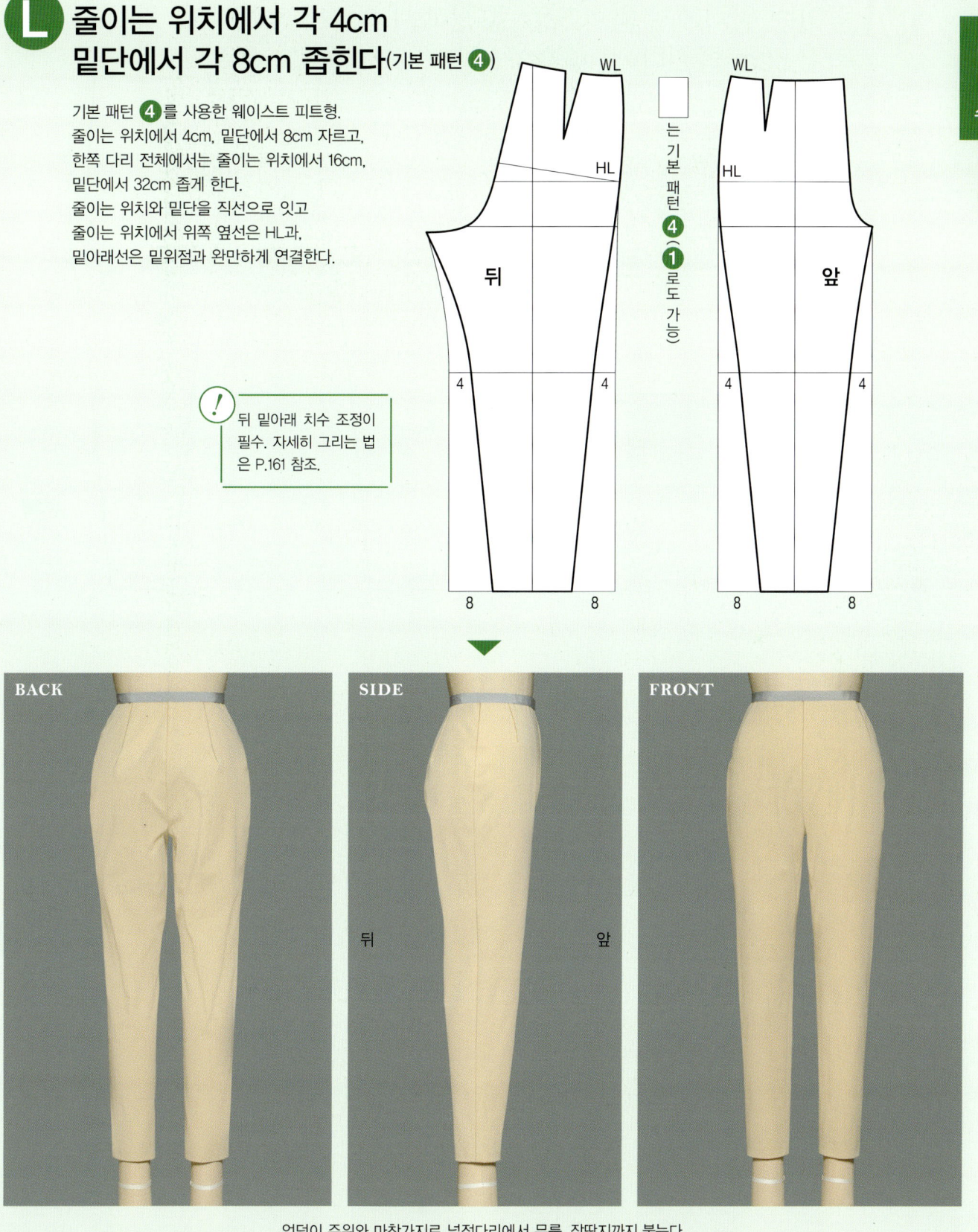

엉덩이 주위와 마찬가지로 넓적다리에서 무릎, 장딴지까지 붙는다.
K보다 더 밑단 너비를 좁혀, 줄이는 위치에서 밑단 쪽으로 서서히 좁아지며 오므라든다.

→ 기본 패턴 ❹ 만드는 법…P.156, 기본 패턴 ❶로 만드는 법…P.159

스키니 팬츠
— Skinny pants —

M 줄이는 위치에서 각 4.5cm 밑단에서 각 8.5cm 좁힌다 (기본 패턴 ❹)

기본 패턴 ❹를 사용한 웨이스트 피트형.
줄이는 위치에서 4.5cm, 밑단에서 8.5cm 자르고,
한쪽 다리 전체에서는 줄이는 위치에서 18cm,
밑단에서 34cm 좁게 한다.
줄이는 위치와 밑단을 직선으로 잇고
줄이는 위치에서 위쪽 옆선은 HL과,
밑아래선은 밑위점과 완만하게 연결한다.

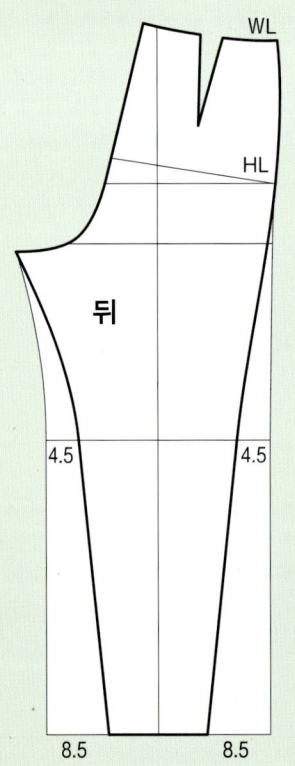
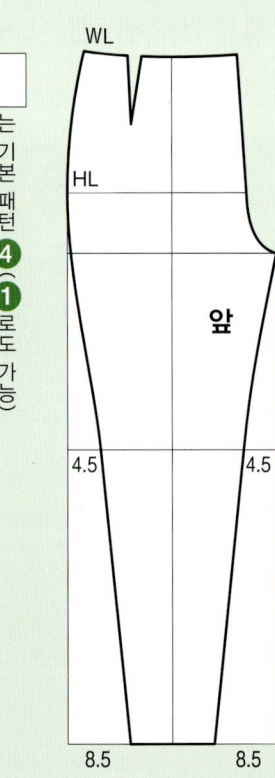

! 뒤 밑아래 치수 조정이 필수. 자세히 그리는 법은 P.161 참조.

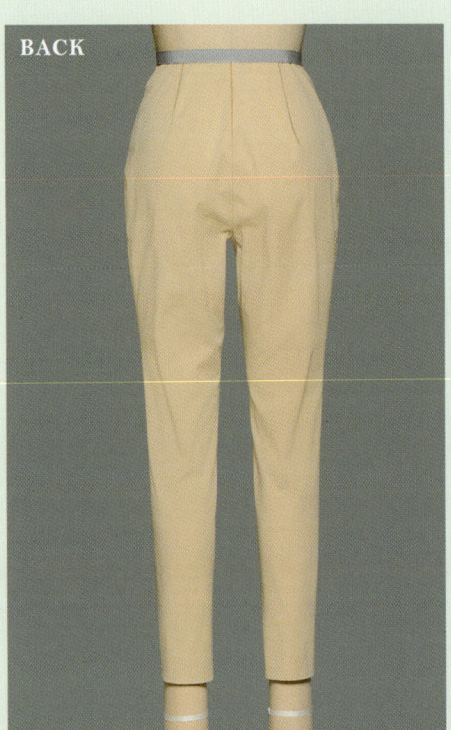
BACK

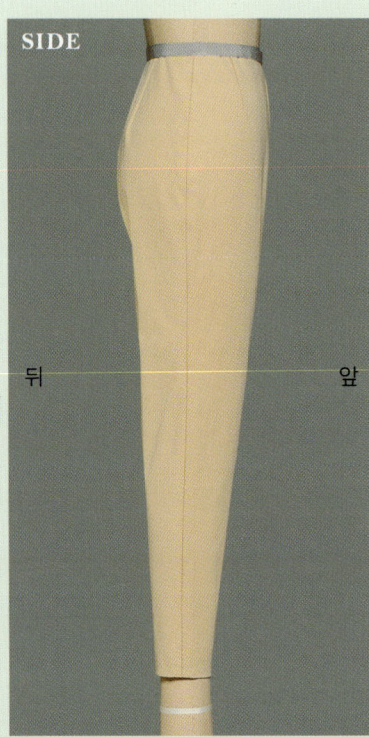
SIDE

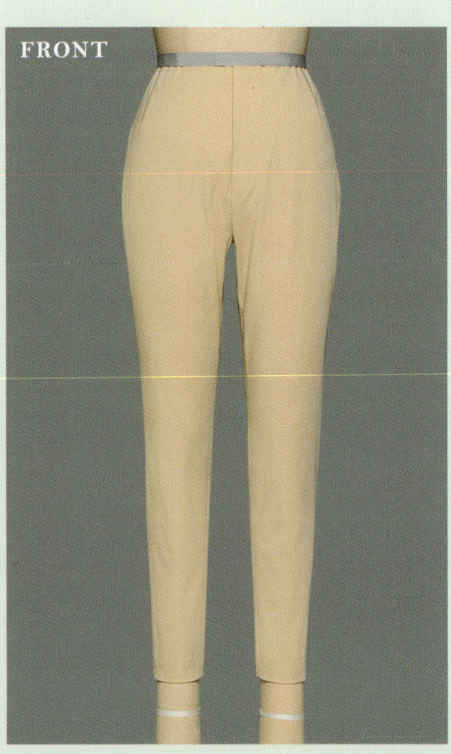
FRONT

ⓛ보다 더 좁아져 날씬하게 밑단이 오므라드는 실루엣이 된다.
넓적다리에서 무릎, 장딴지, 밑단까지 다리 라인에 딱 붙는다.

→ 기본 패턴 ❹ 만드는 법…P.156, 기본 패턴 ❶로 만드는 법…P.159

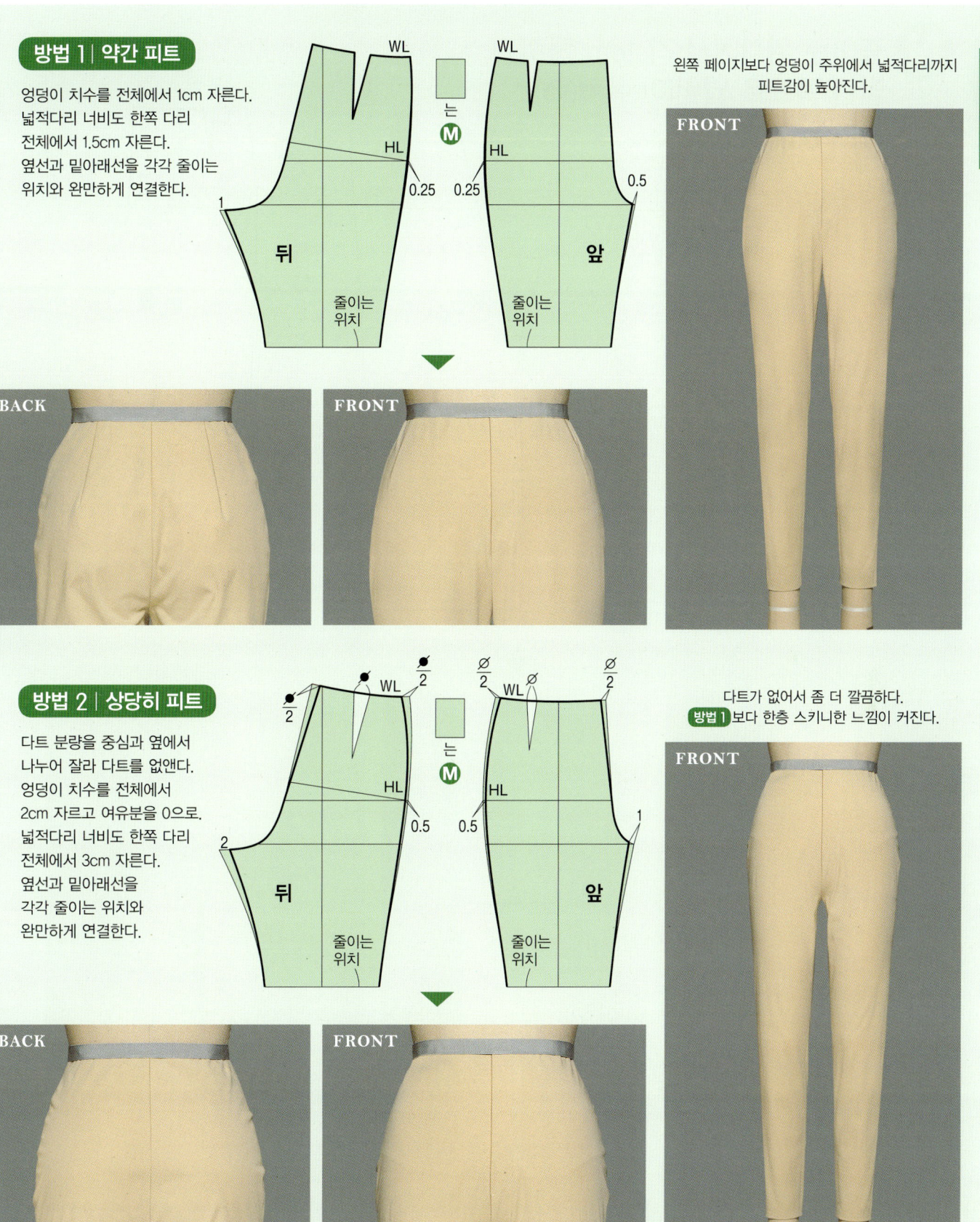

기초 강의

4교시 벨보텀 팬츠
― Bell-bottom pants ―

N 줄이는 위치에서 각 1cm 좁히고 밑단 쪽으로 넓힌다 (기본 패턴 ❹)

기본 패턴 ❹를 사용한 웨이스트 피트형.
줄이는 위치가 가장 좁아지도록 1cm 자르고,
한쪽 다리 전체에서는 4cm 좁게 한다.
줄이는 위치와 밑단을 직선으로 잇고
줄이는 위치에서 위쪽 옆선은 HL과,
밑아래선은 밑위점과 완만하게 연결한다.

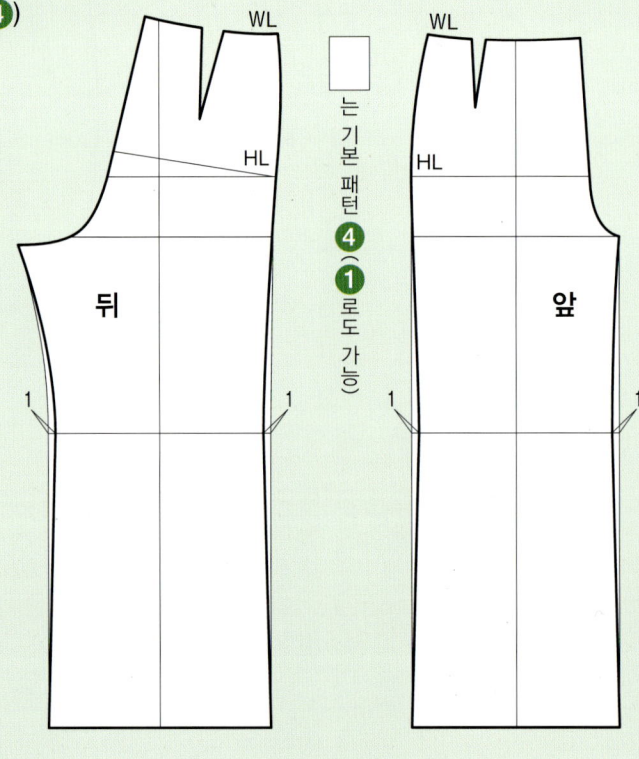

(□는 기본 패턴 ❹ ❶로도 가능)

! 뒤 밑아래 치수 조정이 필수. 자세히 그리는 법은 P.161 참조.

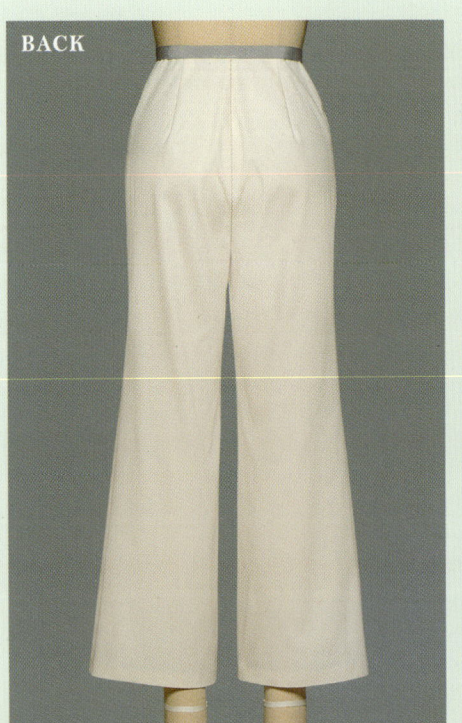
BACK

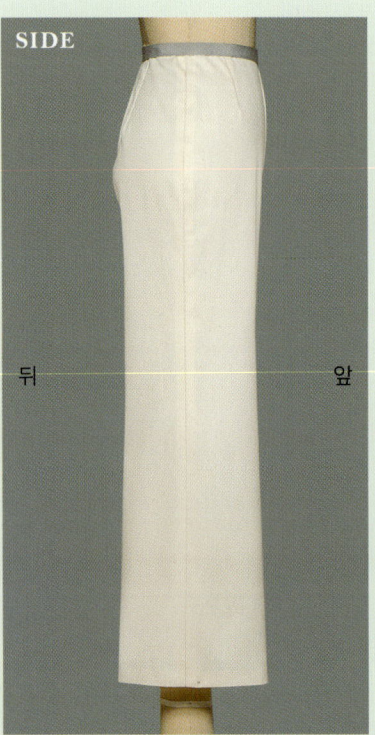
SIDE 뒤 앞

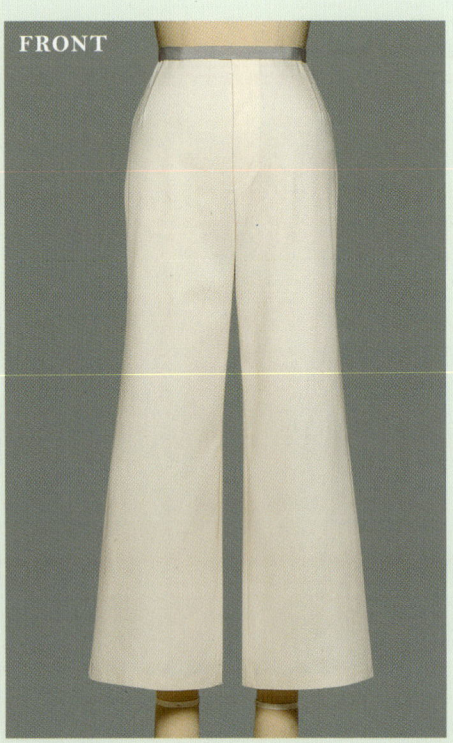
FRONT

거의 스트레이트 라인이지만 가장 좁아지는 위치에서 살짝 잘록해져 다리가 길어 보인다.

→ 기본 패턴 ❹ 만드는 법…P.156, 기본 패턴 ❶로 만드는 법…P.159

무릎에서 조금 위쪽의 줄이는 위치에서 자르고, 밑단 쪽으로 퍼지는 종 모양 실루엣. 부츠컷 팬츠로도 부른다.
피트 & 플레어 라인을 살리려면 엉덩이 주위가 깔끔한 웨이스트 피트형(기본 패턴 ❹)에서
응용하는 것이 효과적이지만, 기본 패턴 ❶로도 똑같이 가능하다.

O 줄이는 위치에서 각 3cm 밑단에서 각 1cm 좁힌다 (기본 패턴 ❹)

기본 패턴 ❹를 사용한 웨이스트 피트형.
줄이는 위치가 가장 좁아지도록 3cm 자르고
밑단에서도 1cm 자른다.
한쪽 다리 전체에서는 줄이는 위치에서 12cm,
밑단에서 4cm 좁게 한다.
줄이는 위치와 밑단을 직선으로 잇고
줄이는 위치에서 위쪽 옆선은 HL과,
밑아래선은 밑위점과 완만하게 연결한다.

! 뒤 밑아래 치수 조정이 필수. 자세히 그리는 법은 P.161 참조.

벨보텀 팬츠
N
O

줄이는 분량을 늘려 줄이는 위치의 잘록함을 강조함으로써 다리가 길어 보이는 효과가 있다.
밑단 너비도 잘라서 밑단 퍼짐은 덜하다.

→ 기본 패턴 ❹ 만드는 법…P.156, 기본 패턴 ❶로 만드는 법…P.159

기초 강의

5교시 배기 팬츠
— Baggy pants —

P 밑아래를 수직으로 내리고 옆선을 조금 넓힌다 (기본 패턴 ④)

기본 패턴 ④를 사용한 웨이스트 피트형.
밑단 너비를 옆 밑단에서 1.5cm 넓히고,
엉덩이 곡선과 자연스럽게 연결해
옆선을 직선으로 그린다.
뒤 밑아래선은 수직으로 내리고,
밑아래 길이가 앞과 같은 치수가 되도록 조정해
뒤 밑위길이를 다시 그린다.

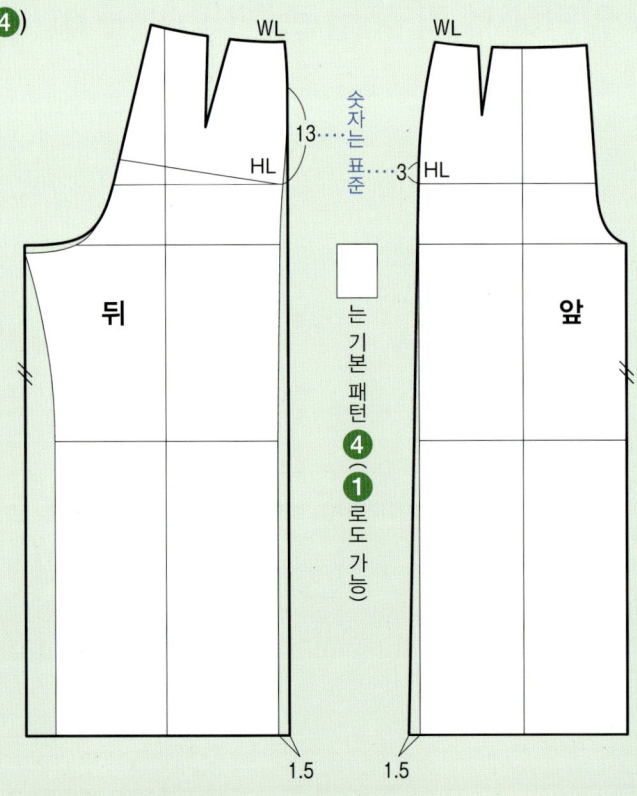

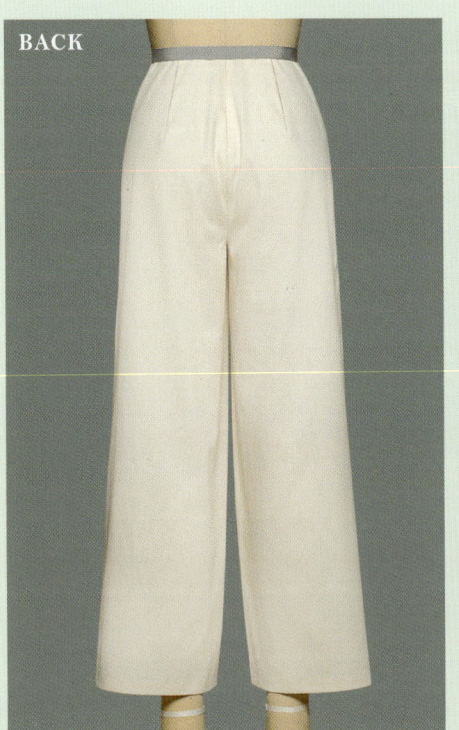
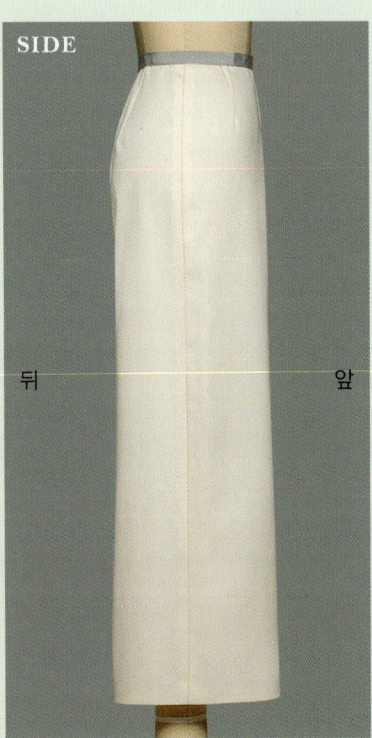
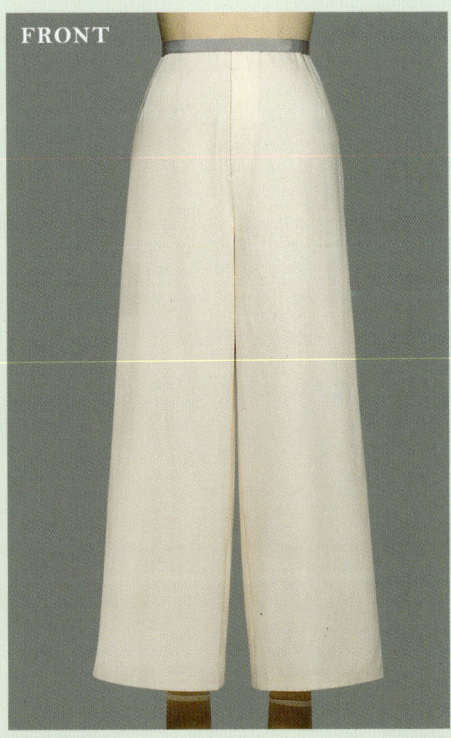

엉덩이 주위는 깔끔하게 딱 맞고, 밑단 쪽으로 서서히 퍼지는 부드러운 실루엣.

→ 기본 패턴 ④ 만드는 법…P.156, 기본 패턴 ①로 만드는 법…P.159

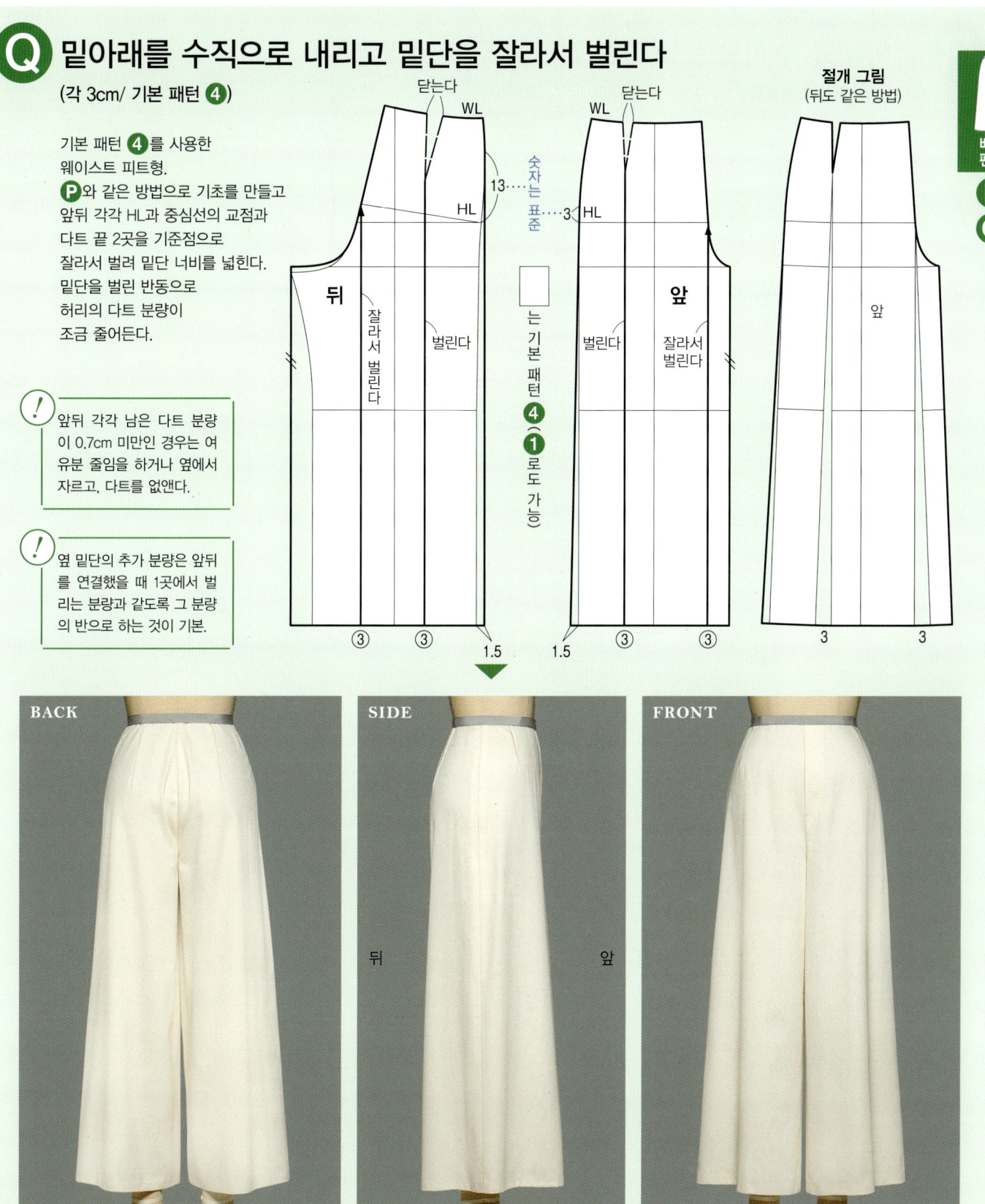

기초 강의

R 밑아래를 수직으로 내리고 밑단을 잘라서 벌린다

(각 6cm / 기본 패턴 ❹)

기본 패턴 ❹를 사용한
웨이스트 피트형.
밑단 너비를 옆 밑단에서 3cm 넓히고
엉덩이 곡선과 자연스럽게 연결해
옆선을 직선으로 그린다.
뒤 밑아래선은 수직으로 내리고,
밑아래 길이가 앞과 같은 치수가 되도록
조정해 뒤 밑위길이를 다시 그린다.
그다음 앞뒤 각각
HL과 중심선의 교점과 다트 끝
2곳을 기준점으로 잘라서 벌려
밑단 너비를 넓힌다.
밑단을 벌린 반동으로
허리의 다트 분량이 조금 줄어든다.

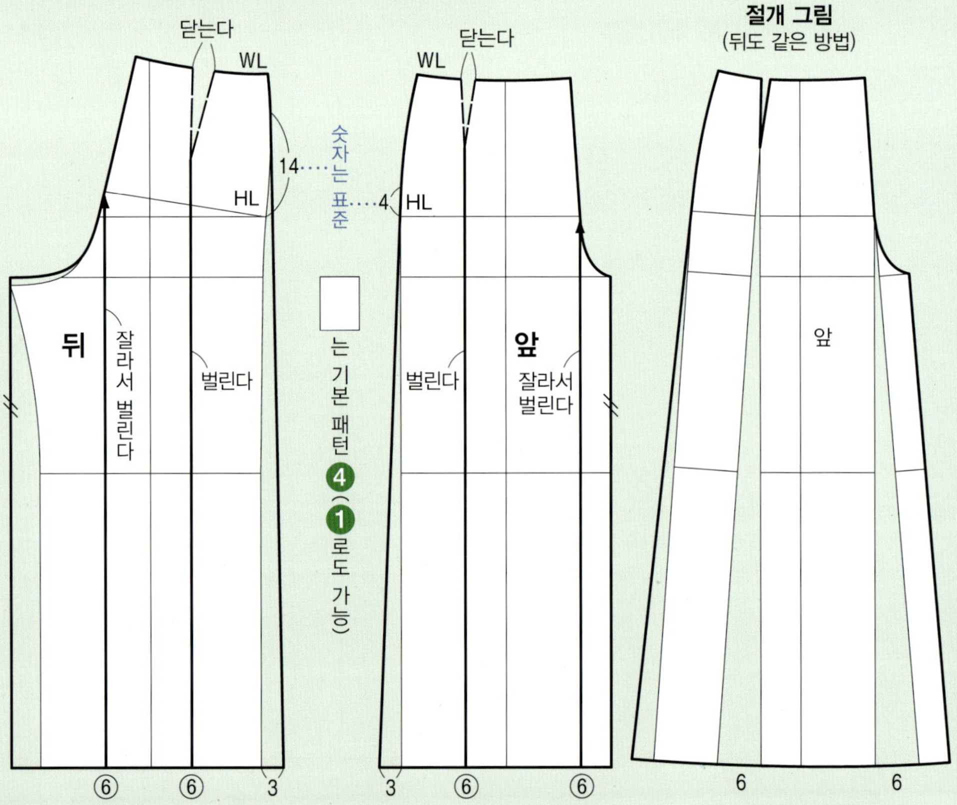

! 앞뒤 각각 남은 다트 분량이 0.7cm 미만인 경우는 여유분 줄임을 하거나 옆에서 자르고, 다트를 없앤다.

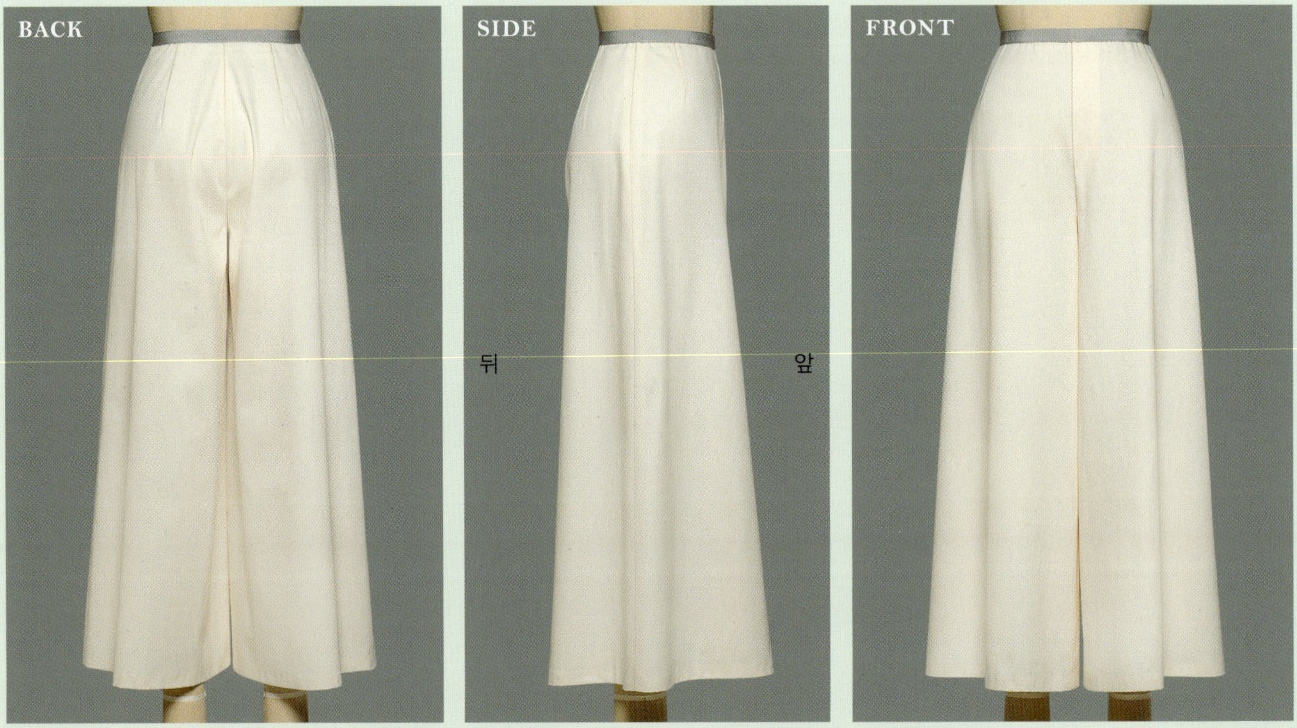

BACK   SIDE   FRONT

엉덩이 주위는 깔끔하게 피트. 밑단 쪽으로 넓게 퍼지고 완만한 플레어 웨이브가 나타난다.

기초 강의

7교시 와이드 팬츠
— Wide pants —

T 기본 패턴 ② 그대로

기본 패턴 ②를 사용한 웨이스트 루스형.
줄이는 위치에서 밑단까지 수직으로 내리고
옆선은 수직.
HL에 많은 여유분(전체에서 20cm)을
넣은 와이드한 실루엣.

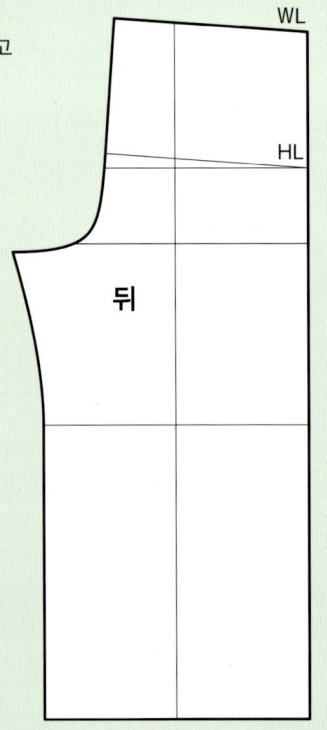
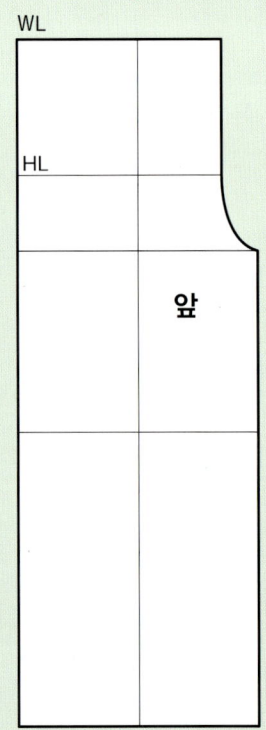

□는 기본 패턴 ②

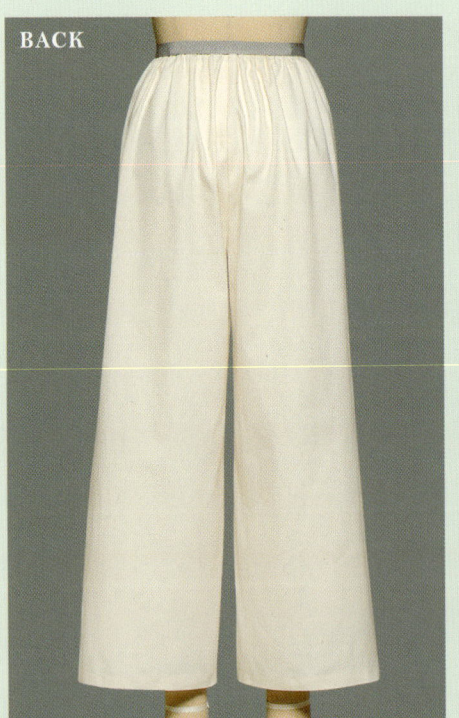
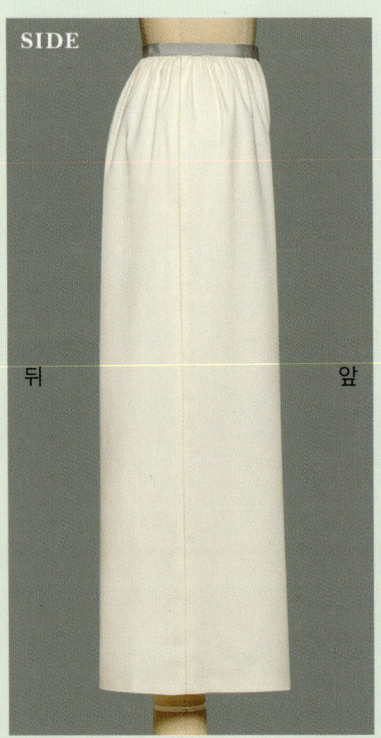

엉덩이 주위에 여유가 많고 낙낙한 실루엣.
옆과 밑아래 모두 줄이는 곳 없는 직선 라인이지만, 허리와의 치수 차이로 조금 밑단이 퍼져 보인다.

→ 기본 패턴 ② 만드는 법…P.148

기본적인 스트레이트 팬츠와 비교해 밑위가 깊고 전체 폭도 넓은 낙낙한 실루엣.
턱트, 스커트 팬츠, 가우초 같은 다양한 볼륨 팬츠의 기본이 된다.

U 기본 패턴 ③ 그대로

기본 패턴 ③을 그대로 사용한
웨이스트 루스형.
밑아래선과 옆선이 수직.
HL에 풍성하게 여유분(전체에서 40cm)을
넣은 볼륨 있는 실루엣.

T의 2배로 여유분이 들어가 엉덩이 주위 볼륨이 커진다.
허리의 개더 분량이 많아지며 부풀림도 커져 밑단이 퍼지는 느낌은 약해진다.

→ 기본 패턴 ③ 만드는 법…P.154

8교시 스커트 팬츠
— Skirt pants —

V 옆에서 10cm 추가 (기본 패턴 ③)

기본 패턴 ③을 사용한 웨이스트 루스형. 옆선에 평행으로 10cm씩(전체에서 40cm) 추가한다.

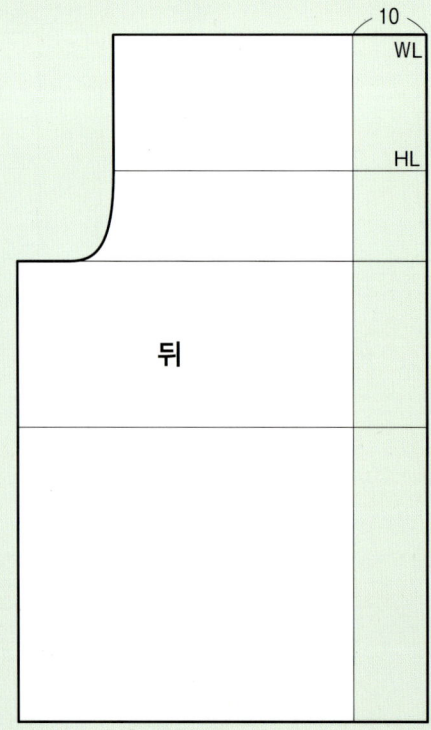
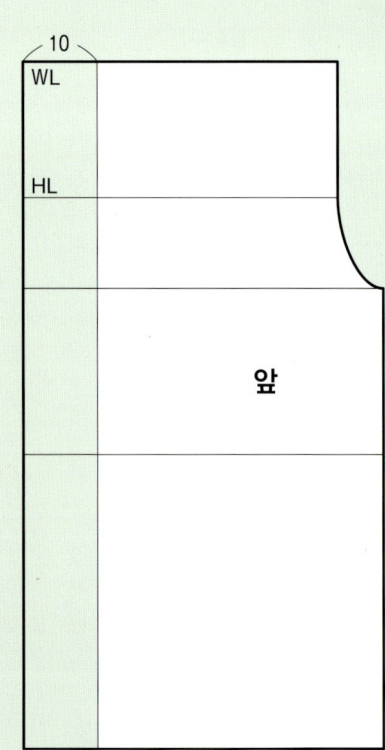

□는 기본 패턴 ③

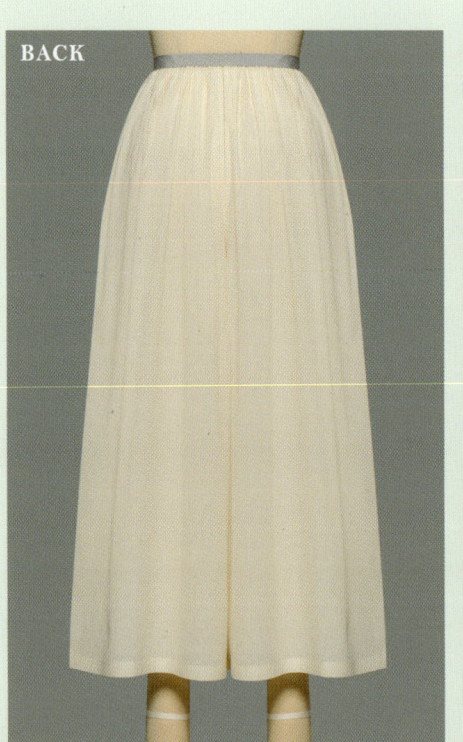
BACK

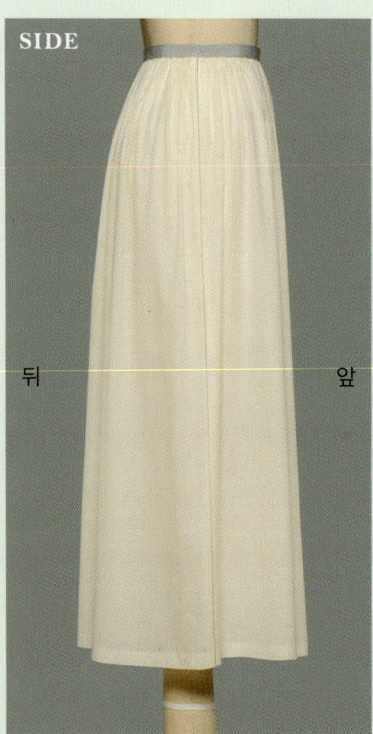
SIDE 뒤 앞

FRONT

엉덩이 주위에는 풍성한 볼륨, 밑단 쪽으로 살짝 퍼지는 부드러운 실루엣.

→ 기본 패턴 ③ 만드는 법…P.154

기초 강의

9교시 턱트 팬츠
— Tucked pants —

X 턱 1개 (기본 패턴 ❶)

기본 패턴 ❶을 사용해 앞뒤에 턱을 넣은 웨이스트 피트형. 턱 중심을 WL의 중간점에 설정하고 옆쪽으로 접는다.

! 엉덩이 치수가 부족하지 않도록 턱에 경사를 둔다.

턱 결정하는 법

◆ = ★ + ★ + ★
◆ = ★ + ★ + ★

* 턱 분량(◆, ◆)은 각자의 허리와 엉덩이의 치수 차이에 따라 변한다. 각 별 기호의 치수는 P.157, 158 참조.

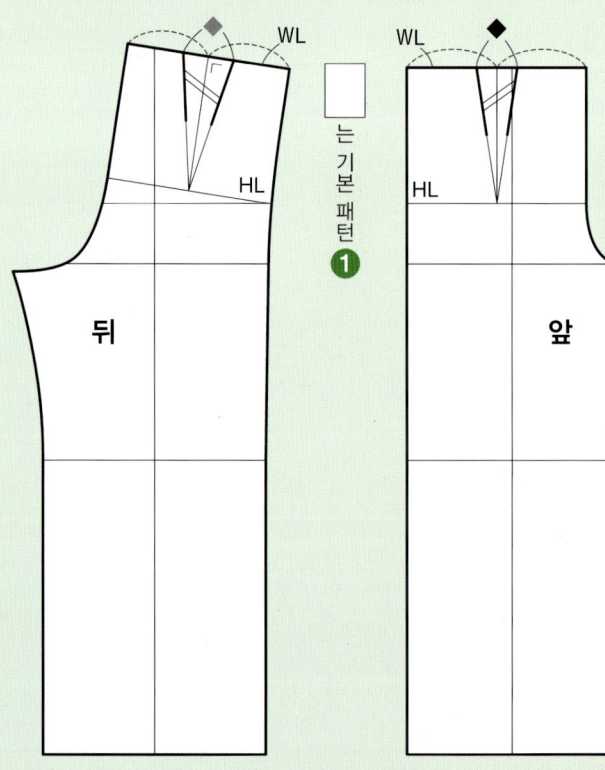

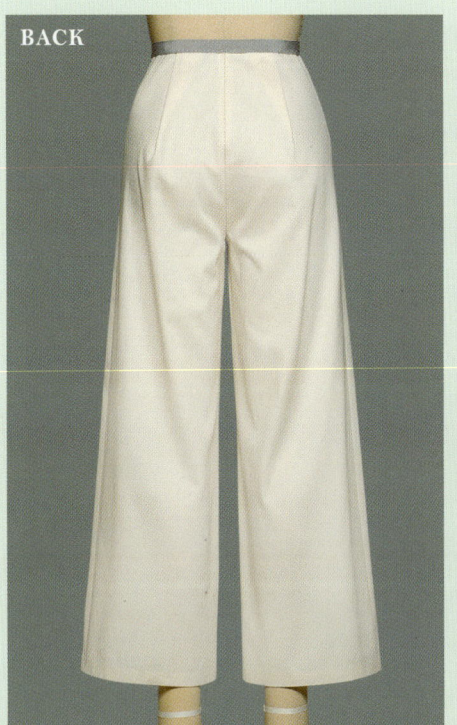
BACK

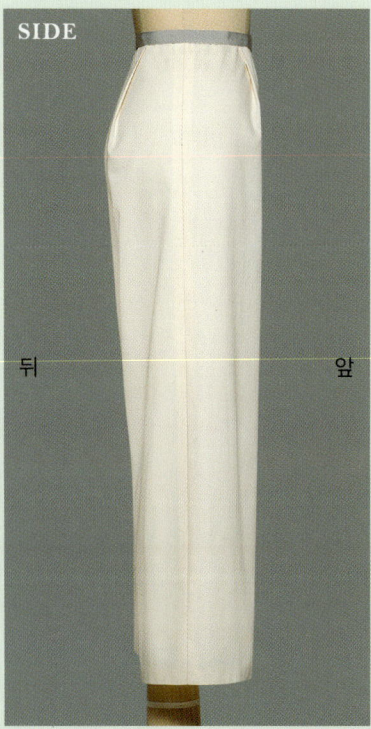
SIDE
뒤 앞

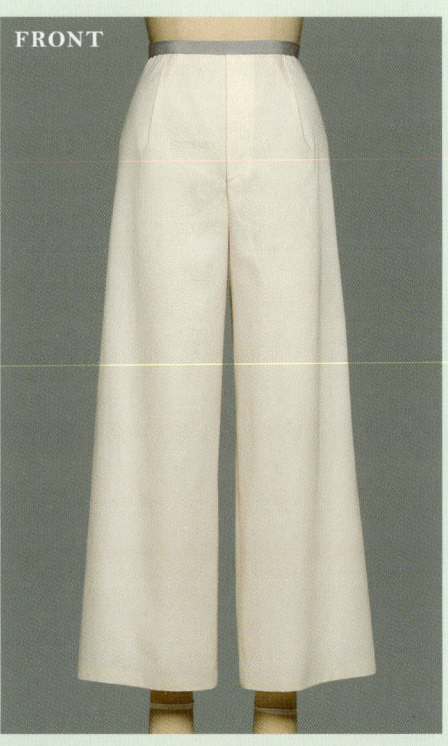
FRONT

턱이 들어가 WL은 피트, 엉덩이 주위에는 적당히 여유가 남는다.
엉덩이와 허리의 차이를 모아 처리하는 반동으로 밑아래 부분은 약간 밑단이 퍼진다.

→ 기본 패턴 ❶ 만드는 법…P.148

허리에 턱을 넣은 팬츠. 엉덩이와의 치수 차이를 처리하고 디자인적 요소를 가미한다.
턱을 접는 위치, 개수, 분량, 꺾는 방향은 여러 가지 변형이 가능하고 그에 따른 효과도 다양하다.

Y 턱 2개 (기본 패턴 ①)

기본 패턴 ①을 사용해
앞뒤에 턱을 넣은 웨이스트 피트형.
턱 위치를 허리의 완성 치수를
3등분한 사이에 설정하고 옆쪽으로 접는다.

! 엉덩이 치수가 부족하지 않도록 턱에 경사를 둔다.

뒤 턱 결정하는 법
◆ = ★ + ★ + ★
∅ = (⊠ − ◆) ÷ 3
뒤허리의 완성 치수

앞 턱 결정하는 법
◆ = ★ + ★ + ★
⦵ = (▣ − ◆) ÷ 3
앞 허리의 완성 치수

* 턱 분량(◆, ◆)은
각자의 허리와 엉덩이의 치수 차이에 따라 변한다.
각 별 기호의 치수는 P.157, 158 참조.

턱을 2개로 분산해 엉덩이 주위를 X보다 완만하게 몸에 맞춘다. 밑아래는 거의 스트레이트 라인.

→ 기본 패턴 ① 만드는 법…P.148, 패턴 법칙…P.160

기초 강의

9교시 턱트 팬츠 —Tucked pants—

Z 턱 1개 (기본 패턴 ❷)

기본 패턴 ❷를 뒤는 그대로 사용하고, 앞에만 턱을 1개 넣은 웨이스트 루스형. 턱 중심을 WL의 중간점에 설정하고 옆쪽으로 접는다.
뒤허리를 신축성 있게 완성할 경우는 트임이 필요한지 확인한다.

> ! 엉덩이 치수가 부족하지 않도록 턱에 경사를 둔다.

앞 턱 결정하는 법

◆ = ■ − 허리의 완성 치수

여기서는 $\dfrac{W+1}{4}$

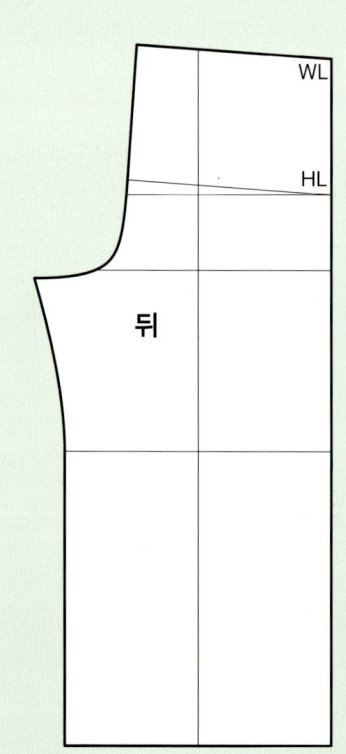

□는 기본 패턴 ❷

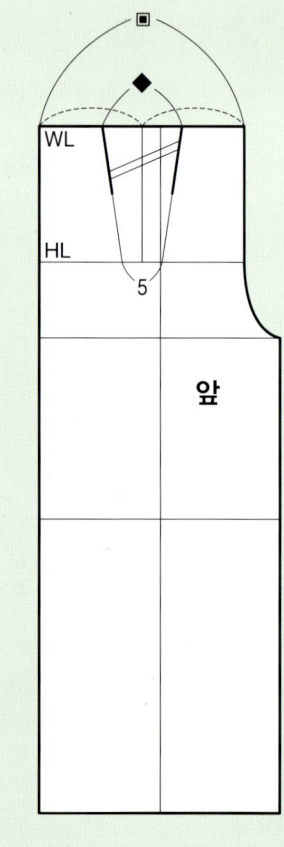

BACK

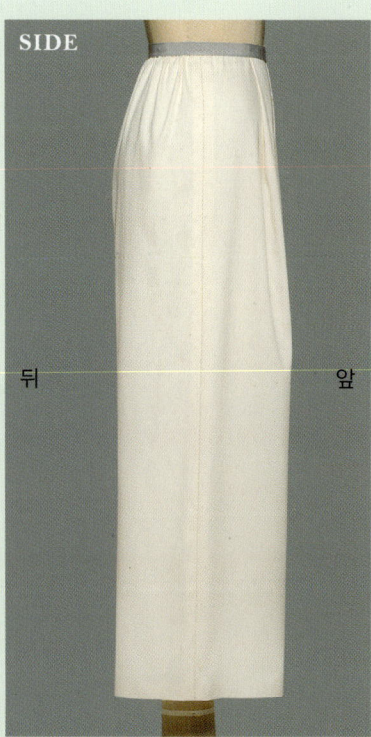
SIDE 뒤 앞

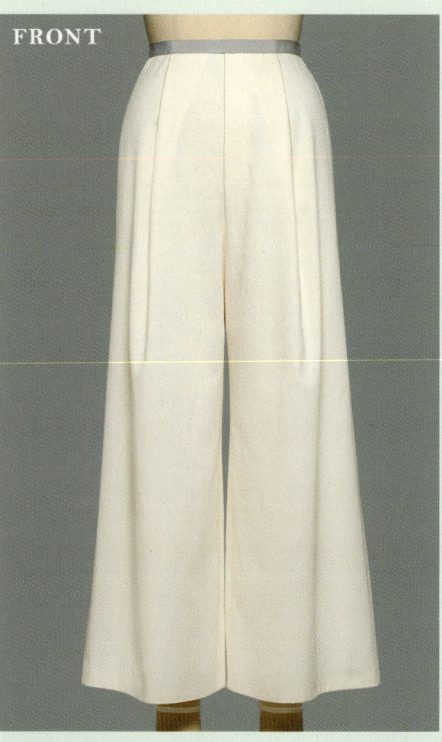
FRONT

앞 허리는 턱이 들어가 적당히 피트. 턱 분량이 많아 독특한 음영이 생기고 직선적인 실루엣이 된다.
뒤는 엉덩이 주위에 여유가 많아 낙낙하다.

→ 기본 패턴 ❷ 만드는 법…P.148, 트임 종류…P.84

a 턱 2개 (기본 패턴 ②)

기본 패턴 ②를 뒤는 그대로 사용하고, 앞에만 턱을 2개 넣은 웨이스트 루스형. 턱 위치를 허리의 완성 치수를 3등분한 사이에 설정하고 옆쪽으로 접는다. 뒤허리를 신축성 있게 완성할 경우는 트임이 필요한지 확인한다.

> ! 엉덩이 치수가 부족하지 않도록 턱에 경사를 둔다.

앞 턱 결정하는 법

◆ = ■ − 허리의 완성 치수

● = 허리의 완성 치수 ÷ 3

여기서는 $\dfrac{W+1}{4}$

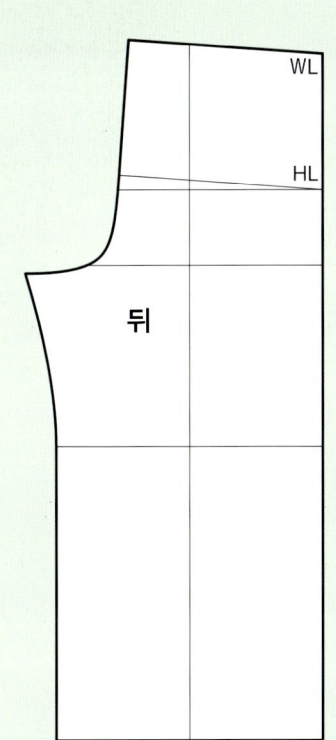

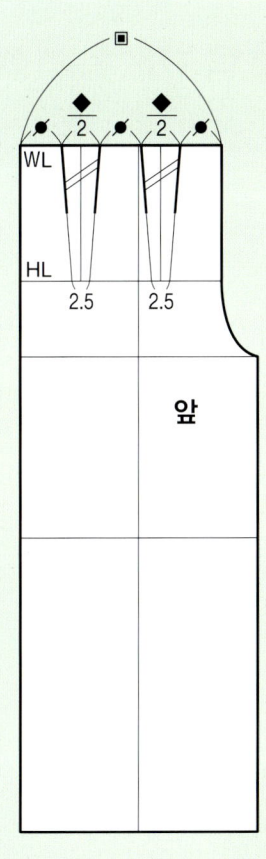

□는 기본 패턴 ②

턱트 팬츠 **Z** **a**

BACK

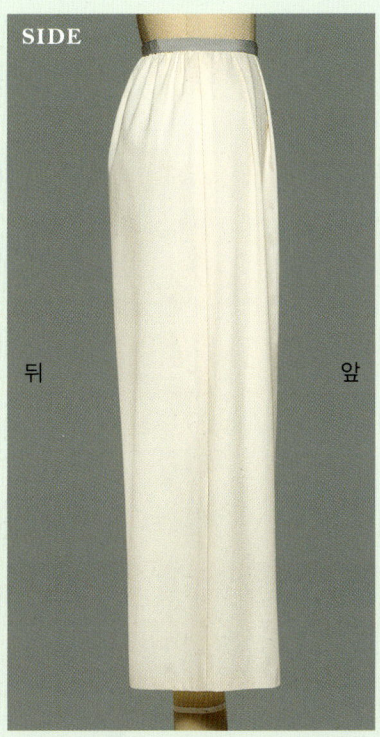
SIDE 뒤 앞

FRONT

턱을 2개로 분산해 앞 엉덩이 주위는 조금 완만해진다. **Z**보다 부풀림이 생겨 우아한 실루엣으로.

→ 기본 패턴 ② 만드는 법…P.148, 트임 종류…P.84, 패턴 법칙…P.160

9 턱트 팬츠 —Tucked pants—

b 턱 1개 (기본 패턴 ❸)

기본 패턴 ❸을 뒤는 그대로 사용하고, 앞에만 턱을 1개 넣은 웨이스트 루스형. 턱 중심을 WL의 중간점에 설정하고 옆쪽으로 접는다.

! 엉덩이 치수가 부족하지 않도록 턱에 경사를 둔다.

앞 턱 결정하는 법

◆ = ■ − 허리의 완성 치수

여기서는 $\dfrac{W+1}{4}$

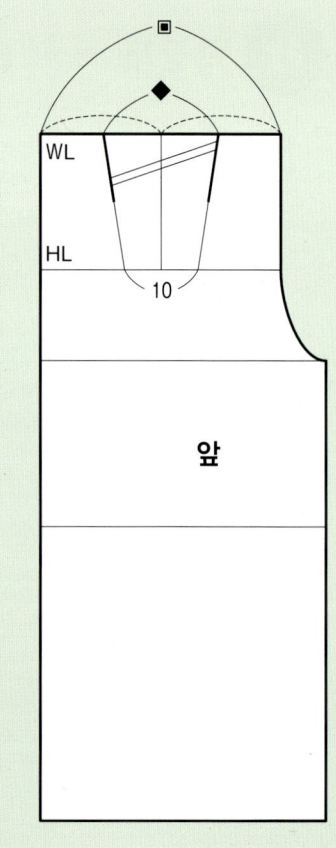

BACK

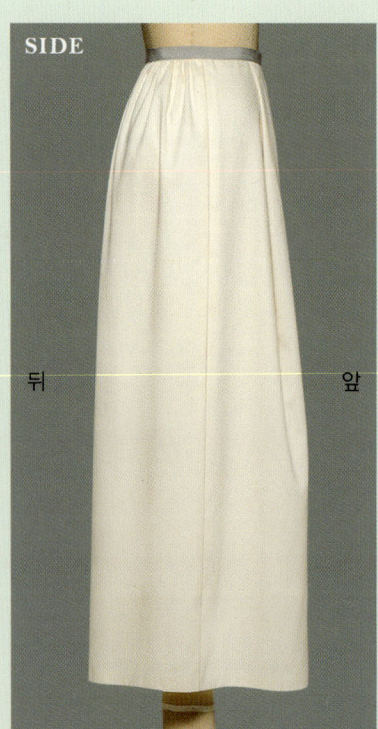
SIDE 뒤

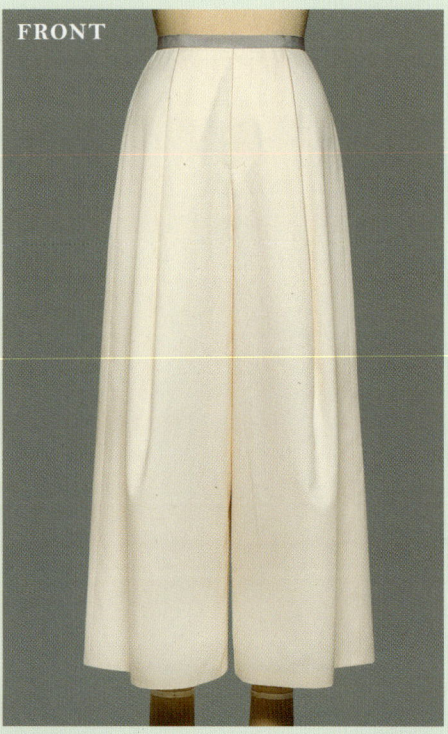
FRONT 앞

앞 허리와 그 주변은 턱이 들어가 적당히 피트. 턱 분량이 많아 독특한 음영이 생긴다.
ⓩ보다 볼륨 있는 와이드 실루엣으로. 뒤는 엉덩이 주위에 여유가 많아 낙낙하다.

→ 기본 패턴 ❸ 만드는 법…P.154

턱 위치와 방향에 따른 다양한 표정

같은 기본 패턴 ❸이라도 턱의 디자인 효과를 어떻게 활용하는가에 따라 느낌이 달라진다.

턱을 중심으로 이동하고 중심 쪽으로 접는다.

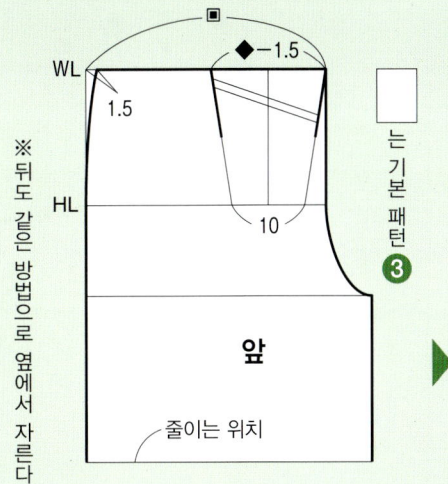

☐ 는 기본 패턴 ❸

※ 뒤도 같은 방법으로 옆에서 자른다

⚠ 중심에만 턱을 넣으면 옆이 뜨기 때문에 WL에서 자르고 옆선을 완만하게 다시 그린다. 턱 분량도 자른 분량만큼 줄인다.

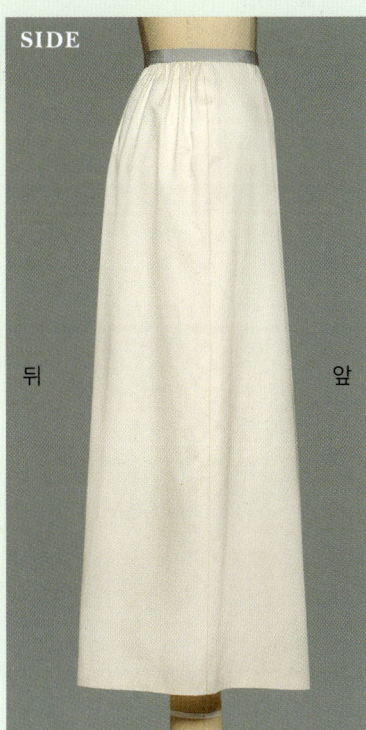

좌우 턱의 접음선을 맞대서 앞 중심이 박스 턱으로.
턱의 음영이 짙어지고 입체감이 커져 깔끔한 느낌.

턱을 옆으로 이동하고 옆쪽으로 접는다.

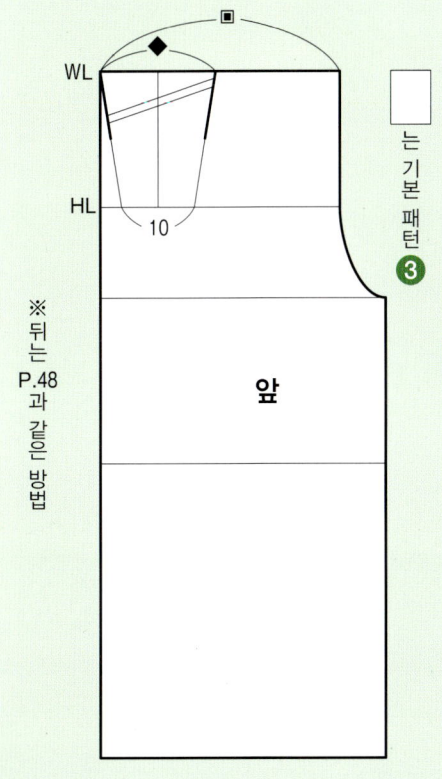

☐ 는 기본 패턴 ❸

※ 뒤는 P.48과 같은 방법

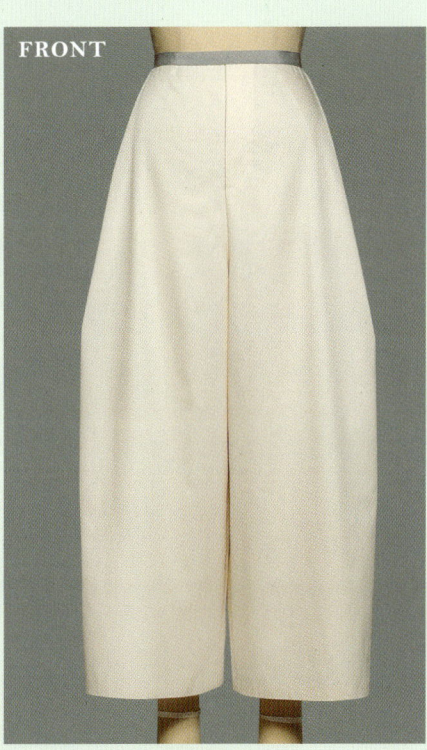

옆 턱이 들어가 앞 중심은 깔끔하고 양 사이드에 볼륨이 생기는
독특한 커쿤 실루엣으로.

기초 강의

9교시 턱트 팬츠
— Tucked pants —

C 턱 2개 (기본 패턴 ③)

기본 패턴 ③을 뒤는 그대로 사용하고,
앞에만 턱을 2개 넣은 웨이스트 루스형.
턱 위치를 허리의 완성 치수를
3등분한 사이에 설정하고 옆쪽으로 접는다.

> ! 엉덩이 치수가 부족하지 않도록 턱에 경사를 둔다.

앞 턱 결정하는 법

◆ = ■ − 허리의 완성 치수
● = 허리의 완성 치수 ÷ 3

여기서는 $\dfrac{W+1}{4}$

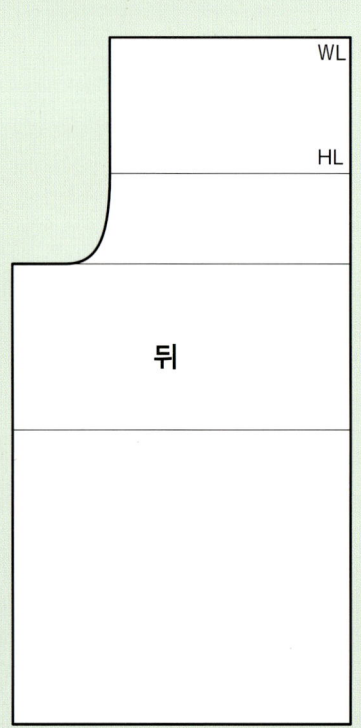
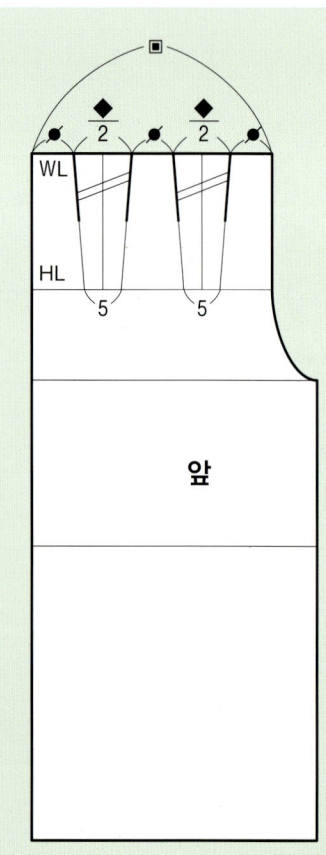

뒤 / 앞

BACK

SIDE — 뒤 / 앞

FRONT

밑단이 퍼지는 와이드 실루엣.
엉덩이 곡선에 적합한 자연스러운 턱 방향으로, 앞 엉덩이 주위는 완만하다.

→ 기본 패턴 ③ 만드는 법…P.154, 패턴 법칙…P.160

d 턱 2개 (기본 패턴 ③)

기본 패턴 ③을 뒤는 그대로 사용하고,
앞에만 턱을 2개 넣은 웨이스트 루스형.
턱 1개를 중심 위치에 넣고,
다른 1개를 남은 WL의 2등분한 위치에 설정.
중심 위치의 턱은 중심 쪽으로,
다른 1개는 옆쪽으로 접는다.

! 엉덩이 치수가 부족하지 않도록 턱에 경사를 둔다.

앞 턱 결정하는 법

◆ = ■ − 허리의 완성 치수

여기서는 $\dfrac{W+1}{4}$

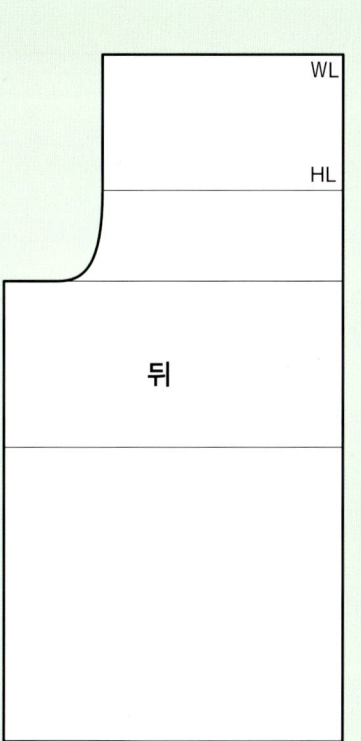
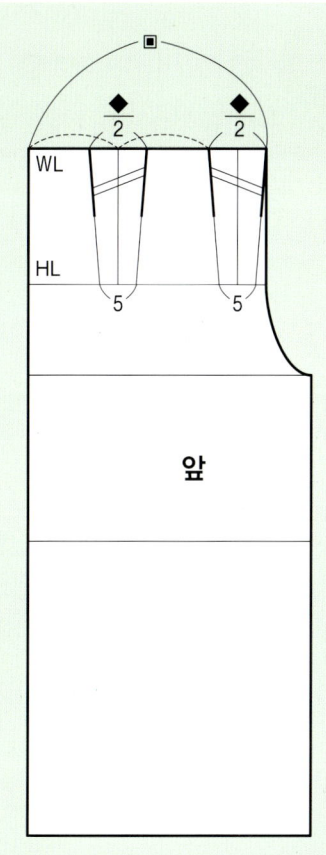

뒤 / 앞

BACK SIDE FRONT

밑단이 퍼지는 와이드 실루엣.
2개의 턱 방향을 달리함으로써 박스 플리츠풍의 입체감이 생긴다.

→ 기본 패턴 ③ 만드는 법 … P.154

9 턱트 팬츠
— Tucked pants —

e 턱 4개 (기본 패턴 ③)

기본 패턴 ③을 뒤는 그대로 사용하고, 앞에만 턱을 4개 넣은 웨이스트 루스형. 턱 위치를 허리의 완성 치수를 5등분한 사이에 설정하고 옆쪽으로 접는다.

> ⚠ 엉덩이 치수가 부족하지 않도록 턱에 경사를 둔다.

앞 턱 결정하는 법

- ◆ = ■ − 허리의 완성 치수
- ● = 허리의 완성 치수 ÷ 5

여기서는 $\dfrac{W+1}{4}$

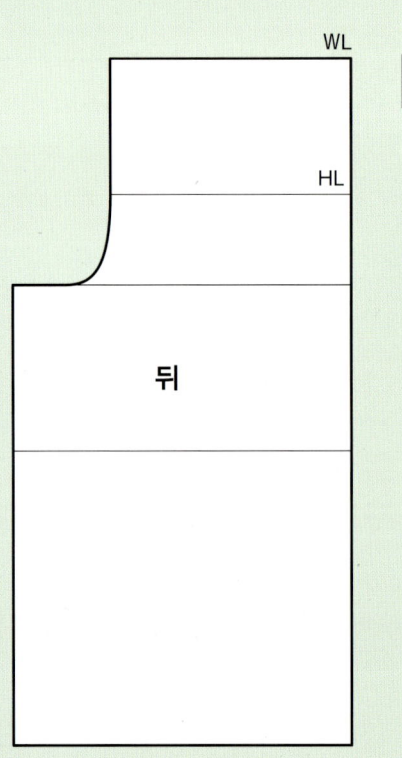
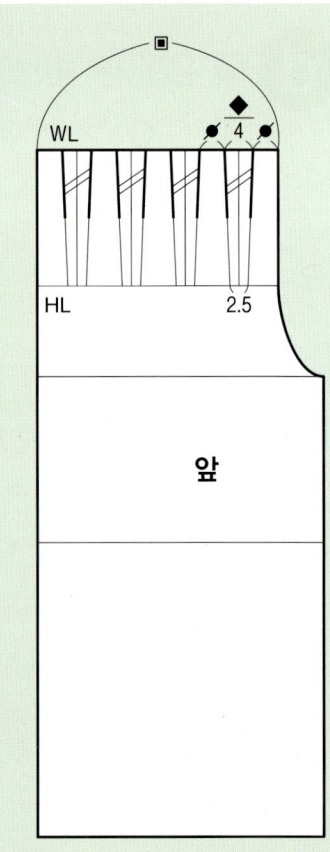

□는 기본 패턴 ③

BACK

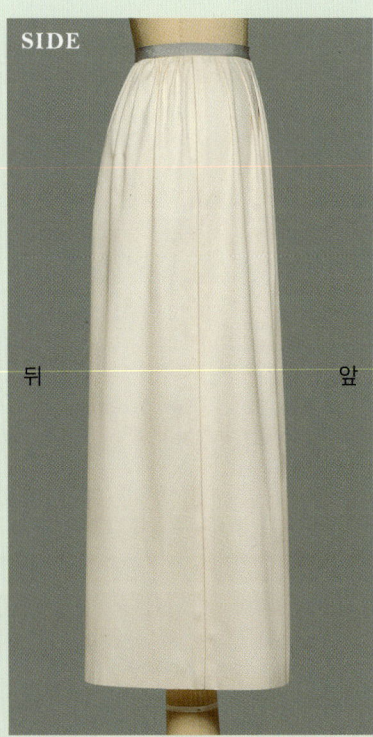
SIDE 뒤 앞

FRONT

밑단이 퍼지는 와이드 실루엣. 턱의 총분량은 같아도 개수를 늘려 분산하면 접음선이 늘고, 음영이 생겨 깔끔한 느낌과 와이드한 볼륨이 적당히 공존한다.

f 턱 6개 (기본 패턴 ③)

기본 패턴 ③을 뒤는 그대로 사용하고, 앞에만 턱을 6개 넣은 웨이스트 루스형. 턱 위치를 허리의 완성 치수를 7등분한 사이에 설정하고 옆쪽으로 접는다.

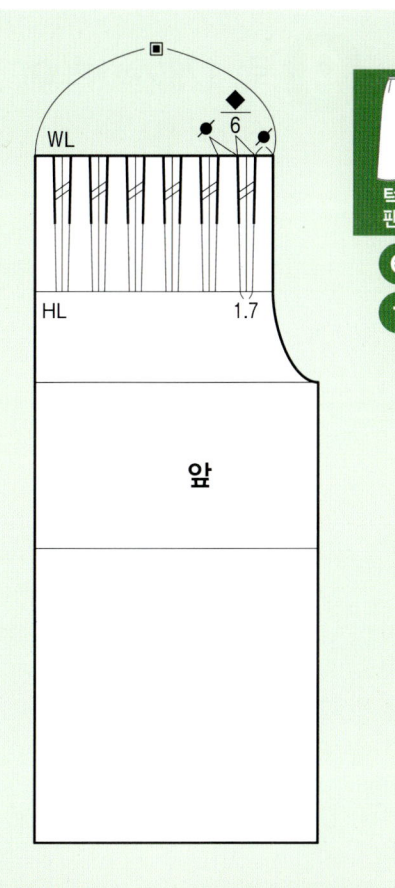

! 엉덩이 치수가 부족하지 않도록 턱에 경사를 둔다.

앞 턱 결정하는 법

◆ = ■ − 허리의 완성 치수

♣ = 허리의 완성 치수 ÷ 7

　여기서는 $\dfrac{W+1}{4}$

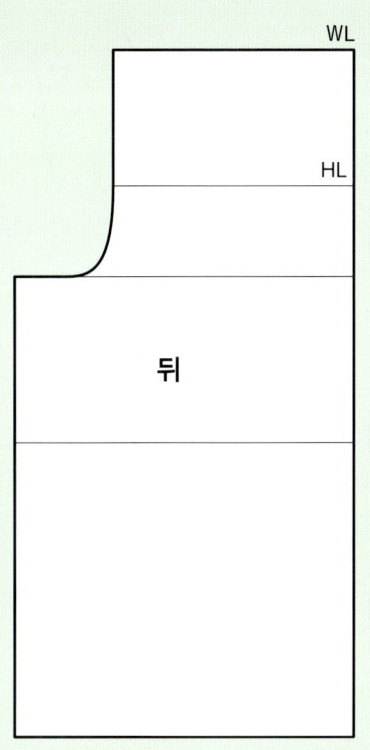

BACK

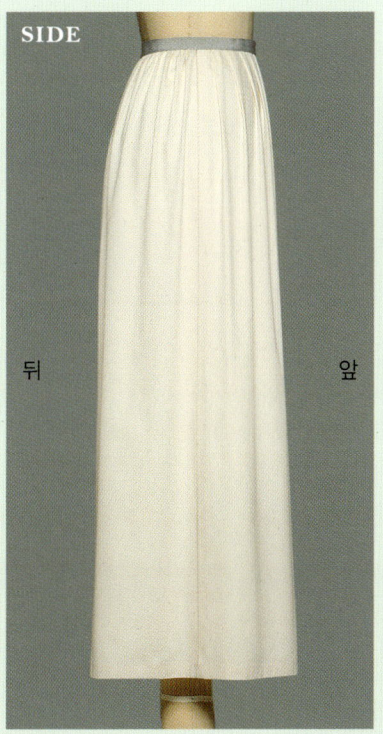
SIDE

FRONT

밑단이 퍼지는 와이드 실루엣. 턱을 더 분산하면 앞 허리에 접음선이 늘고, 개더에 가까운 부풀림이나 입체적인 볼륨이 생겨 와이드한 느낌이 커진다.

→ 기본 패턴 ③ 만드는 법…P.154, 패턴 법칙…P.160

9 턱트 팬츠
— Tucked pants —

g 턱 1개 (기본 패턴 ❹)

기본 패턴 ❹를 뒤는 그대로 사용하고,
앞 다트 위치를 이용해
턱을 넣은 웨이스트 피트형.
밑단을 기준점으로 잘라서 벌려
분량을 추가하고 옆쪽으로 접는다.

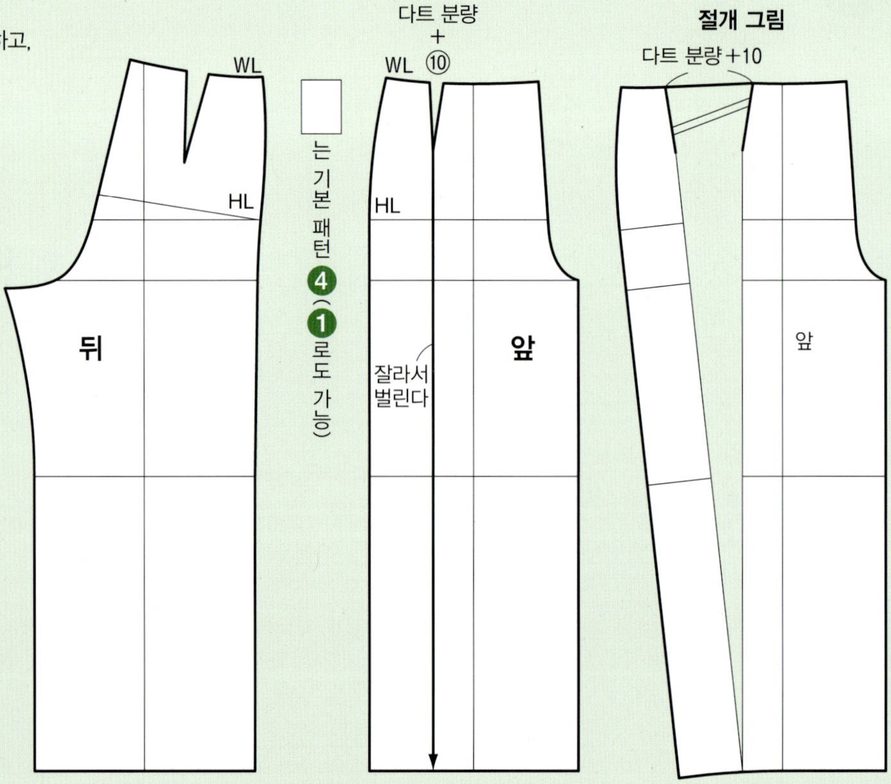

WL

뒤

HL

(는 기본 패턴 ❹ ❶ 로도 가능)

다트 분량 + ⑩
WL

HL

앞

잘라서 벌린다

절개 그림

다트 분량 +10

앞

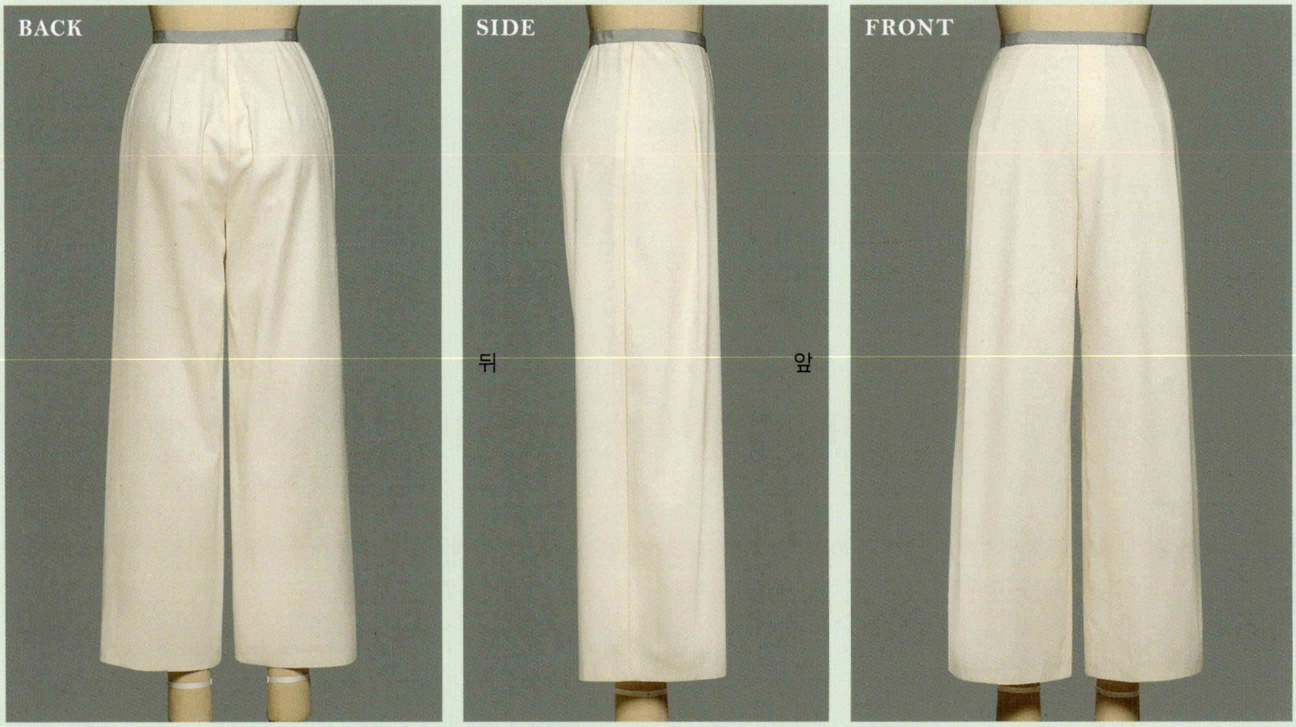

BACK

SIDE 뒤 앞

FRONT

허리는 피트. 엉덩이 주위에는 적당히 여유가 더해지고 옆선은 완만한 곡선. 턱의 음영은 밑단에서 자연스럽게 사라진다.
Ⓓ(기본 패턴 ❹)와 비교해 HL에 부풀림이 있는 스트레이트 실루엣.

→ 기본 패턴 ❹ 만드는 법…P.156, 기본 패턴 ❶로 만드는 법…P.159, 기준점을 잡고 잘라서 벌린다…P.170

h 턱 1개 (기본 패턴 ❹)

기본 패턴 ❹를 뒤는 그대로 사용하고,
앞 다트 위치를 이용해
턱을 넣은 웨이스트 피트형.
평행으로 잘라서 벌려 분량을 추가하고
옆쪽으로 접는다.

절개 그림

턱트 팬츠

g
h

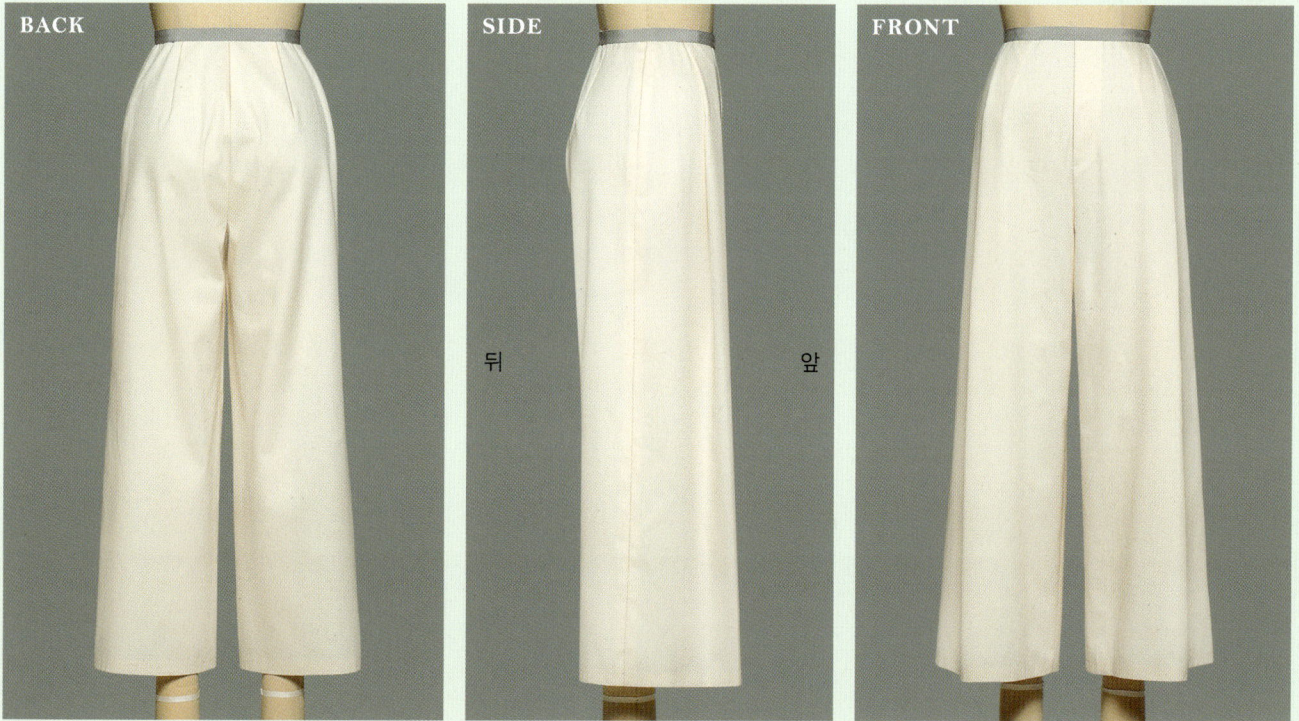

허리는 피트. ❾와 마찬가지로 엉덩이 주위에 적당히 여유가 더해지지만, 밑단 너비도 넓어져 밑단이 퍼진다.
턱의 음영은 밑단까지 뚜렷이 생겨 입체적.

→ 기본 패턴 ❹ 만드는 법…P.156, 기본 패턴 ❶로 만드는 법…P.159, 평행으로 잘라서 벌린다…P.171

턱 1개 (기본 패턴 ❹)

기본 패턴 ❹를 뒤는 그대로 사용하고, 앞 중심과 WL의 교점과 밑단을 이은 선에 턱을 넣은 웨이스트 피트형. 밑단을 기준점으로 잘라서 벌려 분량을 추가하고 중심 쪽으로 접는다.

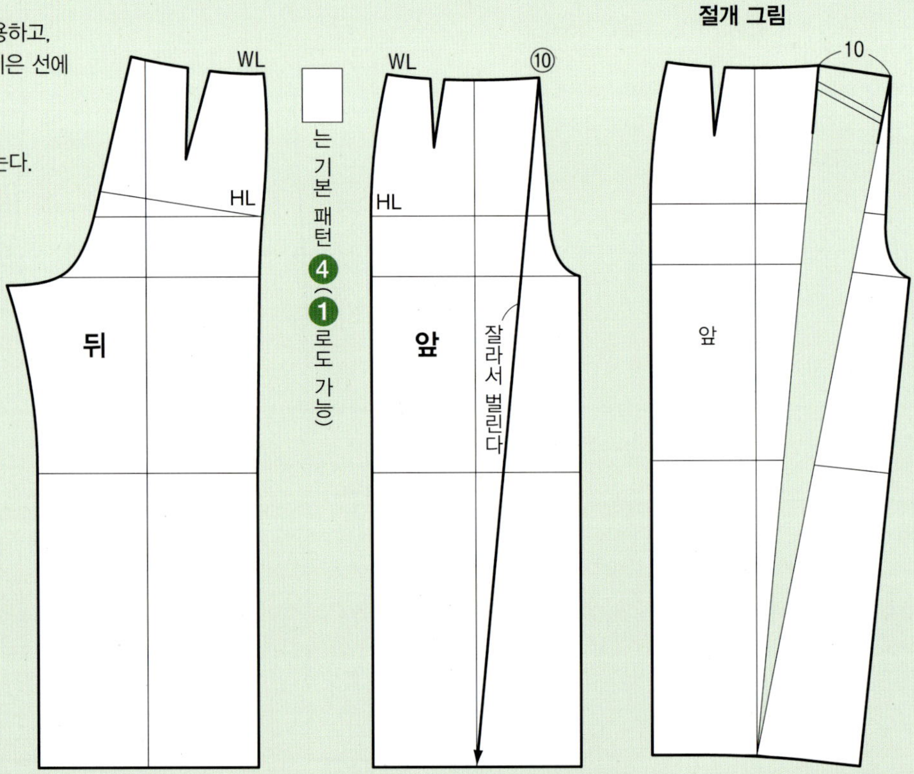

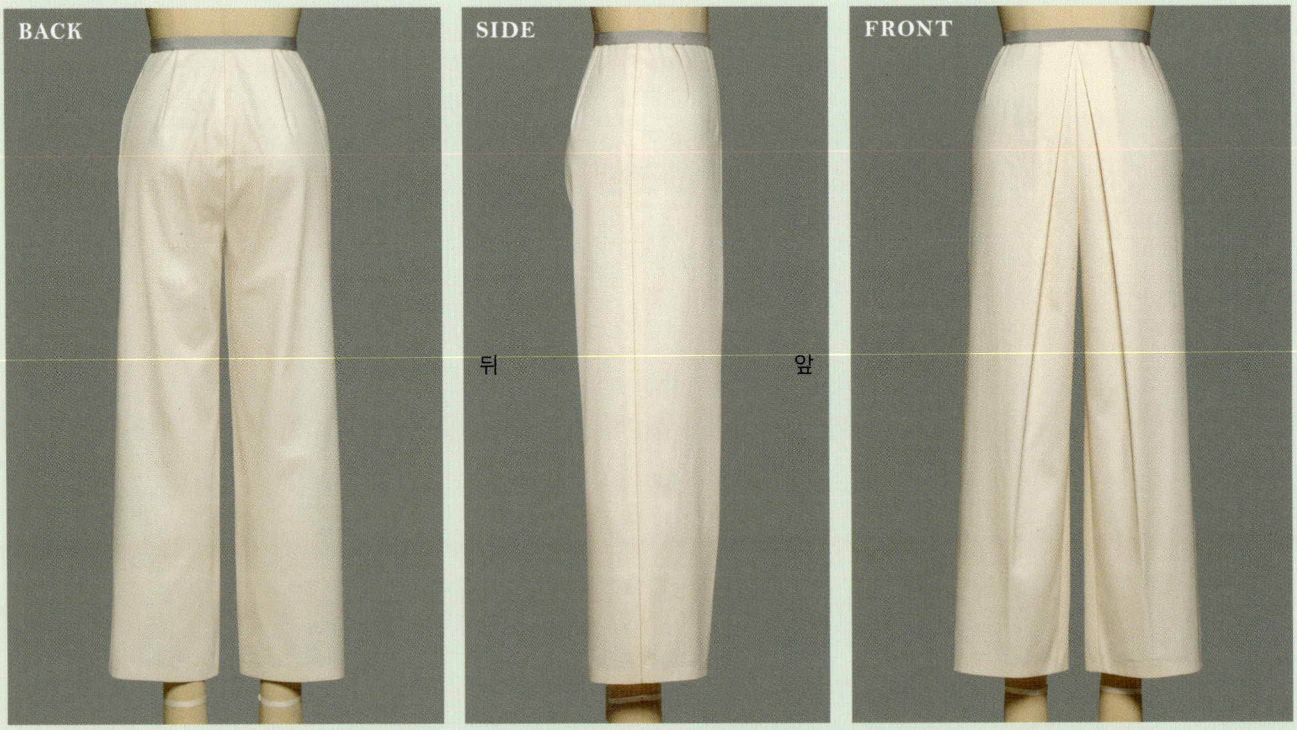

절개 그림

허리는 피트. 앞 중심부터 비스듬히 접음선이 들어간다. 턱의 음영은 밑단에서 자연스럽게 사라진다. ❶와 같은 스트레이트 실루엣.

j 턱 1개 (기본 패턴 ④)

기본 패턴 ④를 뒤는 그대로 사용하고, 앞 중심과 WL의 교점과 밑단을 이은 선에 턱을 넣은 웨이스트 피트형. 평행으로 잘라서 벌려 분량을 추가하고 중심 쪽으로 접는다.

절개 그림

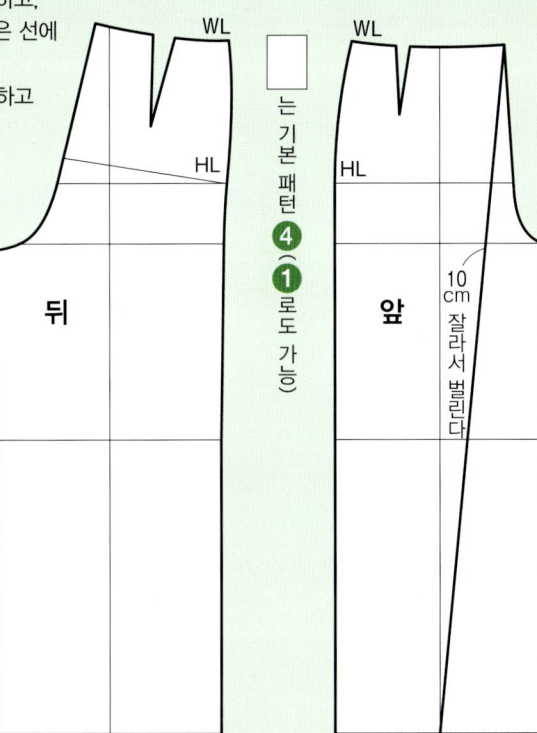
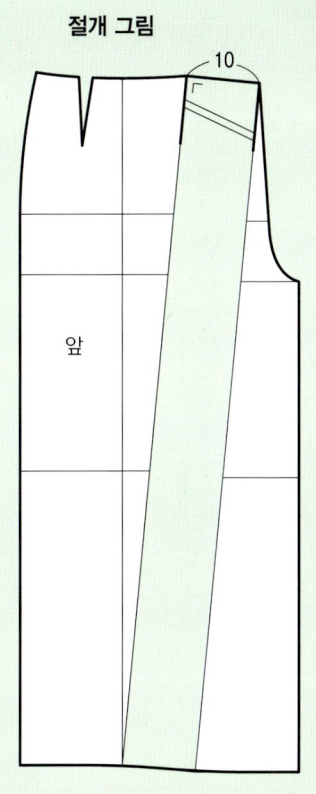

BACK

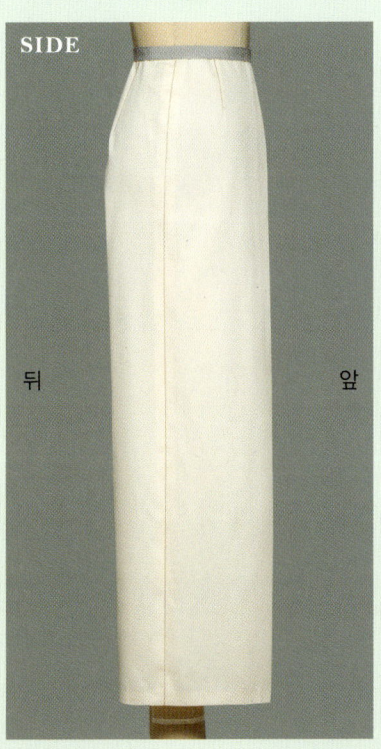
SIDE

FRONT

허리는 피트. 앞 중심부터 밑단으로 접은 라인이 길게 이어진다. 턱의 음영은 밑단까지 뚜렷이 생겨 입체적.
밑단까지 같은 분량의 턱을 넣어 밑단 너비가 넓어지지만, 실루엣에는 영향이 적고 라인은 와이드 스트레이트.

→ 기본 패턴 ④ 만드는 법…P.156, 기본 패턴 ①로 만드는 법…P.159, 평행으로 잘라서 벌린다…P.171   57

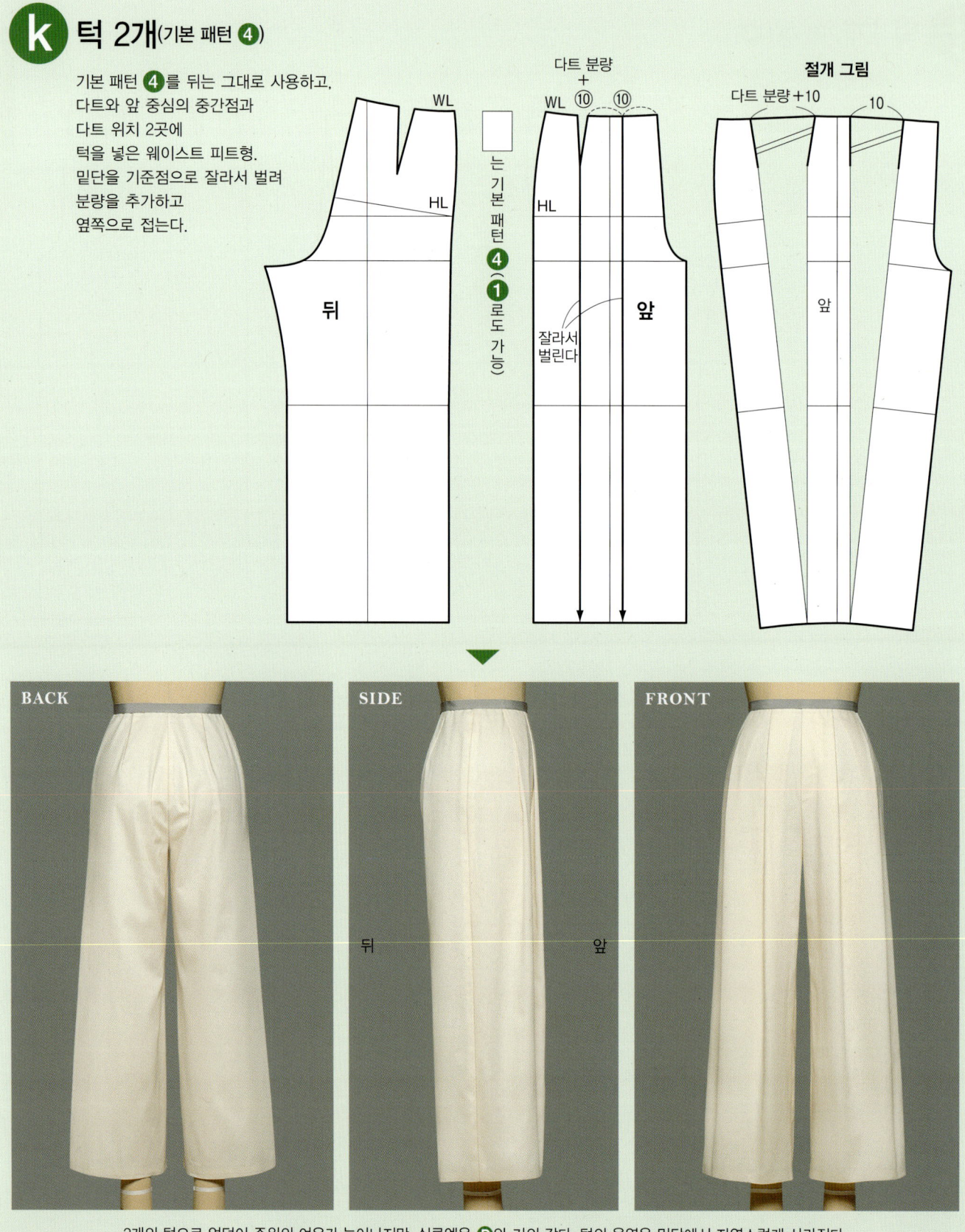

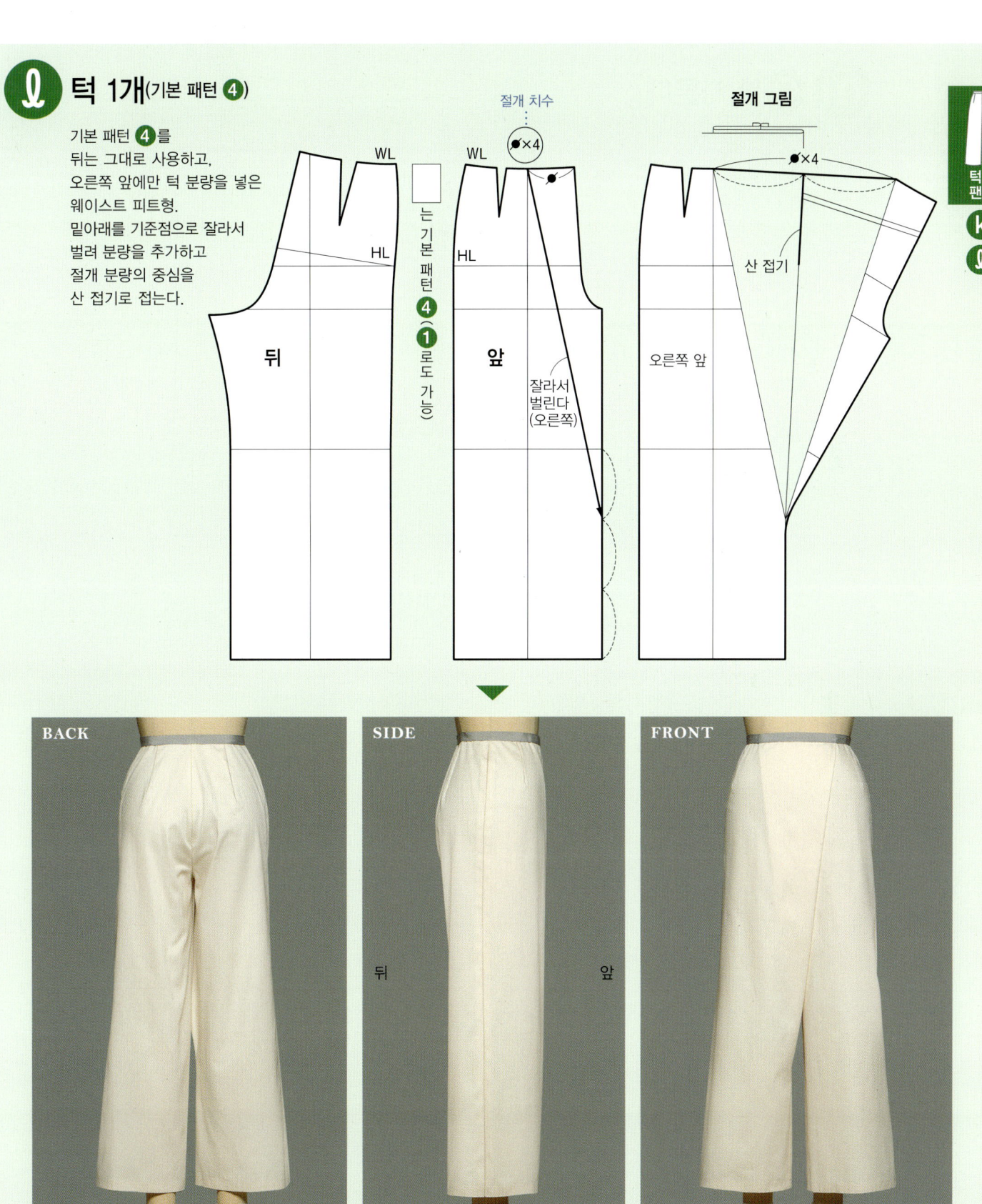

기초 강의

10교시 가우초 팬츠
― Gaucho pants ―

m 를 자른다

웨이스트 피트형인 배기 팬츠 Q(P.37)를 사용해 길이를 평행으로 자른다.

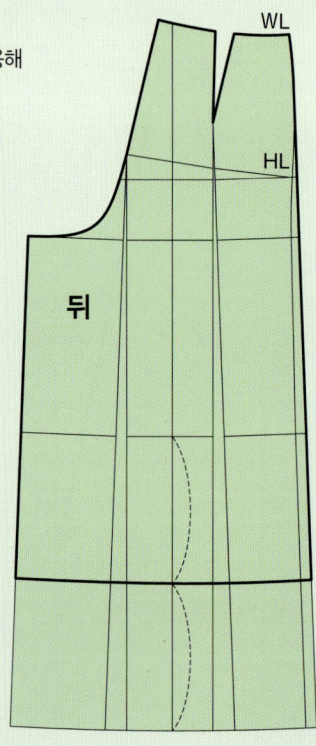
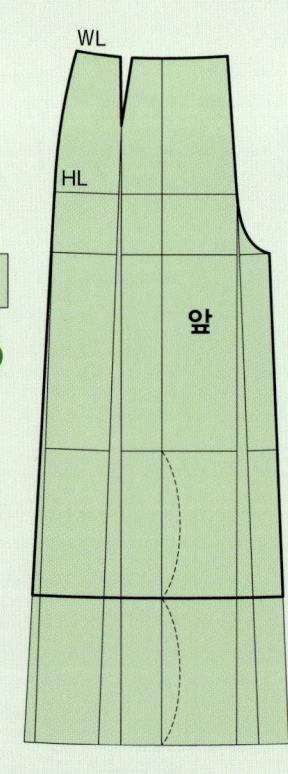

뒤 　 는 Q 　 앞

▼

BACK

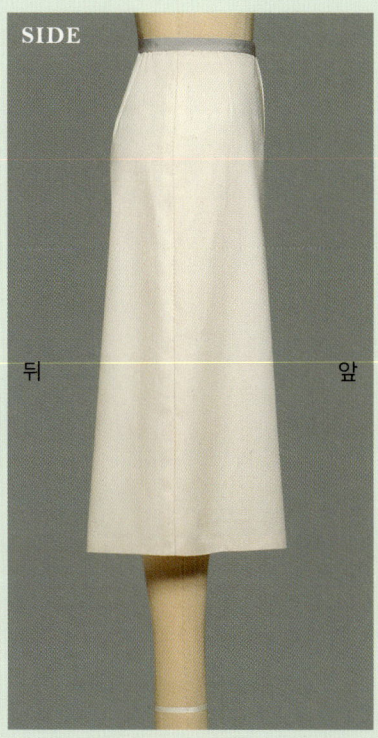
SIDE　뒤　앞

FRONT

엉덩이 주위는 깔끔하게 몸에 딱 맞고, 밑단 쪽으로 서서히 퍼지는 부드러운 실루엣.

남미의 카우보이 '가우초'에서 유래한 밑단이 퍼지는 7부 팬츠. 낙낙한 실루엣으로 입기 쉽고 움직이기 편한 것이 특징.
넓적다리 너비나 밑단 너비에 여유가 있는 디자인 패턴을 사용해 길이를 잘라서 만든다.
여기서는 장딴지 위치(줄이는 위치와 밑단의 중간점 = 7부 길이)를 기준으로 했지만, 취향에 맞게 길이를 결정하자.

n s 를 자른다

웨이스트 피트형인 플레어 팬츠 S(P.39)를 사용해 길이를 평행으로 자른다.

m 보다 와이드한 느낌이 크다. 밑단 너비가 넓어 부드러운 플레어 물결이 생긴다.

10교시 가우초 팬츠
— Gaucho pants —

O a 를 자른다

웨이스트 루스형인 턱트 팬츠 a(P.47)를 사용해 길이를 평행으로 자른다.

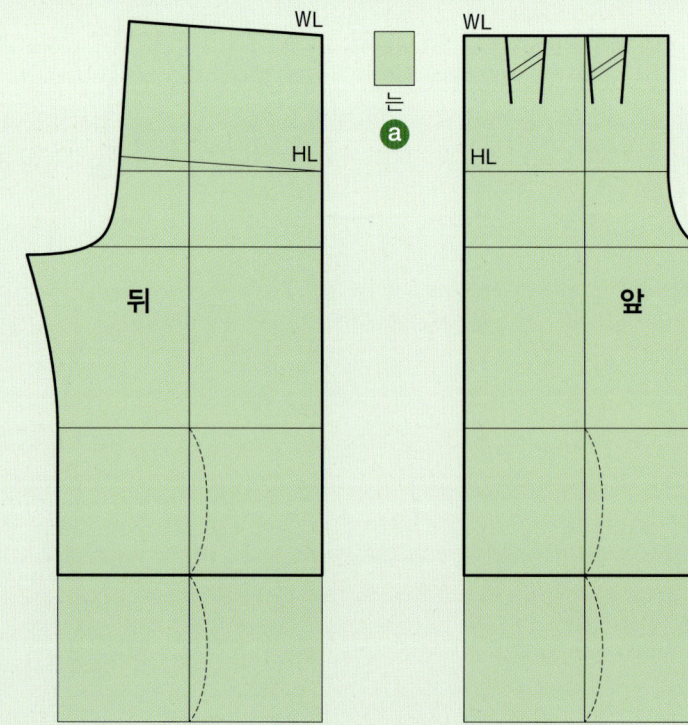

BACK

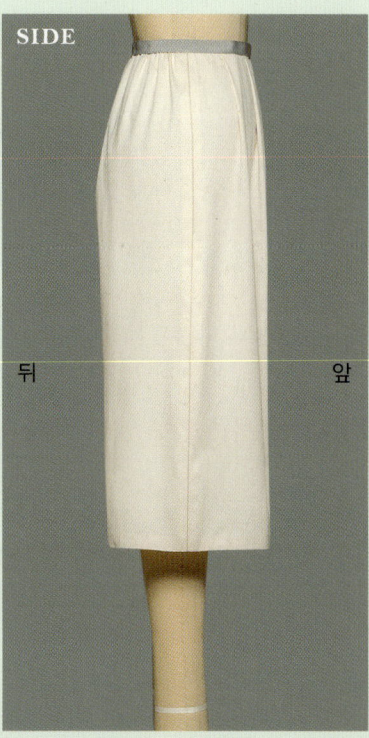
SIDE
뒤 앞

FRONT

턱이 들어가 앞 엉덩이 주위는 깔끔하고 밑단 쪽으로 서서히 퍼진다.
뒤 엉덩이 주위에는 개더로 부풀림이 생기지만 볼륨은 비교적 차분한 스타일.

p b를 자른다

웨이스트 루스형인 턱트 팬츠 b (P.49 위·중심에 턱이 있는 타입)를 사용해 길이를 평행으로 자른다.

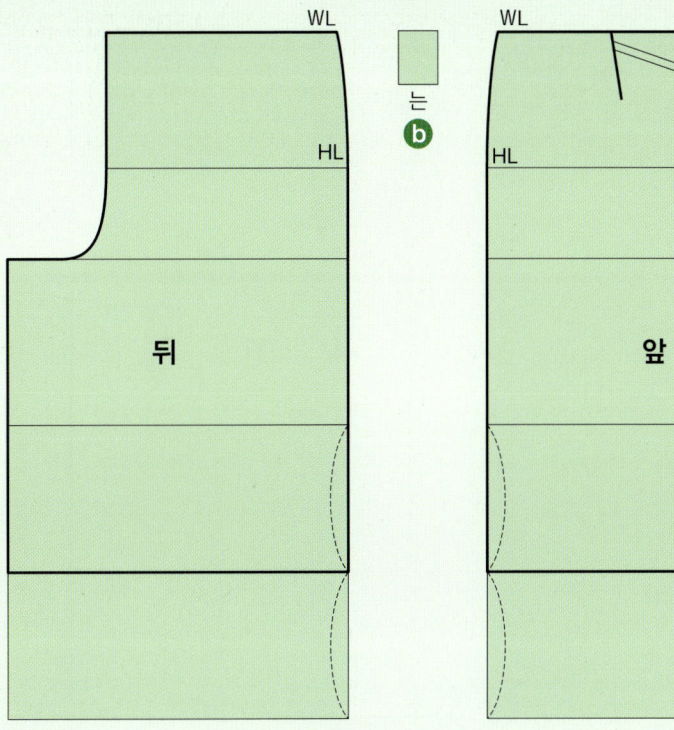

앞은 깔끔한 스트레이트, 옆은 밑단이 퍼지는 실루엣.
앞 중심에 넣은 큰 턱이 샤프한 음영을 만들고 리듬감이 생긴다.

기초 강의

10교시 가우초 팬츠
— Gaucho pants —

q 기본 패턴을 자른다

볼륨감이 다른
웨이스트 루스형의
기본 패턴 ❶❷❸을 사용해
밑아래 길이를 평행으로 자르기만 한다.

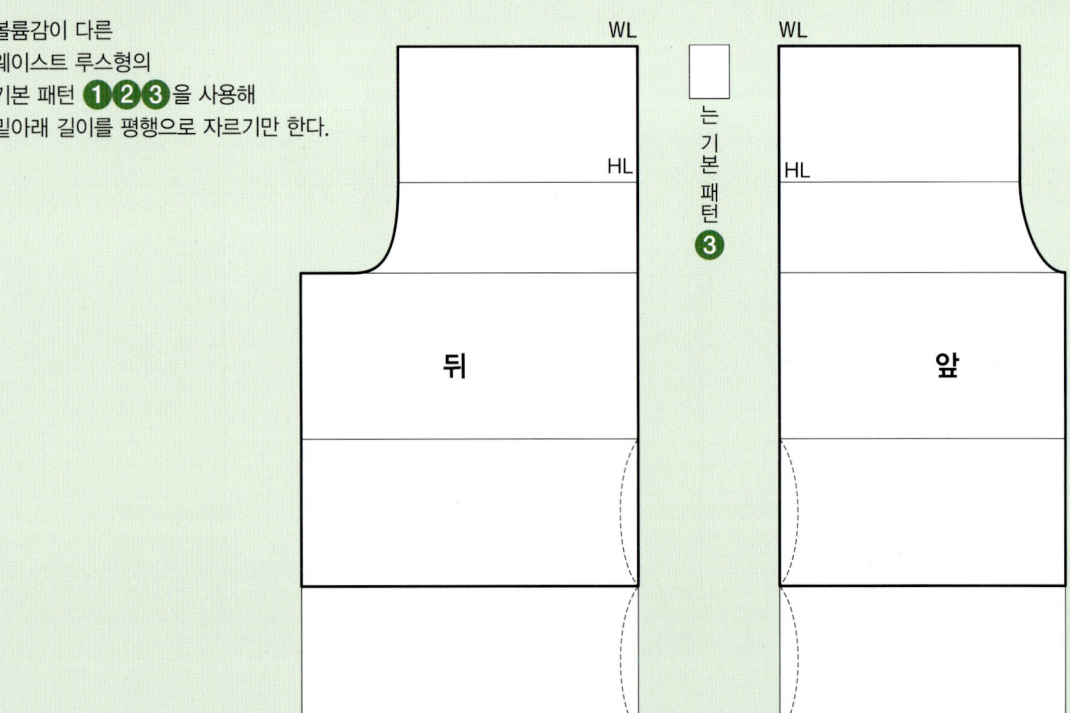

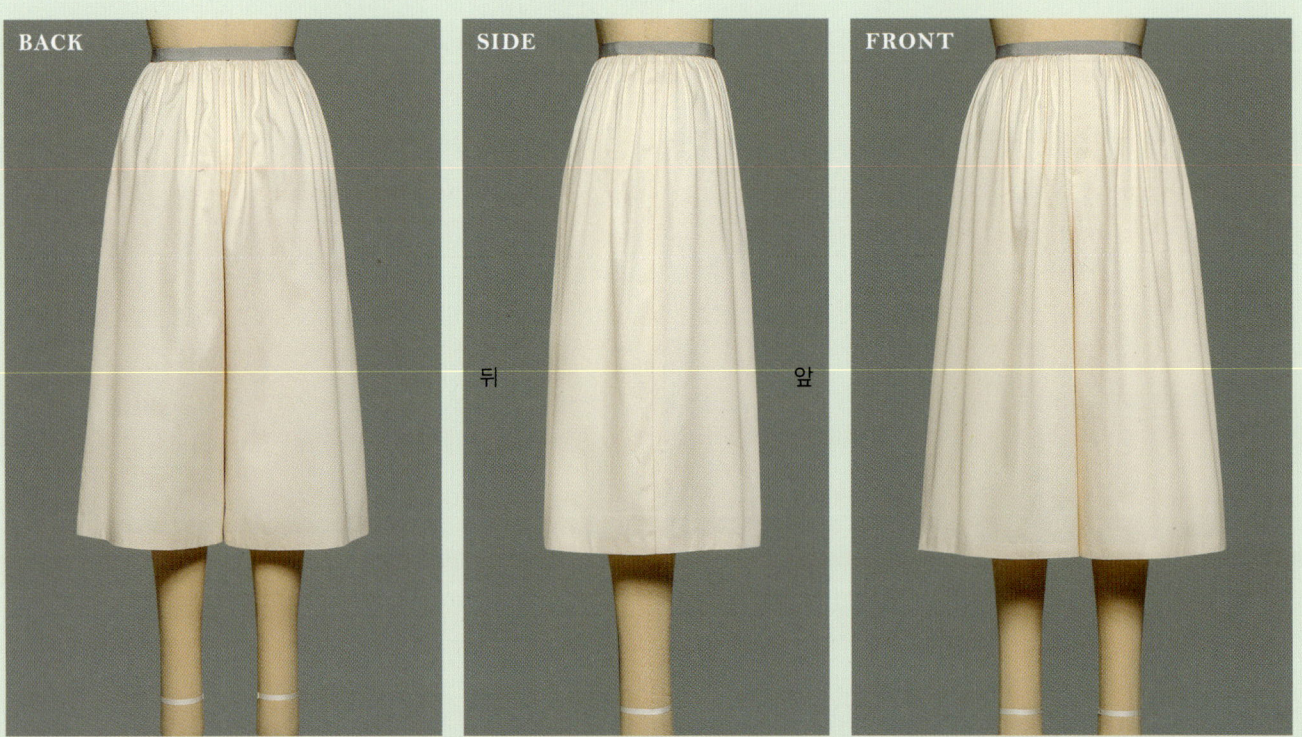

허리에서 밑단 쪽으로 넓게 퍼지고 볼륨감이 풍성한 와이드 실루엣.

→ 기본 패턴 ❸ 만드는 법…P.154

여유분 차이에 따른 다양한 표정

원형이 되는 기본 패턴의 볼륨에 따라 느낌이 달라진다.

뒤도 같은 방법으로 자른다.

□ 는 기본 패턴 ❷

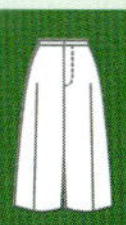

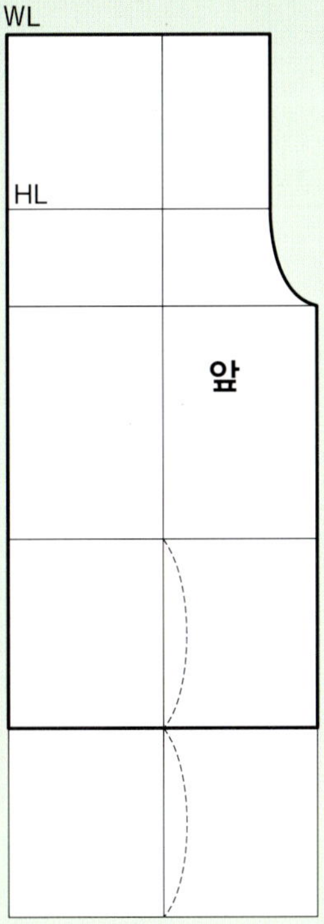

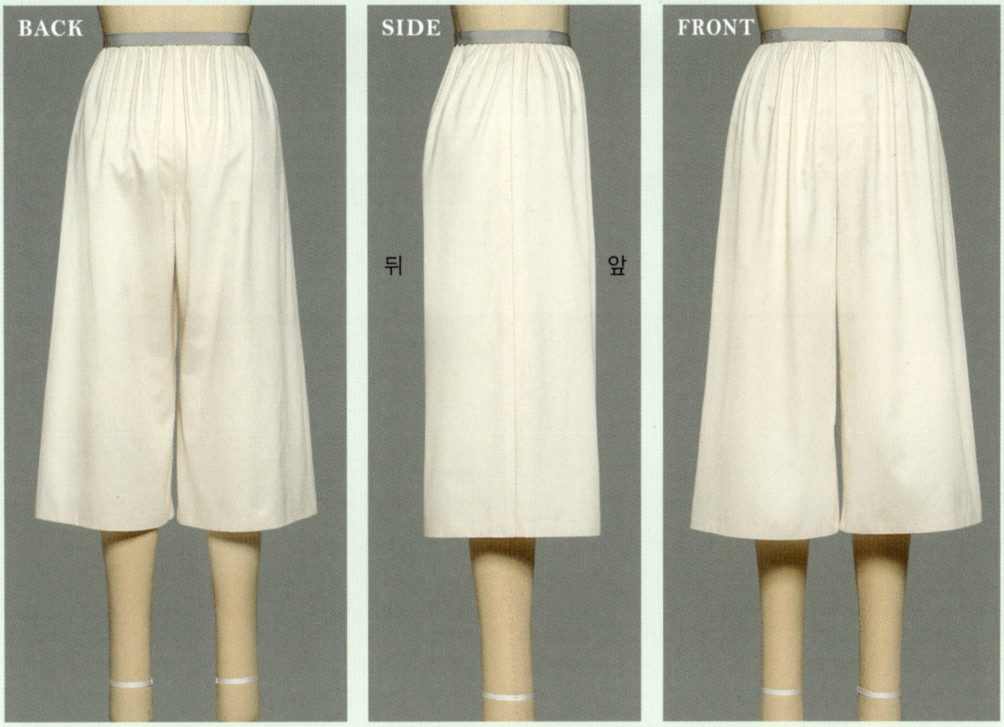

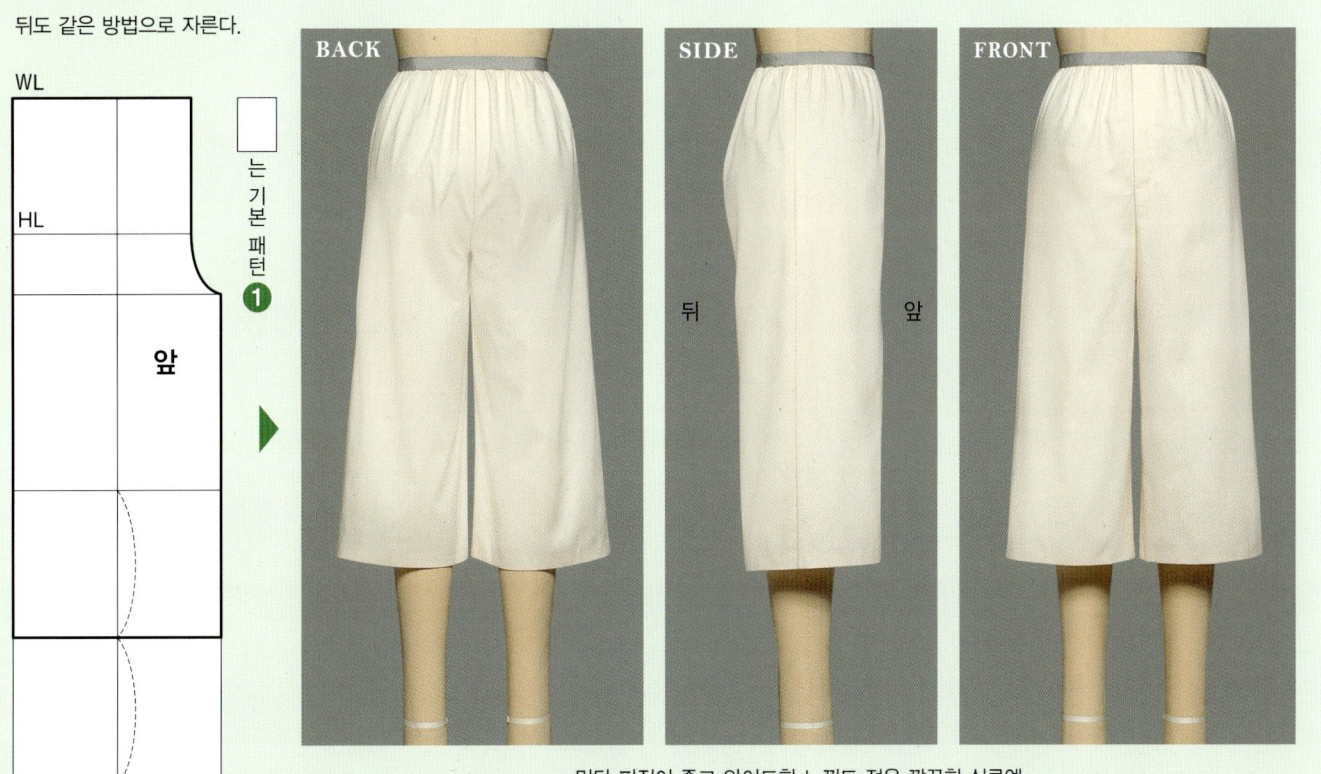

밑단 퍼짐도 와이드한 정도도 적당. 낙낙한 실루엣.

뒤도 같은 방법으로 자른다.

□ 는 기본 패턴 ❶

밑단 퍼짐이 줄고 와이드한 느낌도 적은 깔끔한 실루엣.

→ 기본 패턴 ❶, ❷ 만드는 법…P.148

기초 강의

퀼로트
— Culottes —

r 기본 패턴 4를 응용

기본 패턴 4를 사용한 웨이스트 피트형.
밑단선은 줄이는 위치를 이용.
밑단 너비를 옆 밑단에서 2cm 넓히고,
엉덩이 곡선과 자연스럽게
연결해 옆선을 직선으로 그린다.
앞뒤의 밑아래선은 수직으로 내린 선에서
밑단 너비를 1cm 넓히고,
밑아래 길이가 앞과 같은 치수가 되도록 조정해
뒤 밑위길이를 다시 그린다.

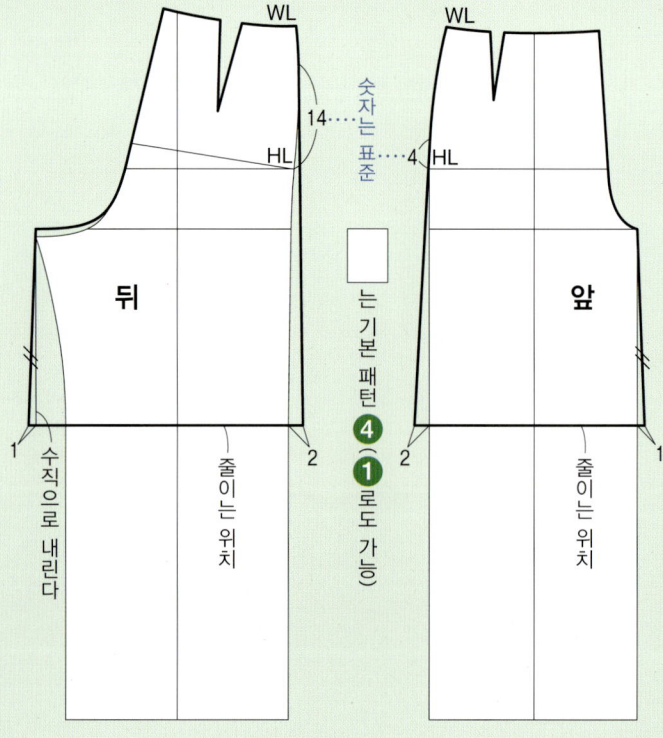

BACK

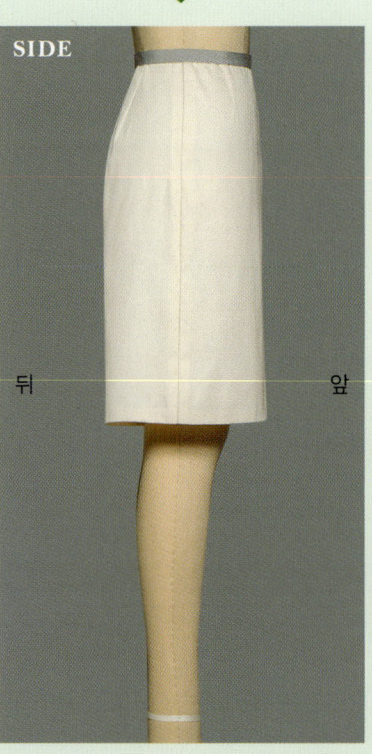
SIDE

FRONT

세미플레어 실루엣의 무릎 길이 팬츠. 배 주위는 깔끔하게 몸에 붙고, 엉덩이에서 밑단 쪽으로 살짝 퍼진다.

→ 기본 패턴 4 만드는 법…P.156, 기본 패턴 1로 만드는 법…P.159

넓적다리에 여유가 많고 밑단 쪽으로 퍼지는, 스커트처럼 보이는 하프 팬츠.
퀼로트 스커트라고도 한다.

S 기본 패턴 ②를 응용

기본 패턴 ②를 사용한 웨이스트 루스형.
밑단선은 줄이는 위치를 이용.
밑단 너비를 옆 밑단에서 2cm 넓히고
WL과 직선으로 잇는다.
앞뒤의 밑아래선은 수직으로 내린 선에서
밑단 너비를 1cm 넓히고,
밑아래 길이가 앞과 같은 치수가 되도록 조정해
뒤 밑위길이를 다시 그린다.

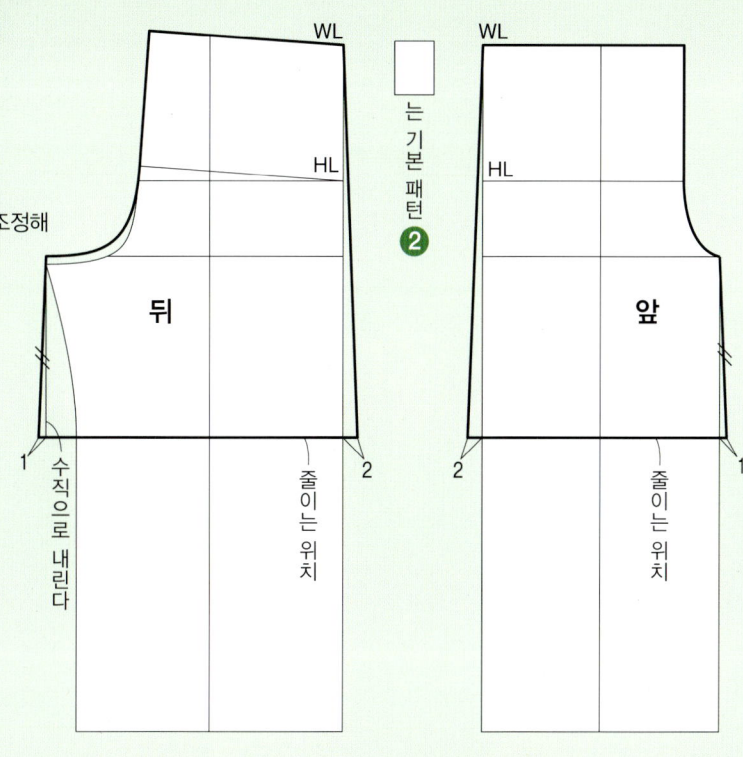

BACK

SIDE

FRONT

볼륨 있는 무릎 길이 팬츠. 엉덩이 주위는 낙낙하고 밑단도 넓게 퍼진다.

→ 기본 패턴 ② 만드는 법…P.148

12교시 디자인 팬츠
— Design pants —

t 사루엘

민속 의상에서 유래한 밑위가 깊은 루스 팬츠.
원래는 자루 아래로 다리를 내놓는 구멍이 있는 이미지로,
전체적으로 낙낙한 느낌의 디자인이 많다.
앞뒤 가랑이 부분을 연결한 모양 등
디자인은 특징적이지만 다양하게 변형할 수 있다.
여기에서 소개하는 것은 밑아래 수평 부분이 길어
다리를 벌린 듯한 모양으로 앞뒤가 같은 패턴이다.
H 치수에 여유분을 추가한 허리의 필요 치수와
팬츠 길이나 그 밖의 치수를 사용해 제도한다.
밑단의 고무줄 길이는 취향에 따라 조정이 가능한데
길게 하면 사진의 스타일보다
좀 더 느슨한 실루엣이 된다.

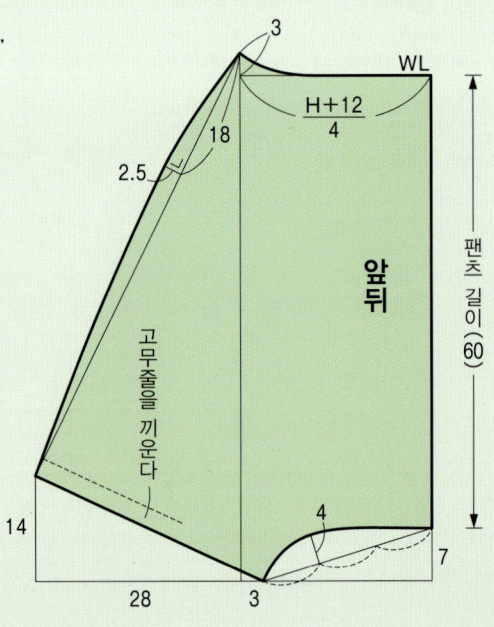

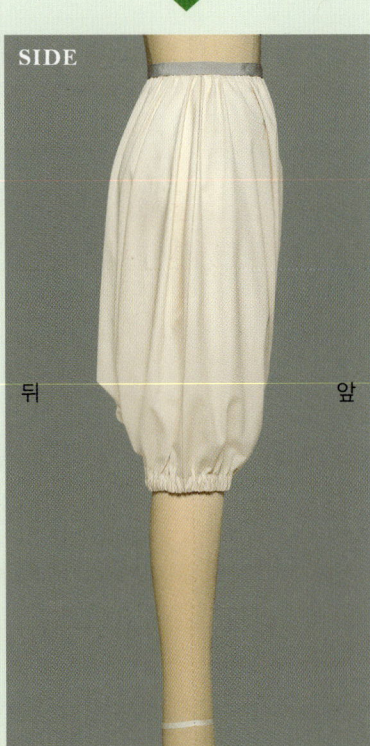
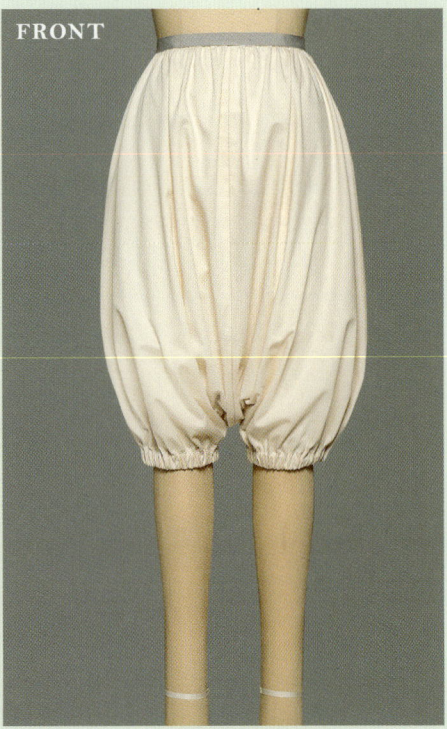

엉덩이 주위가 크게 부풀고 밑아래 쪽으로 풍성하게 개더가 들어간다.

팬츠는 스타일과 취향에 따라 변형이 무궁무진하다.
지금까지 소개한 기본적인 타입 이외에도 아직 매력적인 디자인이 가득하다.
옷장 속 필수 아이템부터 트렌디한 디자인까지 요즘 주목하는 팬츠를 소개한다.

u 조거 팬츠 (기본 패턴 ①)

밑단을 리브 니트나 고무줄로 조이는
스포티한 팬츠.
기본 패턴 ①을 사용한 웨이스트 루스형이지만,
기본 패턴 ④로도 똑같이 응용할 수 있다.
밑단 커프스 분량만큼 팬츠 길이를 자르고,
줄이는 위치와 밑단에서 팬츠 폭을 좁혀 조정.
밑단에 리브 니트를 단다.

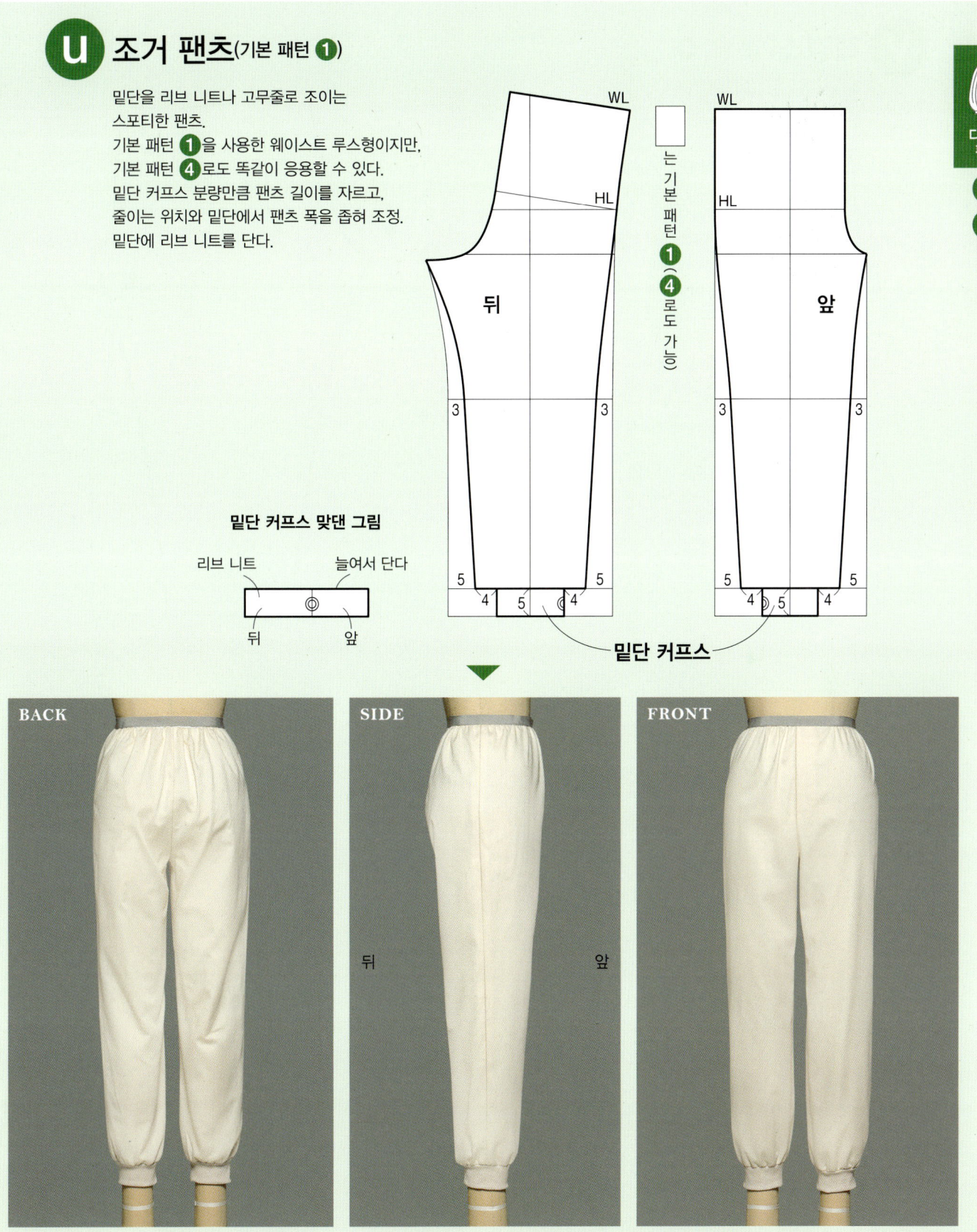

엉덩이 주위는 적당한 피트감. 밑단 쪽으로 서서히 좁아지고, 발목은 리브 니트로 조여 퍼프 분량이 생긴다.

→ 기본 패턴 ① 만드는 법…P.148, 맞댄다…P.168

기초 강의

12교시 디자인 팬츠
— Design pants —

V 레깅스 (기본 패턴 ❹)

다리에 딱 맞는 팬츠.
신체 치수보다 작아지기 때문에
신축성이 좋은 니트 소재 사용이 필수.
기본적으로는 허리에 고무줄을 끼운다.
기본 패턴 ❹를 사용.
옆에서 겹쳐 여유분을 자르고,
다트 없이 앞뒤를 연결한 패턴으로 한다.
밑아래선은 줄이는 위치와 밑단에서 잘라
완만한 곡선으로 다시 그린다.

> ⚠️ 트임을 만들지 않고 천을 늘여서 입고
> 벗기 때문에, 엉덩이가 들어가는 신축력
> 이 있는지 확인이 필수.
> 세로로 신축성이 큰 천은 밑위 치수도
> 자른다.
> 천이 늘어나는 정도나 원하는 피트감도
> 각각 달라 엉덩이나 넓적다리, 무릎, 발
> 목 둘레의 치수는 적당히 조정을.

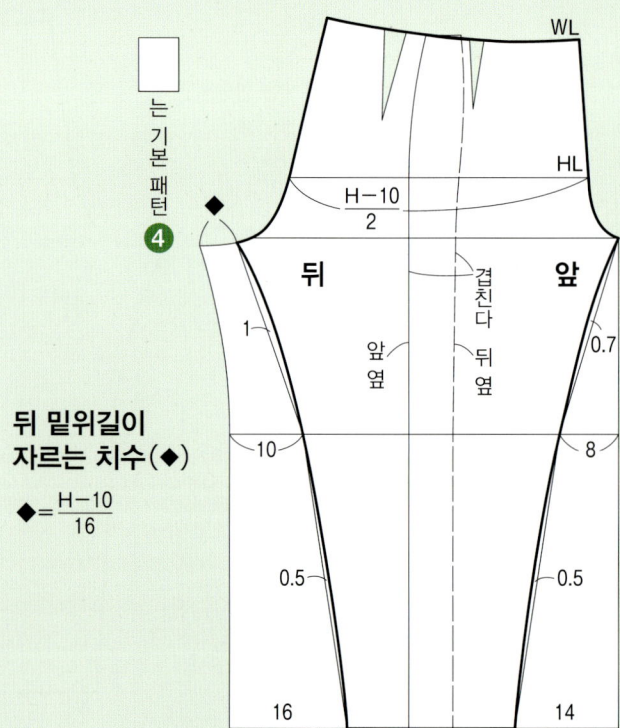

□ 는 기본 패턴 ❹

뒤 밑위길이 자르는 치수(◆)

$$◆ = \frac{H-10}{16}$$

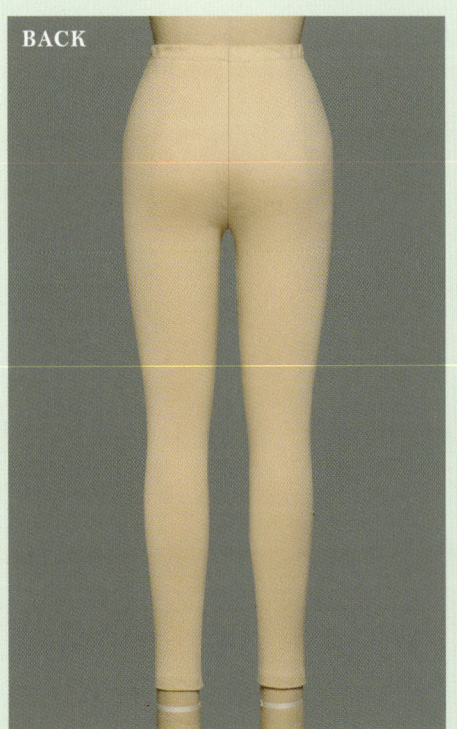
BACK

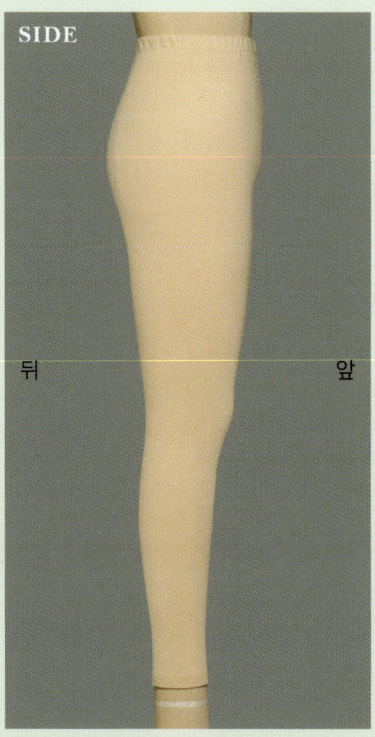
SIDE

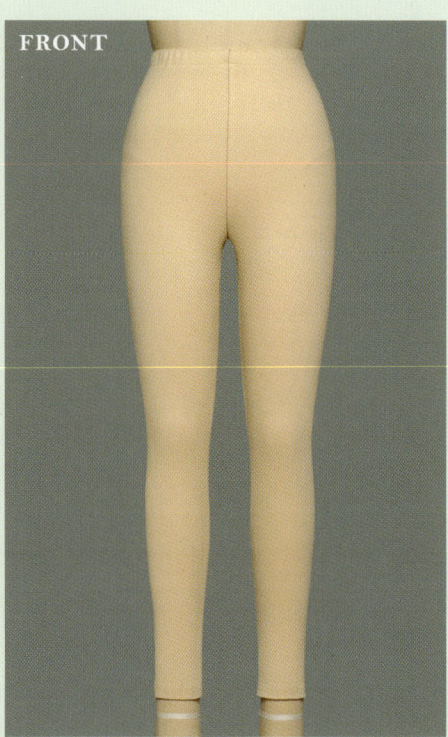
FRONT

두꺼운 타이츠처럼 다리 라인에 딱 피트.

→ 기본 패턴 ❹ 만드는 법···P.156, 제도 방법···P.162

W 진 (기본 패턴 ④)

데님으로 대표되는 튼튼한 면 소재로 만든 캐주얼 팬츠. 작업복에서 유래하여 스티치나 포켓 같은 기능적인 디테일이 특징.
기본 패턴 ④를 사용해 허리 앞쪽을 내린 로 라이즈드형. 다트 분량은 HL을 기준점으로 앞뒤 중심에서 자른다.
중심 경사를 급하게 해야 엉덩이 주위 피트감과 다리 활동성을 높일 수 있다. 밑위길이선은 완만하게 다시 그린다.
밑아래 폭도 좁히고 요크와 포켓을 추가하며 직선 벨트를 단다.
스티치 위치나 폭은 적당히.

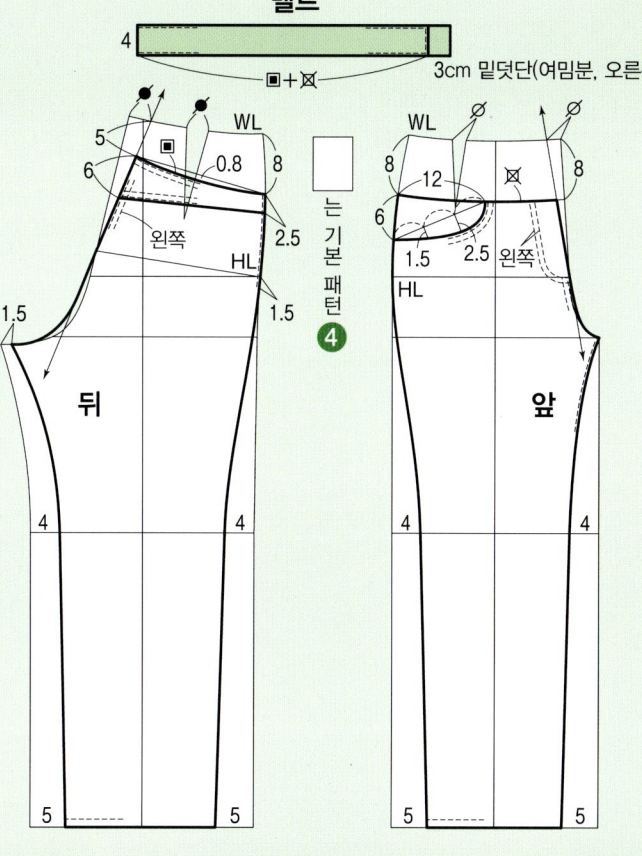

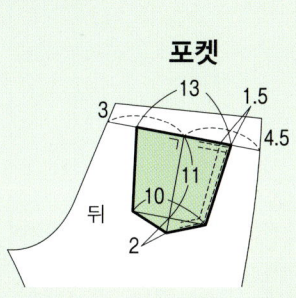

BACK

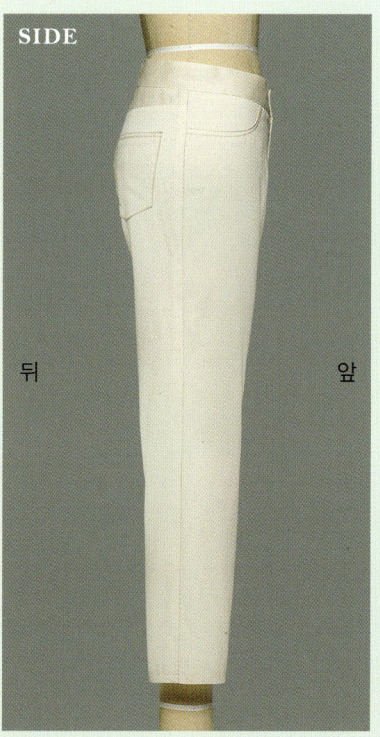
SIDE

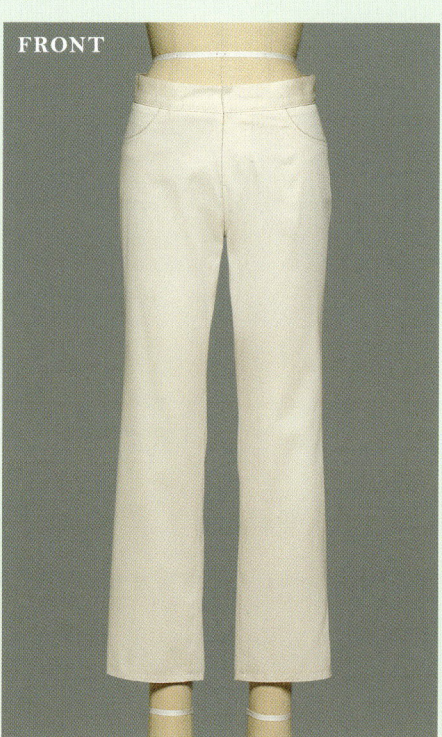
FRONT

엉덩이 주위는 피트, 직선적인 라인의 슬림한 실루엣.

→ 기본 패턴 ④ 만드는 법…P.156, 제도 방법…P.164

디자인 팬츠
— Design pants —

X 세일러 팬츠 (기본 패턴 ④)

해군 유니폼에서 유래한
양 사이드의 단추 트임이 특징적인 팬츠.
허리는 딱 맞고,
실루엣은 와이드 스트레이트나
밑단이 퍼지는 배기 등이 대표적이다.
기본 패턴 ④를 사용하고
앞 다트를 이용해 이음선을 넣는다.
뒤는 변경 없음.

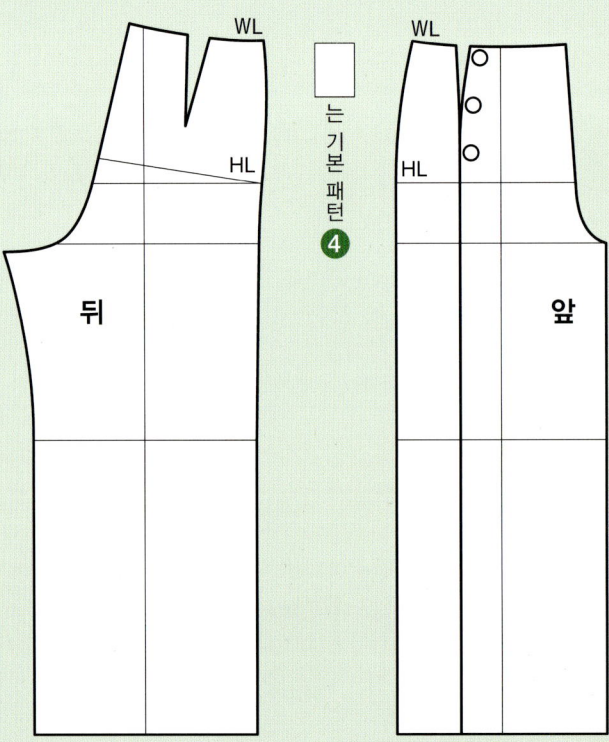

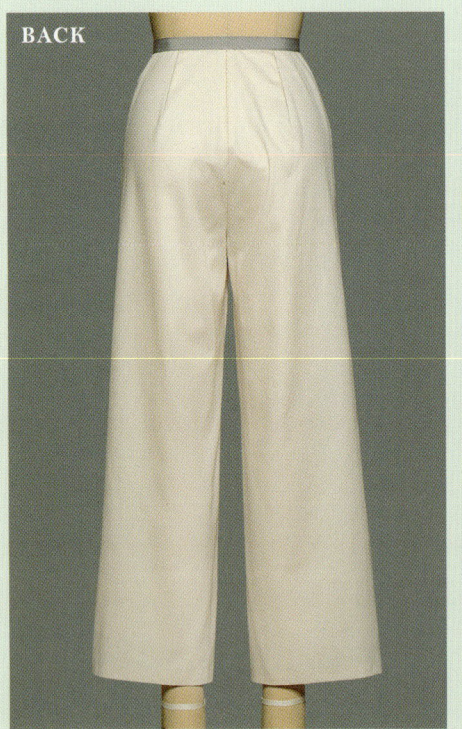
BACK

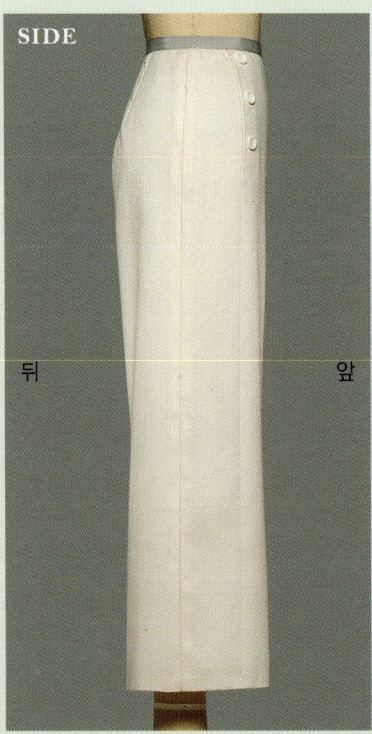
SIDE

FRONT

ⒹD와 마찬가지로 밑아래 폭이 넓고 굵은 스트레이트. 옆과 밑아래 모두 줄이는 곳 없는 직선 라인.
이음선에 다트를 넣어 HL에서 WL 사이는 완만하게 피트된다.

→ 기본 패턴 ④ 만드는 법…P.156

y 드로어즈 (기본 패턴 ❸)

볼륨이 풍성해 부풀어 오른 실루엣.
밑단에는 프릴 등을 장식한
쇼트 팬츠.
기본 패턴 ❸을 사용하고
밑단에 나오는 퍼프 분량을 가정해
길이를 자른다. 프릴이 남는 위치에
고무줄로 셔링을 잡아
밑단 너비를 줄인다.

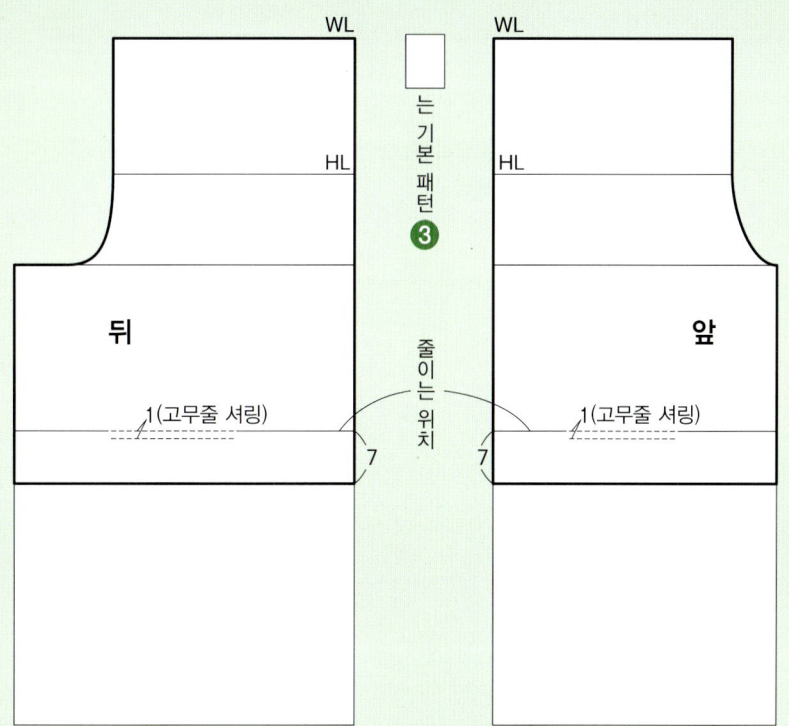

디자인 팬츠

x
y

BACK

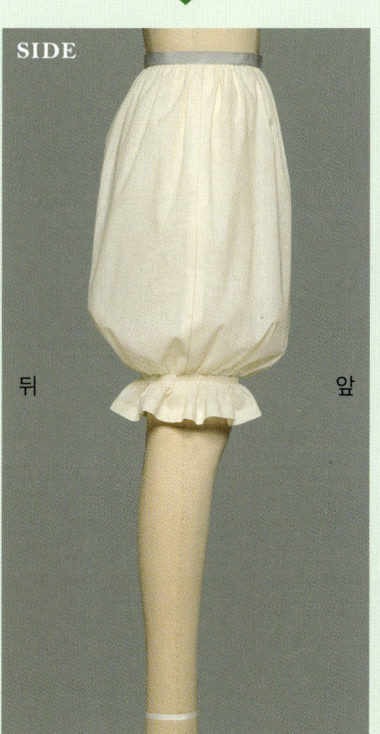
SIDE

뒤   앞

FRONT

풍성한 개더로 엉덩이 주위가 부풀고 둥그스름한 실루엣.
밑단의 퍼프 분량과 프릴 장식이 사랑스러운 느낌을 더한다.

→ 기본 패턴 ❸ 만드는 법…P.154

기초 강의

12교시 디자인 팬츠
— Design pants —

디자인 팬츠
Z

Z 콩비네종 (기본 패턴 ①)

상의까지 하나로 이어진 디자인으로,
'올인원' 등 명칭이 다양하다.
기본 패턴 ①의
WL 위치 치수를 사용해 몸판을 제도하고,
WL에서 1개의 패턴으로 통합한다.

맞댄 그림

□ 는 기본 패턴 ①

! 표시 치수는 7, 9호. 그 밖의 사이즈는 P.167 참조.

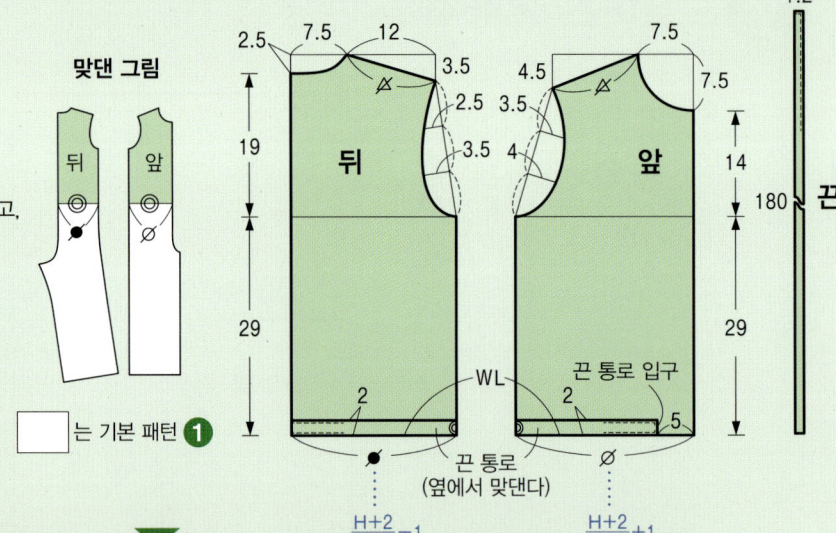

$\dfrac{H+2}{4} - 1$ $\dfrac{H+2}{4} + 1$

BACK

SIDE

뒤   앞

FRONT

허리에 끼운 끈을 조이고 블라우징(헐렁하고 불룩한 모양이 되는 스타일)하여 입는 디자인.
적당히 여유가 있는 직선적인 실루엣.

→ 기본 패턴 ① 만드는 법…P.148, 제도 방법…P.166

Lecture on Pattern-making

응용 종류와 방법을 쉽게 설명한다
특별 강의

나만의 특별한 감각을 한층 높이고 싶다면 필수 코스인 '응용'.
패턴에 부분적인 변화를 주어 형태나 착용감, 기능 등
가능성을 무한대로 넓힐 수 있다.
응용 종류와 방법을 알면 완성도, 만족감이 높아진다.

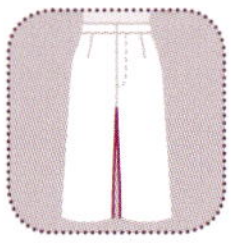

특별 강의

밑아래 길이 차이에 따른 비교

밑아래 길이에 변화를 주어
디자인을 다양하게 응용할 수 있다.

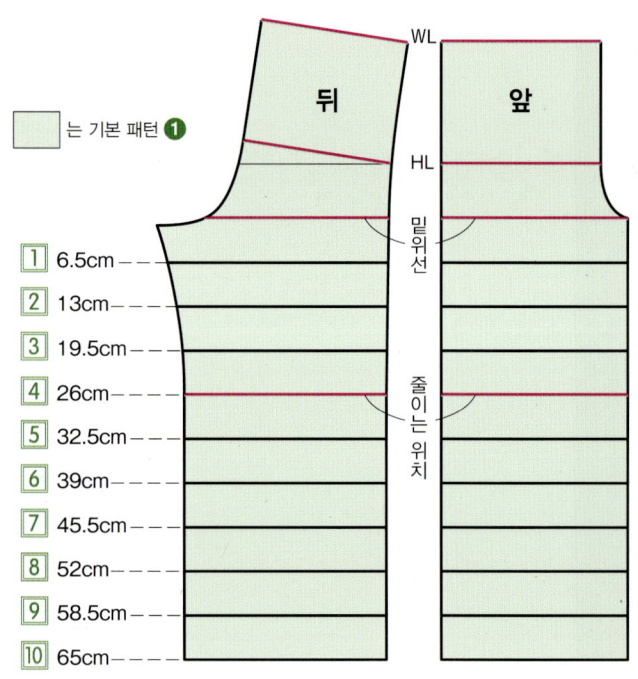

팬츠 길이

베리 쇼트(1부)부터 풀렝스(10부, 밑아래 65cm)까지 10종류의 길이 변형을 소개한다. 모두 기본 패턴 ❶(P.16)을 사용.

1	2	3	4	5
6.5cm	13cm	19.5cm	26cm	32.5cm
베리 쇼트 (1부)	쇼트 (2부)	쇼트 (3부)	하프 (4부)	하프 (5부, 무릎 길이)

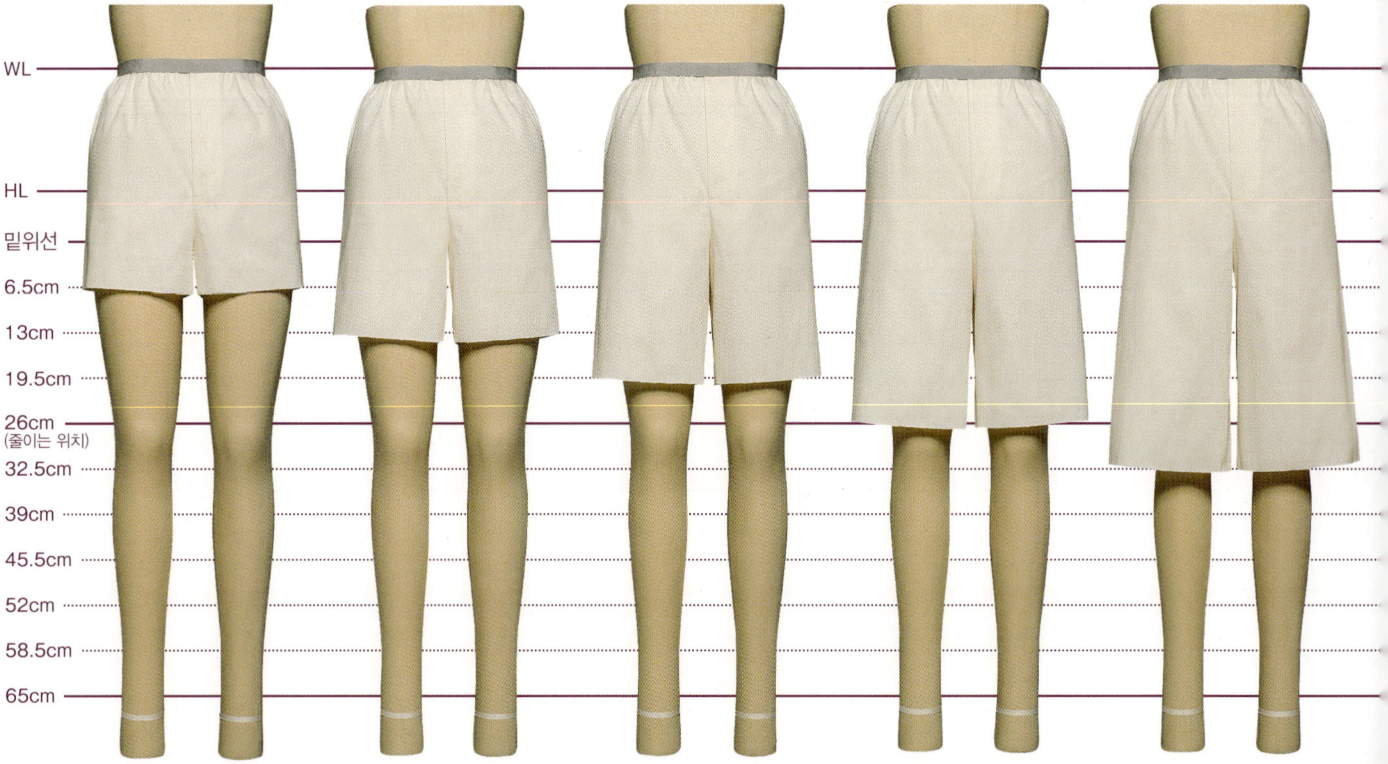

WL
HL
밑위선
6.5cm
13cm
19.5cm
26cm (줄이는 위치)
32.5cm
39cm
45.5cm
52cm
58.5cm
65cm

Point 기본 패턴의 밑위 길이와 밑아래 길이

책의 참고 치수(P.15)는 밑위 길이 26cm, 밑아래 길이 65cm(복사뼈 위치까지). 이 2곳의 합계가 완성한 팬츠 길이. 기본 패턴 ❶, ❹는 이 치수를 그대로 사용. 폭의 여유가 많은 ❷, ❸은 밑위를 길게 설정하므로 같은 팬츠 길이로 할 경우 그 분량만큼 밑아래 길이는 짧아진다.

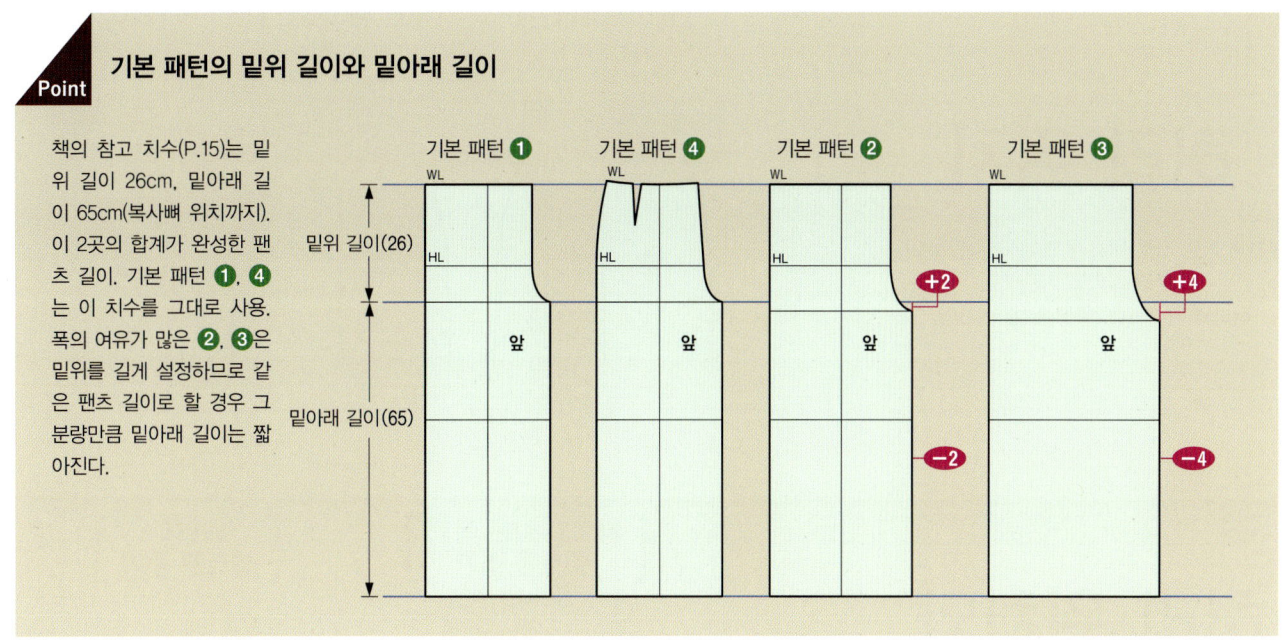

6	7	8	9	10
39cm	**45.5cm**	**52cm**	**58.5cm**	**65cm**
크롭트 (6부, 무릎 아래 길이)	크롭트 (7부)	크롭트 (8부)	크롭트 (9부)	풀렝스 (10부, 복사뼈 길이)

특별 강의

허리 위치

복부의 가장 가는 위치가 웨이스트라인(WL).
이 수평 라인을 기준으로
허리의 완성 위치(위쪽 끝)를 정한다.

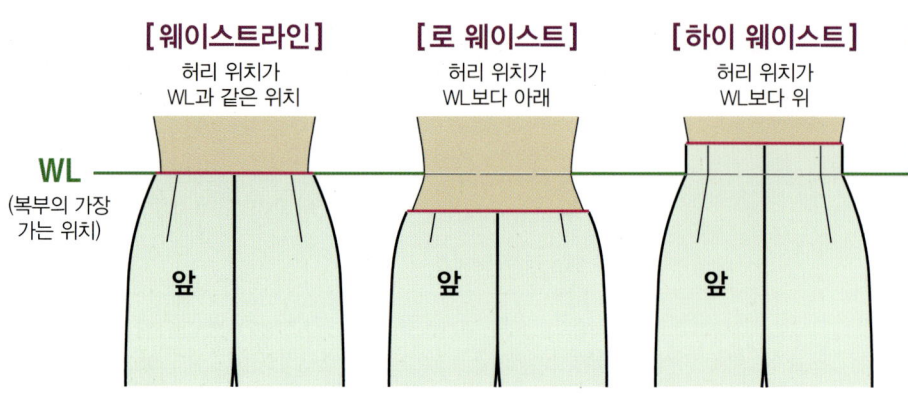

[웨이스트라인] 허리 위치가 WL과 같은 위치

[로 웨이스트] 허리 위치가 WL보다 아래

[하이 웨이스트] 허리 위치가 WL보다 위

WL (복부의 가장 가는 위치)

허리 위치와 벨트의 관계

허리에 벨트를 다는 경우
벨트 다는 위치에 따라 모습이 달라진다.
패턴을 만들 때
허리의 완성 위치를 설정하는 것이 중요하다.

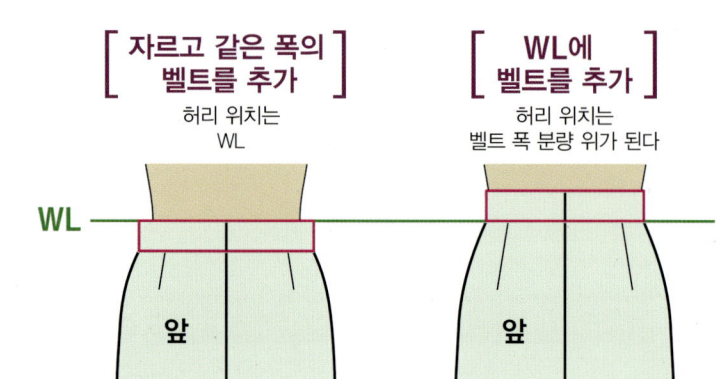

[자르고 같은 폭의 벨트를 추가] 허리 위치는 WL

[WL에 벨트를 추가] 허리 위치는 벨트 폭 분량 위가 된다

허리 유형과 제도의 상관관계

벨트의 유무나 모양 등
허리를 어떤 방식으로 연출할지에 따라
패턴 제작 방법이 달라진다.
주로 쓰이는 3가지 허리 유형으로,
허리의 완성 위치를 웨이스트라인(WL)에서
마무리하는 법을 소개한다.

[곡선 벨트] 엉덩이 모양에 맞춘 벨트. 제도의 WL에서 벨트 폭 분량을 평행으로 자른다

[직선 벨트] 경사가 없는 직사각형 벨트. 제도의 WL에서 벨트 폭 분량을 평행으로 자르고 단다

[안단] 안쪽에 다는 파트. 겉으로 영향을 주지 않고, 제도의 WL과 허리의 완성 위치가 같아진다

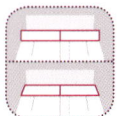
곡선 벨트와 직선 벨트의 차이

팬츠의 벨트는 2종류. 디자인 효과는 물론 모양이나 다는 위치에서 각각 차이가 있다.
팬츠를 다양화하는 파트이다. 완성했을 때를 상상해서 선택하자. 아래 소개한 사진은 로 웨이스트.

[곡선 벨트]

엉덩이 모양에 맞춘 벨트로,
다는 위치는 허리의 완성 위치에서 벨트 폭 분량 아래.
웨이스트 피트형 디자인에 사용.
옆선이 곡선이라서
엉덩이 곡선에 거스르지 않는 자연스러운 라인으로 완성된다.
허리 위치의 상한선은 WL.

[직선 벨트]

직사각형 벨트로,
다는 위치는 웨이스트라인(WL)이 기본이지만
모든 디자인에 사용 가능.
허리 위치의 상한선은 WL에서 5cm 위 정도까지.
로 웨이스트에도 달 수 있지만
옆이 수직이라서 위쪽 끝이 뜬다.

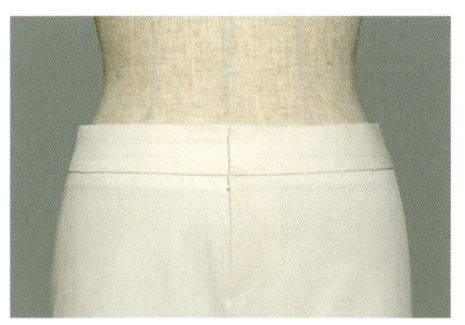
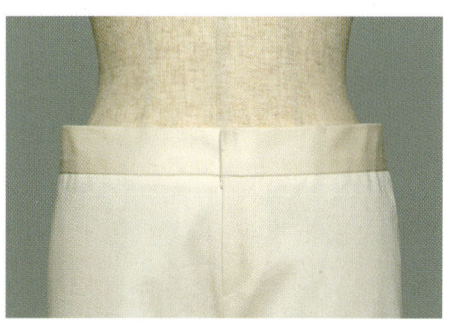

허리 위치의 제도와 완성의 상관관계

벨트를 다는 경우 벨트 위쪽 끝이 허리의 완성 위치가 된다.
디자인을 구상할 때 자신의 웨이스트라인(WL)을 기준으로 원하는 허리 위치를 정하자.

[로 웨이스트]

허리의 완성 위치는 WL에서 적절히 자른 라인. 여기부터 다시 벨트 폭 분량을 내린 라인이 앞 패턴의 위쪽 끝이 된다. 이 위치를 다트 끝으로 설정하면 다트 없는 디자인이 된다.

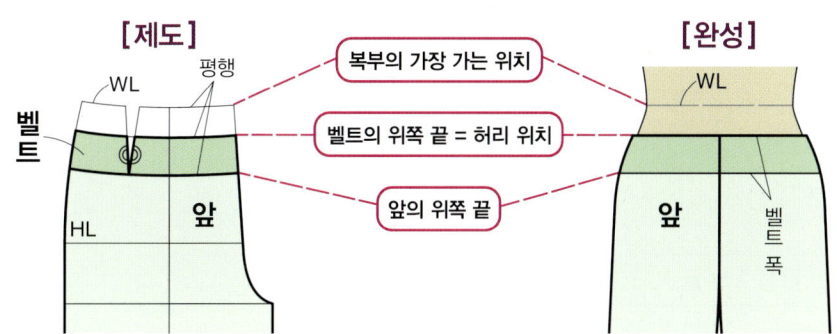

[웨이스트라인]

허리의 완성 위치는 WL 그대로. 여기부터 벨트 폭 분량을 내린 라인이 앞 패턴의 위쪽 끝이 된다.

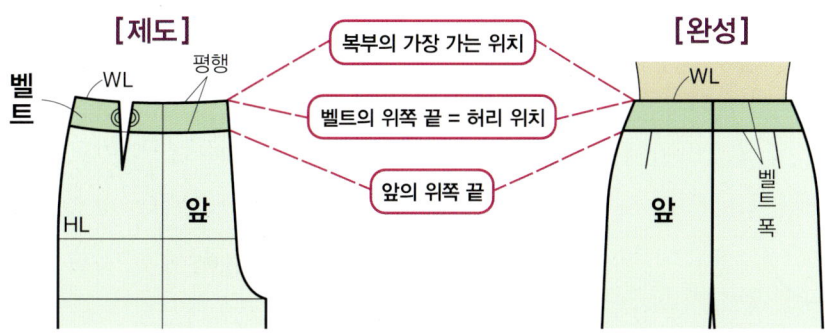

* 곡선 벨트를 다는 유형으로 설명

특별 강의

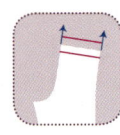 허리 위치의 변경 방법

기본 패턴 ❶~❸이 원형인 디자인

평행으로 자르거나 또는 추가한다

WL이 직선인 기본 패턴 ❶~❸은 평행으로 이동해 자르거나 추가할 수 있다. 자르는 경우 평행선을 긋기만 하면 OK, 추가하는 경우는 중심선과 옆선을 연장해 평행선을 긋는다.

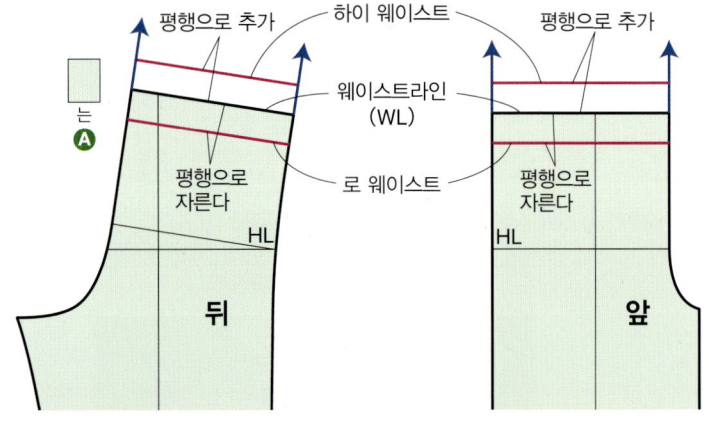

기본 패턴 ❹가 원형인 디자인

하이 웨이스트로 할 경우……평행으로 추가하고 허리 위치의 부족분을 조정한다

WL이 곡선 모양으로 다트가 있는 기본 패턴 ❹는 섬세한 처리가 필요. 평행으로 추가한 후에 허리 위치에서 부족분을 추가한다.

1 WL과 평행으로 추가한다

곡선 모양을 유지하고 평행 이동

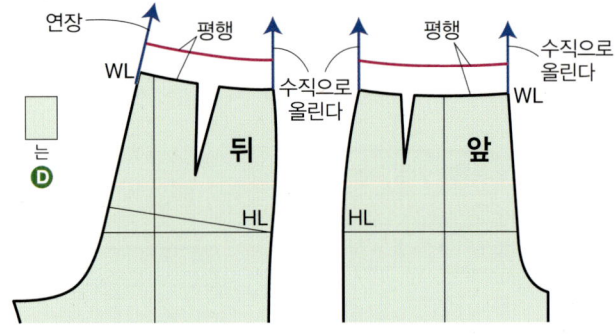

2 다트선을 그린다

앞 중심 쪽만 수직으로 올리고, 나머지는 원래의 WL에 직각

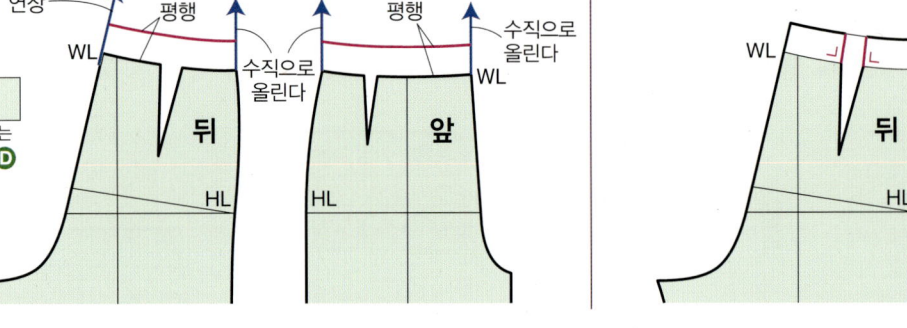

3 완성 치수를 체크한다

제도의 허리 위치(전체 분량·핑크 선)와 자신의 몸통 둘레를 재서 치수 차이를 계산한다

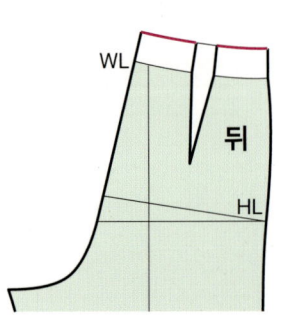
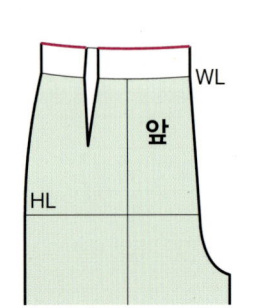
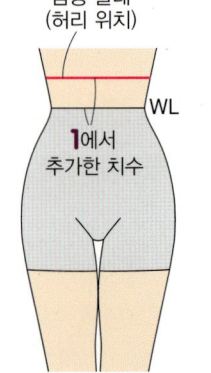

몸통 둘레 (허리 위치)
1에서 추가한 치수

4 부족분을 추가한다

3의 치수 차이에 여유분 1cm를 더해 부족분을 앞뒤 중심과 옆, 다트 위치에 분산해 추가하고 각각 원래의 선과 잇는다 (뒤도 같은 방법)

$$\frac{\text{부족분}+1}{16} = ●$$

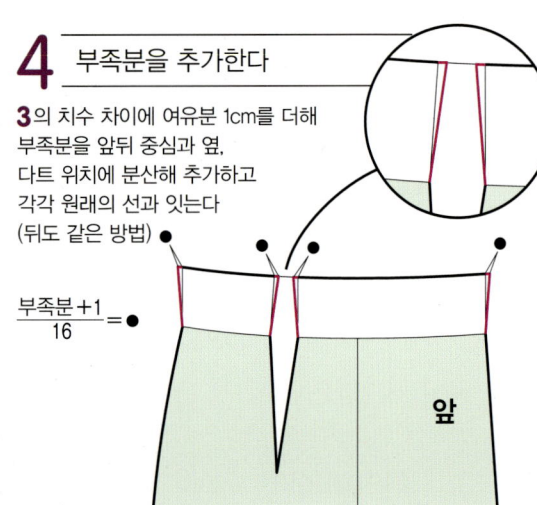

허리 위치를 바꾸기만 해도 겉모양이나 착용감이 달라진다. 변경 방법은 사용하는 기본 패턴과 디자인에 따라 3종류.
다트가 있는 웨이스트 피트형 디자인의 경우 여유분은 허리를 내리면 많아지고 올리면 적어지므로 적당히 조정한다.

기본 패턴 ④가 원형인 디자인

로 웨이스트로 할 경우……평행으로 자르고 허리 위치의 여분을 조정한다

WL이 곡선 모양으로 다트가 있는 기본 패턴 ④는 섬세한 처리가 필요.
로 웨이스트로 할 경우는 평행으로 자른 후에 허리 위치에서 여분을 자른다.

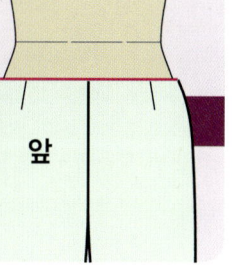

1 WL과 평행으로 자른다

곡선 모양을 유지하고 평행 이동

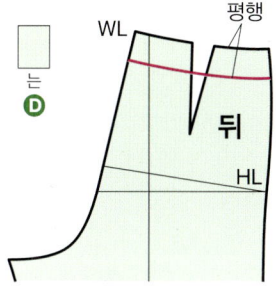 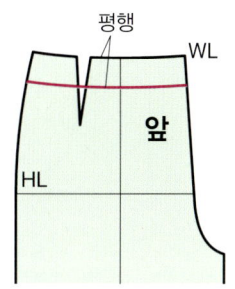

2 완성 치수를 체크한다

제도의 허리 위치(전체 분량·핑크 선)와
자신의 몸통 둘레를 재고 치수 차이를 계산한다

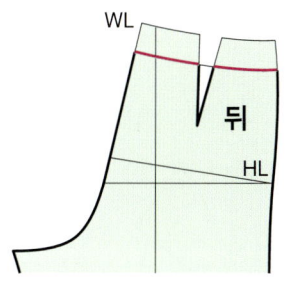 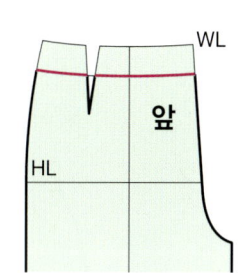 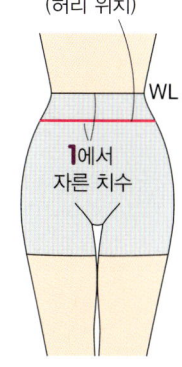

3 여분을 자른다

2의 치수 차이에서 여유분 1cm를 빼고
여분을 옆에서 잘라
HL까지 완만하게 연결한다

$$\frac{여분 - 1}{4} =$$

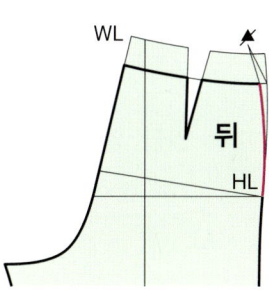 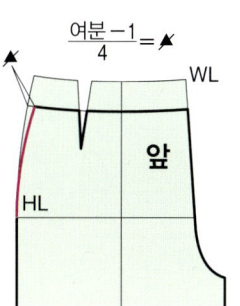

Point 허리 위치 결정하는 법

허리 위치는 팬츠의 착용감을 좌우하는 중요 사항. 여기에 트렌드나 체형과의 균형도 고려해야 한다. 원하는 피트감의 최적의 위치를 찾아보자.

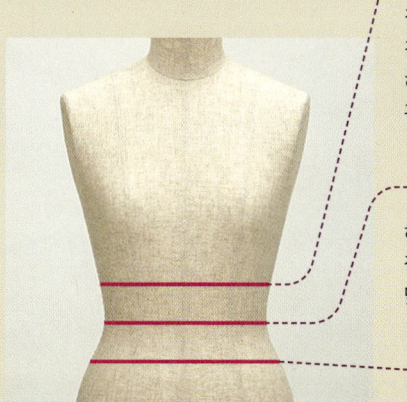

하이 웨이스트
잘록한 부분이 생겨 깔끔하고 단정하지만 밑위가 길어 보인다. 허리 주위를 덮는 부분이 많아 꽉 끼게 느끼는 경우가 있다.

웨이스트라인
허리의 가장 가는 위치에 자리 잡아 허리와 엉덩이를 깔끔하게 덮지만, 엉덩이 곡선이 강조된다.

로 웨이스트
허리를 조이지 않아 착용감이 좋다. 엉덩이 곡선이 완화되어 깔끔해 보이지만, 저스트 웨이스트보다 안정감은 덜하다.

! 다트가 있는 기본 패턴 ④를 사용하는 디자인에서는 허리 1바퀴에 1cm, 엉덩이 1바퀴에 2cm의 여유분이 들어간다. 따라서 로 웨이스트는 위치를 내릴수록 여유가 많아지므로 여유분(1cm)을 남기고 여분을 자른다. 또 하이 웨이스트는 위치를 올릴수록 몸의 둘레 치수가 커지므로 왼쪽 페이지 설명처럼 여유분을 더해 부족분을 추가한다.

허리 마무리의 종류

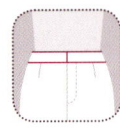

1 직선 벨트

WL에 직사각형 파트를 추가하는 기본적인 완성법. 허리의 완성 치수인 벨트를 달고, 팬츠는 다트나 개더 등으로 벨트 치수에 맞춘다. 트임용 밑덧단(여밈분)과 안단이 필요.
*박는 법, 패턴 만드는 법은 P.132 참조

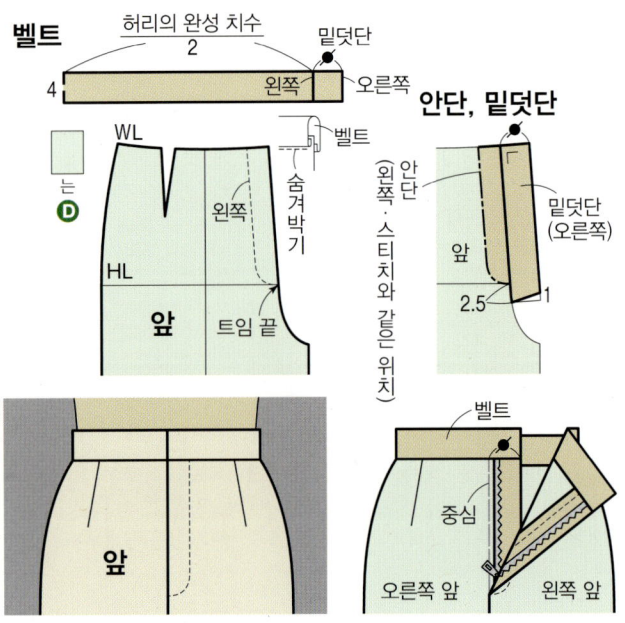

2 곡선 벨트

WL에서 평행으로 이음선을 넣어 벨트로 하고, 겉과 안 2장의 벨트 사이에 끼워 완성하는 방법. 기본 패턴 ❹가 원형인 다트나 턱이 있는 디자인은 그 분량을 없애고 맞대서 패턴을 만든다. 트임용 밑덧단과 안단이 필요. 기본 패턴 ❶~❸을 사용할 경우는 P.86 참조.
*박는 법, 패턴 만드는 법은 P.133 참조

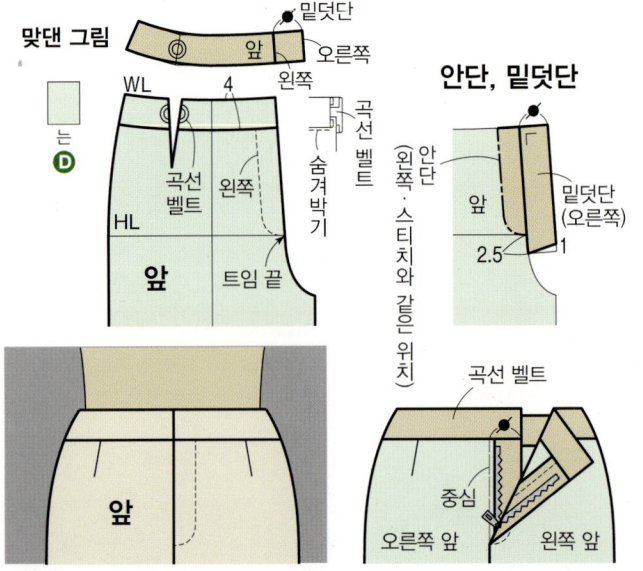

3 안단

안쪽에 별도로 파트를 추가해 완성하는 방법. WL에 평행으로 안단선을 넣고 WL에서 박아 뒤집어 완성하고 스티치 등으로 고정한다. 트임용 밑덧단과 안단이 필요. 앞 허리 안단은 좌우로 모양이 다르다.
*박는 법, 패턴 만드는 법은 P.128 참조

[방법1] 허리와 같은 치수

팬츠 허리와 같은 치수인 안단을 단다. WL에서 박아 뒤집는 방법 이외에 이어서 재단해 되접는 경우도 많다. 안단과 같이 턱을 접거나 벨트 고리 등을 추가해 끈이나 다른 벨트로 조여 입는 디자인으로.

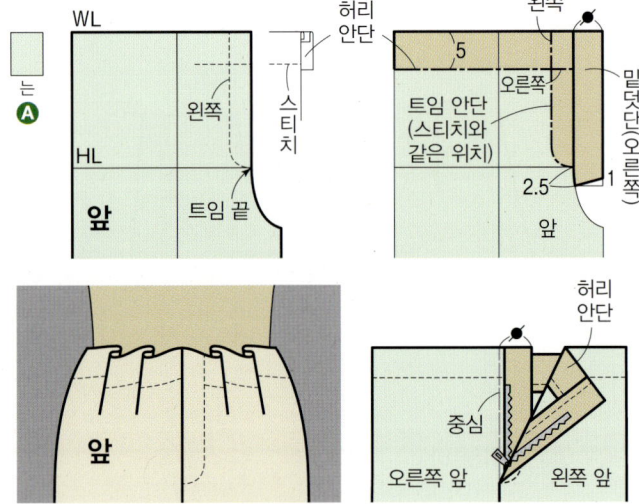

[방법2] 다트 분량 등을 없앤다

겉에 다트나 턱을 넣는 디자인은 그 분량을 없애고 허리 안단 패턴을 만드는 경우도 있다.

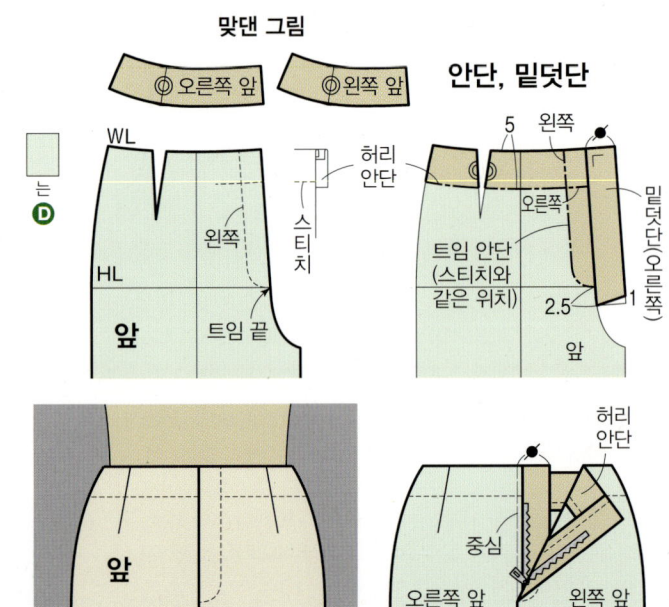

팬츠 제작에서 중요한 대표적인 허리 마무리를 일반적인 앞 지퍼 트임으로 만드는 경우와
신축성 있게 허리를 마무리하는 경우로 각각의 패턴 전개와 함께 소개한다.
아래 예는 허리 위치가 웨이스트라인(WL)인 경우. 벨트 폭 등의 치수는 적당히 변경이 가능하다.
그림에서는 생략했지만 단단하게 완성하고 싶은 경우는 벨트나 안단 전체에 접착심지를 붙인다.

4 전체에 고무줄

핸드메이드에 적합한 간단한 방법. 신축성을 더해 트임이 필요 없는 허리 마무리.
＊벨트 대신 고무줄을 사용해 박는 법은 P.136 참조

[방법1]
고무줄을 벨트 대신으로

고무줄을 WL에 박는다.

[방법2]
고무줄을 벨트에 끼운다

팬츠 허리와 같은 치수의 벨트를 추가하고 사이에 고무줄을 끼운다.

[방법3]
고무줄을 안단에 끼운다

안단을 달아 마무리하고
그 사이에 고무줄을 끼운다.
이어서 재단한 안단이 간단하지만
별도로 재단하는 경우도 있다.

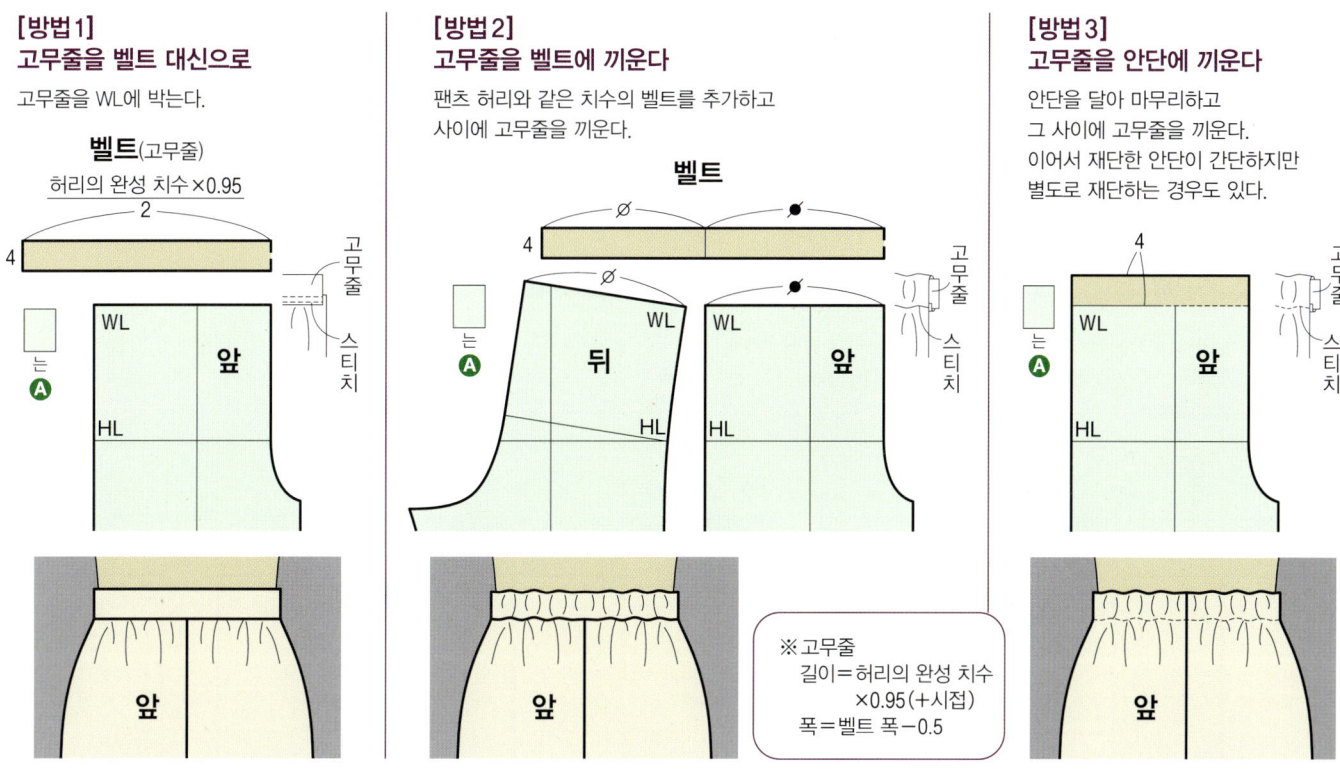

※고무줄
길이=허리의 완성 치수
×0.95(+시접)
폭=벨트 폭−0.5

---

5 뒤에 고무줄

앞은 완성 치수, 뒤는 팬츠 허리와 같은 치수의 벨트를 추가. 앞은 개더나 턱 등으로
벨트 치수에 맞추고 뒤는 고무줄을 끼워서 줄인다. 트임은 적당히.
＊박는 법, 패턴 만드는 법은 P.134 참조

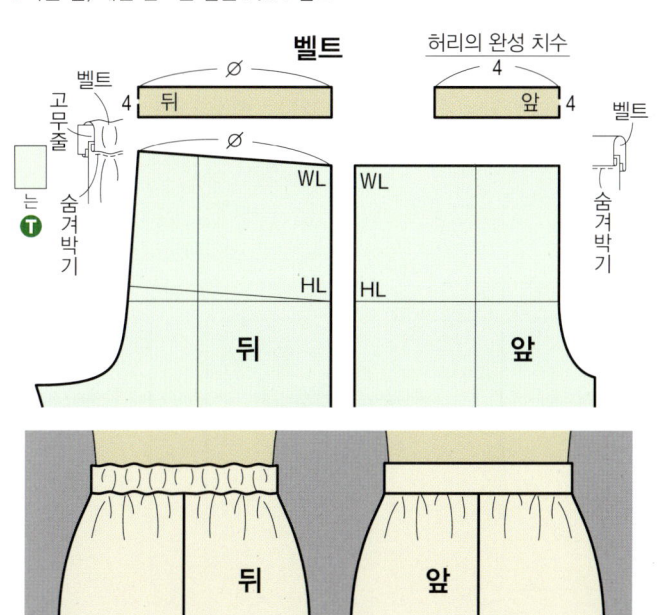

Point 숨김 지퍼 트임이나 맞댄 트임의 경우는?

만드는 위치에 관계없이 트임용 안단이나 밑덧단의 추가는 필요 없다. 팬츠의 패턴을 그대로 사용해 허리 마무리를 한다.

직선 벨트, 곡선 벨트

벨트 끝은 밑덧단을 넣거나 맞대고 단추 등의 잠금장치를 단다.

안단

안단은 트임에서 0.5cm 띄우고 지퍼는 위쪽까지 단다.

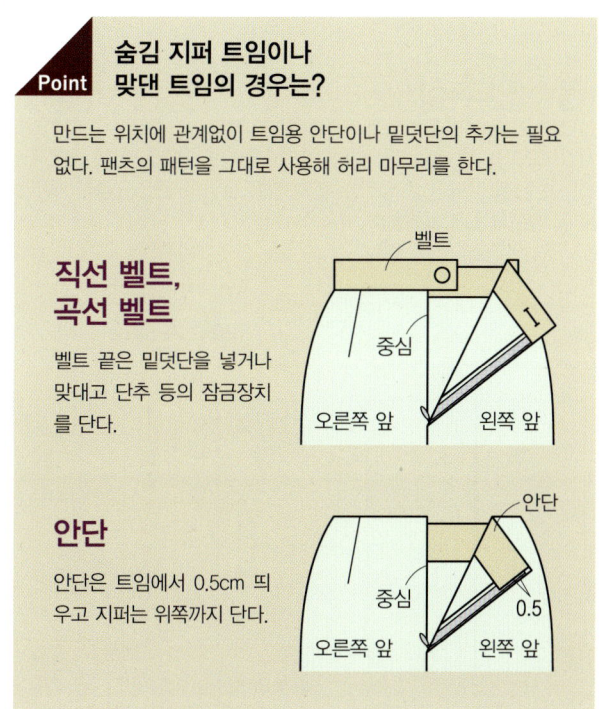

→ 트임 종류···P.84

특별 강의

트임 종류

옷을 입고 벗을 때는 물론 악센트로 효과를 발휘하는 트임.
기본적으로는 앞 중심에 만들지만, 옆이나 뒤 중심 등 디자인과 취향에 따라 위치나 종류가 달라진다.
여기서는 팬츠에 주로 사용하는 4종류의 트임 제도와 완성법을 소개한다.

Point 트임을 생각하는 법

핵심은 엉덩이가 들어가느냐 안 들어가느냐. 다트가 있는 웨이스트 피트형 디자인에는 필수.
웨이스트 루스형 디자인에서 고무줄 등을 사용해 엉덩이 치수까지 늘여서 착용하는 디자인에는 트임이 필요 없다.

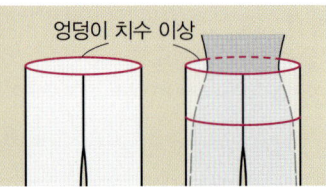
엉덩이 치수 이상

1 앞 지퍼

팬츠에 가장 많이 사용하는 스티치를 넣은 트임. 밑덧단이나 안단 등 사용 파트가 많아 박는 과정은 복잡하지만 완성은 본격적인 마무리가 된다. 왼쪽 위 앞이 기본.

*박는 법, 패턴 만드는 법은 P.126 참조

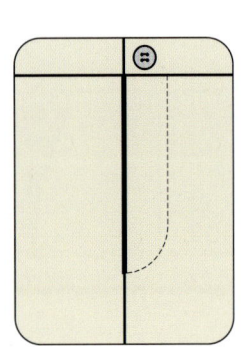
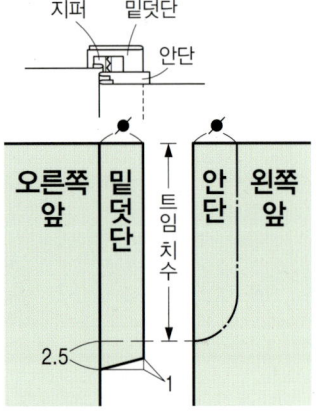

* ●의 치수는 적당히
* 안단선은 스티치 위치도 겹친다

2 숨김 지퍼

트임 위치가 눈에 띄지 않는 것이 특징으로, 깔끔하게 완성하고 싶은 고급스러운 디자인에 주로 사용한다. 다는 위치는 옆이 대부분이지만, 앞뒤 중심에 다는 경우도 있다.

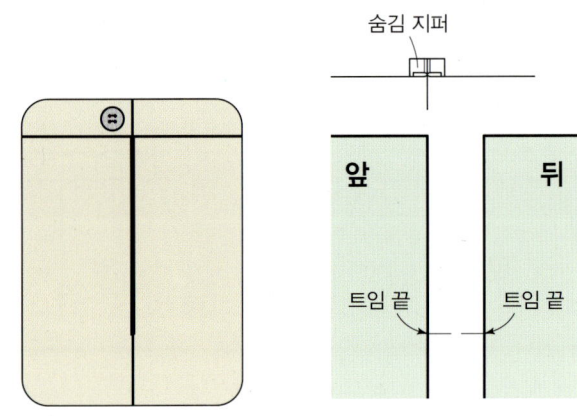

3 단추집

시각적으로는 1과 같다. 밑덧단에 단 단추를 단추집 천에 고정해 착용하는 전통적인 트임. 포멀한 느낌의 정통 트임이지만, 요즘은 캐주얼 팬츠 등에도 폭넓게 사용한다.

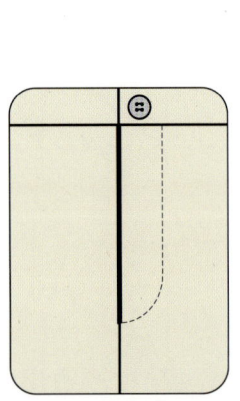
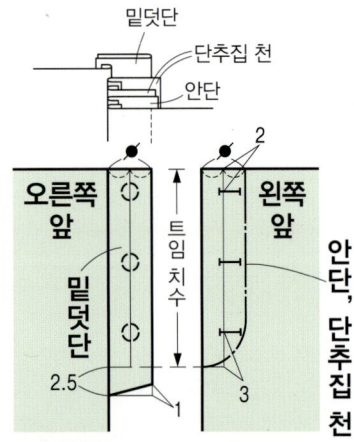

* ●의 치수는 적당히
* 안단선은 스티치 위치도 겹친다

4 맞댄다

안쪽에 지퍼를 겹쳐 스티치로 고정하는 쉽고 간단한 트임. 배기나 퀼로트 등 여유가 많고 밑단이 퍼지는 팬츠에 주로 사용한다. 위치는 앞뒤 중심이 일반적.

*박는 법, 패턴 만드는 법은 P.130 참조

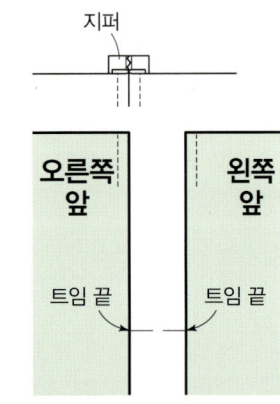

 # 포켓 종류

실용성과 장식 기능을 겸비한 포켓은 디자인도 다양하다. 팬츠에 주로 사용하는 디자인을 주머니 천 제도와 함께 소개한다.
치수는 표준. 취향이나 전체적인 균형을 고려하여 응용하자.
위치는 자유롭게 설정하지만 입을 때를 상상해 몸에 손을 대보고 편한 곳을 검토하는 것이 좋겠다. 스티치 폭도 적당히.

 Point 주머니 천 크기의 기준

오른쪽 사진처럼 주머니 천의 경우 손을 넣을 때 손이 쏙 들어가고, 둘레에 일정한 여유가 있는 크기가 표준.
포켓을 제도할 때 그 위에 손을 올려놓고 확인한다. 단, 팬츠는 본체의 폭이 좁으니 맞춰서 조정한다.

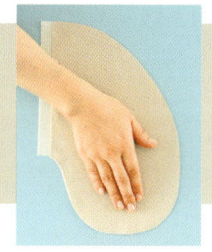

1 이음(비스듬히)

허리와 옆선을 이은 직선의 포켓 입구. 맞단과 주머니 천을 이어서 재단하는 것이 간단하지만 천 두께 등을 고려할 필요가 있다.

*박는 법, 패턴 만드는 법은 P.138 참조

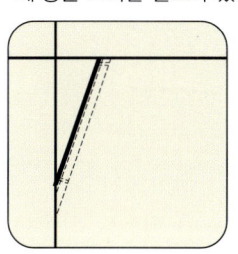 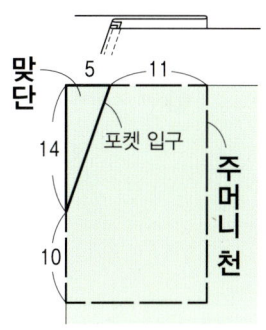

2 이음(곡선)

1과 같은 방법으로, 포켓 입구가 곡선. 모양은 자유롭게 설정 가능. 포켓 입구의 경사가 급한 경우 주머니 천은 1의 제도처럼 세로로 긴 직사각형으로 한다.

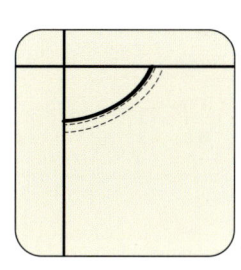 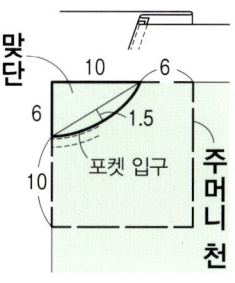

3 옆 솔기 이용

옆 솔기 시접에 주머니 천을 달아서 만든다. 1, 2보다 포켓 입구가 눈에 띄지 않지만, 체형에 따라 포켓 입구가 벌어지기 쉽다.

*박는 법, 패턴 만드는 법은 P.140 참조

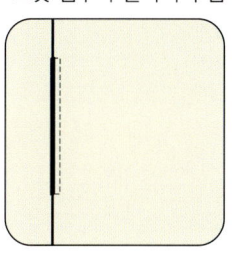 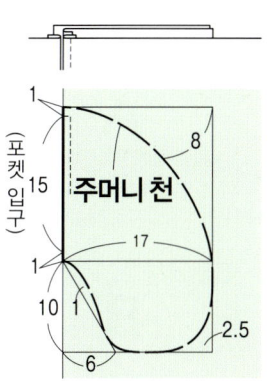

4 파이핑

가위집을 넣어 만든 포켓. 파이핑이란 가는 테두리를 말한다. 주머니 천과 파이핑 천은 이어서 재단한다. 주로 뒤쪽에 달지만 앞에 다는 디자인도 있다.

*박는 법, 패턴 만드는 법은 P.142 참조

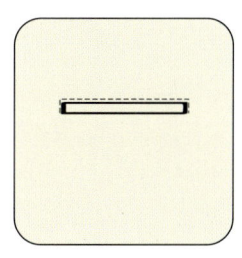 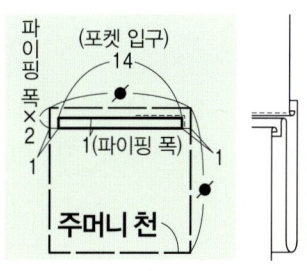

5 패치

패치란 덧댄다는 뜻. 팬츠용은 기본형이 많다. 스티치 등으로 고정한다. 주로 뒤쪽에 달지만 앞이나 옆 등 위치는 자유롭게 설정할 수 있다.

*박는 법, 패턴 만드는 법은 P.144 참조

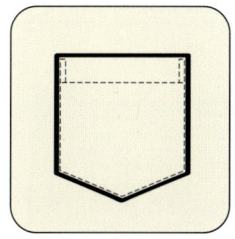 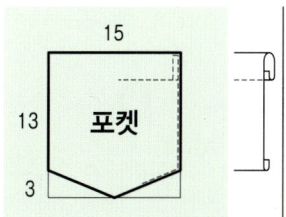

6 장식 박스

장식용 가짜 포켓. 포켓 기능은 없지만 엉덩이를 커버하거나 다리가 길어 보이는 등 스타일 업 효과가 있다. 상자 모양의 천을 스티치 등으로 고정한다.

*박는 법, 패턴 만드는 법은 P.145 참조

 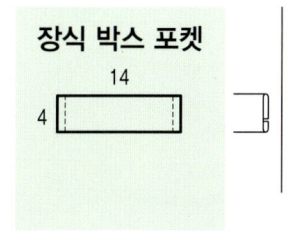

특별 강의

곡선 벨트 만드는 법과 활용법

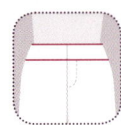

[만드는 법] 기본 패턴 ❹가 원형인 디자인 ⓓ를 이용

다트가 있는 디자인 ⓓ를 사용해 만든다. 먼저 원형이 되는 곡선 벨트형을 만들고,
허리의 완성 위치나 벨트 폭을 자유롭게 설정해 선을 그린 다음, 그것을 다른 종이에 베껴 자기 사이즈의 패턴을 완성한다.
폭이나 위치를 바꿔 여러 종류 만들어두면 디자인의 변형도 늘어나 편리하다.

1 곡선 벨트형을 만든다

다트를 맞대어 원형이 되는 모양을 만든다

❷ 앞과 동일 치수 위치에 선을 그린다(WL에 평행)
❶ 다트 끝을 지나는 위치에 선을 그린다(WL에 평행)

는 ⓓ

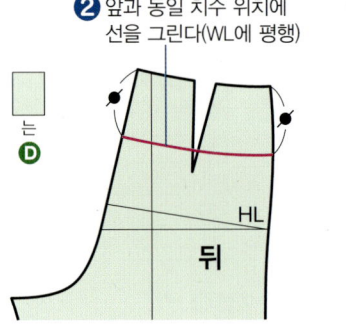
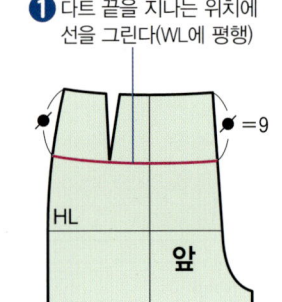

❸ 벨트 부분 원형이 완성

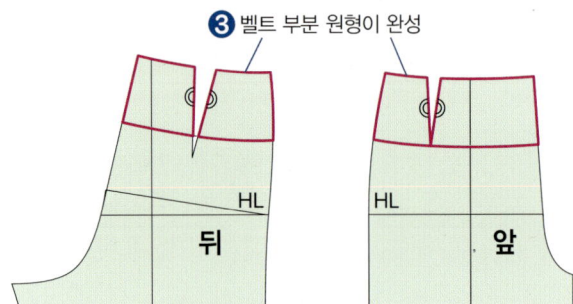

❹ 다트 위치에서 맞댄다

❺ 완만하게 수정

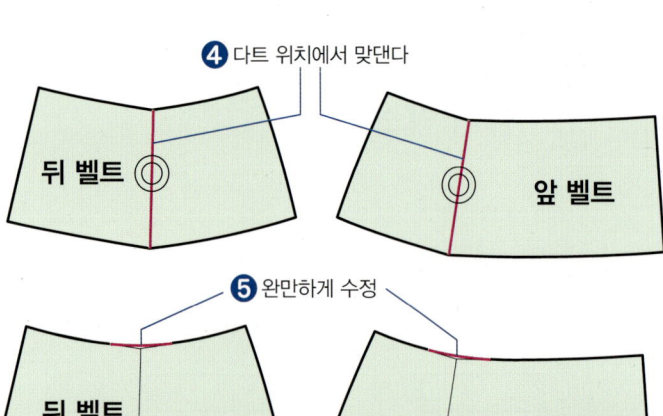

2 자기 취향대로 커스터마이징한다(뒤도 같은 방법)

원하는 위치에 라인을 넣어 곡선 벨트형을 완성한다.
원래 WL에서의 치수를 잊지 말고 적어두자

❶ WL에 평행으로 선을 그린다(그림은 1cm 간격)

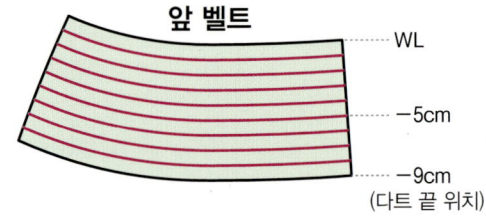

앞 벨트 — WL / −5cm / −9cm (다트 끝 위치)

❷ 원하는 위치나 폭으로 곡선 벨트형에서 패턴을 베껴 완성한다.
아래 그림 A처럼 허리 위치가 WL과 일치하는 경우는 수정 없이.
B~D처럼 허리 위치를 WL보다 내리는 경우는
P.81 '로 웨이스트로 할 경우' 2, 3과 같은 방법으로 조정한다

A 위쪽 끝은 WL 그대로. 벨트 폭 5cm

B 위쪽 끝은 WL−3cm. 벨트 폭 6cm (여분을 자른다)

C 위쪽 끝은 WL−4cm. 벨트 폭 4cm (여분을 자른다)

D 위쪽 끝은 WL−5cm. 벨트 폭 4cm (여분을 자른다)

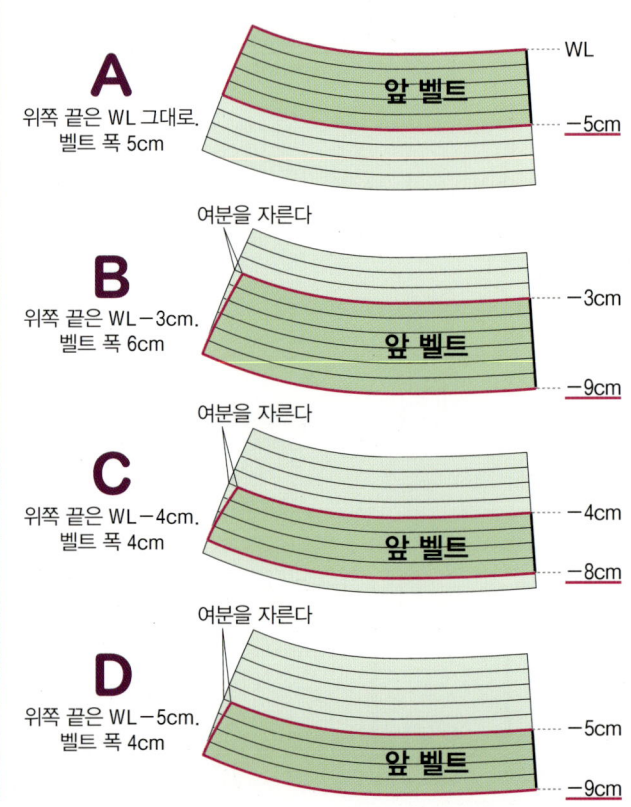

팬츠에 빼놓을 수 없는 곡선 벨트는 여러 용도로 널리 쓰이는 파트이다.
기본적인 스타일뿐만 아니라 볼륨이 많은 디자인에서도 엉덩이 주위만 몸에 붙이고 싶을 때 사용하면 효과적이다.
벨트 폭이나 다는 위치가 다른 것을 여러 종류 준비해두면 폭넓게 변형할 수 있다.
또 폭이 넓은 벨트는 요크라고 부르기도 하는데, 여기서는 명칭을 벨트로 통일해 설명한다.

[활용법] 다양한 디자인의 허리에 사용

곡선 벨트는 응용 범위가 넓은 파트.
다트가 있는 폭이 좁은 디자인은 물론
볼륨이 있는 디자인도 엉덩이 주위를 깔끔하게 마무리한다.

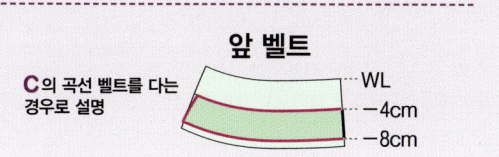

C의 곡선 벨트를 다는 경우로 설명

1 다트가 있는 디자인에

기본 패턴 ❹가 원형인 웨이스트 피트형 디자인에 사용하는 경우. 앞뒤 WL을 벨트 다는 선과 같은 위치에서 자르면 다트 분량이 남아 벨트와의 치수 차이를 조정한다.

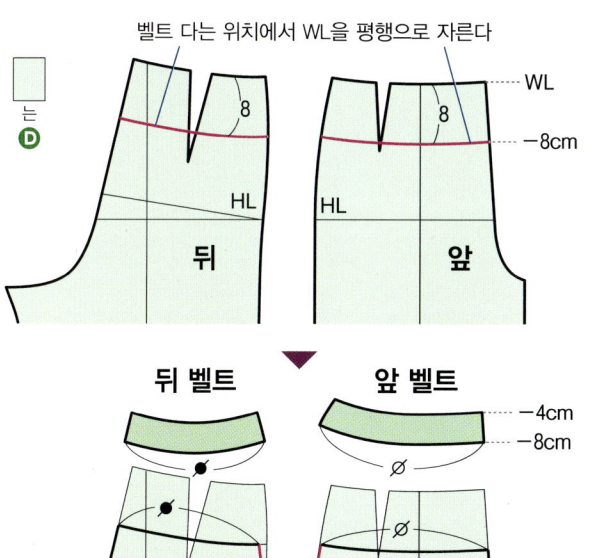

다는 위치의 치수 차이가 각 0.7cm 미만인 경우는 여유분 줄임을 하거나 옆에서 자르고, 각 0.7cm 이상인 경우는 다트로 해서 남긴다

옆에서 이어지는 엉덩이 곡선에 맞춰 완만하게 피트

곡선형 엉덩이 주위 모양에 거스르지 않고, 자연스러운 라인으로 깔끔하게 완성.

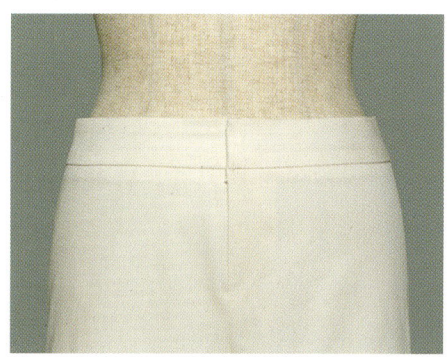

2 다트가 없는 디자인에

기본 패턴 ❶~❸이 원형인 웨이스트 루스형 디자인에서 추가하는 경우 앞뒤 WL을 벨트 다는 선과 같은 위치에서 자르고, 개더나 턱을 넣어 벨트 치수에 맞춘다.

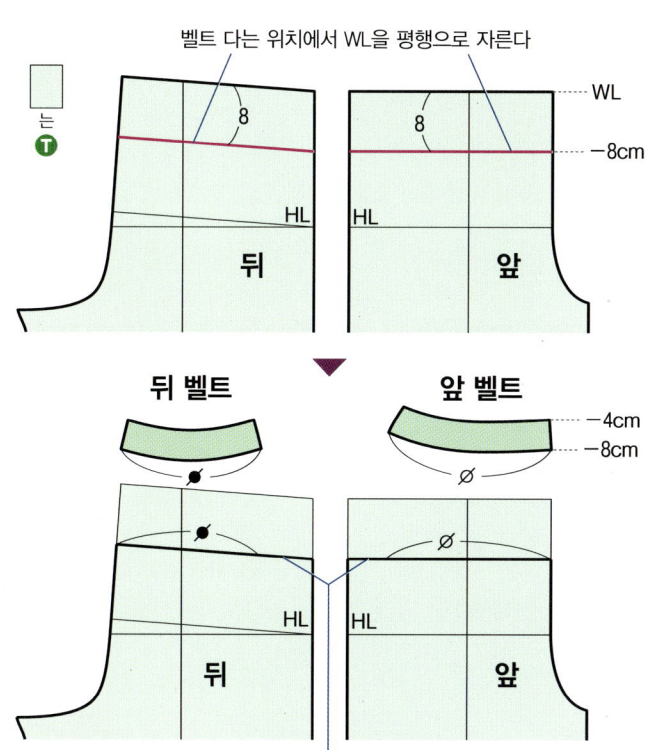

다는 위치의 치수 차이는 적당히 개더나 턱으로 처리한다

팬츠 부분의 볼륨을 가라앉혀 엉덩이 주위를 셰이프 업

개더 부풀림을 곡선 벨트가 차단해 허리 주위가 깔끔하게 피트.

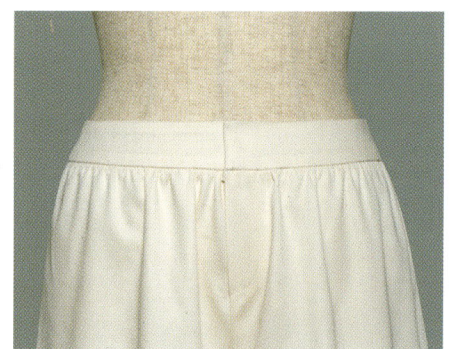

특별 강의

천에 따른 이미지 변화

1 울 스트라이프로 매니시하게

웨이스트 피트형인 스트레이트 팬츠 D를 사용. 허리 마무리는 곡선 벨트로, 기본형 앞 지퍼 트임. 천은 매끈한 울(소모). 남성적인 스트라이프 무늬가 스마트함을 부각시키는 비즈니스 팬츠로.

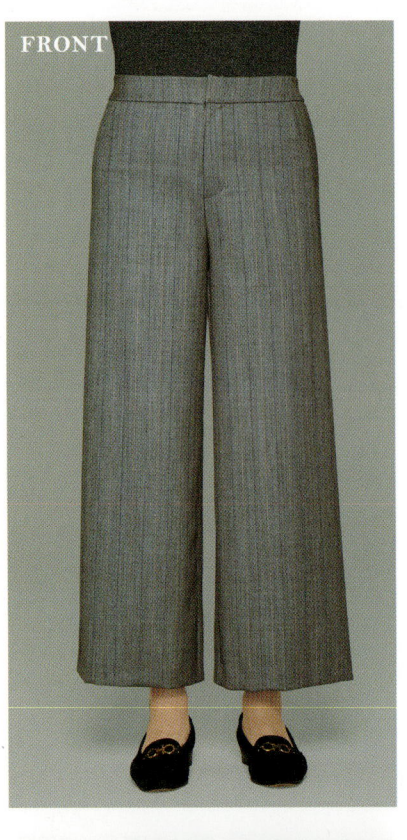

2 리넨으로 내추럴하게

웨이스트 루스형인 스트레이트 팬츠 A를 사용. 고무줄을 끼워 신축성이 좋은 허리 마무리로, 트임 없는 간단한 유형. 천은 부드러운 감촉의 내추럴 컬러 리넨. 소박한 표정의 온화하고 부드러운 느낌으로.

3 보더 니트로 캐주얼하게

웨이스트 루스형인 스트레이트 팬츠 A를 사용. 2와 같은 허리 마무리로, 트임 없는 간단한 유형. 천은 소프트한 감촉의 보더 니트. 편안하게 여유가 있는 느낌으로 다양한 장소에서 활약하는 릴랙스 팬츠로.

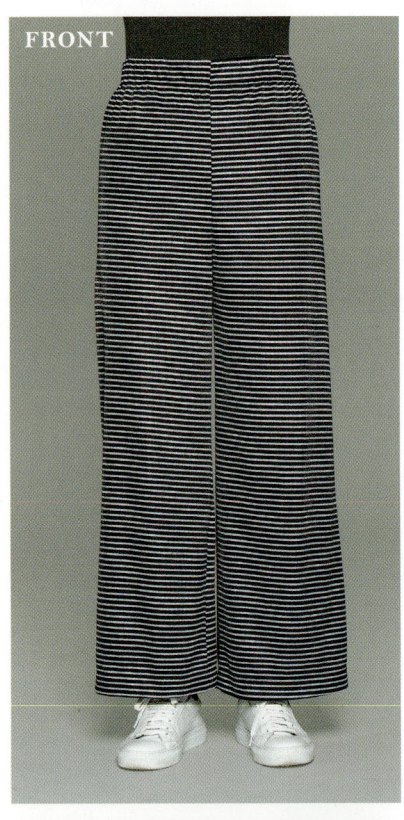

기본 패턴이 같아도 천이나 유형에 따라 표정이 다양하게 바뀌어 자유자재로 이미지를 변화시킬 수 있다.
여기서는 엉덩이 여유분이나 밑아래 폭이 같은 스트레이트 팬츠 A와 D를 사용한 실례를 소개한다.

4 자카르로 스타일리시하게

웨이스트 루스형인 스트레이트 팬츠 A를 사용. 허리는 고무줄을 박아 신축성을 유지한 트임 없는 유형. 천은 개성적인 무늬 짜임. 시크한 모노톤으로 트렌디한 분위기를 자아내는 멋스러운 팬츠로.

5 두꺼운 코튼으로 스포티하게

웨이스트 피트형인 스트레이트 팬츠 D를 사용. 허리 마무리는 곡선 벨트로, 본격적인 앞 지퍼 트임. 천은 흰색 트윌. 여러 곳에 스티치를 넣어 활동적이고 매력적인 워크 팬츠로.

6 처짐이 있는 소재로 포멀하게

웨이스트 피트형인 스트레이트 팬츠 D를 사용. 허리는 안단 마무리로, 깔끔하게 보이는 뒤 숨김 지퍼 트임. 천은 폴리에스테르의 더블 클로스. 포멀 컬러와 보들보들한 소재로 드레스 업 팬츠로.

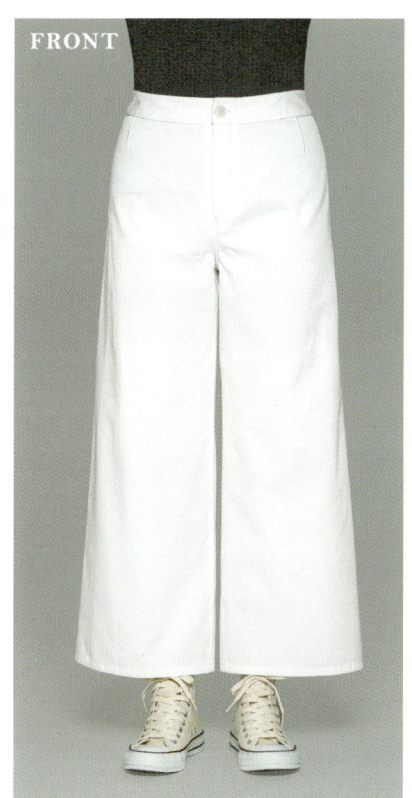
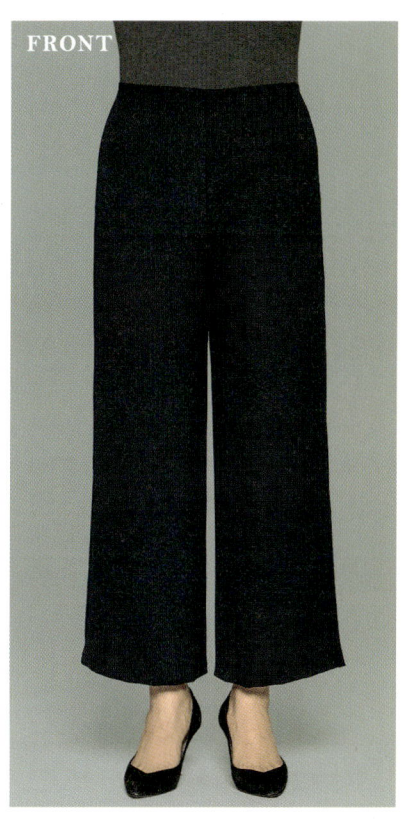

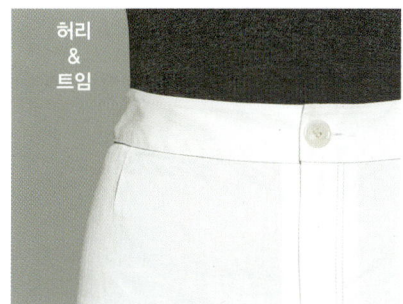
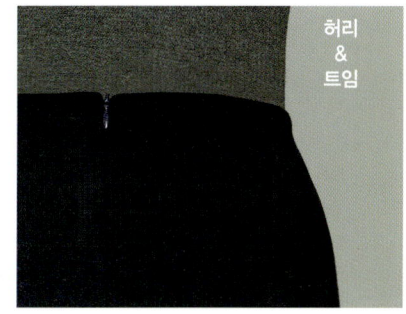

> 특별 강의

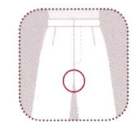

밑위점 차이에 따른 비교 ①

밑위 아래 위치를 내리면
팬츠의 밑위 길이(P.12 참조)가 길어져 기능성이나 피트감이 달라진다.
토대로 한 패턴은 팬츠의 밑위 길이를 신체 치수와 똑같이 설정한
스트레이트 팬츠 D.

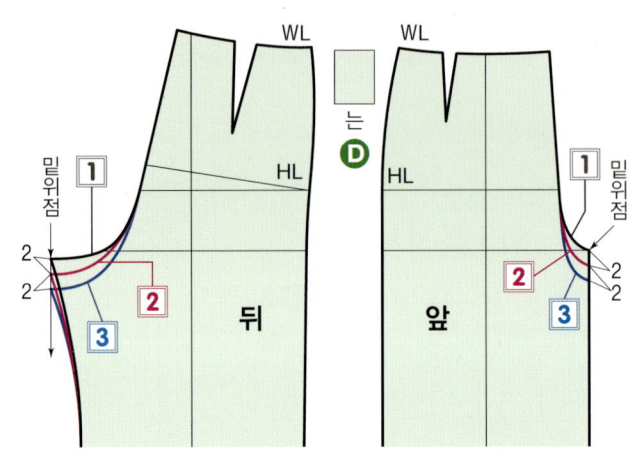

1 이동 없이

스트레이트 팬츠 D 그대로. 밑위 아래는 저스트 피트. 밑위 길이에 여유는 없지만 다리를 벌리기 편해 기능성은 높다. 긴장감 있는 정통적인 디자인에 어울린다.

2 2cm 내린다

밑위점을 2cm 수직으로 내려 밑위길이선을 다시 그린다. 밑위 길이에 적당히 여유를 더해 편안함이 상승한다. 다리를 벌리면 조금 땅긴다.

3 4cm 내린다

밑위점을 4cm 수직으로 내려 밑위길이선을 다시 그린다. 밑위 길이가 길어져 여유가 많기 때문에 착용감은 좋지만 다리 벌리기는 어렵다.

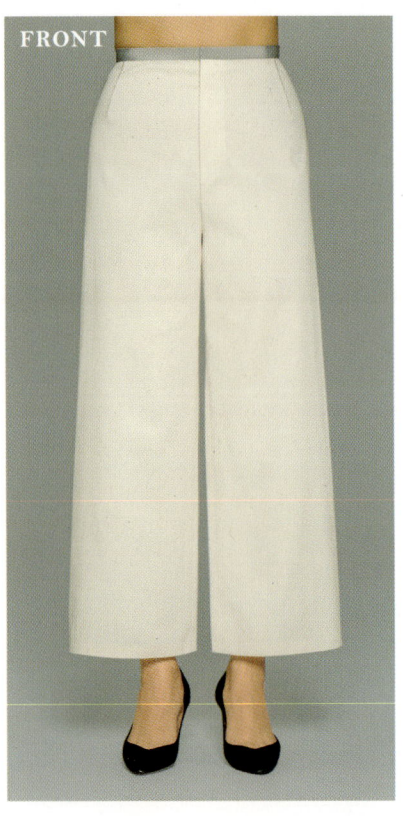

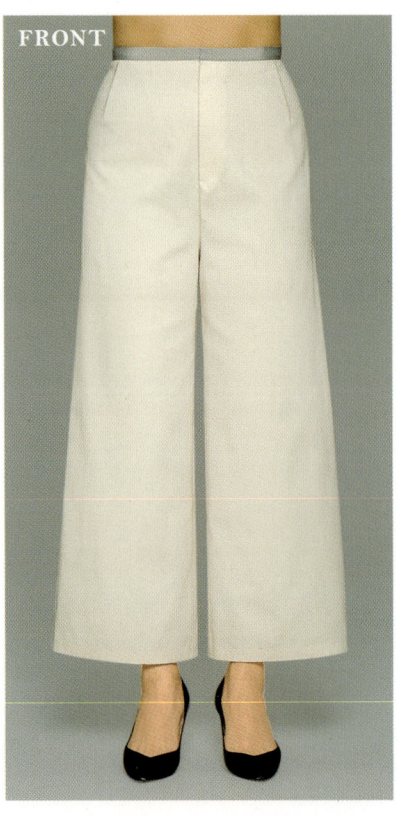

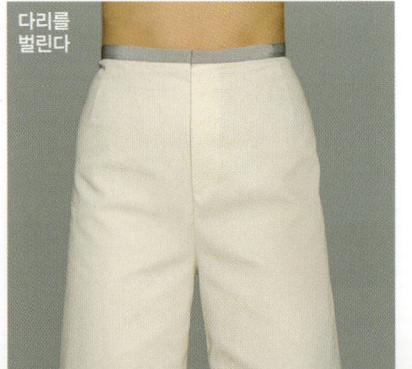

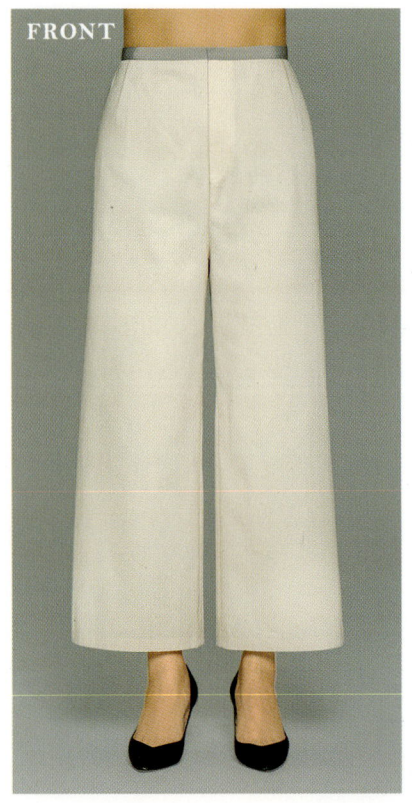

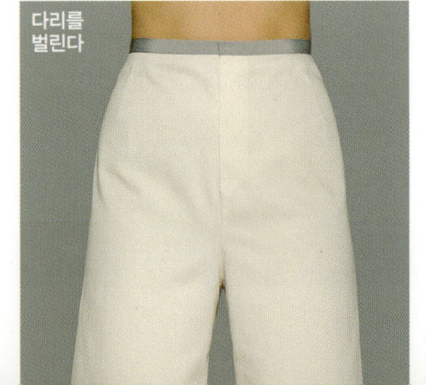

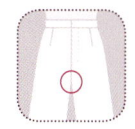

밑위점 차이에 따른 비교 ②

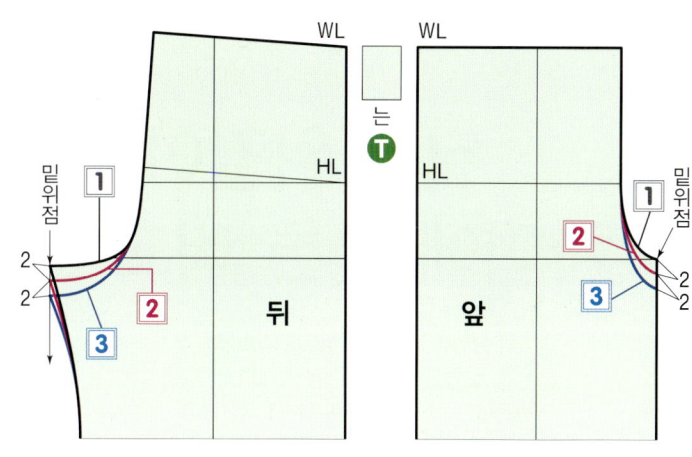

밑위 아래 위치를 내리면
팬츠의 밑위 길이(P.12 참조)가 길어져 기능성이나 루스한 정도가 달라진다.
토대로 한 패턴은 신체 치수의 밑위 길이+2cm로 설정한
와이드 팬츠 T.

1 이동 없이

와이드 팬츠 T 그대로. 밑위 아래의 적당한 여유와 볼륨감 있는 스타일이 최상의 균형. 다리 벌리기도 편하다.

2 2cm 내린다

밑위점을 2cm 수직으로 내려 밑위길이선을 다시 그린다. 밑위의 여유가 늘어나 편안함이 상승. 밑위 아래는 내려가지만 넓적다리 너비에 여유가 있어 다리 벌리기는 비교적 편하다.

3 4cm 내린다

밑위점을 4cm 수직으로 내려 밑위길이선을 다시 그린다. 밑위 아래가 내려가서 넓적다리 너비에도 여유가 있어 착용감은 좋지만 다리 벌리기는 약간 불편하다.

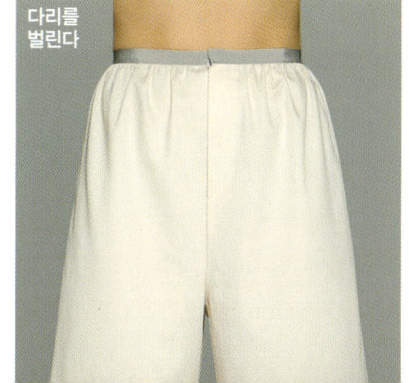

특별 강의

뒤 밑위길이 차이에 따른 비교 ①

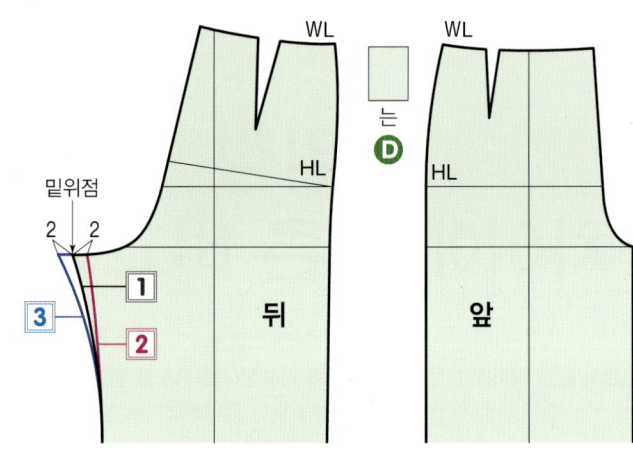

뒤 밑위점을 수평 방향으로 자르거나 추가하면
뒤 밑위길이와 넓적다리 둘레(P.12)가 증감해
피트감이 달라진다.
토대로 한 패턴은 스트레이트 팬츠 D.

1 이동 없이

스트레이트 팬츠 D 그대로. 기본적인 균형과 피트감. 넓적다리 둘레에도 여유가 생긴다.

2 짧게

밑위점을 수평으로 자르고 밑아래선을 다시 그린다. 뒤 밑위길이와 넓적다리 둘레가 줄어 엉덩이 아래가 피트된다. 쭈그릴 때 허리가 내려가는 정도는 1과 거의 다르지 않다.

3 길게

밑위점을 수평으로 추가하고 밑아래선을 다시 그린다. 뒤 밑위길이와 넓적다리 둘레가 늘어나 엉덩이 아래의 여유가 많아진다. 허리가 내려가는 정도는 1과 거의 다르지 않다.

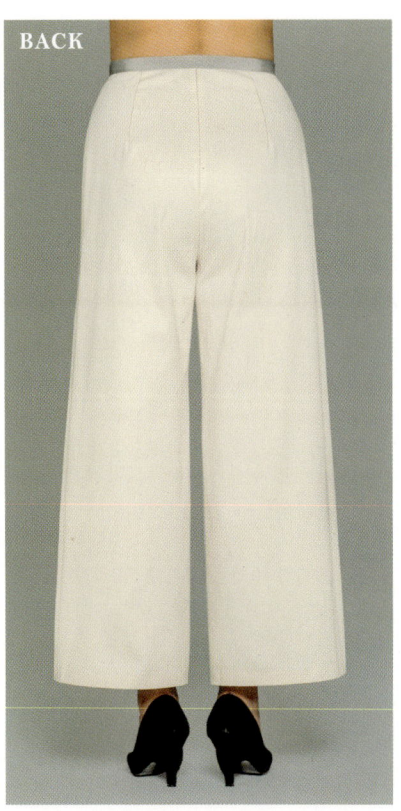
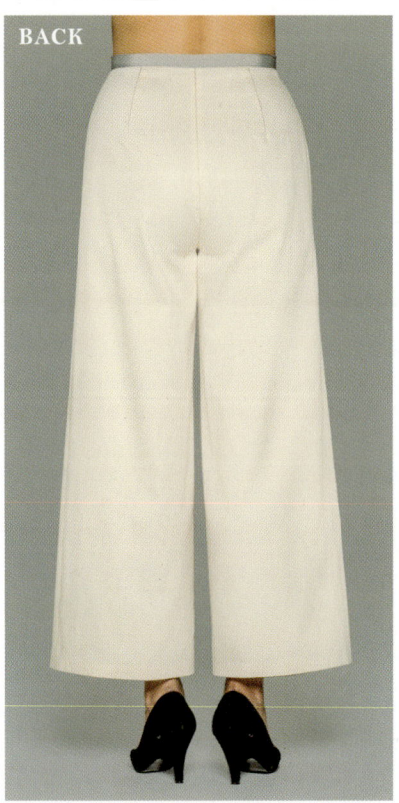
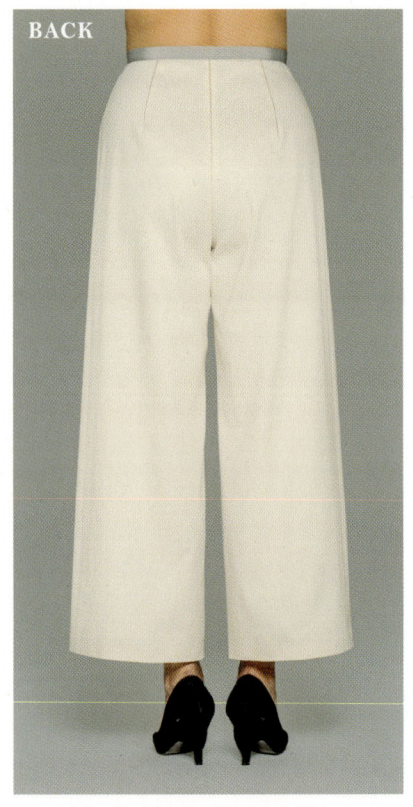

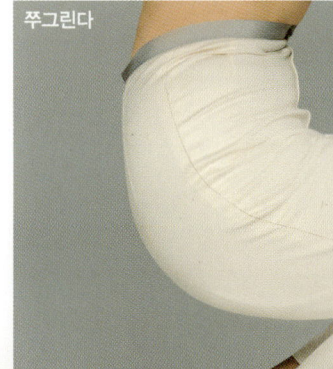

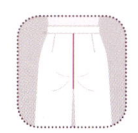

뒤 밑위길이 차이에 따른 비교 ②

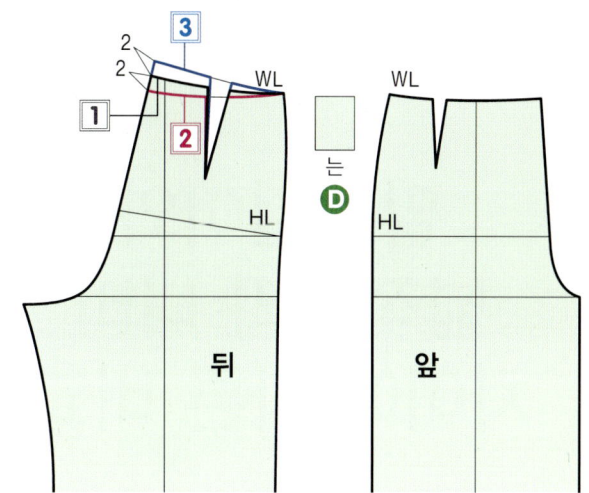

뒤 중심과 WL의 교점을 이동하면
뒤 밑위길이(P.12 참조)가 증감해 기능성이나 피트감이 달라진다.
아래 예는 스트레이트 팬츠 D.

1 이동 없이

스트레이트 팬츠 D 그대로. 앉는 것도 고려해 기본적인 뒤 밑위길이로 설정. 서 있을 때는 약간 남지만 쭈그릴 때는 몸에 딱 맞아 안정감 있게 균형을 이룬다.

2 짧게

뒤 밑위길이를 2cm 짧게 하고 WL을 다시 그린다. 서 있을 때는 저스트 피트지만 쭈그리면 뒤허리가 땅기며 내려간다.

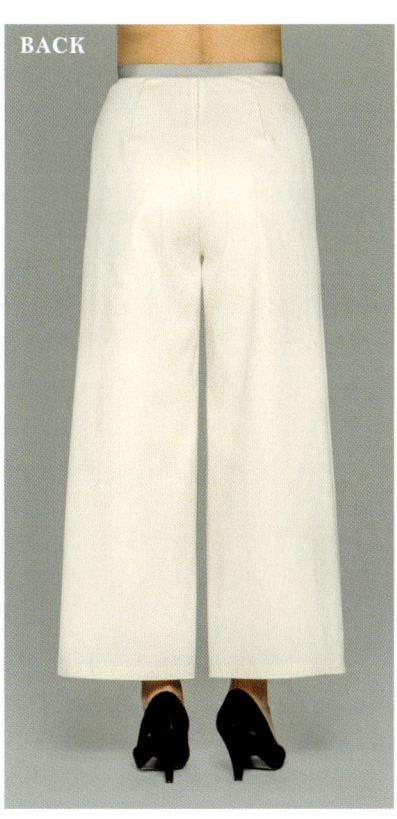

3 길게

뒤 밑위길이를 2cm 길게 하고 WL을 다시 그린다. 쭈그릴 때는 적당한 피트감으로 내려가는 분량도 적지만, 서 있으면 여유가 생겨 주름이 두드러진다.

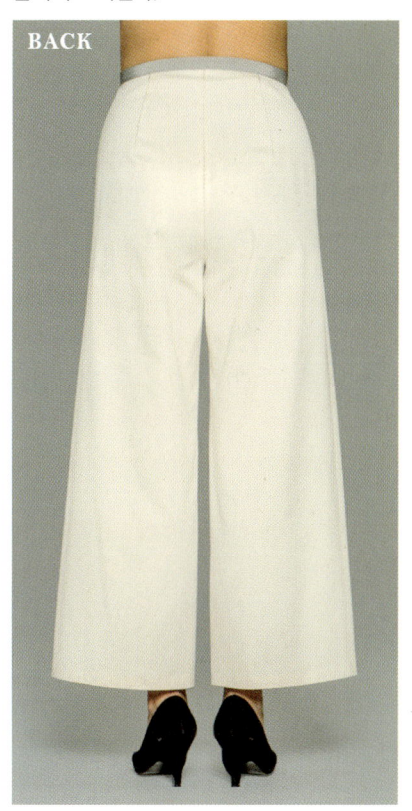

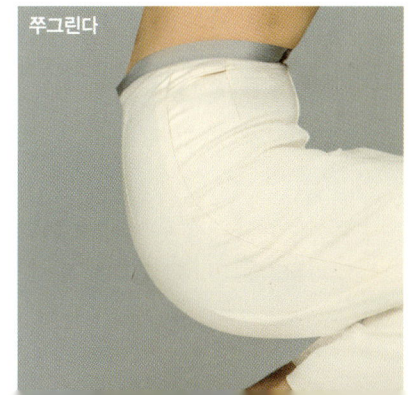

특별 강의

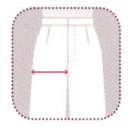

밑위길이와 넓적다리 너비 차이에 따른 비교

밑아래선을 이동하면 밑위길이(P.12 참조)와 밑위선에서 아래쪽 팬츠 폭이 증감해 실루엣이 달라진다. 이 테크닉을 사용하면 허리와 엉덩이의 여유분을 바꾸지 않고 원하는 볼륨감으로 변경할 수 있다. 토대로 한 패턴은 스트레이트 팬츠 D.

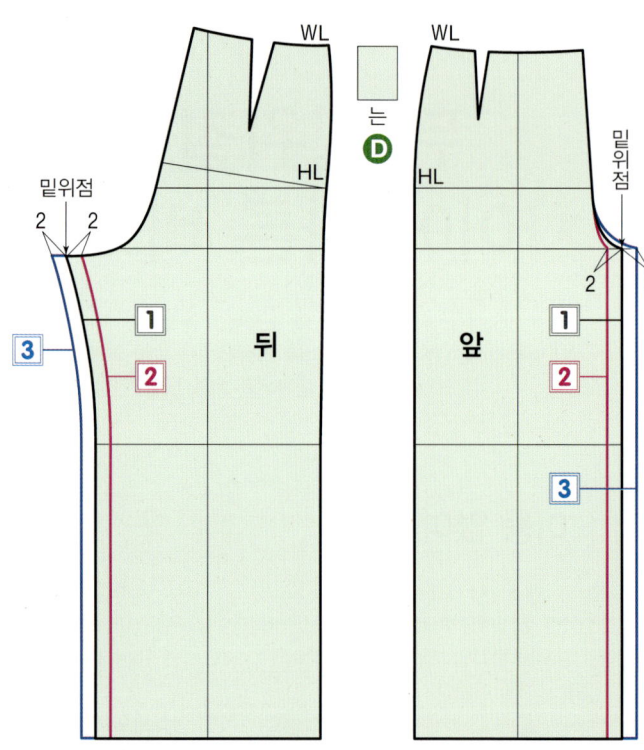

1 이동 없이

스트레이트 팬츠 D 그대로. 적당히 여유가 있는 조금 굵은 스트레이트 라인.

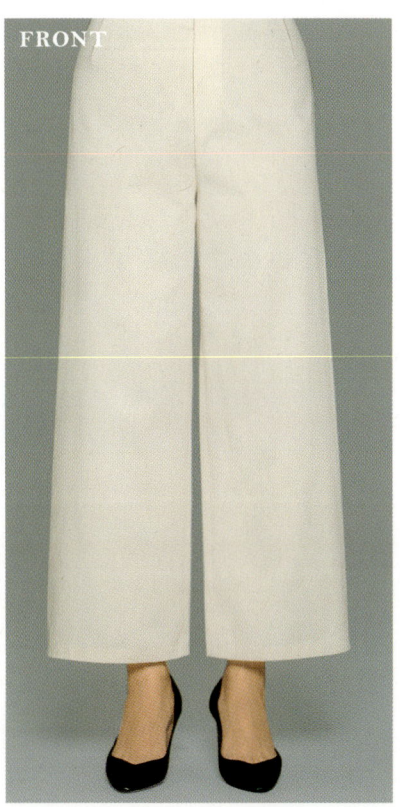

2 좁게

앞뒤 밑아래선을 각 2cm 평행으로 자르고 밑위길이선을 다시 그린다. 한쪽 다리의 넓적다리 둘레가 4cm 좁아지는 폭이 좁은 라인으로. 밑위길이가 짧아지고 허벅지 주위가 피트된다.

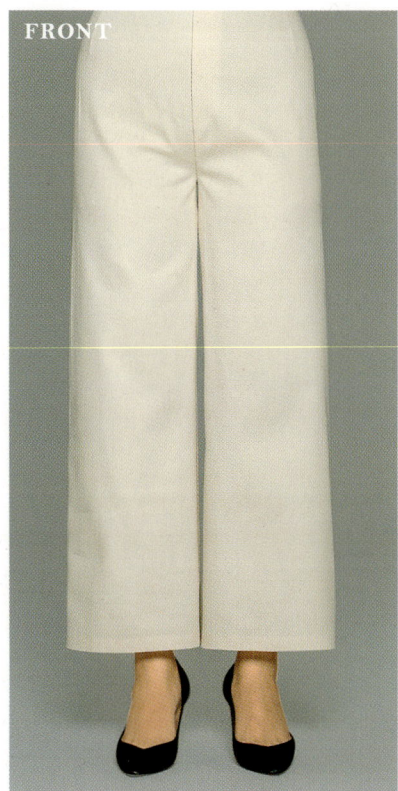

3 넓게

앞뒤 밑아래선을 각 2cm 추가하고 밑위길이선을 다시 그린다. 한쪽 다리의 넓적다리 둘레가 4cm 넓어지는 와이드 실루엣으로. 밑위길이가 길어지고 허벅지 주위가 느슨해진다.

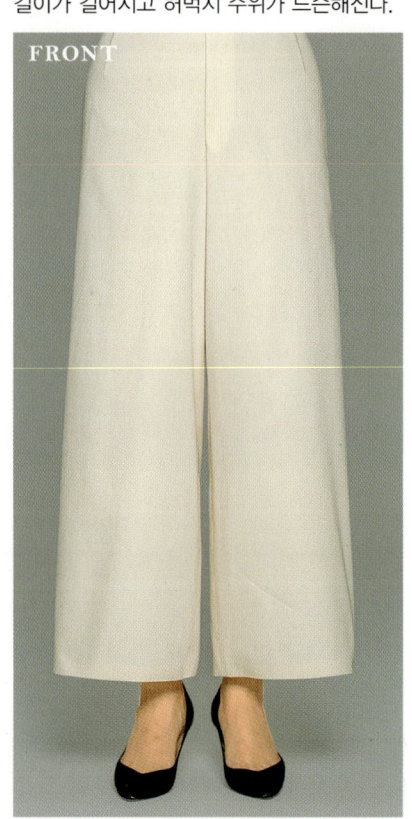

뒤 밑아래의 늘이는 분량 차이에 따른 비교

뒤 밑아래선을 자르거나 또는 추가하면
밑아래 치수의 늘이는 분량(앞 밑아래선과의 치수 차이)이 증감해
피트감이 달라진다.
토대로 한 패턴은 스트레이트 팬츠 D.

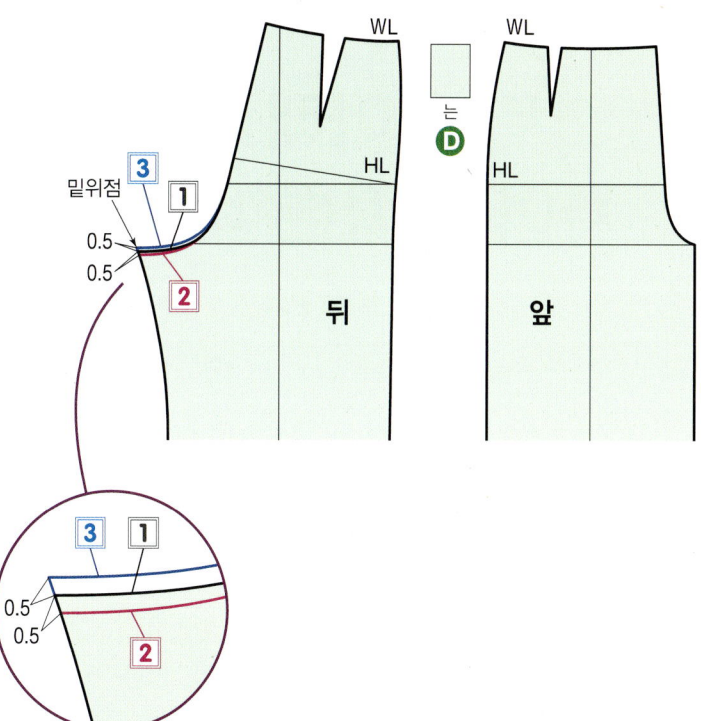

1 변경 없이

스트레이트 팬츠 D 그대로. 늘이는 분량은 표준적인 0.5cm. 앞보다 뒤를 짧게 해 늘이면서 맞춰 박아야 엉덩이 아래가 피트되는 효과가 있다.

2 많게

뒤 밑아래선을 밑위점에서 0.5cm 자르고 밑위길이선을 다시 그린다. 늘이는 분량이 1cm가 되고 뒤 밑아래의 피트감이 상승해 깔끔하다.

3 없이

뒤 밑아래선을 연장해 밑위점에서 0.5cm 추가. 밑위길이선을 다시 그린다. 늘이는 분량이 없어지고 뒤 밑아래의 여유가 많아져 주름이 늘어난다.

특별 강의

뒤 밑아래선 차이에 따른 비교

뒤 밑아래선의 모양을 변경하면
실루엣이 달라진다.
토대로 한 패턴은 스트레이트 팬츠 D.

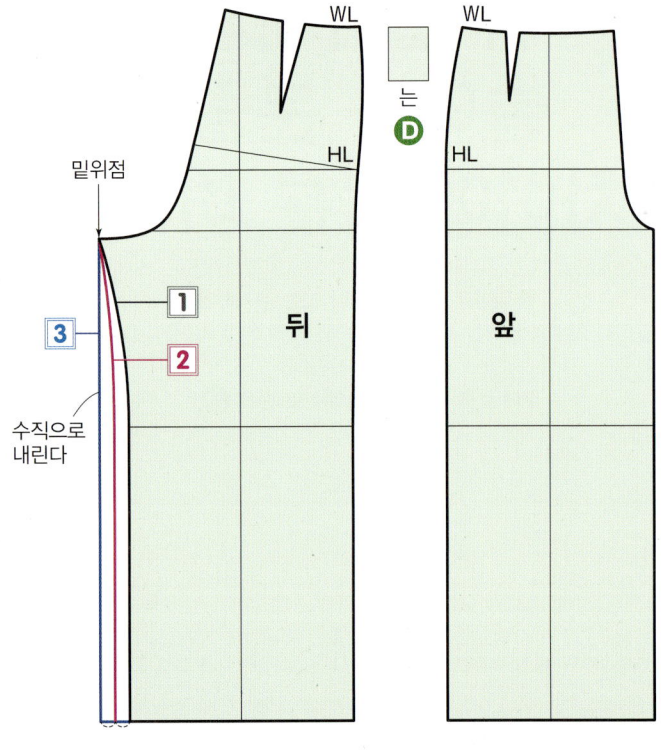

1 변경 없이

스트레이트 팬츠 D 그대로. 웨이스트 피트형의 와이드 스트레이트.
적당히 여유가 들어간 기본적인 라인. 넓적다리 너비에서 밑단 너비까지 거의 같은 폭으로 직선적.

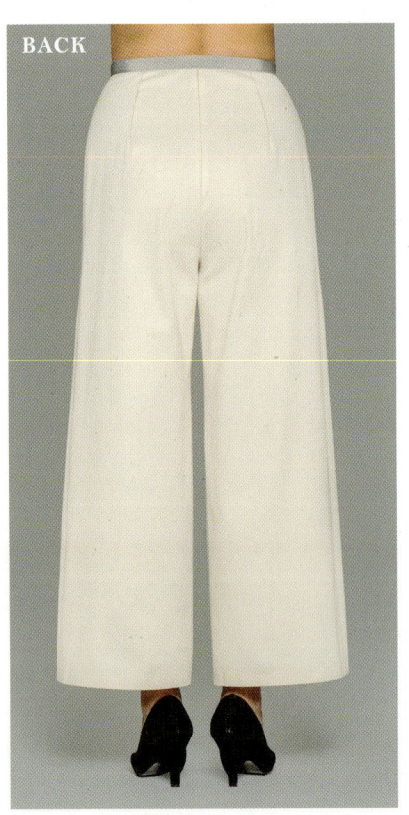

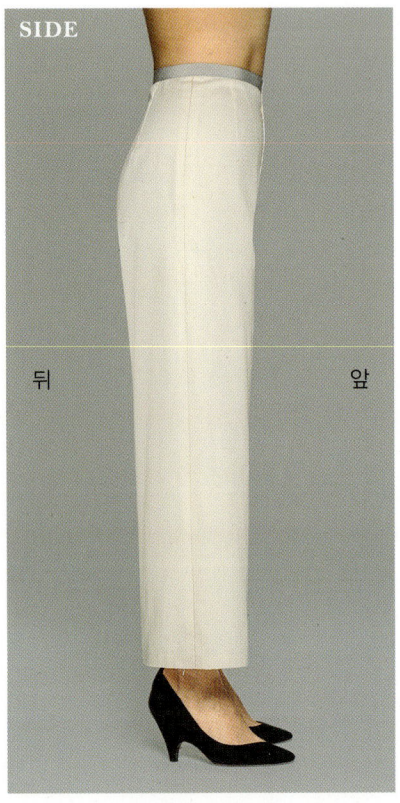

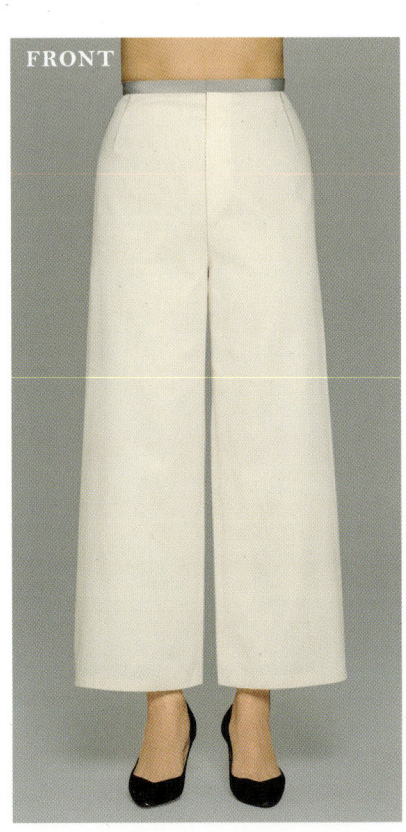

2 완만한 곡선

뒤 밑아래선을 밑위점에서 수직으로 내린 선의 중간으로 하고, 줄이는 위치까지 곡선을 완만하게 한다.
뒤의 폭이 넓어지고 약간 밑단이 퍼진다.

 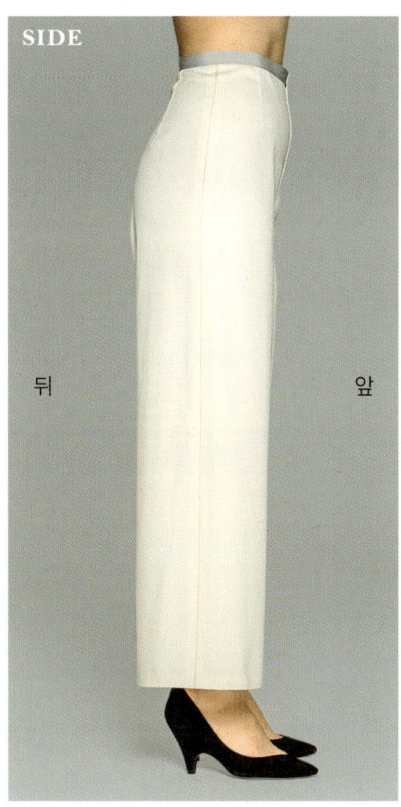 

3 수직으로 내린다

뒤 밑아래선을 밑위점에서 수직으로 내린다.
뒤의 폭이 더 넓어지고 플레어 같은 물결이 생긴다.

 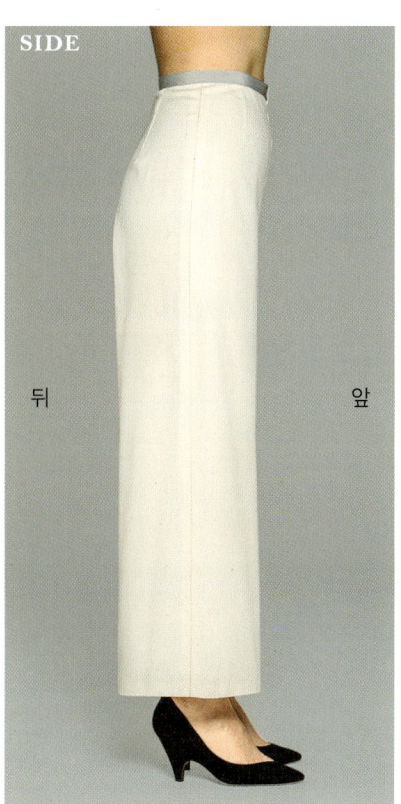 

특별 강의

옆선의 위치 차이에 따른 비교

옆선을 이동하면 앞뒤의 폭이 변하고 전체적인 인상이나 모습이 달라진다. 토대로 한 패턴은 스트레이트 팬츠 D.

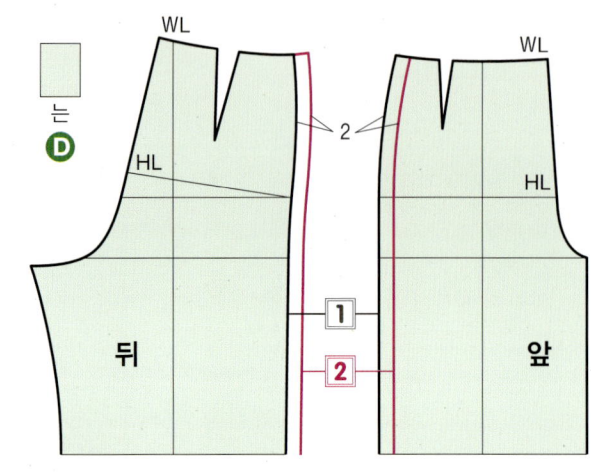

1 변경 없이

스트레이트 팬츠 D 그대로. 다트가 있는 웨이스트 피트형. 표준적인 옆선 위치로, 앞뒤의 균형도 딱 알맞다.

2 앞으로 이동

뒤 옆선에 평행으로 2cm 추가하고 앞은 자른다. 옆선이 앞으로 이동해 앞의 폭이 좁아지고 깔끔하게 보인다.

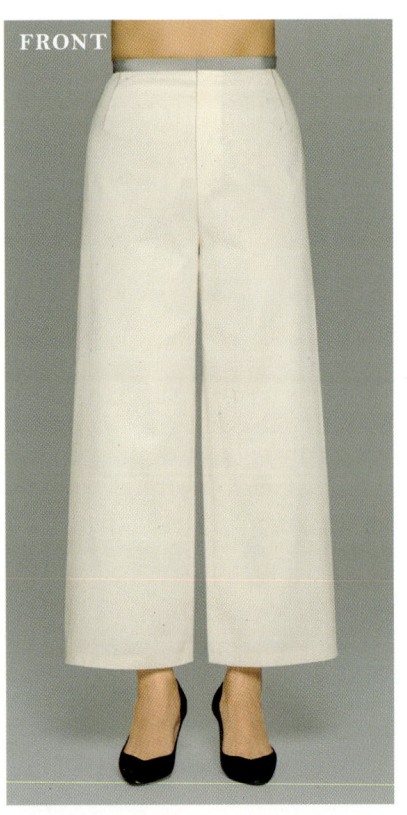

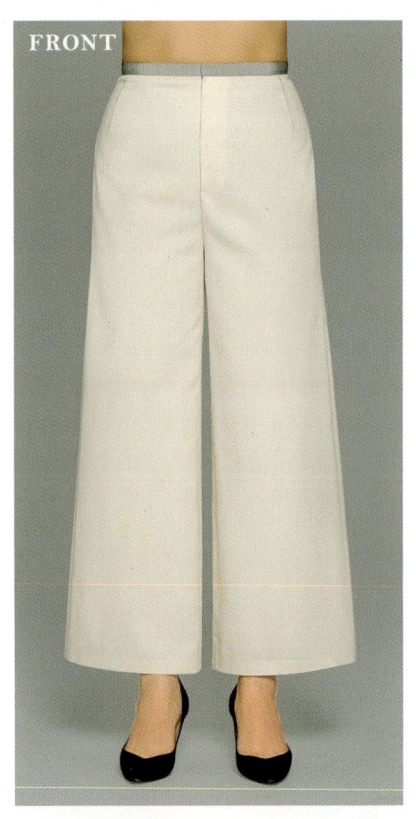

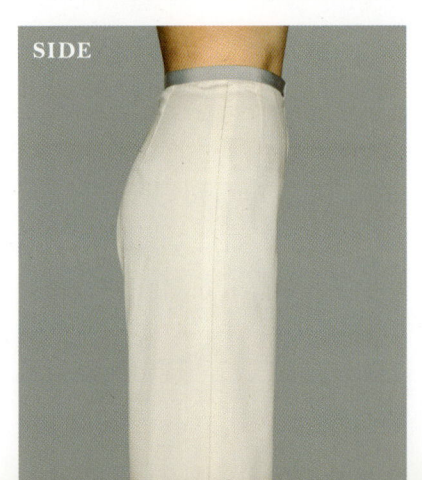

Point 중심선의 경사로 다리 벌림 상태가 바뀐다

오른쪽 페이지에서 검증한 중심선의 경사 각도와 완성 모양은 디자인에 영향을 미치는 중요한 관계가 있다. 드레시하게, 스포티하게……. 완성 이미지에 따라 고려하자.

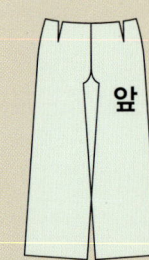

경사가 작다
경사가 작으면 맞춰 박았을 때 패턴 모양은 다리를 오므린 상태가 된다. 비즈니스 팬츠 같은 기본적인 라인에.

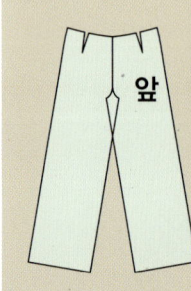

경사가 크다
경사가 크면 맞춰 박았을 때 패턴 모양은 다리를 벌린 상태가 된다. 진이나 승마 팬츠 같은 기능성을 중시하는 디자인에.

옆선과 중심선의 경사 차이에 따른 비교

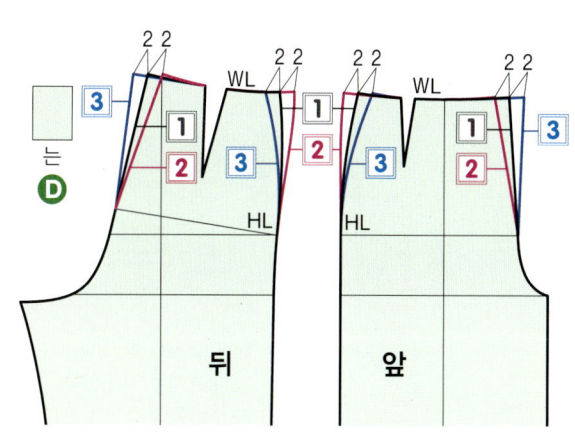

옆선과 중심선의 경사를 바꾸면
엉덩이 주위의 모양이 변해 피트감이나 기능성이 달라진다.
토대로 한 패턴은 스트레이트 팬츠 D.
다리를 같은 폭으로 벌려도 팬츠의 벌림 상태는 크게 바뀐다.

1 변경 없이

스트레이트 팬츠 D 그대로. 옆선의 곡선과 중심선의 경사를 표준적인 균형으로 배치한 정통적인 기본 스타일. 이 책의 기본 패턴이다.

2 옆쪽으로 기운다

옆선과 중심선을 각 2cm씩 옆쪽으로 기울여 WL을 다시 그린다. 착용 시 다리를 벌린 모양이 된다. 동작 범위가 넓어 활동적인 디자인에 어울린다. 앞뒤 중심은 남고 옆은 직선적이 되어 엉덩이 곡선에 대응하지 않아 약간 땅긴다.

3 중심 쪽으로 기운다

옆선과 중심선을 각 2cm씩 중심 쪽으로 기울여 WL을 다시 그린다. 착용 시 옆이 딱 맞고 다리를 모은 모양이 된다. 동작 범위가 좁아 포멀한 디자인에 어울린다. 앞뒤 중심은 여유가 없어 약간 땅기고 옆은 남는다.

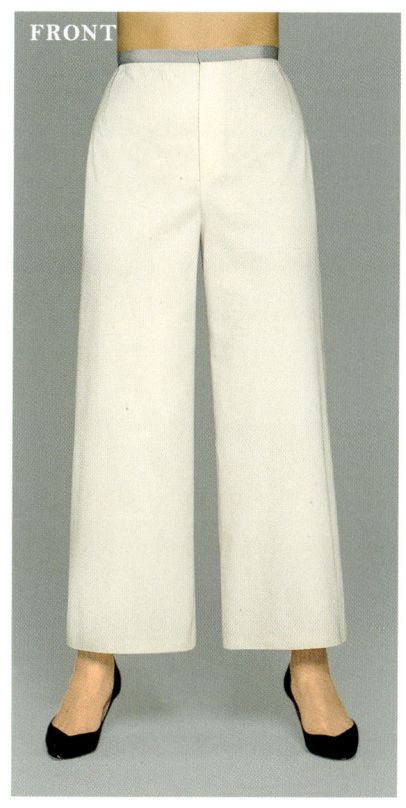
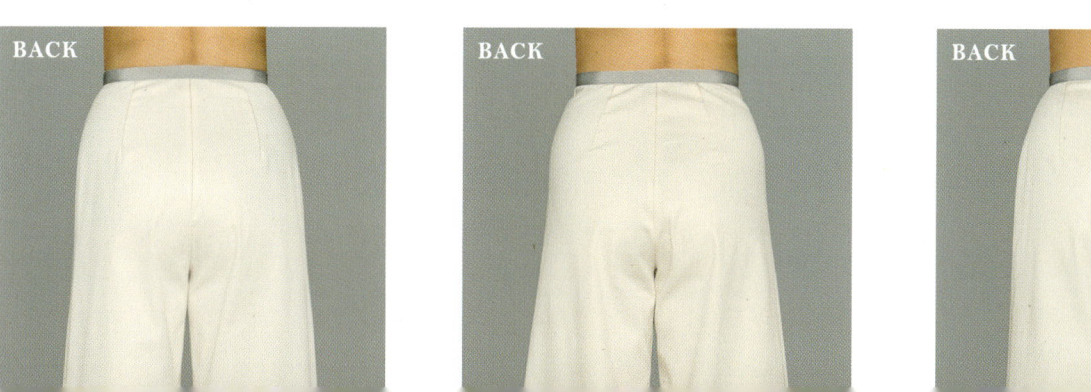

특별 강의

옆선의 모양 차이에 따른 비교

옆선의 곡선 모양을 바꾸면
엉덩이 주위의 피트감이 달라진다.
패턴상에서는 사소한 차이가 완성 이미지를 좌우한다.
자를 경우 중간 엉덩이 치수를 확인하자.
토대로 한 패턴은 스트레이트 팬츠 D.

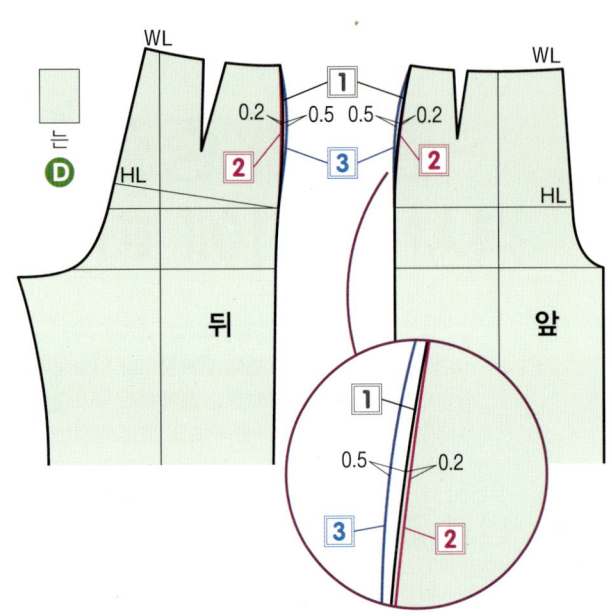

1 변경 없이

스트레이트 팬츠 D 그대로. 허리에서 엉덩이까지 적당히 여유가 들어간 완만한 곡선.

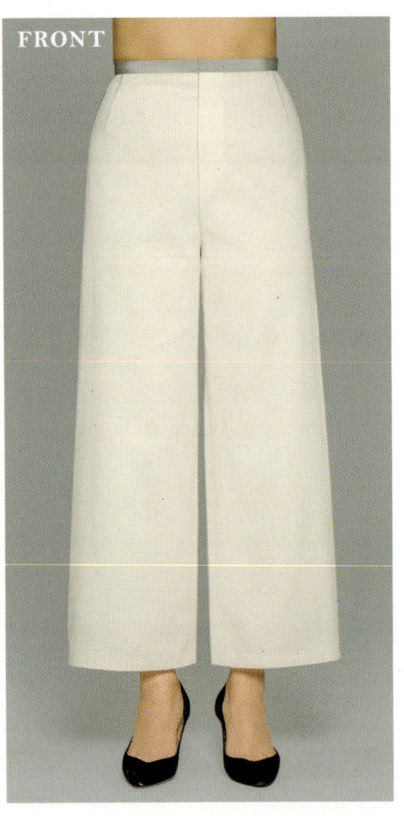

2 깎는다

옆선의 부풀림을 0.2cm 자르고 HL까지 다시 그린다. 완만한 곡선이 되어 엉덩이 주위에 여유가 줄어 깔끔하지만 땅기는 주름이 생긴다.

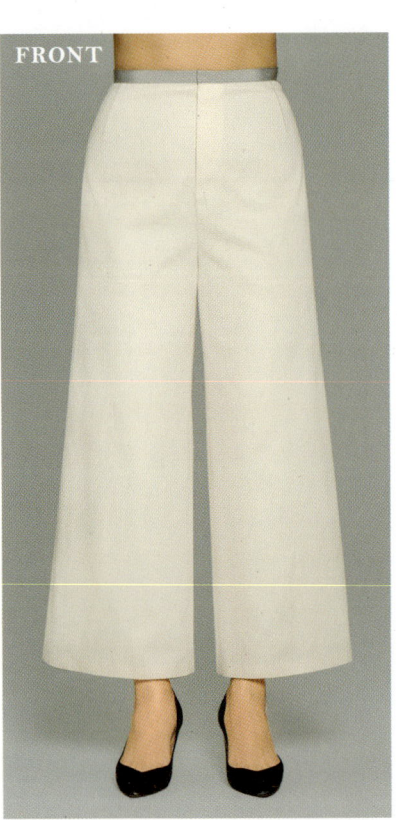

3 부풀린다

옆선의 부풀림을 0.5cm 추가하고 HL까지 다시 그린다. 부풀림이 커져 옆의 곡선이 강조된다.

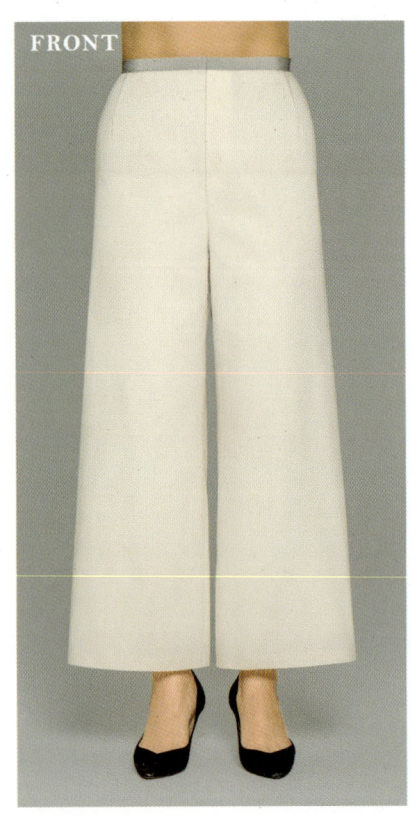

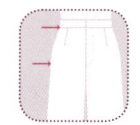

여유분 차이에 따른 비교

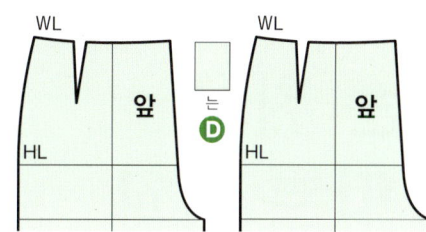
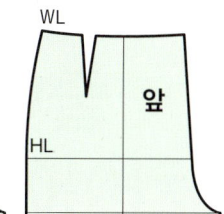

| 1 | 9호(저스트 사이즈) | 2 | 11호(1 사이즈 위) | 3 | 13호(2 사이즈 위) |

기본 패턴 ④인 웨이스트 피트형 팬츠의 여유분은 이너웨어가 얇을 때를 가정한 최소한의 치수(허리에서 1cm, 엉덩이에서 2cm)로 설정했다. 두꺼운 상의를 안에 입거나 벨트로 조이는 디자인, 루스한 느낌을 살리는 스타일 등으로 응용할 때는 오버사이즈의 패턴을 사용해 원하는 여유감을 찾을 수 있다. 토대로 한 패턴은 스트레이트 팬츠 D.
FRONT 사진은 모두 같은 두께의 얇은 이너웨어를 착용.

1 9호(저스트 사이즈)

적당한 여유의 저스트 피트. 맨살에 입거나 폭이 좁은 셔츠 같은 얇은 이너웨어를 안에 넣어 입는 타입.

2 11호(1 사이즈 위)

허리에서 3cm, 엉덩이에서 2cm 여유분 늘림. 한 사이즈 커지지만 루스한 느낌은 그 정도로 크지 않다. 니트나 와이드 셔츠 같은 조금 부피감 있는 이너웨어를 넣어 입는 것도 가능.

3 13호(2 사이즈 위)

허리에서 6cm, 엉덩이에서 4cm 여유분 늘림. 두 사이즈가 커져 상당히 루스한 느낌. 이 상태로는 허리 위치가 내려간다. 벨트로 조이거나 두꺼운 니트 같은 이너웨어를 입는다.

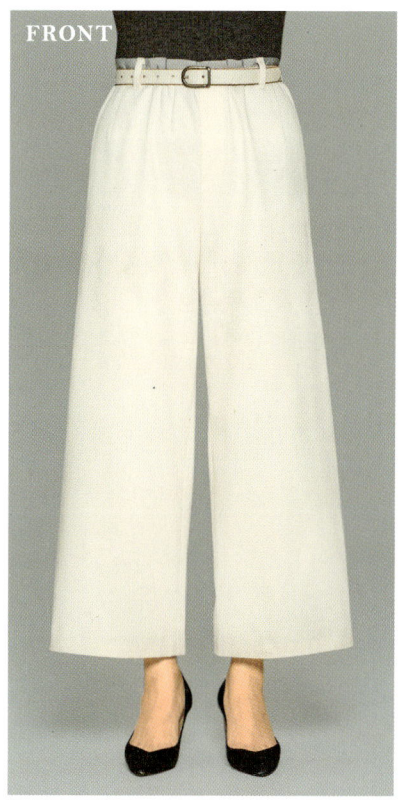

+셔츠 +니트 +두꺼운 니트

특별 강의

줄이는 위치 차이에 따른 비교

다리의 무릎 라인 주변을 잘록하게 연출하는 벨보텀 팬츠는 줄이는 위치에 따라 모습이 달라진다. 기본 패턴의 설정(밑위선에서 밑단선 사이로 밑단선에서 $\frac{3}{5}$)을 기준으로 위아래로 이동해 검증한다. 토대로 한 패턴은 벨보텀 팬츠 Ⓞ.

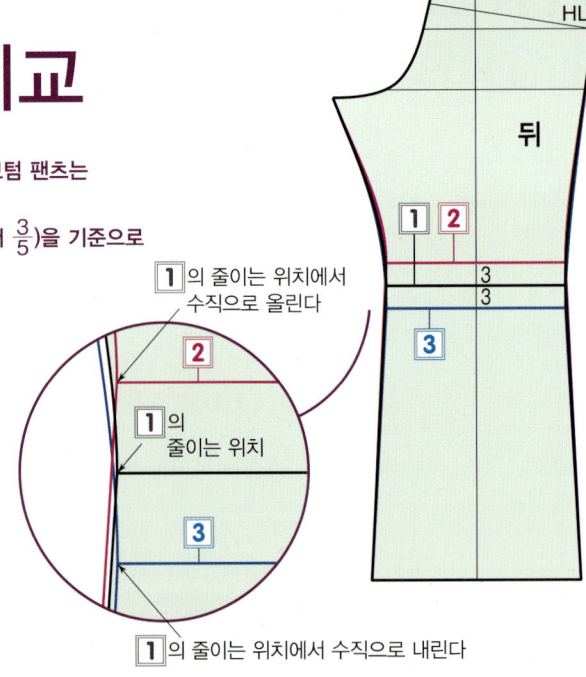
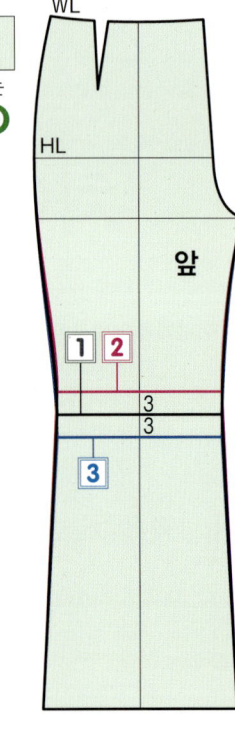

1 기본

줄이는 위치는 기본 패턴을 그대로 이용한 벨보텀 팬츠 Ⓞ의 설정대로. 살짝 무릎 위쪽이어서 다리가 길어 보인다.

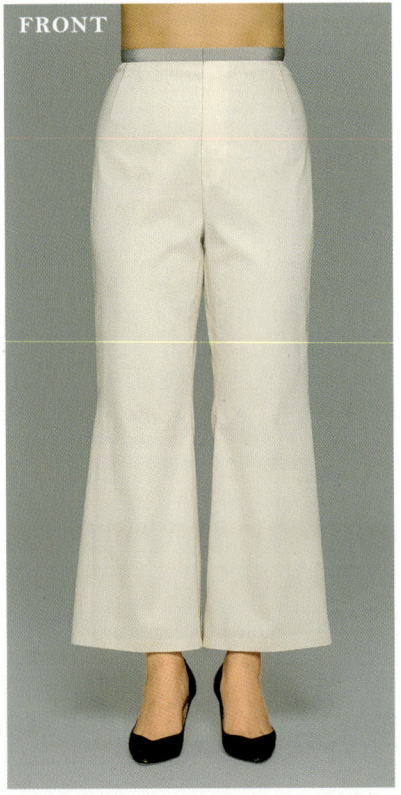

2 올린다

1의 줄이는 위치를 3cm 평행으로 올리고 옆선과 밑아래선을 완만하게 연결한다. 잘록한 위치가 올라가 다리가 길어 보이는 효과 상승.

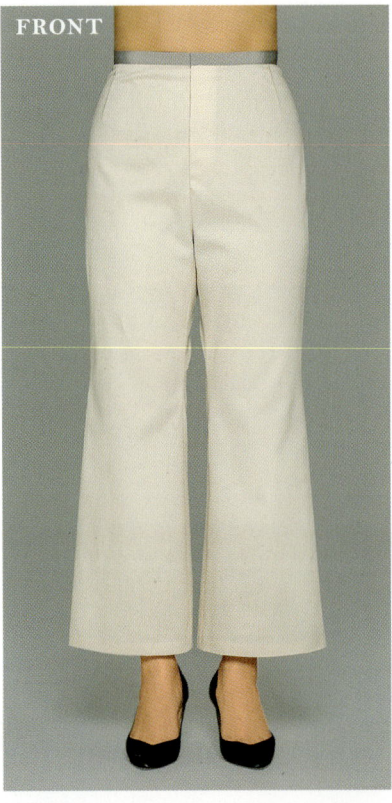

3 내린다

1의 줄이는 위치를 3cm 평행으로 내리고 옆선과 밑아래선을 완만하게 연결한다. 잘록한 위치가 내려가 밑단의 퍼지는 느낌이 커진다.

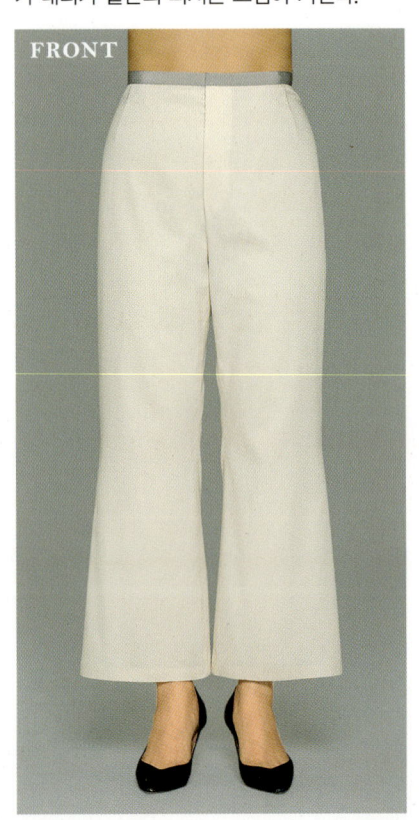

Lecture on Pattern-making

독창적인 디자인의 제작 과정을 배운다

실습

여기가 이 책의 핵심이다.
'기초 강의', '특별 강의'에서 배운 지식을 살려 실천하기 위한 필수 수업이기 때문이다.
실제로 자신만의 특별한 디자인과 패턴을 만드는 과정에 대해 설명한다.
마루야마 하루미 선생이 토대가 되는 기본 패턴과 디자인을 골라
응용해 완성한 오리지널 작품도 소개한다.

실습

 디자인 결정하는 법

나만의 특별한 디자인을 만들 때 순서대로 진행하면 쉽게 정할 수 있다. 여기서는 그 과정을 소개한다. 만들고 싶은 디자인을 결정해보자.

1 이미지를 결정한다

어떤 느낌의 팬츠를 만들고 싶은지 결정하자. 슬림 실루엣인지 여유 있는 실루엣인지, 허리는 피트 타입인지 루스 타입인지 등을 정해두면 나중에 패턴 선택이 순조롭게 진행된다.

→ 결정하지 못했다

이미지 결정하는 법

'재킷에 맞출 수 있는 격식 있는 옷', '여유 있고 드레시하며 우아한 옷', '일상에서 입는 편안한 캐주얼', '기능성을 중시한 작업복' 등 TPO와 작업이나 동작의 편리함을 생각하면 결정하기 쉽다. 천을 이미 결정한 상태라면 거기에 맞추거나 지니고 있는 좋아하는 팬츠나 잡지 등도 참고한다.

2 기본 패턴을 결정한다

이 책에서는 실루엣과 허리 유형이 다른 4종류의 기본 패턴을 소개. 머릿속에 그린 팬츠에 맞춰 고르자.

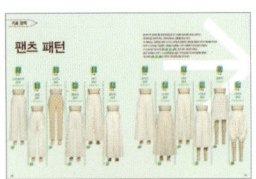

→ 결정하지 못했다

기본 패턴 결정하는 법

기본 패턴 ①~③은 웨이스트 루스형으로 엉덩이의 여유가 각각 다르고, ④는 ①과 같은 실루엣으로 웨이스트 피트형. 1에서 결정한 이미지를 토대로 만들고 싶은 실루엣에 가까운 기본 패턴을 고른다.

[웨이스트 루스형] [웨이스트 피트형]

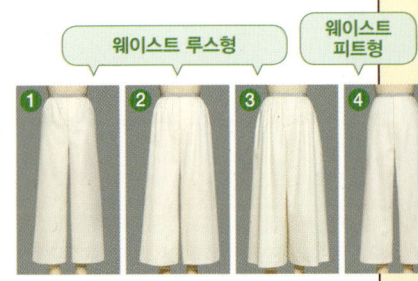

3 모양을 결정한다

기본 패턴을 결정했다면 P.20~74 '팬츠 패턴' Ⓐ~Ⓩ 가운데에서 취향대로 고르자.

→ 결정하지 못했다

모양 결정하는 법

2에서 결정한 기본 패턴을 토대로 디자인이나 볼륨 등 이상에 가까운 패턴을 고른다.

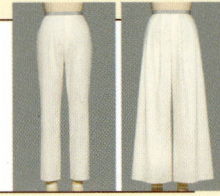

4 응용한다

모양을 결정했다면 변경할 곳이나 방법을 검토하자. 팬츠 길이, 분량, 허리 마무리 등. 벨트 고리나 포켓 추가 여부도 여기에서 정해둔다.

→ 결정하지 못했다

응용 방법

P.107을 참고해 어떻게 응용할지 정한다. 일러스트로 그려서 생각하면 이미지를 구체화하기 쉽다.

5 트임을 넣을지 결정한다

만들고 나서 '허리 트임이 없어 못 입는다'는 상황이 되지 않도록 자신이 생각한 디자인에 트임이 필요한지 그렇지 않은지 확인한다.

→ 결정하지 못했다

트임 결정하는 법

옷을 입고 벗기 위해 기본적으로 필요하다. 고무줄을 사용해 엉덩이 치수까지 늘여서 입는 디자인에는 필요 없다. 트임 종류는 P.84 참조.

6 봉제 유형을 결정한다

먼저 박는 법이나 순서를 생각해두면 제도나 패턴 제작이 수월해진다. 스티치 등도 중요한 디자인 요소가 되므로 검토한다.

→ 결정하지 못했다

봉제 유형 결정하는 법

디자인이나 천에 맞추어 박는 순서 (P.124), 시접 폭(P.177), 시접 마무리 등을 검토. 재단 끝이 풀리지 않는 천 이외에는 오버로크, 지그재그 박기 등으로 시접을 마무리한다.

[오버로크] [지그재그] [파이핑]

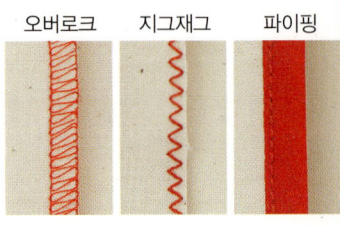

디자인 결정!

지금까지 결정한 것을 일러스트로 그려보고 이미지화한 디자인이 맞는지, 빠진 것은 없는지 확인하자.

팬츠와 허리 마무리의 대응표

허리 마무리 방법을 결정할 때는 약간의 주의가 필요하다.
팬츠와의 조합에 지장은 없는지 표를 참고해 확인하자.

디자인 A~Z

디자인 명칭	디자인 번호	사용 기본 패턴	허리 마무리 1 직선 벨트	2 곡선 벨트	3 안단	4 고무줄	5 뒤에 고무줄
스트레이트	A	1	○	△	○	○	○
	B	1	○	△	○	○	○
	C	1	○	△	○	○	○
	D	4	○	○	○	×	×
	E	4	○	○	○	×	×
	F	4	○	○	○	×	×
슬림	G	4	○	○	○	×	×
	H	4	○	○	○	×	×
	I	4	○	○	○	×	×
	J	4	○	○	○	×	×
스키니	K	4	○	○	○	×	×
	L	4	○	○	○	×	×
	M	4	○	○	○	×	×
벨보텀	N	4	○	○	○	×	×
	O	4	○	○	○	×	×
배기	P	4	○	○	○	×	×
	Q	4	○	○	○	×	×
플레어	R	4	○	○	○	×	×
	S	4	○	○	○	×	×
와이드	T	2	○	△	○	○	○
	U	3	○	△	○	○	○
스커트 팬츠	V	3	○	△	○	○	○
	W	3	○	△	○	○	○
턱트	X	1	○	△	○	×	×
	Y	1	○	△	○	×	×
	Z	2	○	△	○	×	○

디자인 a~z

디자인 명칭	디자인 번호	사용 기본 패턴	허리 마무리 1 직선 벨트	2 곡선 벨트	3 안단	4 고무줄	5 뒤에 고무줄
턱트	a	2	○	△	○	×	○
	b	3	○	△	○	×	○
	c	3	○	△	○	○	○
	d	3	○	△	○	×	○
	e	3	○	△	○	×	○
	f	3	○	△	○	×	○
	g	4	○	○	○	×	×
	h	4	○	○	○	×	×
	i	4	○	○	○	×	×
	j	4	○	○	○	×	×
	k	4	○	○	○	×	×
	l	4	○	○	○	×	×
가우초	m	4	○	○	○	×	×
	n	4	○	○	○	×	×
	o	2	○	△	○	○	○
	p	3	○	△	○	○	○
	q	1~3	○	△	○	○	○
퀼로트	r	4	○	○	○	×	×
	s	2	○	△	○	○	○
디자인	t	없음	○	△	○	○	○
	u	1	○	△	○	○	○
	v	4	○	○	○	○	○
	w	4	○	○	○	×	×
	x	4	○	○	○	×	×
	y	3	○	△	○	○	○
	z	1					

○…대응한다
×…대응하지 않는다
△…조건 있음(P.86을 참조해 곡선 벨트형을 만든다)

* 기본 패턴 **1**로 만드는 경우의 디자인 **G~S**, **g~n**, **r**은 ○

→ 허리 마무리의 종류…P.82

> 실습

패턴 만드는 과정

디자인을 결정했다면 원형이 되는 기본 패턴 제작을 시작으로 목표한 팬츠를 제도한다.
이것을 파트별로 나누고 정확성을 확인한 뒤 맞춤 표시와 시접을 넣어 재단용의 시접 넣은 패턴을 완성한다.

1 기본 패턴을 만든다

선택한 팬츠의 기본 패턴을 만든다. 단, 디자인 팬츠 **t** 는 기본 패턴을 사용하지 않으므로 **3** 부터 제도를 시작한다.

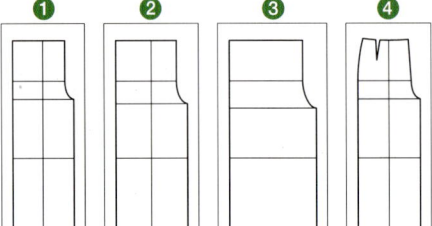

기본 패턴
- → ❶, ❷ 만드는 법…P.148
- → ❸ 만드는 법…P.154
- → ❹ 만드는 법…P.156

2 기본 패턴을 커스터마이징한다

사용하기 쉽게 허리의 완성 위치, 곡선 벨트 등의 이음선, 밑단선을 원하는 위치에 추가해 그린다. 이 패턴을 원형으로 해서, **3** 이후에 결정한 내용으로 팬츠를 만든다. 아직 미정인 경우는 나중에 선을 추가할 가능성을 가정해 여백을 남겨 두면 편리(종이를 이어 붙여도 OK).

응용
- → 밑아래 길이 차이에 따른 비교…P.76
- → 허리 위치에 대하여…P.78~81
- → 허리 마무리의 종류…P.82

커스터마이징 후의 패턴
(이 원형은 나중을 위해 보관해둔다)

3 선택한 팬츠의 패턴을 만든다

'닫는다·벌린다'나 '잘라서 벌린다' 등 처리의 필요성에 따라 순서가 달라진다.
디자인 변경 등 응용이나 추가하는 별도 파트의 제도도 여기서 진행한다.

순서 1 필요한 선을 그린다
원형이 되는 기본 패턴에 필요한 선을 추가해 그린다.

순서 2 처리를 한다
'닫는다·벌린다'나 '잘라서 벌린다' 등 처리가 필요한 파트를 마무리한다.

순서 3 추가 파트를 그린다
벨트, 밑덧단, 안단, 포켓 등 추가하는 파트의 제도를 한다.

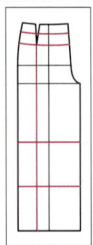

3의 완성형 예
(플레어 팬츠 **S** 에 밑덧단, 안단을 그려 넣고 직선 벨트를 추가한다)

디자인
- → 팬츠 패턴…P.20~74

응용
- → 응용 방법…P.107
- → 밑아래 길이 차이에 따른 비교…P.76
- → 허리 위치에 대하여…P.78~81
- → 허리 마무리, 트림, 포켓 종류…P.82~85
- → 곡선 벨트 만드는 법과 활용법…P.86
- → 다양한 패턴 비교…P.88~102

처리 방법
- → 맞댄다…P.168
- → 닫는다·벌린다…P.169
- → 기준점을 잡고 잘라서 벌린다…P.170
- → 평행으로 잘라서 벌린다…P.171
- → 위아래에서 다른 치수를 잘라서 벌린다…P.172

4 파트별로 나눈다

파트별로 완성선을 다른 종이에 베껴 독립시킨다. 직선 벨트나 밑덧단 등 패턴을 펼쳐서 할 경우 여기에서.

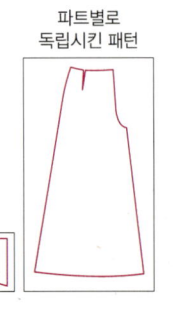

파트별로 독립시킨 패턴

5 맞춤 표시, 패턴 체크, 시접 넣기

쉽고 정확하게 맞추어 박기 위해 중요한 공정이다. 맞춰 박기 쉽도록 맞춤 표시를 하고, 박을 때 필요한 시접을 넣는다.

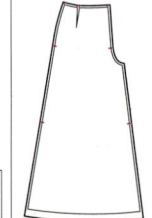

패턴 마무리 방법
- → 맞춤 표시 하기…P.175
- → 패턴 체크…P.176
- → 시접 넣기…P.177

시접 넣은 패턴 완성!
시접선을 잘라 재단용 패턴을 완성한다.

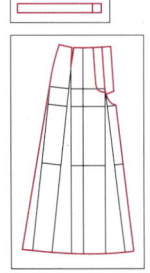

응용 방법

선택한 팬츠를 토대로 만들고 싶은 디자인에 더 가까워지도록 취향대로 응용해보자.
간단하게 할 수 있는 응용 방법을 소개한다.

기본은 배기 팬츠 (P.37) 허리 마무리는 직선 벨트

1 팬츠 길이를 변경한다

기본 패턴의 팬츠 길이는 밑단을 복사뼈 위치로 설정했다. 만들고 싶은 디자인에 맞춰 변경이 가능. 복사뼈 위치에서 희망하는 길이까지 치수를 재고, 기본 패턴의 밑단에서 평행으로 증감한다.

→ 밑아래 길이 차이에 따른 비교…P.76

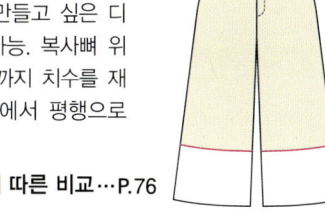

5 허리 위치를 변경한다

기본 패턴의 허리 위치는 WL(복부의 가장 가는 위치)로 설정했다. 착용감이나 취향에 맞춰 자르거나 추가할 수 있다. 몸의 WL에서 희망하는 위치까지 수직으로 재서 이동한다.

→ 허리 위치…P.78
→ 허리 위치의 제도와 완성의 상관관계…P.79
→ 허리 위치의 변경 방법…P.80

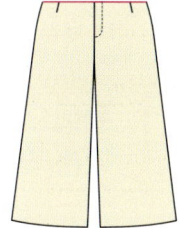

2 치수를 변경한다

제도에 표시된 숫자는 어디까지나 하나의 예. 옆 밑단의 추가 치수, 플레어 분량, 개더 분량, 턱 등의 위치나 분량, 벨트 폭 등은 변경 가능. 제도 시 균형을 보며 설정하는데, 불안한 경우는 면 등으로 시침바느질(가봉)해서 입어 본다.

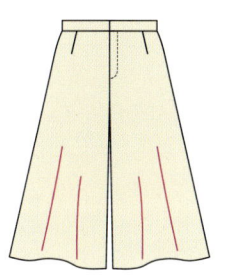

6 허리 마무리나 트임을 결정한다

허리 마무리는 패턴과의 조화를 고려해 정한다. 트임이 필요한지 생각해서 필요하다고 판단되면 유형을 결정한다. 결정하기 어려울 때는 가지고 있는 팬츠를 참고한다.

→ 팬츠와 허리 마무리의 대응표…P.105
→ 허리 마무리의 종류, 만드는 법…P.82,132~136
→ 트임 종류, 만드는 법…P.84,126~131

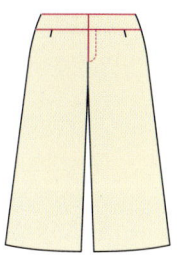

3 선을 추가한다

이음선을 넣어 파트를 나누어 부분적으로 올 방향을 바꾸거나 다른 천으로 디자인 포인트를 주고 싶을 때 사용한다. 디자인을 살린 선이므로 폭은 취향대로 정한다. 이음선의 솔기를 이용한 포켓 만들기도 가능하다.

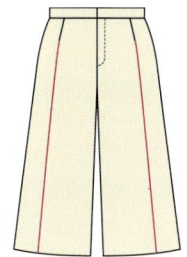

7 포켓이나 벨트 고리를 단다

포켓은 종류가 다양하며, 실용성과 악센트를 겸비한 디자인 포인트. 팬츠 제도가 끝나면 손을 넣기 편한 위치와 크기를 생각해 제도한다. 벨트 고리도 포인트가 된다. 원하는 위치와 크기로 추가한다.

→ 포켓 종류, 만드는 법…P.85,138~145
→ 벨트 고리 만드는 법…P.137

4 디테일을 변경한다

밑단선, 옆선 같은 세부적인 모양을 변경할 수 있다. 원하는 모양으로 새롭게 선을 그린다. 패턴이 평면이어서 느낌이 오지 않을 경우 손으로 그려서 종이를 몸에 대보고 확인한 뒤 최종 라인을 결정한다.

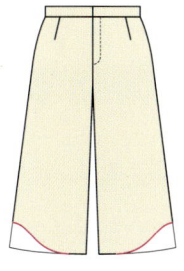

8 부속품을 단다

단추, 똑딱단추, 호크 같은 잠금장치를 비롯해 테이프나 리본, 브레이드 등도 중요한 디자인 요소가 된다. 천에 대보며 잘 어울리는지 보고, 크기와 폭, 위치를 결정한다.

실습

디자인 변형

오리지널 디자인 1

앞뒤에 턱 분량을 추가해 볼륨감을 높인 표정이 풍부한 가우초 팬츠. 스커트 감각으로 멋을 낸 우아한 느낌의 디자인이다.

〈 디자인을 결정하기까지 〉

1. 원형으로 할 기본 패턴을 고른다

볼륨이 있는 기본 패턴 를 선택.
가우초 팬츠의 길이감과 턱트 팬츠의 절개를 참고해 응용.

기본 패턴 2 (P.17)

2. 자신의 스타일로 응용한다

길이를 자르고 밑단 너비를 추가.
허리 위치는 WL에서 3cm 내린 로 웨이스트 설정의 곡선 벨트 유형(P.86).
앞뒤 파트는 턱 분량을 잘라서 벌려 볼륨을 높인다.
밑단은 곡선이 급해 안단 완성으로.
옆 숨김 지퍼 트임.
이음 포켓.

■ 는 곡선 벨트형(P.86)
※주머니 천 크기는 P.138 참조

● 표준 사용량
(오른쪽 페이지 완성 작품·9호의 경우)
겉감 = 112cm 폭 290cm
접착심지 = 90cm 폭 15cm

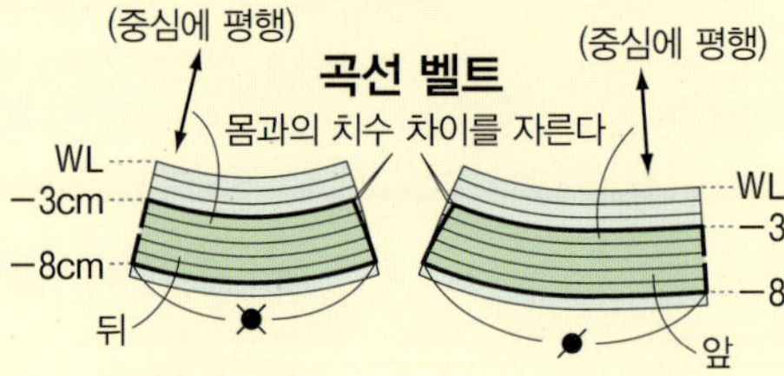

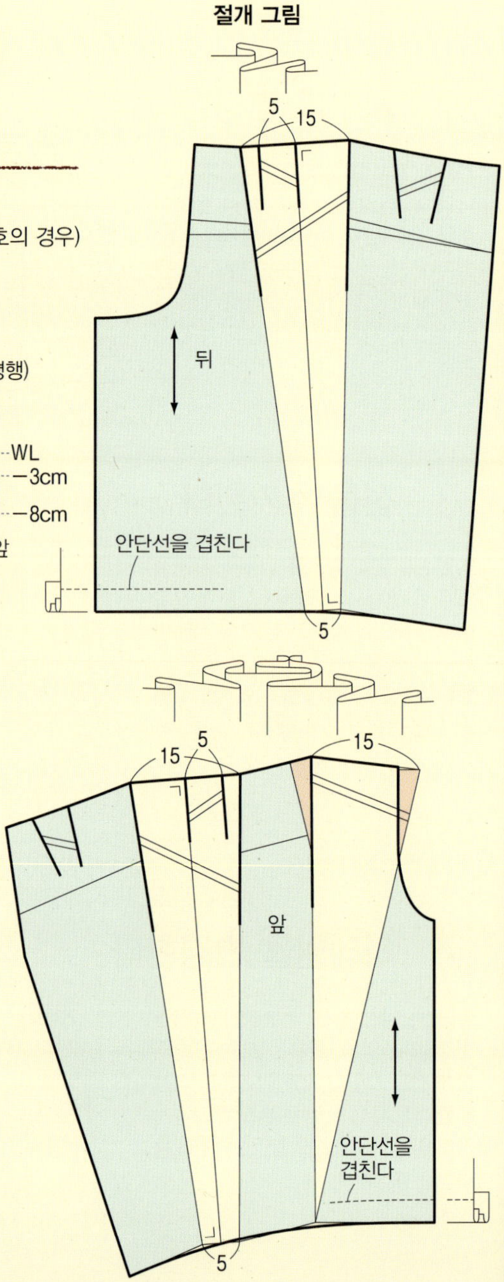

곡선 벨트
(중심에 평행) 몸과의 치수 차이를 자른다 (중심에 평행)
WL −3cm −8cm 뒤
WL −3cm −8cm 앞

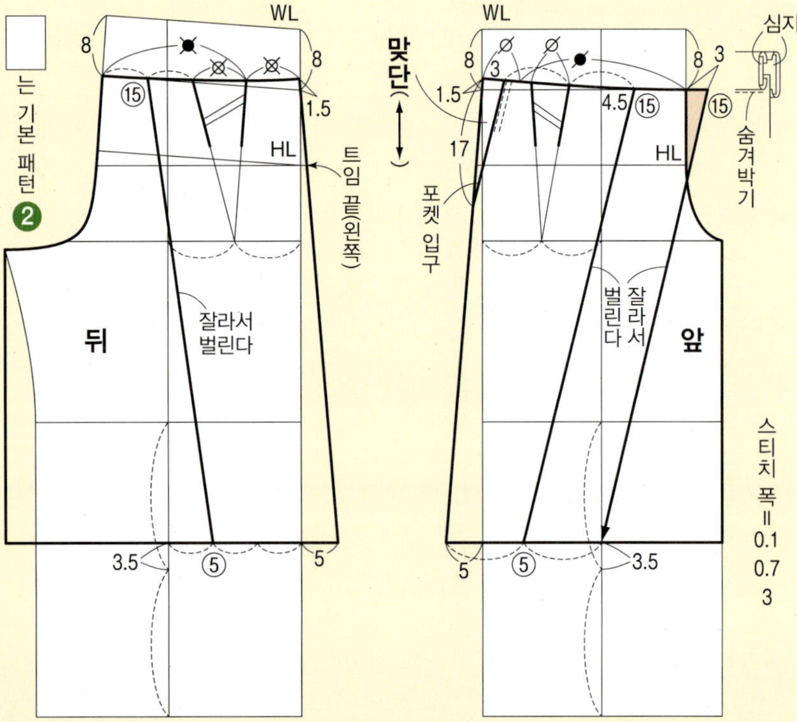

절개 그림

뒤 / 앞

안단선을 겹친다

스티치 폭 = 0.1 0.7 3

마루야마 하루미 선생이 디자인한 팬츠 5종류를 소개한다.
시침바느질(가봉)용 천으로 만든 것(사진 위)과 실제로 착용할 수 있는 천으로 만든 작품(사진 아래)을 비교해 디자인을 구성할 때 참고한다.
접착심지를 붙이는 위치나 스티치 등의 유형은 본인의 디자인을 고민할 때 참고해보자.

턱을 넣은 가우초 팬츠 완성!

BACK　　　SIDE　　　FRONT

뒤　　앞

BACK　　　SIDE　　　FRONT

뒤　　앞

천은 폴리에스테르 100% 기하학 무늬의 프린트. 경쾌함이 느껴지는 적당한 드레이프로 알맞게 부푼 실루엣 연출.
로 웨이스트의 곡선 벨트로 엉덩이 주위는 피트되고, 턱 볼륨은 깔끔하게 정리했다.
앞은 턱을 겹쳐 좀 더 입체감을 살렸다. 턱 위치와 분량은 취향대로 조정 가능.

실습

디자인 변형

오리지널 디자인 2

옷장 속 필수 아이템이라고 할 수 있는 레깅스 팬츠.
프린트의 커트 앤드 소운(편물로 짠 천을 재단하여 봉제한 것)으로 개성 연출.

〈 디자인을 결정하기까지 〉

1 원형으로 할 기본 패턴을 고른다

기본 패턴 ④를 선택.
스키니 팬츠를 참고해 좀 더 가늘게 응용.

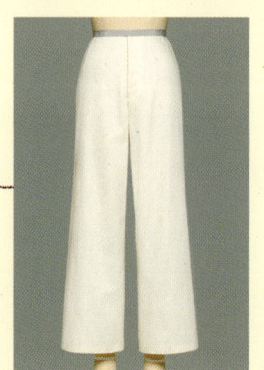

기본 패턴 ④ (P.19)

2 자신의 스타일로 응용한다

길이는 기본을 그대로 이용하고 폭은 좁게 자른다.
허리 위치는 WL에서 앞 중심과 옆에서 9cm, 뒤 중심에서 7cm 내리고,
3cm 폭의 직선 벨트를 추가. 벨트 안에 고무줄을 끼운다.
기능성을 위해 뒤에 패치 포켓을 배치.
트임 없음.

● 표준 사용량
(오른쪽 페이지 완성 작품·9호의 경우)
겉감 = 150cm 폭 1m

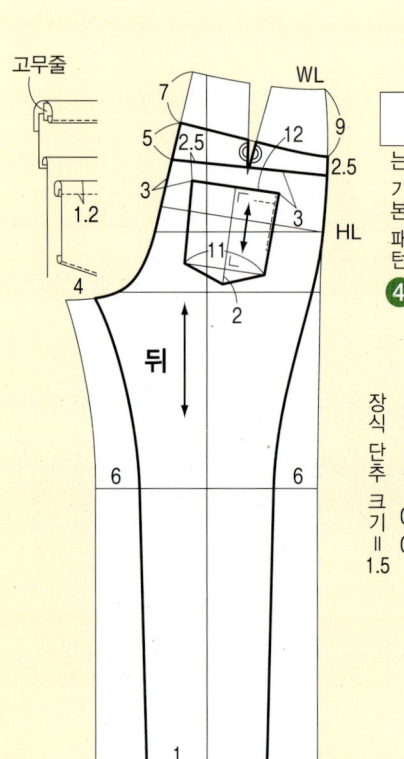

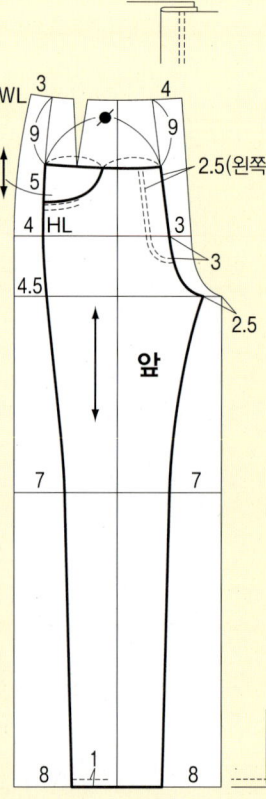

맞댄 그림

남은 뒤 다트의 처리

남은 다트 분량을 옆에서 자르고 옆선을 다시 그린다

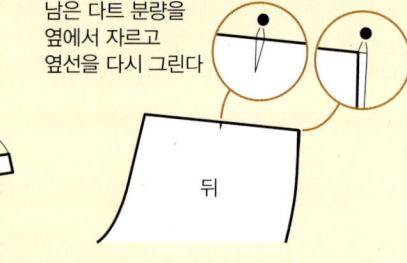

벨트

고무줄을 끼운다

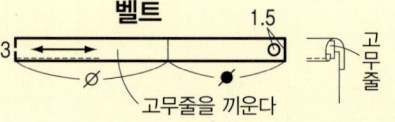

앞 중심과 포켓 입구의 시접 넣는 법

앞트임과 옆 포켓은 모양만 낸 가짜 디자인.
악센트 효과를 내기 위해
각각 스티치 폭보다 넓게 해서 두께감을 낸다.
지정된 곳 이외의 시접은 1cm

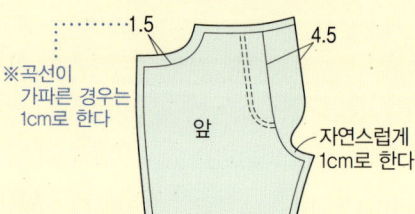

※곡선이 가파른 경우는 1cm로 한다

자연스럽게 1cm로 한다

딱 맞는 레깅스 팬츠 완성!

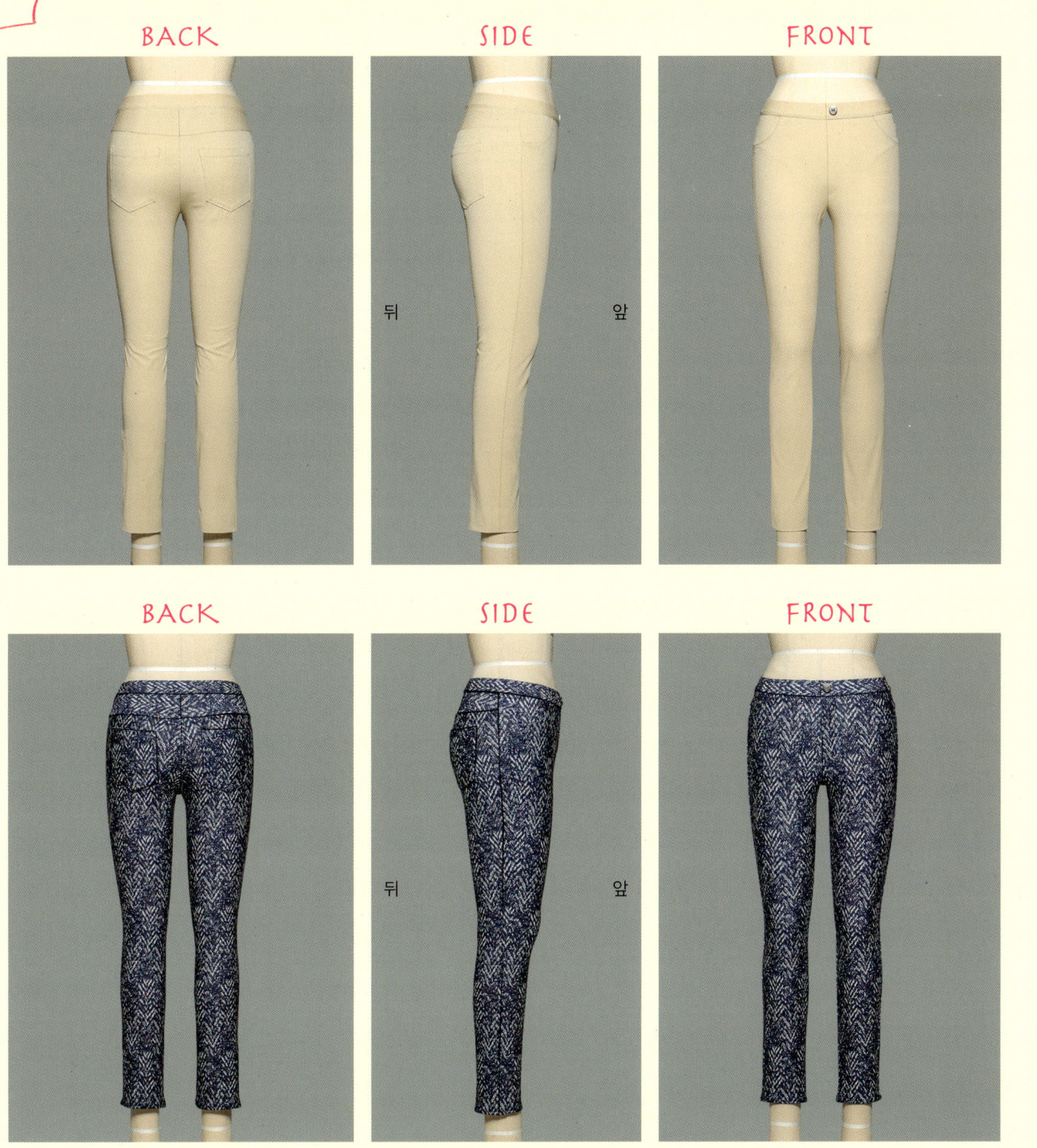

BACK　　　SIDE　　　FRONT
뒤　　앞
BACK　　　SIDE　　　FRONT
뒤　　앞

천은 가로세로로 신축성이 뛰어난 스트레치 소재의 나일론 니트. 시침바느질(가봉)을 할 때도 같은 소재를 사용할 필요가 있다.
모양만 낸 가짜 트임과 포켓, 단추 악센트를 더해 제대로 팬츠 모양을 낸 주역급 디자인으로 완성.
허리 위치는 로 웨이스트. 벨트 안에 고무줄을 끼워 안정감과 신축성을 좀 더 키웠다.

> 실습

디자인 변형

오리지널 디자인 3

곡선미를 강조한 여성스러운 실루엣이 매력인 턱트 팬츠.
같은 천의 벨트로 귀여움을 더했다.

〈 디자인을 결정하기까지 〉

1 원형으로 할 기본 패턴을 고른다

기본 패턴 ❶를 선택.
슬림 팬츠의 실루엣과
턱트 팬츠의 절개를 참고해 응용.

기본 패턴 ❶ (P.16)

2 자신의 스타일로 응용한다

길이를 조금 자르고 밑단을 슬림하게 자른다.
허리 위치는 WL에서 6cm 추가하고, 하이 웨이스트 설정의 이어서 재단한 안단 완성으로.
엉덩이 주위를 잘라서 벌리고, 허리 여유분을 3cm로 늘려서 턱을 배분해 볼륨감을 높인다.
앞 지퍼 트임으로 위쪽 부분은 단추로 고정. 옆 솔기 이용 포켓.
벨트와 벨트 고리 추가.

● 표준 사용량
(오른쪽 페이지 완성 작품·9호의 경우)
겉감 = 140cm 폭 230cm
접착심지 = 90cm 폭 35cm

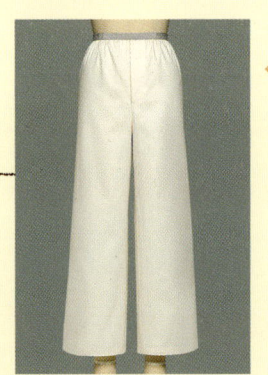

안단, 밑덧단, 벨트 고리

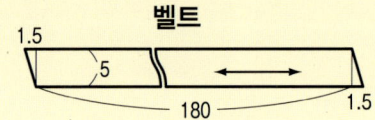

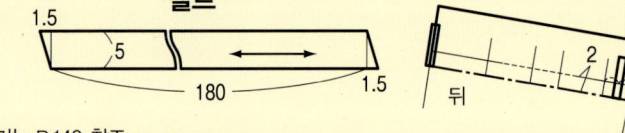

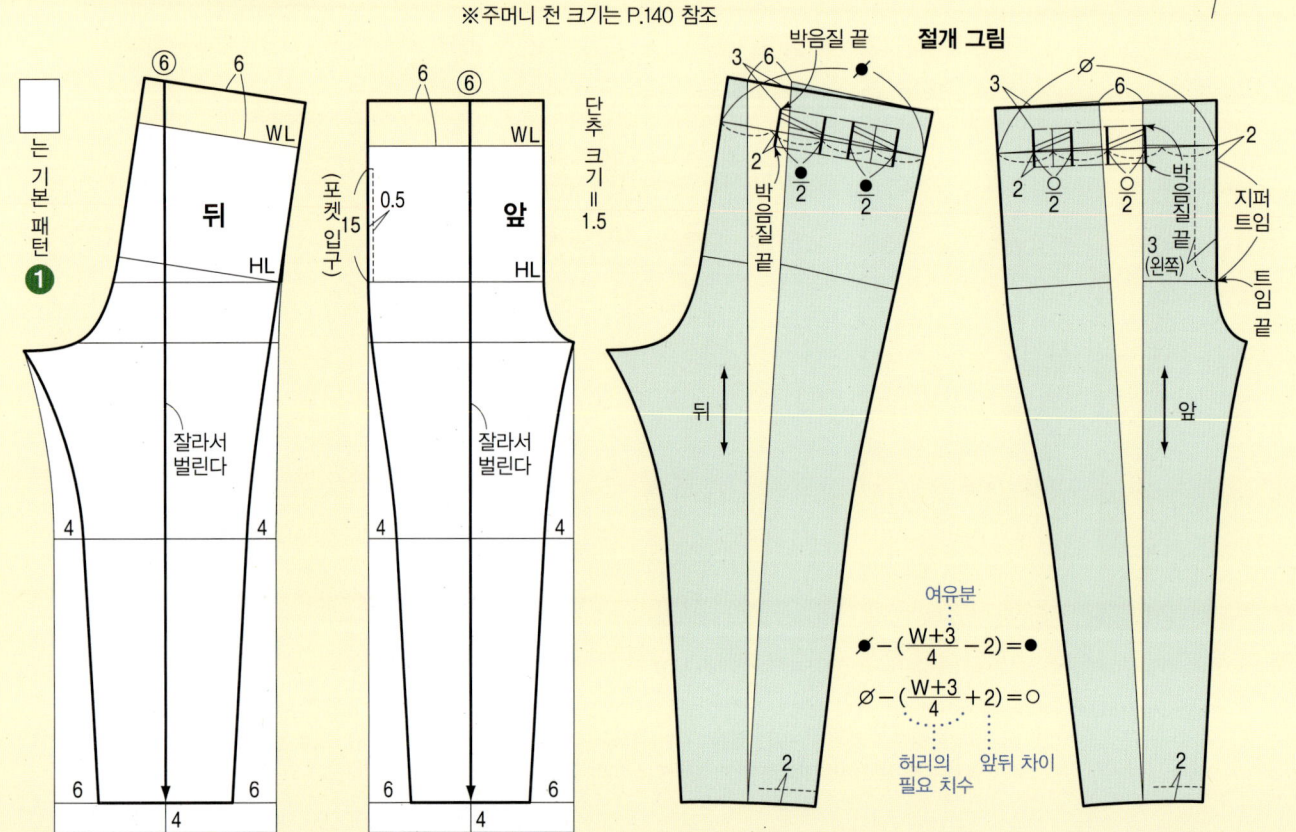

$$\varnothing - \left(\frac{W+3}{4} - 2\right) = \bullet$$

$$\varnothing - \left(\frac{W+3}{4} + 2\right) = \bigcirc$$

여유분
허리의 필요 치수
앞뒤 차이

하이 웨이스트의 턱트 팬츠 완성!

천은 드레이프감이 있으며 디자인을 매력적으로 표현하는 부드러운 레이온 혼방.
다리가 길어 보이는 하이 웨이스트로 엉덩이 주위에 여유가 많고 밑단이 오므라드는 페그톱 라인. 허리 여유분을 기본보다 살짝 더 잡아 상의를 안에 넣어 입도록 여유를 확보한다. 리본을 묶을 수 있는 길이의 같은 천 벨트로 허리선 표정을 풍부하게.

디자인 변형

오리지널 디자인 4

장식 효과가 뛰어난 포켓이나 존재감 있는 파트를 복수로 추가.
활동성 만점의 캐주얼 팬츠를 완성했다.

⟨ 디자인을 결정하기까지 ⟩

1 원형으로 할 기본 패턴을 고른다

기본 패턴 4 를 선택.
실루엣은 거의 변형하지 않고
옆선 이동과 포켓 등을 추가해 응용.

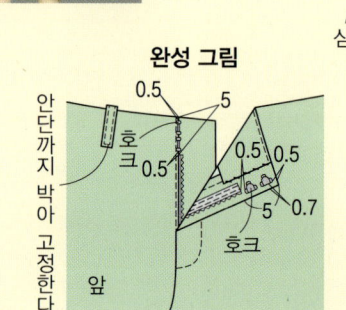

기본 패턴 4 (P.19)

2 자신의 스타일로 응용한다

길이를 5cm 추가해 앞폭은 좁히고 뒤폭은 넓힌다.
허리 위치는 WL의 앞 중심에서 4cm,
뒤 중심에서 1cm 잘라 로 웨이스트 설정으로 변경.
앞은 안단, 뒤는 요크 완성으로.
앞 지퍼 트임으로, 위쪽 부분은 호크로 고정. 이음 포켓.
여기에 복수의 패치 포켓, 끈, 끈고리, 벨트 고리를 추가.

● 표준 사용량(오른쪽 페이지 완성 작품·9호의 경우)
겉감 = 130cm 폭 210cm
접착심지 = 90cm 폭 60cm

※주머니 천 크기는 P.138 참조

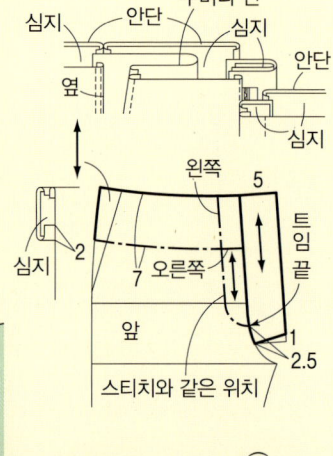

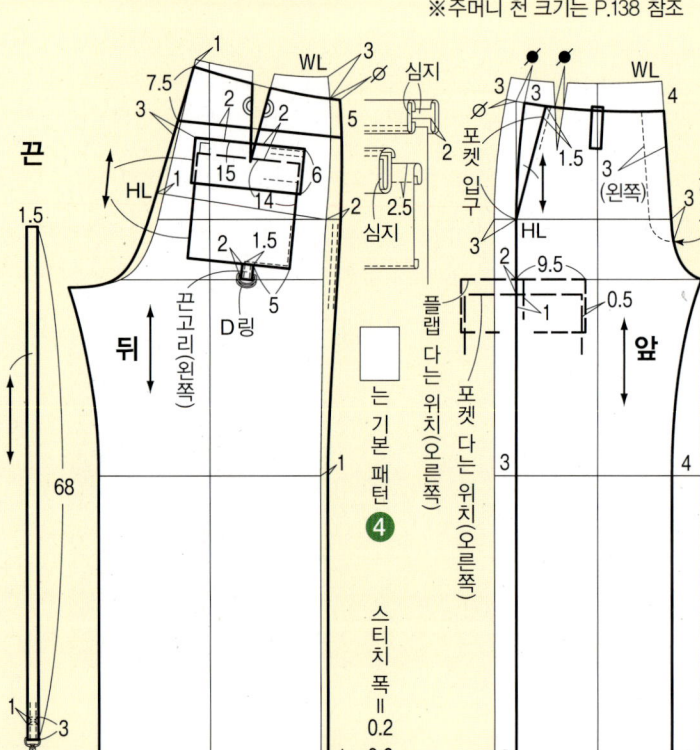

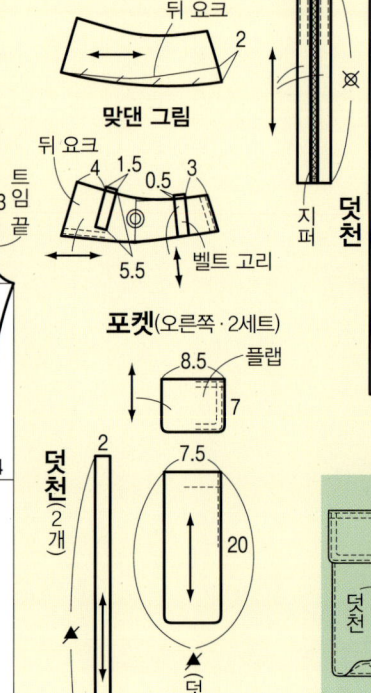

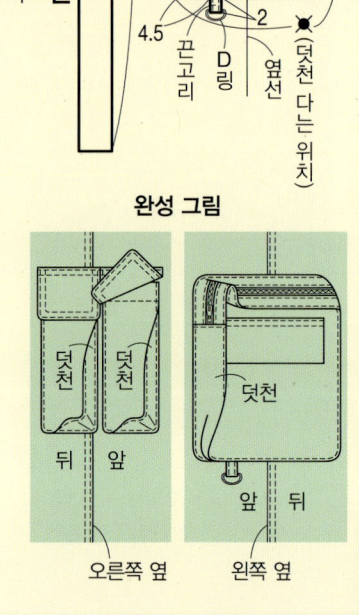

스포티한 카고 팬츠 완성!

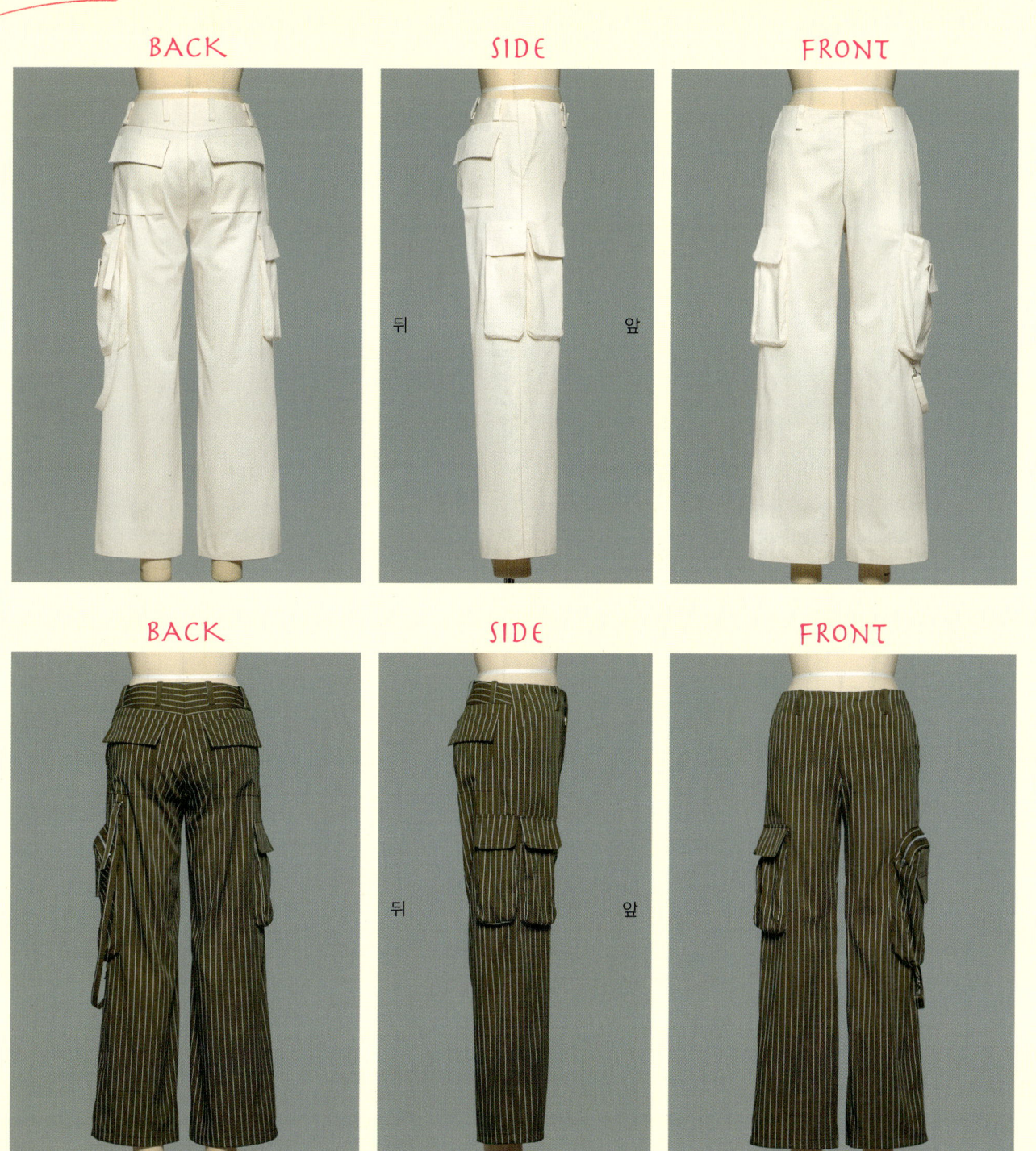

천은 남성적인 스트라이프 무늬의 트윌 스트레치로, 소재는 텐셀, 나일론 혼방.
엉덩이에 걸치는 로 웨이스트형. 직선적인 라인을 의식한 와이드 스트레이트. 옆에 추가하는 포켓은 덧천을 끼워 입체적으로, 여기에 좌우 디자인과 세부적인 파트를 바꿔 좌우 비대칭으로 응용하고, D링 같은 스포티한 장식을 추가해 한층 개성 있게.

실습

디자인 변형

오리지널 디자인 5

슬리브리스 몸판과 결합한 스타일리시한 콩비네종.
선명한 컬러의 리넨으로 매력 있게.

〈 디자인을 결정하기까지 〉

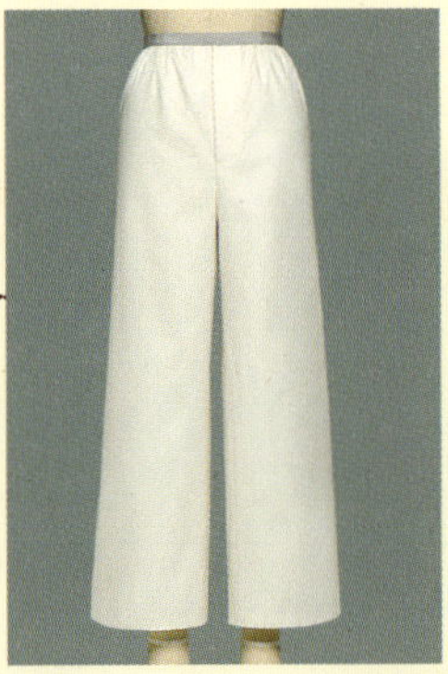

1 원형으로 할 기본 패턴을 고른다

기본 패턴 ❶ 를 선택.
가우초 팬츠의 길이감과 플레어 팬츠의
절개를 참고해 응용.

기본 패턴 ❶ (P.16)

2 자신의 스타일로 응용한다

팬츠 부분은 허리 위치에 이음선을 추가.
길이를 자르고, 앞뒤의 옆 밑단과 뒤 밑아래에서
밑단 너비를 넓힌 다음 잘라서 벌리고 플레어 분량을 넣어
밑단 너비를 다시 넓힌다.
밑위점을 내려 구부렸다 펴는 동작에 필요한 여유를 확보.
몸판은 팬츠의 허리 치수를 사용해 제도한다. 뒤 지퍼 트임.
손잡이에 입고 벗을 때 보조하는 리본을 단다.

● 표준 사용량(오른쪽 페이지 완성 작품·9호의 경우)
겉감 = 108cm 폭 290cm
접착심지 = 90cm 폭 90cm

※ 몸판은 기성복 제도에서 9호 사이즈 기준.
다른 사이즈는 P.167을 참조해 조정한다.

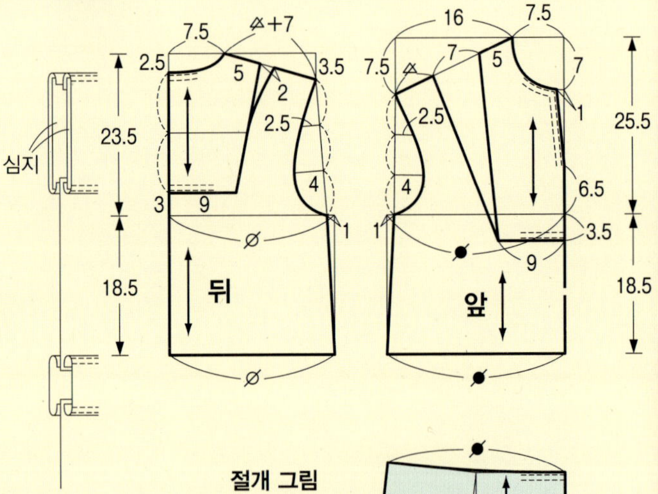

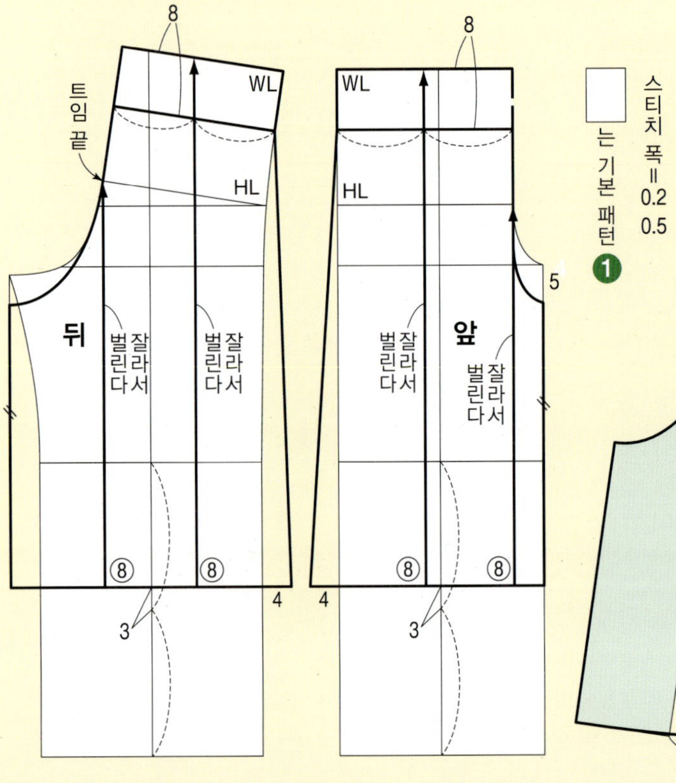

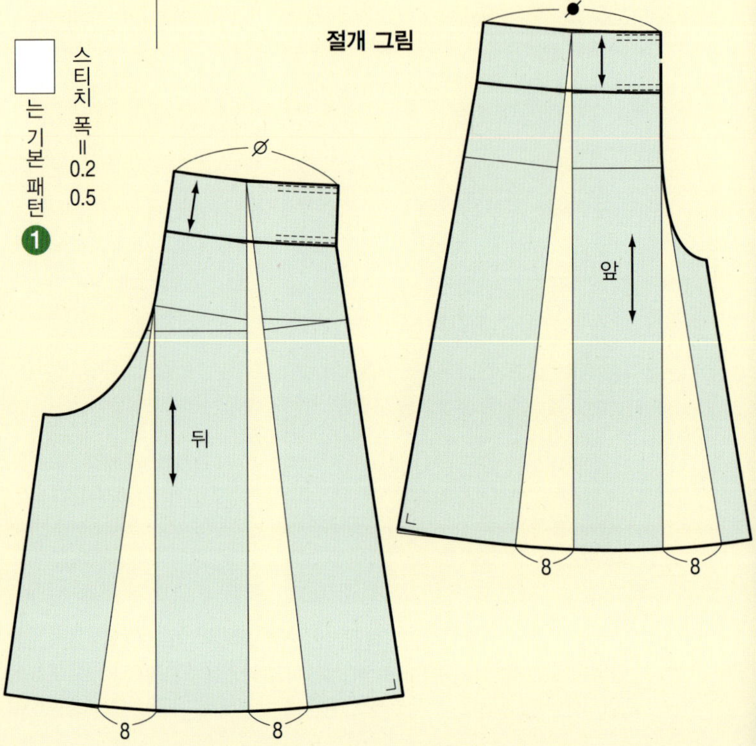

유행 콩비네종 팬츠 완성!

천은 적당한 두께감과 장력이 있는 리넨 서지. 일반적으로 리넨은 색 변형이 풍부해
자유로운 이미지 연출이 가능. 밑단이 퍼지는 부드러운 A라인 실루엣을 화려함과 차분함이 공존하는 짙은 오렌지색으로 해 스마트하게 보인다.
뒤 지퍼를 올리고 내릴 때 편하도록 리본을 달아 뒤쪽 스타일의 매력 포인트로.

| 실습

 # 깔끔하게 완성하는 테크닉 [모양잡기]

모양잡기 방법

팬츠는 옆선(엉덩이 곡선)과 완성선에 각도가 생기는 줄이는 위치에서 한다.
요령은 모서리나 곡선이 직선이 되도록 다림질을 하는 것.
모양잡기에 너무 열중해 천을 태우지 않게 주의하자.

1 옆선(엉덩이 곡선)

옆선만으로 부푼 엉덩이 모양을 만들려고 하면 완만한 형태가 되지 않아 균형이 맞지 않는다. 또 여유도 옆선 부분에 집중한다. 옆쪽 전체(앞뒤 다트 사이)에 부풀림을 분산하기 위해 모양잡기를 한다.

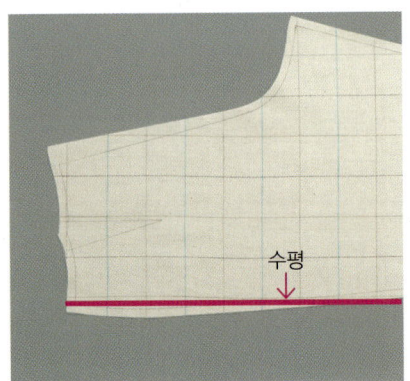

모양잡기 전.
엉덩이 곡선은 급하다.

수평

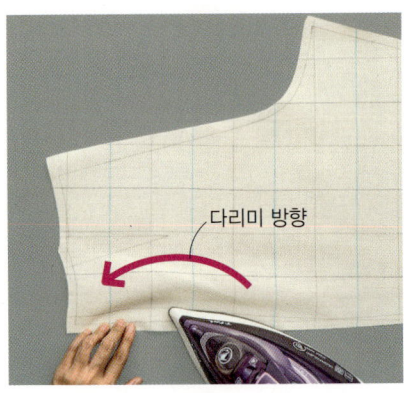

옆선이 직선이 되도록 손으로 누르고 다리미로 부풀림 분량을 이동한다. 다림질을 하는 방향은 엉덩이 곡선과 반대 방향.

다리미 방향

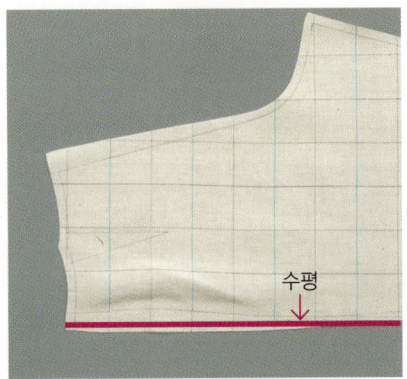

모양잡기 후.
다트와 옆선 사이에 자연스러운 부풀림이 생기고 옆선은 직선적이 된다.

수평

2 줄이는 위치

밑아래선과 옆선이 줄이는 위치에서 '⟨' 모양으로 곡선 또는 모서리가 지면 시접이 땅겨 깔끔한 실루엣이 나오지 않기 때문에 시접을 늘이는 모양잡기를 한다.

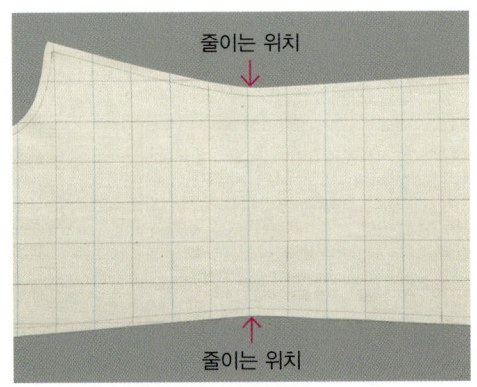

모양잡기 전의 평평하게 놓은 상태.

줄이는 위치

줄이는 위치

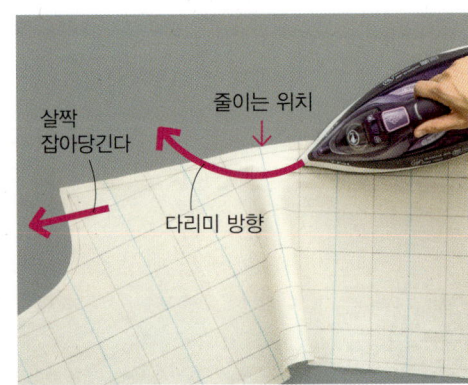

줄이는 위치의 곡선이 직선이나 혹은 약간 반대로 휘도록 손으로 살짝 잡아당기고, 시접을 늘이듯이 다림질한다.
옆쪽도 같은 방법.
시접 부분을 늘이는 것이므로 다림질 방향은 원래의 곡선과 같은 곡선.

살짝 잡아당긴다

줄이는 위치

다리미 방향

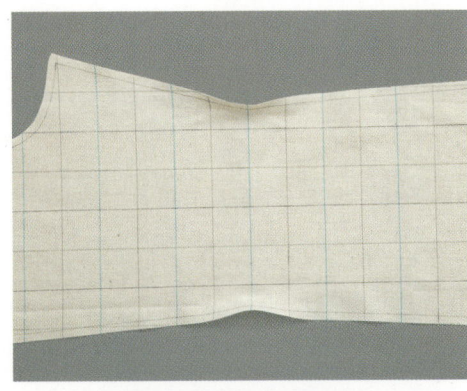

모양잡기 후.
시접이 늘어나 들뜬다.

모양잡기란 다리미의 열과 스팀으로 평면적인 천을 늘이거나 줄여 입체적으로 만드는 기법.
맞춰 박기 전에 진행하는 것으로, 팬츠의 실루엣이 좀 더 깔끔해진다.
천은 면, 마, 울 등 주로 천연 소재가 대상. 다른 천이나 신축성이 있는 소재는 모양잡기가 필요 없다. 아래 예는 벨보텀 팬츠 ◯(P.35).

완성 비교

모양잡기를 한 것과 하지 않은 것을 팬츠를 만들어 비교했다.
전체적으로 보면 차이는 적지만, 약간의 수고와 공을 들인 작업으로 실루엣이 아름다워진다.
실제로 만들 때 참고하자.

[모양잡기를 안 한다]

옆선에 여유가 집중되고 남아 주름이 생긴다.

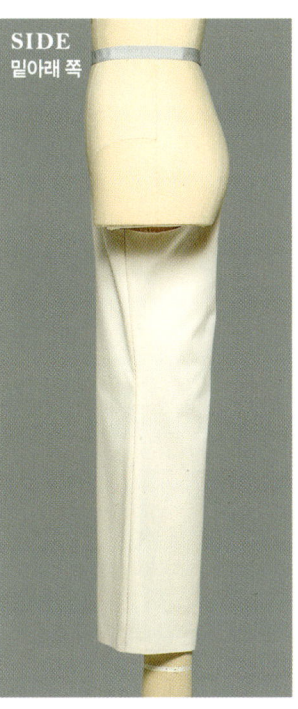
솔기가 땅겨 줄이는 위치의 위아래에 땅기는 주름이 생긴다.

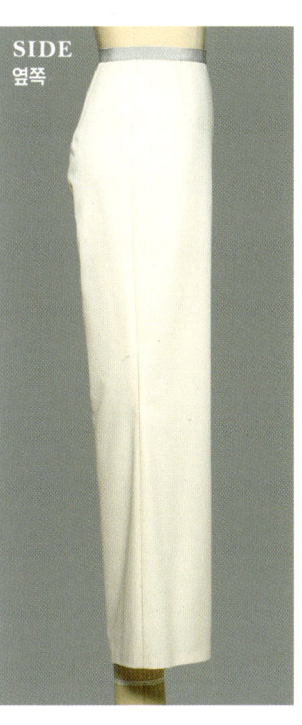
솔기가 땅겨 뒤 밑단 쪽으로 땅기는 주름이 생긴다.

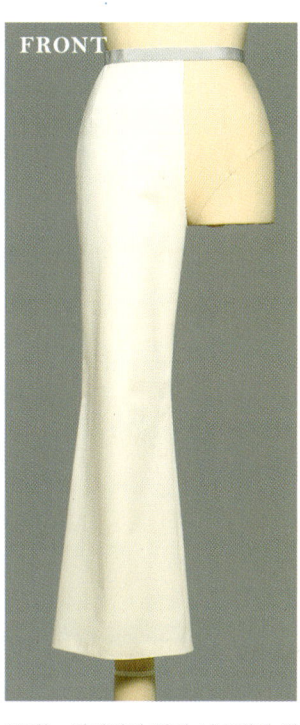
줄이는 위치에서 땅겨 실루엣이 약간 비뚤어져 보인다.

[모양잡기를 한다]

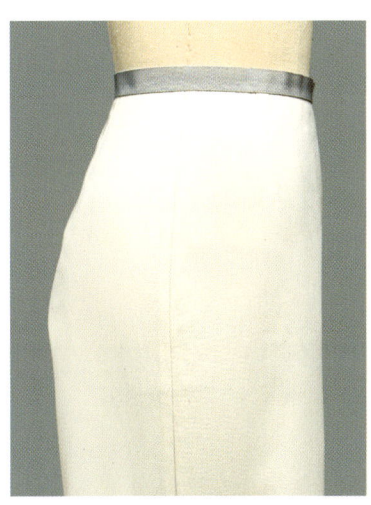
여유가 분산되고 완만한 둥글림을 표현. 주름은 없다.

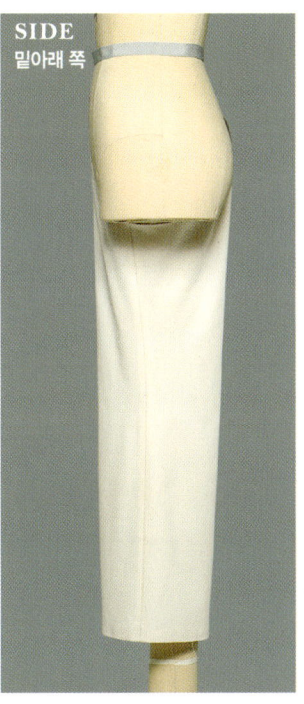
솔기는 완만하고 땅김과 주름은 적다.

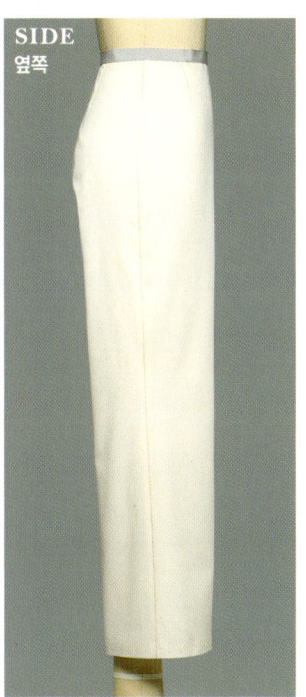
주름이 없어 깔끔하다.

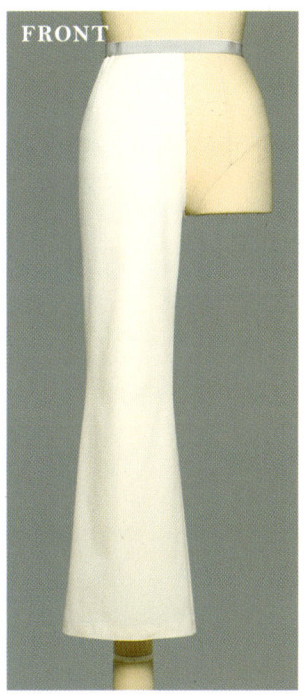
완만한 곡선 실루엣으로, 전체적으로 깔끔하다.

실습

깔끔하게 완성하는 테크닉 [보정]

1 허리의 장력이 강한 경우

옆선의 길이가 부족해 HL이 옆쪽으로 올라가고, 양옆으로 땅기는 주름이 생긴다. 옆 치수를 추가해 HL이 수평이 되도록 수정한다. 주름이 없어지지 않은 경우는 중간 엉덩이 치수가 부족한 것일 수도 있으니 아래 그림 '배가 나온 경우'를 참조해 조정한다.

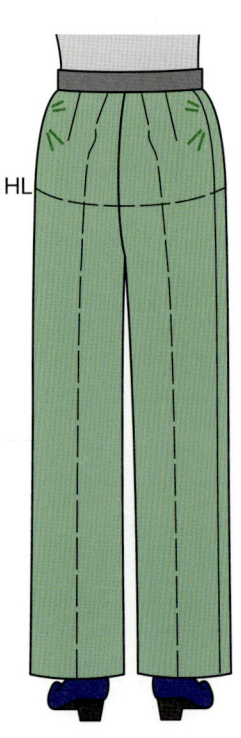

패턴 고치는 법

옆 허리 위치에서 길이의 부족분을 추가하고 WL을 다시 그린다. 다트는 연장.

❶ 추가
❷ 중심까지 완만하게 연결한다
❸ WL과 HL을 완만하게 연결한다
❹ 는 기본 패턴

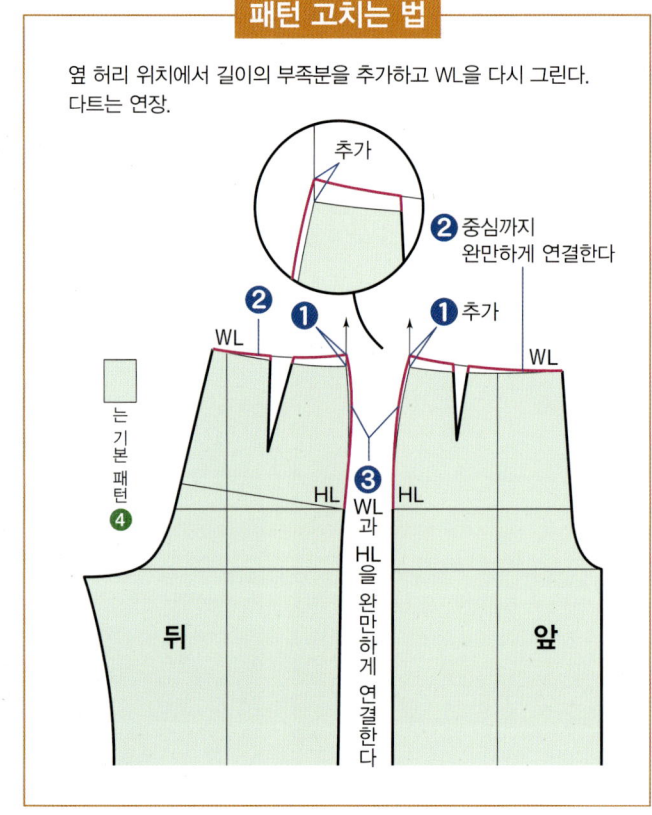

2 배가 나온 경우

배의 볼륨으로 천이 잡아당겨져 땅기는 주름이 생긴다. 동시에 옆선도 앞쪽으로 비뚤어진다. 앞의 다트 끝 위치를 올려 중간 엉덩이 치수를 늘리고, 옆에도 여유분을 넣어 착용 시 옆선이 똑바로 되도록 수정한다. 또는 한 사이즈 위를 선택하고 전체 여유분을 넉넉하게 해서 두드러지지 않게 하는 방법도 있다.

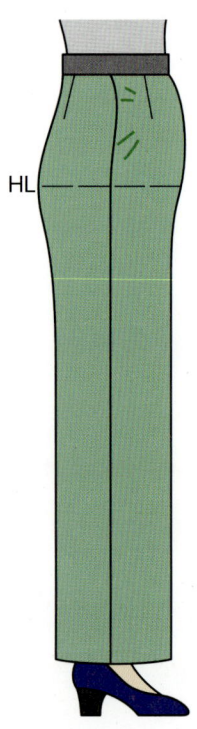

패턴 고치는 법

앞 다트를 짧게 하고 MHL에서 부족분을 추가한다.

❶ 앞 다트를 짧게 한다
❷ MHL에서 부족분을 추가(0.2~0.3)하고 WL과 HL을 완만하게 연결한다
살짝 곡선으로 한다 0.1~0.2
❹ 는 기본 패턴

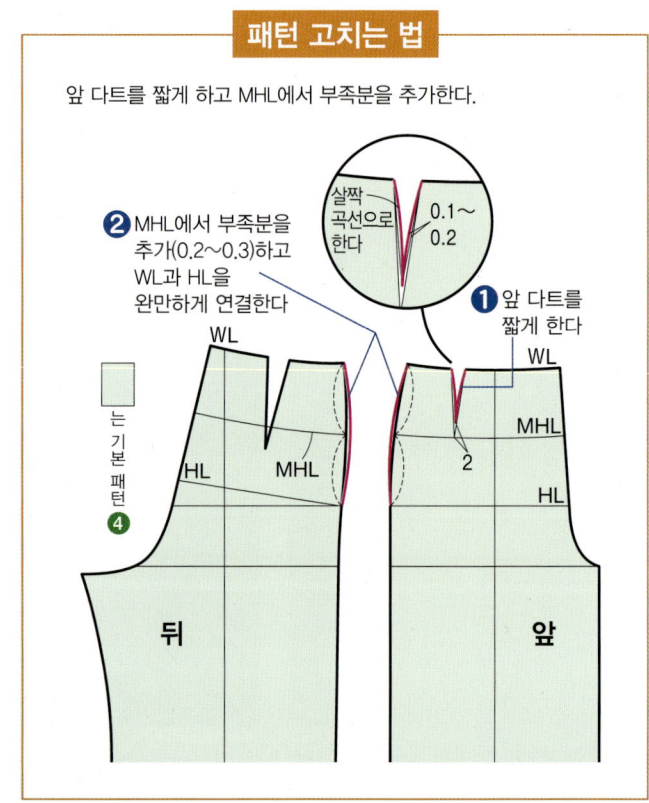

웨이스트 피트형 디자인은 체형에 따라 보정이 필요한 경우가 있기 때문에 원형이 되는 기본 패턴 ❹로 설명한다.
기본 패턴 ❹의 엉덩이 주위 피트 상태는 각 엉덩이 사이즈에 맞춘 최상의 밸런스로 설정.
원형을 보정해두면 나중에 보정하는 수고를 덜 수 있다. 보정을 검토할 경우는 P.122를 참조해 시침바느질(가봉)한 것을 착용하고 전체적인 균형을 보며 조정하자. 보정을 줄이려면 정확한 치수가 필수(P.14 참조).

3 엉덩이의 장력이 강한 경우

밑위길이가 부족해 뒤가 올라가고, 옆쪽으로 비스듬히 주름이 생긴다. HL이 수평이 되도록 뒤 밑위길이를 허리 위치에서 추가하고 WL을 수정한다.

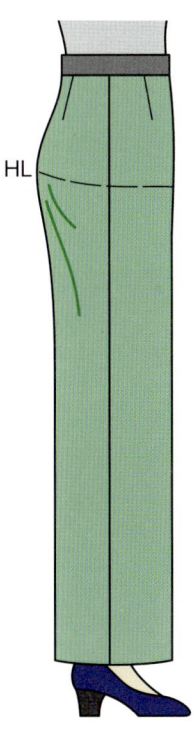

패턴 고치는 법

뒤 중심의 허리 위치에서 부족분을 추가하고 WL과 중심선을 다시 그린다. 다트는 연장.

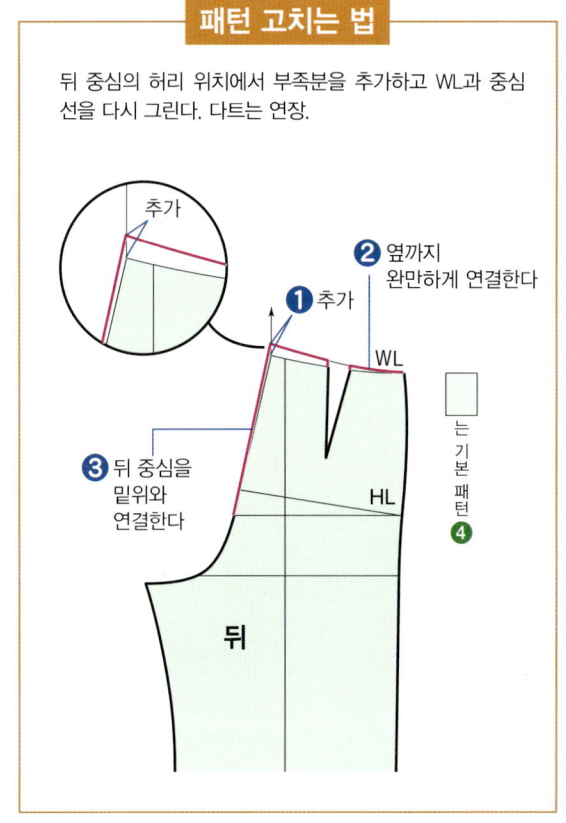

❶ 추가
❷ 옆까지 완만하게 연결한다
❸ 뒤 중심을 밑위와 연결한다

☐는 기본 패턴 ❹

4 엉덩이 살집이 적은 경우

엉덩이가 처지거나 중간 엉덩이 주변의 살집이 적은 경우 밑위길이가 남는다. 뒤 HL이 내려가고 엉덩이 주위 천이 남아 허벅지 위쪽 주변에 주름이 생긴다. HL이 수평이 되도록 뒤 밑위길이의 여분을 자르고 WL을 수정한다.

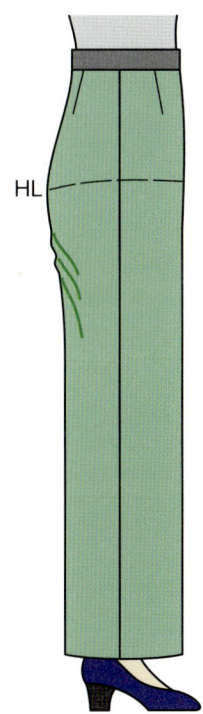

패턴 고치는 법

뒤 중심의 허리 위치에서 여분을 자르고 WL과 중심선을 다시 그린다.

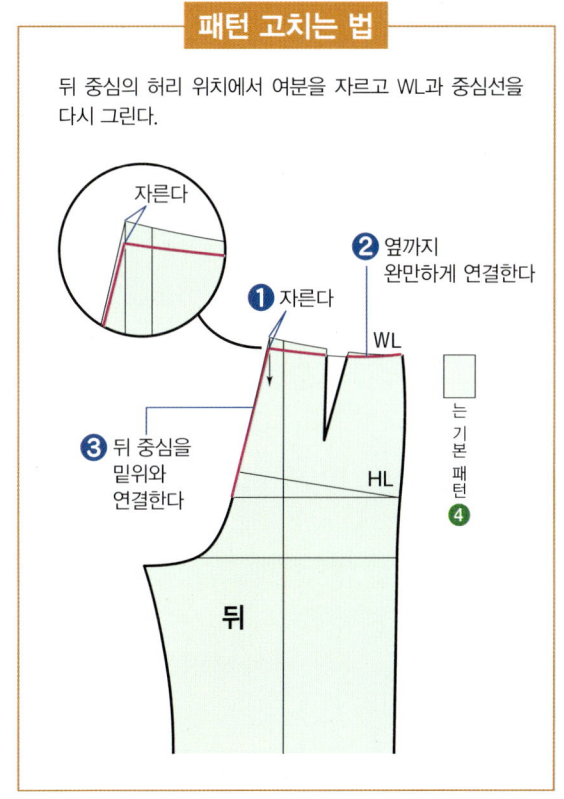

❶ 자른다
❷ 옆까지 완만하게 연결한다
❸ 뒤 중심을 밑위와 연결한다

☐는 기본 패턴 ❹

깔끔하게 완성하는 테크닉 [보정]

5 몸 두께가 얇은 경우

엉덩이가 편평해 돌출이 적은 경우, 뒤 HL에서 아래쪽 뒤 밑위길이가 남아 세로 주름이 생긴다. 뒤 밑위길이를 잘라 넓적다리 너비를 좁히고 주름이 줄도록 수정한다.

Point 몸에 두께감이 있는 경우, 허벅지의 장력이 강한 경우

배나 엉덩이가 돌출되고 몸에 두께감이 있는 경우는 뒤 밑위길이의 부족분을 추가해 뒤 넓적다리 너비를 넓힌다(A). 또 허벅지 주위가 꽉 끼는 경우는 평행으로 추가한다(B).

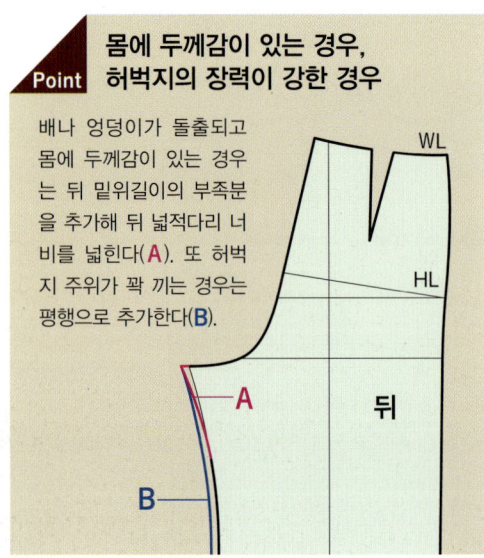
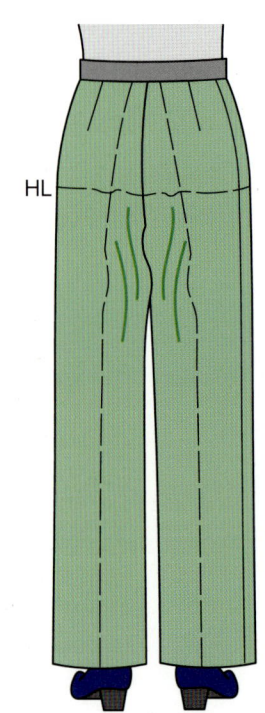

패턴 고치는 법

뒤 밑위길이의 여분을 자르고 밑아래선을 다시 그린다.

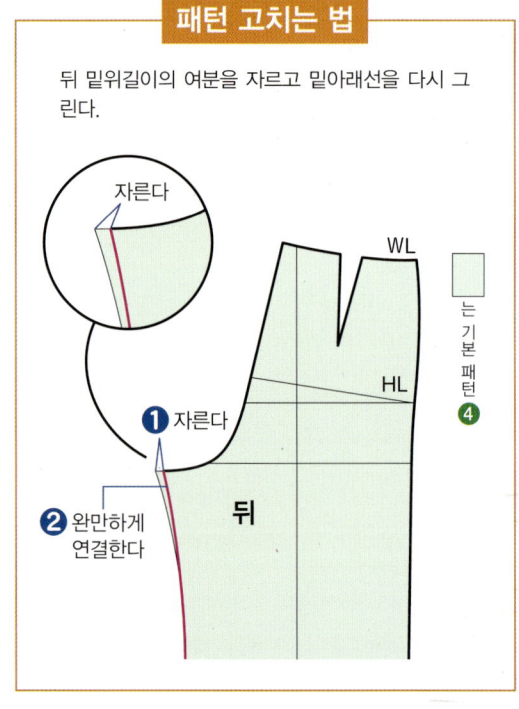

보정 순서

두꺼운 트윌이나 얇은 면 등 작품과 비슷한 천으로 실물을 만들고, 보정 위치를 체크해 패턴을 수정한다. 보정 위치를 쉽게 판단하려면 HL과 접음선에 눈에 띄는 색으로 표시를 해두자. 입을 때는 제작하는 팬츠에 맞출 예정인 신발을 신고 서기, 앉기, 쭈그려 앉기, 걷기 등 다양한 자세를 취해보고 검토한다.

1 가재단하고 박는다
시접을 많이 넣어 패턴을 만들고 재단. HL과 접음선에 표시를 한다. 풀기 쉽게 성긴 바늘땀으로 박는다.

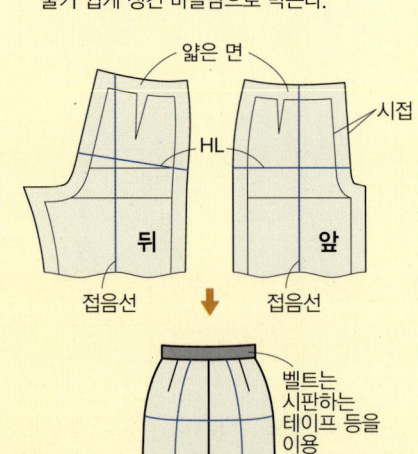

2 시침바느질(가봉) 체크
제작한 팬츠를 입어서 체크하고, 표시를 기준으로 상태가 좋지 않은 곳을 확인. 필요하면 솔기를 풀고 시침핀으로 고정해 조정한다.

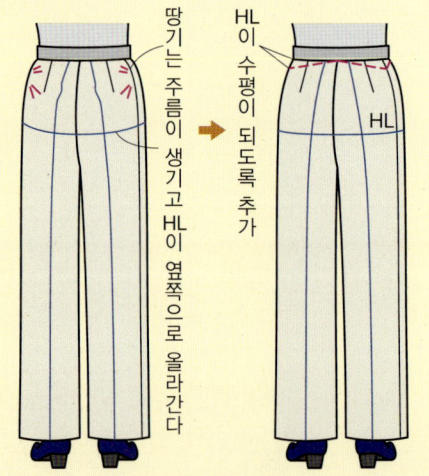

3 패턴을 수정
조정한 치수를 패턴에 반영한다

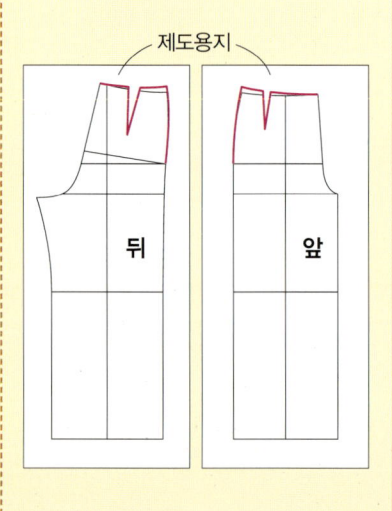

보존판·스페셜 부록

팬츠 제작에 유용한
기본 박는 법과 부분 박음질

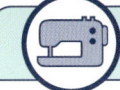
기본 P.124

기본적인 박는 순서와 공정의 핵심인 앞트임을 팬츠가 입체적으로 되기 전에 만드는 순서를 소개한다.

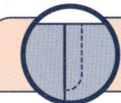
트임 P.126

본격적인 '앞 지퍼 트임'과, 정확한 좌우 대칭으로 손쉽게 할 수 있는 '맞댄 지퍼 트임'을 소개한다. '앞 지퍼 트임'은 허리 마무리의 방법에 따라 박는 순서가 달라지므로 벨트와 안단 마무리 두 가지로 설명한다. 같은 시리즈인 《패턴 학교 Vol.2 스커트 편》에서도 허리 트임의 부분 박음질을 소개했다. 책이 있으면 함께 참고하자.

팬츠 트임에 사용하는 지퍼 종류와 길이

플랫 니트 지퍼
얇은 니트 테이프에 수지로 만든 지퍼 이를 짜 넣은 타입. 달았을 때 두께감은 보통. 20cm.

금속 지퍼
지퍼 이가 금속 타입. 달았을 때 두께감은 크다. 플랫 니트와 비교해 강도가 있다. 20cm.

숨김 지퍼
지퍼 이가 수지이며 겉으로 나오지 않는 타입. 달았을 때 두께감은 작다. 가로 방향으로 강도가 조금 약해 슬림 팬츠에는 적합하지 않다. 22cm.

이 책에 소개한 앞 지퍼 트임(P.126, 128), 맞댄 지퍼 트임(P.130)에서 사용

《패턴 학교 Vol.2 스커트 편》에 박는 법 설명

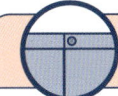
허리 마무리 P.132

꼭 맞게 완성하는 벨트부터 치수에 융통성 있게 고무줄을 사용하는 완성까지
5종류의 허리 마무리와 벨트 고리 만드는 법을 소개한다.

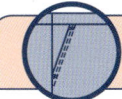
포켓 P.138

기능성과 디자인을 겸비한 팬츠에 필수인 포켓, 5종류의 만드는 법을 소개한다.

보너스 안감 넣기 P.146

팬츠 박는 순서

봉제 공정에서 기준이 되는 박는 순서의 기본을 베이식한 팬츠로 설명한다.
디자인에 따라 다르고 완성 방법도 다양해 반드시 이 순서가 되는 것은 아니지만,
기본적인 순서를 알아두면 응용하기도 수월해진다.

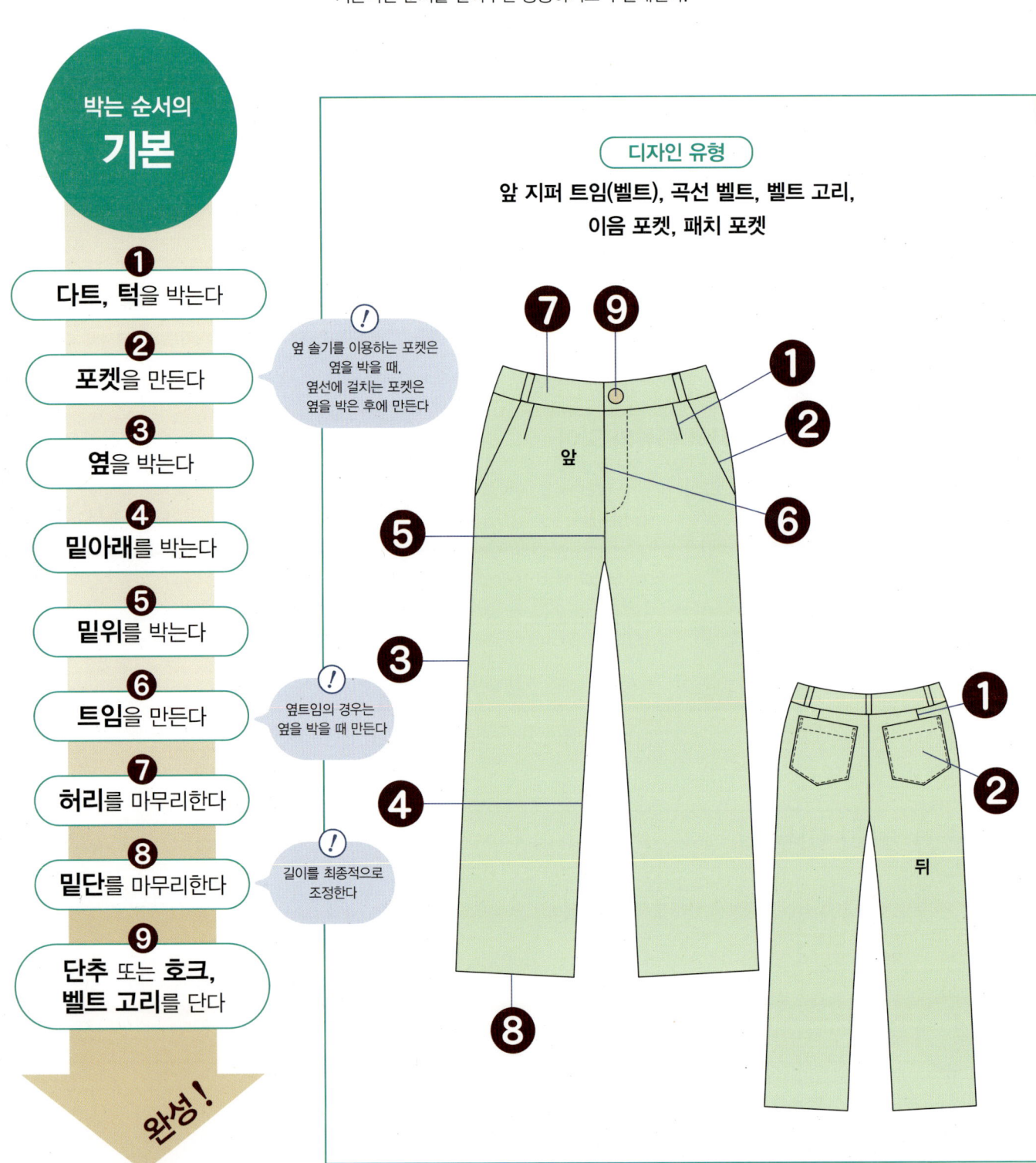

트임 만드는 순서

앞 중심 트임의 경우 기본은 옆이나 밑아래를 박은 후에 만들지만, 왼쪽 페이지 ❸~❻의 박는 순서를 바꾸면 팬츠가 입체적으로 되기 전에 만들 수 있다. 여기서는 3종류의 박는 공정을 설명한다.
❶, ❷와 ❼~❾는 모두 공통. 그림을 이해하기 쉽게 다트나 포켓 등은 생략했다.

기본

정통적인 박는 법

팬츠 구성에 맞춘 순서로, 봉제 방법에 대해 이해하기 쉬운 일반적인 순서. 반면에 팬츠가 입체적으로 되고 나서 트임을 만들기 때문에 섬세한 작업을 하기가 어렵다. 트임이 없는 디자인은 이 방법으로.

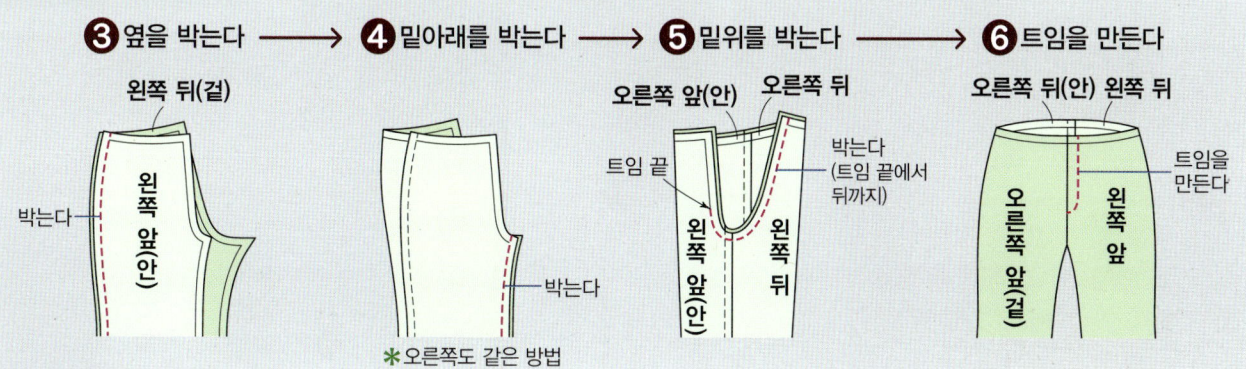

❸ 옆을 박는다 → ❹ 밑아래를 박는다 → ❺ 밑위를 박는다 → ❻ 트임을 만든다

응용 1

앞 밑위의 일부를 먼저 박는다

앞 밑위의 트임 끝에서 약 5cm 아래까지 박고 트임을 만든다. 평평한 상태에서 만들 수 있어 작업하기 편하다. 지퍼 달기가 익숙하지 않은 분에게도 추천.

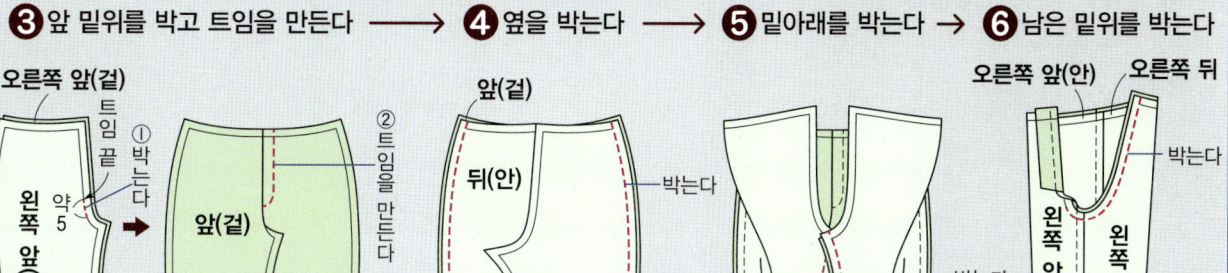

❸ 앞 밑위를 박고 트임을 만든다 → ❹ 옆을 박는다 → ❺ 밑아래를 박는다 → ❻ 남은 밑위를 박는다

응용 2

밑위를 먼저 박는다

앞 밑위의 트임 끝에서 아래쪽 전부를 박고 트임을 만든다. 응용 1과 마찬가지로 평평한 상태에서 트임을 만들 수 있다. 진 등에 주로 사용하는 밑아래를 좌우 연결해 박는 방법으로, 캐주얼한 디자인에 적합하다.

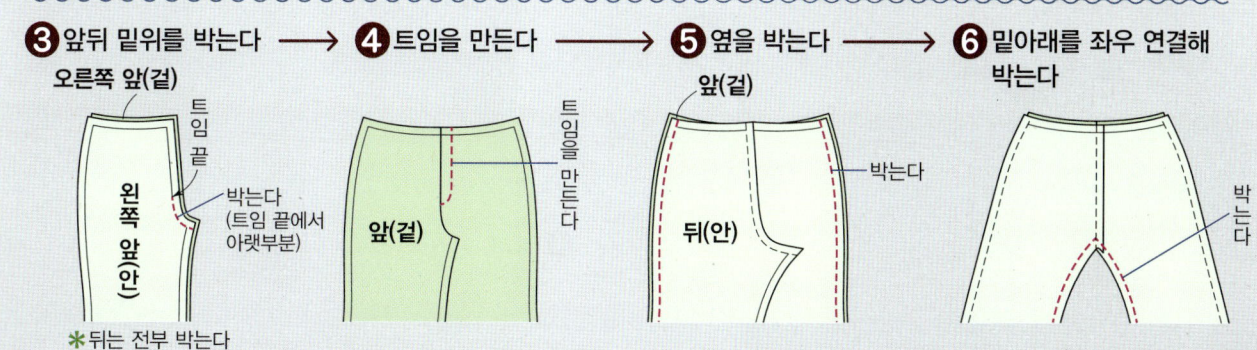

❸ 앞뒤 밑위를 박는다 → ❹ 트임을 만든다 → ❺ 옆을 박는다 → ❻ 밑아래를 좌우 연결해 박는다

앞 지퍼 트임(벨트의 경우)

밑덧단과 안단을 달고, 겉으로 스티치가 보인다. 허리는 트임을 완성한 후 마무리한다

정통적인 기본 트임. 오른쪽에 밑덧단(여밈분), 왼쪽에 안단을 달고 안단을 고정하는 스티치를 해 완성한다. 트임을 완성한 후 벨트를 단다. 단단하게 완성하고 싶은 경우는 밑덧단과 안단에 접착심지를 붙인다. 지퍼를 박을 때(3, 4)는 노루발을 외발 노루발로 바꿔야 순조롭게 박을 수 있다. 지퍼는 플랫 니트 지퍼, 금속 지퍼 등으로 트임 치수보다 1.2cm 짧은 것을 준비한다. 딱 맞는 사이즈가 없는 경우의 조정 방법은 P.131을 참조한다.

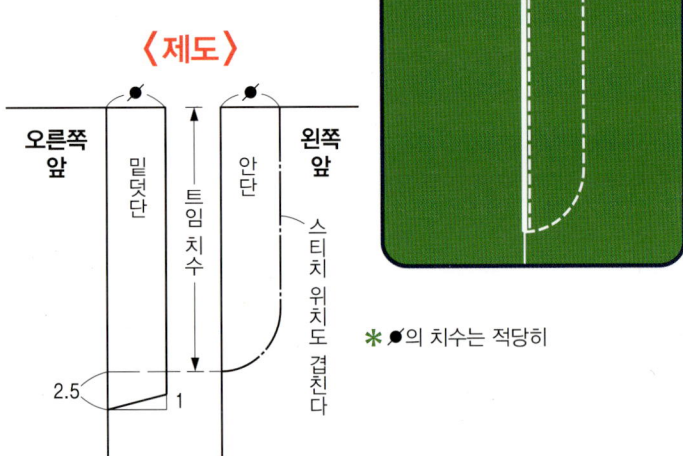

〈제도〉

* ⊙의 치수는 적당히

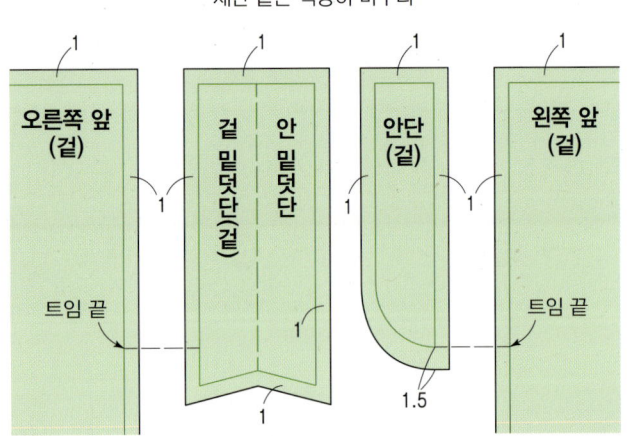

〈재단 방법〉
재단 끝은 적당히 마무리

*숫자는 시접 치수

1 밑위를 박고 안단을 왼쪽 앞에 단다

2 앞 중심에 스티치를 하고 오른쪽 앞 시접을 접는다

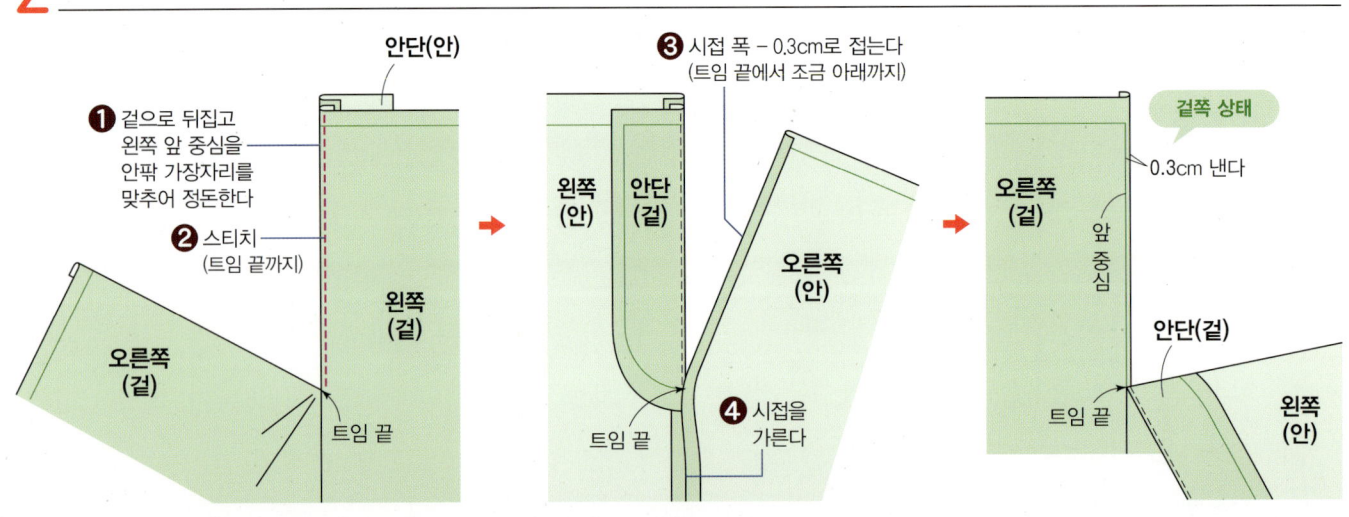

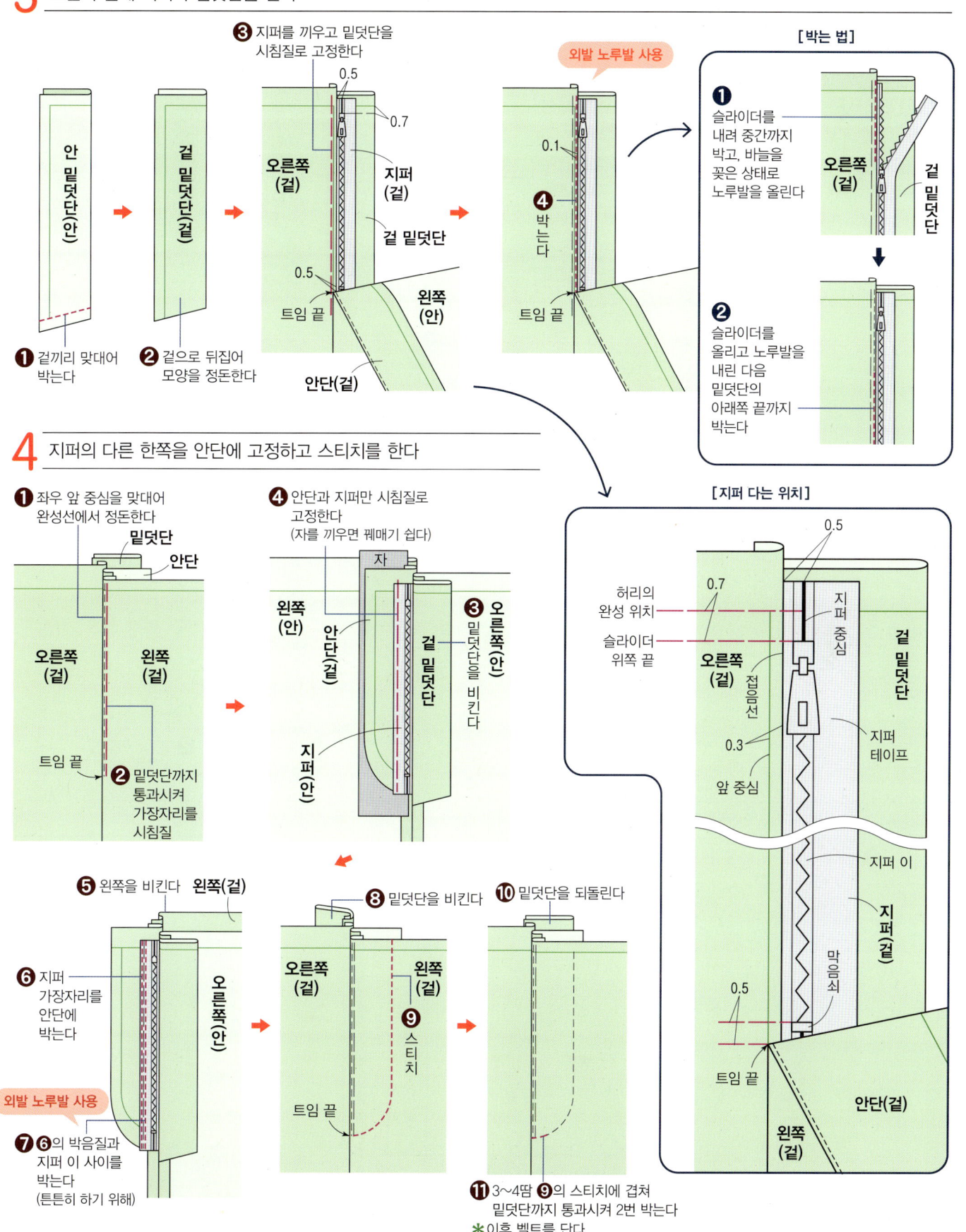

앞 지퍼 트임 (안단의 경우)

밑덧단과 안단을 달고, 겉으로 스티치가 보인다. 허리는 트임을 만드는 과정에서 마무리한다

정통적인 기본 트임. 오른쪽에 밑덧단, 왼쪽에 안단을 달고 안단을 고정하는 스티치를 해 완성한다. 트임을 만드는 과정에서 허리 안단을 달기 때문에 벨트의 경우에 한 왼쪽 앞 중심의 스티치는 하지 않는 등 순서가 조금 달라진다. 단단하게 완성하고 싶은 경우는 밑덧단과 안단에 접착심지를 붙인다. 지퍼를 박을 때(4, 5)는 노루발을 외발 노루발로 바꿔야 순조롭게 박을 수 있다. 지퍼는 플랫 니트 지퍼, 금속 지퍼 등으로 트임 치수보다 1.2cm 짧은 것을 준비한다. 딱 맞는 사이즈가 없는 경우의 조정 방법은 P.131을 참조한다.

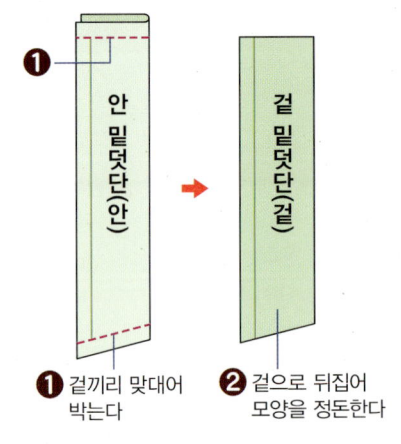

〈제도〉

* ●, ∅의 치수와 단추 위치는 적당히

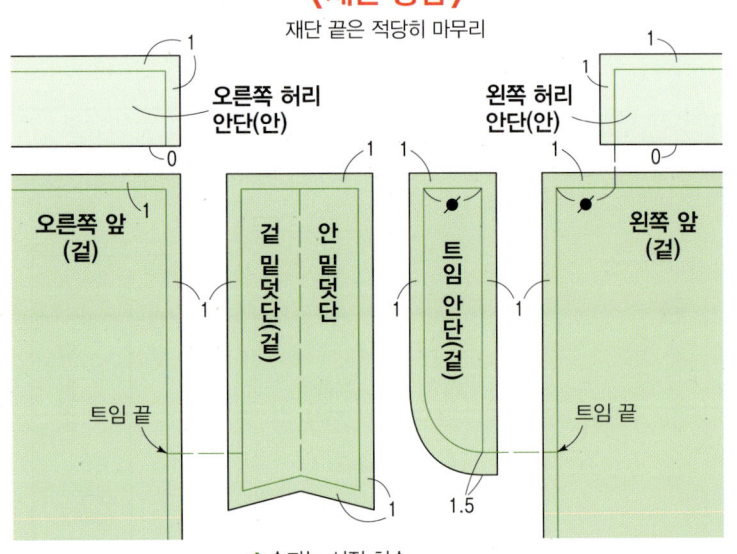

〈재단 방법〉
재단 끝은 적당히 마무리

*숫자는 시접 치수

3 밑덧단을 박아 뒤집는다

* 1, 2는 P.126 '앞 지퍼 트임(벨트의 경우)'과 같은 방법. 단 왼쪽 앞 중심의 스티치는 하지 않는다

4 오른쪽 앞에 지퍼와 밑덧단을 단다

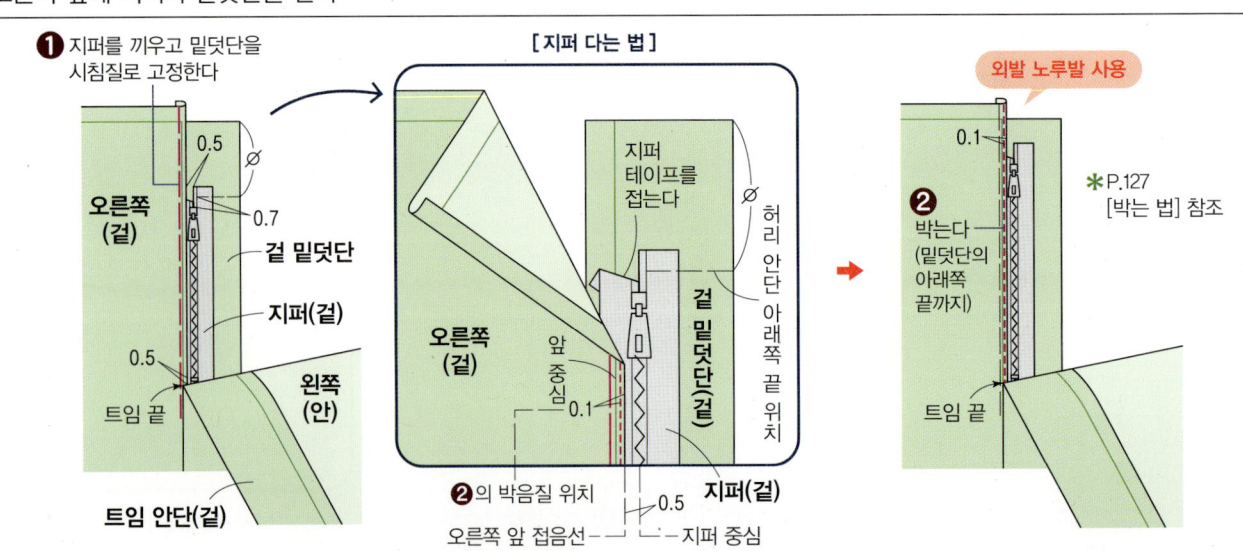

5 지퍼의 다른 한쪽을 트임 안단에 고정한다

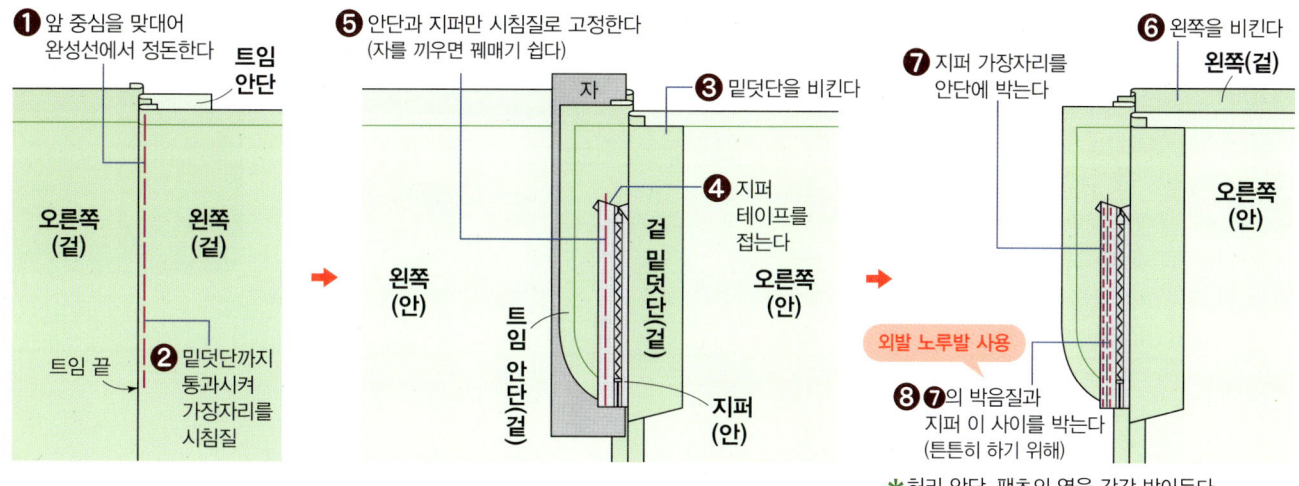

6 허리 안단을 달고 스티치를 한다

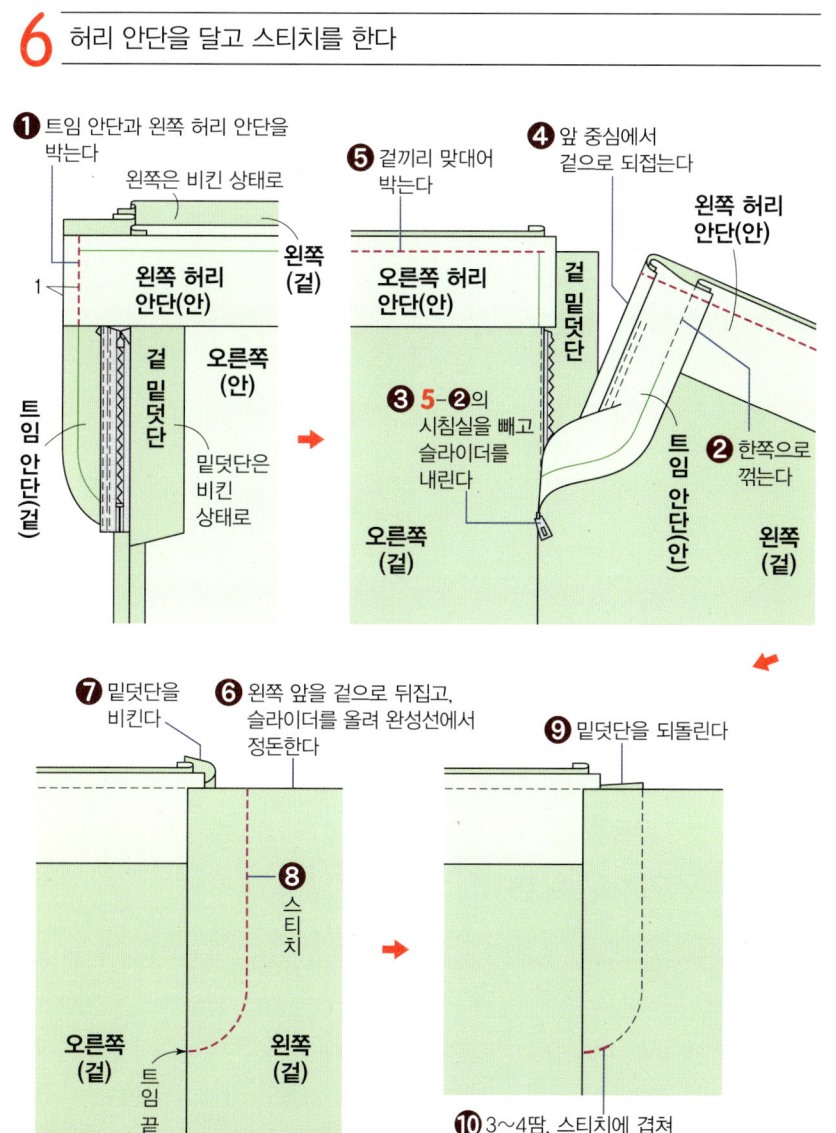

7 허리 안단을 고정한다

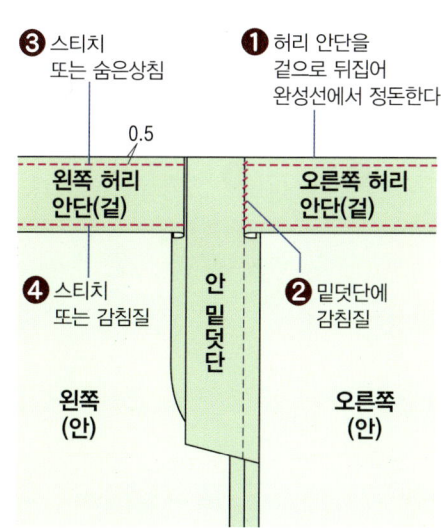

8 단춧구멍을 만들고 단추를 단다

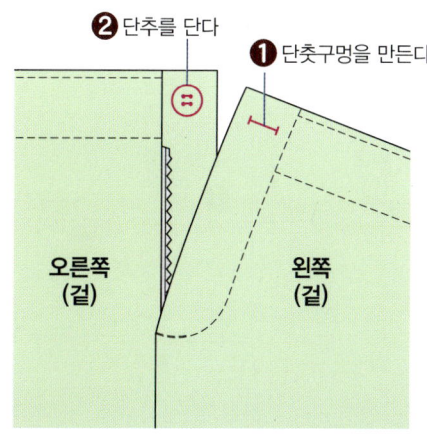

맞댄 지퍼 트임 (안단의 경우)

일반 지퍼를 사용하고, 겉으로 스티치가 보인다. 허리는 트임을 만드는 과정에서 마무리한다

맞대는 트임은 트임 위치 안쪽에 지퍼를 놓고 겉에서 스티치로 고정해 완성한다. 허리를 안단으로 마무리하는 경우는 트임을 만드는 과정에서 안단을 단다. 단단하게 완성하고 싶은 경우는 안단에 접착심지를 붙인다. 지퍼를 박을 때 (3)는 노루발을 외발 노루발로 바꿔야 순조롭게 박을 수 있다. 지퍼는 플랫 니트 지퍼, 금속 지퍼 등으로 트임 치수보다 1.2cm 짧은 것을 준비한다. 딱 맞는 사이즈가 없는 경우의 조정 방법은 오른쪽 페이지를 참조한다.

〈재단 방법〉

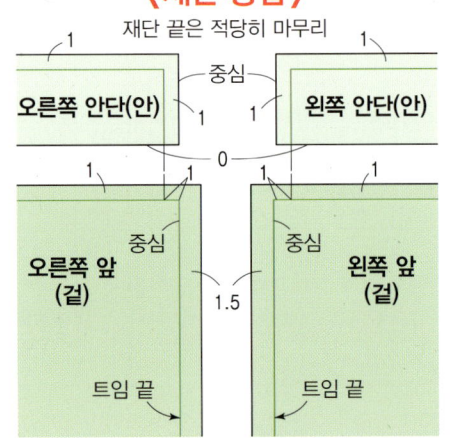
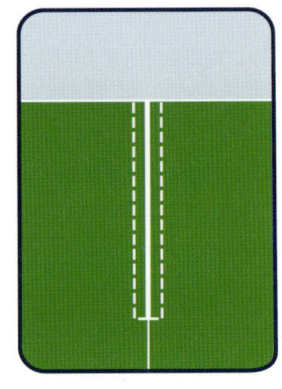

* 안단은 앞 중심을 1cm 띄운다
* 트임 끝에서 아래 시접은 자연스럽게 1cm로 한다
* 숫자는 시접 치수

1 안단을 단다

* 안단, 팬츠의 옆을 각각 박아둔다

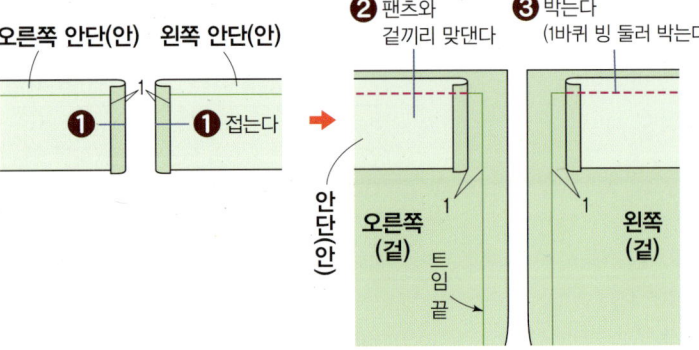

2 앞 중심을 박는다

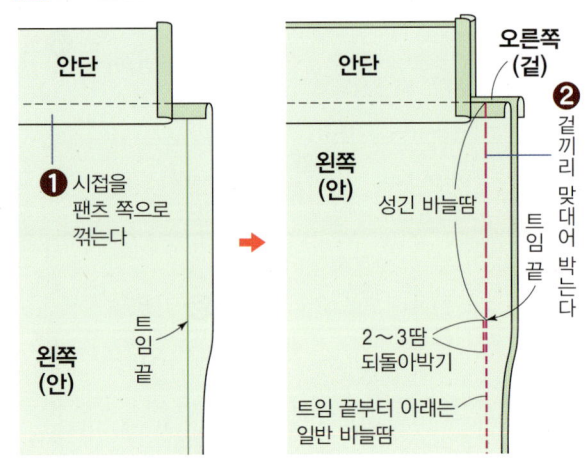

3 지퍼를 달고 안단을 고정한다

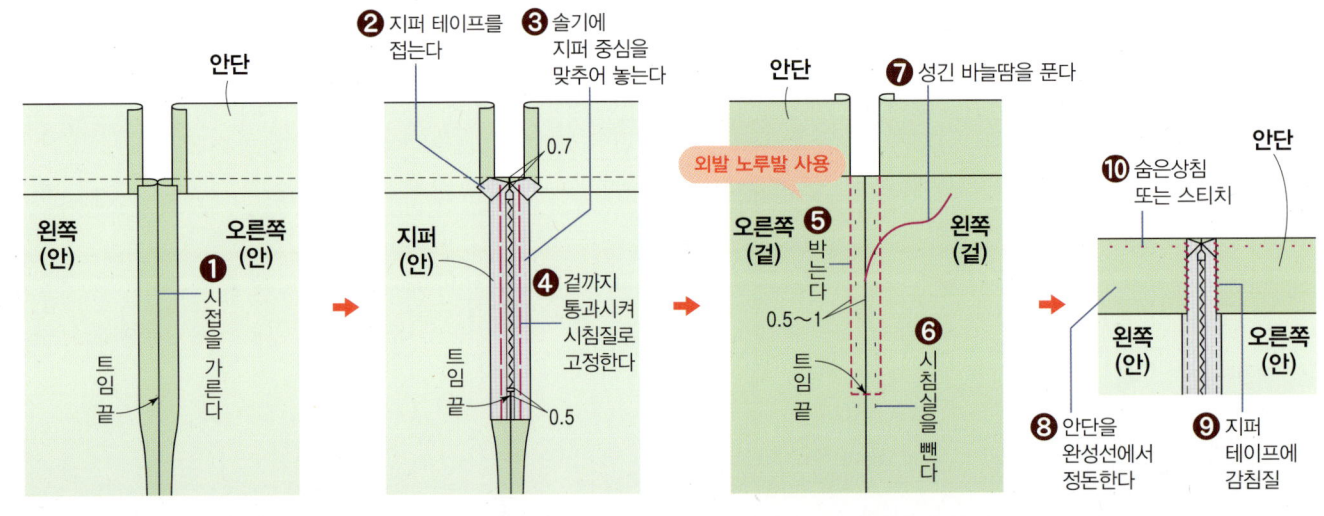

지퍼의 필요 치수와 조정법

이 책에서는 지퍼의 필요 치수를 트임 치수 빼기 1.2cm로 설정했다. 이 1.2cm는 벨트 다는 위치 또는 완성의 위쪽 끝부터 슬라이더 위쪽 끝까지의 치수(★)와 트임 끝 위치부터 막음쇠 위쪽 끝까지(☆)의 치수 합계이다. 이 치수는 변경이 가능하지만 지퍼의 필요 치수도 달라진다. 또 막음쇠가 큰 경우는 ☆ 치수를 길게 한다.

지퍼의 필요 치수와 각 부분 명칭

- 벨트 다는 위치 또는 완성의 위쪽 끝
- ★ 0.7
- 손잡이
- 슬라이더
- 트임 치수
- 지퍼의 필요 치수 = 트임 치수 − (0.7+0.5)
- 지퍼이
- 지퍼 테이프
- ★과 ☆은 지퍼 달 때의 여분
- ☆ 0.5
- 트임 끝 위치
- 막음쇠

길이 조정법

지퍼는 20, 56cm 등의 정해진 길이로 판매하므로 필요 치수와 맞지 않는 경우 지퍼 길이를 조정한다.

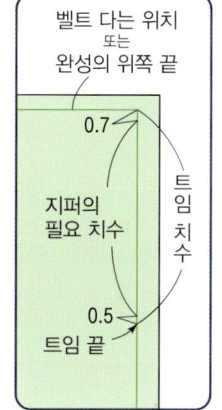

- 벨트 다는 위치 또는 완성의 위쪽 끝
- 0.7
- 지퍼의 필요 치수
- 트임 치수
- 0.5
- 트임 끝

● 플랫 니트 지퍼

트임 치수 빼기 1.2 + 2.5cm로 자른다.
아래 2.5cm는 휘갑치기로 고정한다.

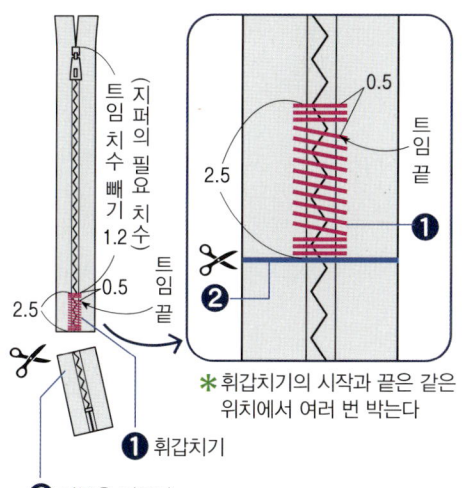

❶ 휘갑치기
❷ 여분을 자른다

＊ 휘갑치기의 시작과 끝은 같은 위치에서 여러 번 박는다

● 금속제 지퍼

금속제 지퍼는 개인적으로 조정하기 힘들다. 구입하는 곳에서 조정해주는지 미리 확인한다.

직선 벨트

다는 위치는 허리선이 기본. 모든 공정을 마치고 마지막에 단다

패턴은 직사각형. 기본적으로는 허리선에 달고, 완성의 위쪽 끝은 벨트 폭 분량 위가 된다. 단단하게 완성하고 싶은 경우는 전체에 접착심지를 붙인다. 여기서는 위쪽 끝을 골선으로 완성하는 경우로 설명하지만, 위쪽 끝을 솔기로 하는 방법도 있다. 또 안 벨트의 마무리 방법이나 고정 방법에는 아래 그림 '벨트 유형 예'처럼 다양한 종류가 있다. 디자인이나 천에 맞춰 구분해 사용한다.

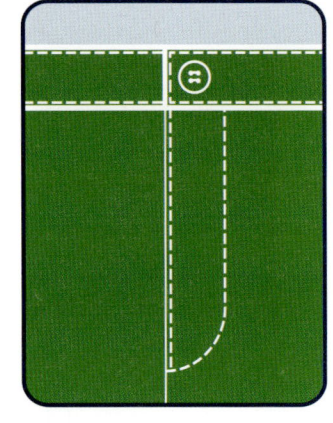

〈재단 방법〉
재단 끝은 적당히 마무리

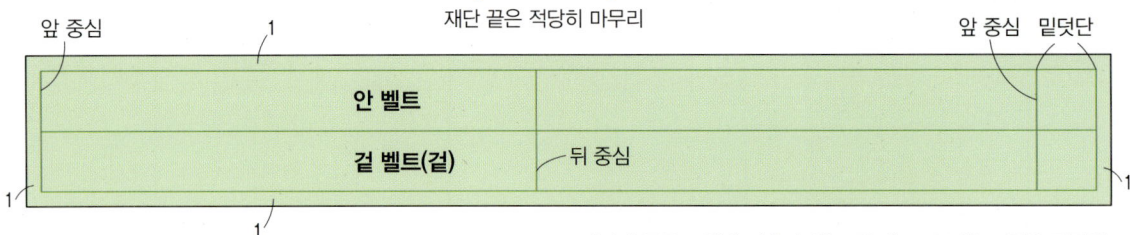

* 밑덧단 폭은 트임에 맞춘다. 벨트 길이는 P.82 참조, 폭은 적당히
* 숫자는 시접 치수

1 벨트를 박는다

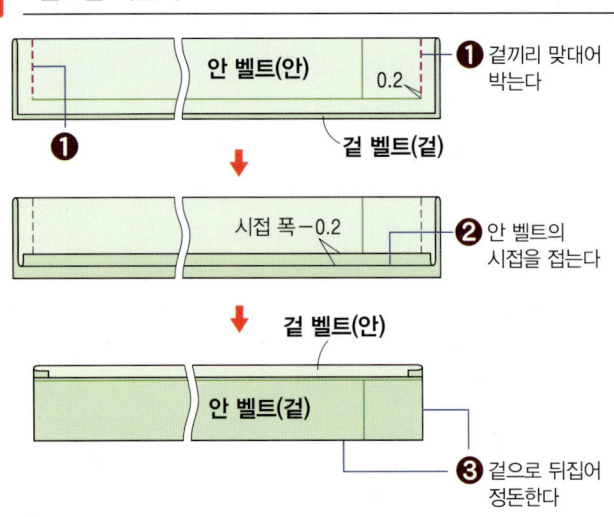

2 벨트를 단다

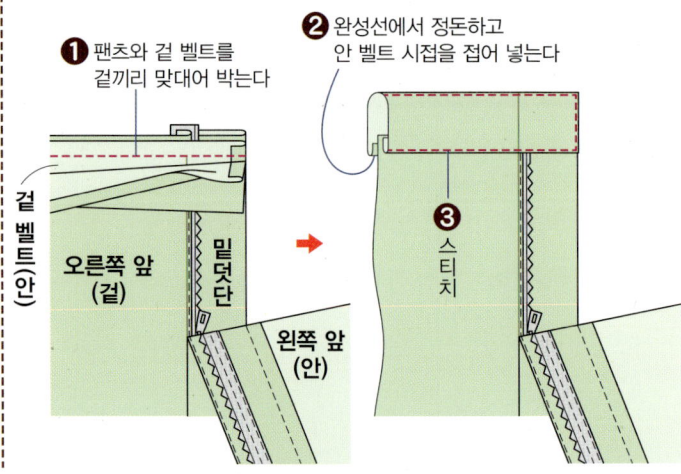

Hint!

벨트 유형 예　유형 차이는 안 벨트의 재단 끝 모양과 스티치 유무.

A 재단 끝을 접어 넣고 다는 쪽에만 스티치

B 재단 끝을 펼친 상태로 벨트 주위에 스티치

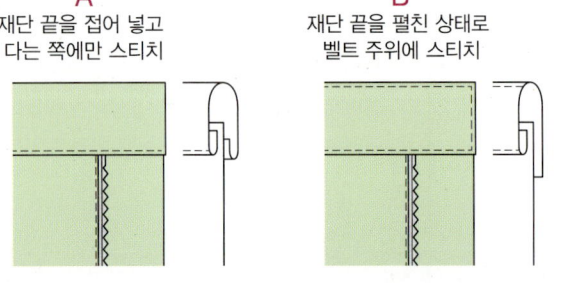

C 재단 끝을 접어 넣고 겉에서 숨겨박기

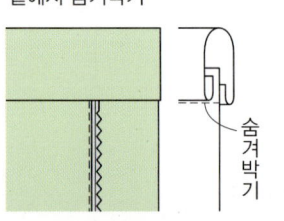

D 재단 끝을 펼친 상태로 겉에서 숨겨박기

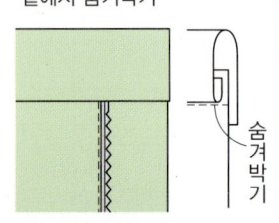

* B, D의 왼쪽 앞, 안단 부분은 안 벨트의 재단 끝을 접어 넣는다

곡선 벨트

다는 위치는 허리의 완성 위치에서 벨트 폭 분량 아래. 모든 공정을 마치고 마지막에 단다

패턴은 위쪽 엉덩이 굴곡에 맞춘 곡선 모양으로 위쪽 끝은 솔기가 된다. 단단하게 완성하고 싶은 경우는 전체에 접착심지를 붙인다. 직선 벨트와 마찬가지로 안 벨트의 마무리 방법이나 고정 방법에는 왼쪽 페이지 '벨트 유형 예'처럼 다양한 종류가 있다. 디자인이나 천에 맞춰 구분해 사용한다.

〈재단 방법〉
재단 끝은 적당히 마무리

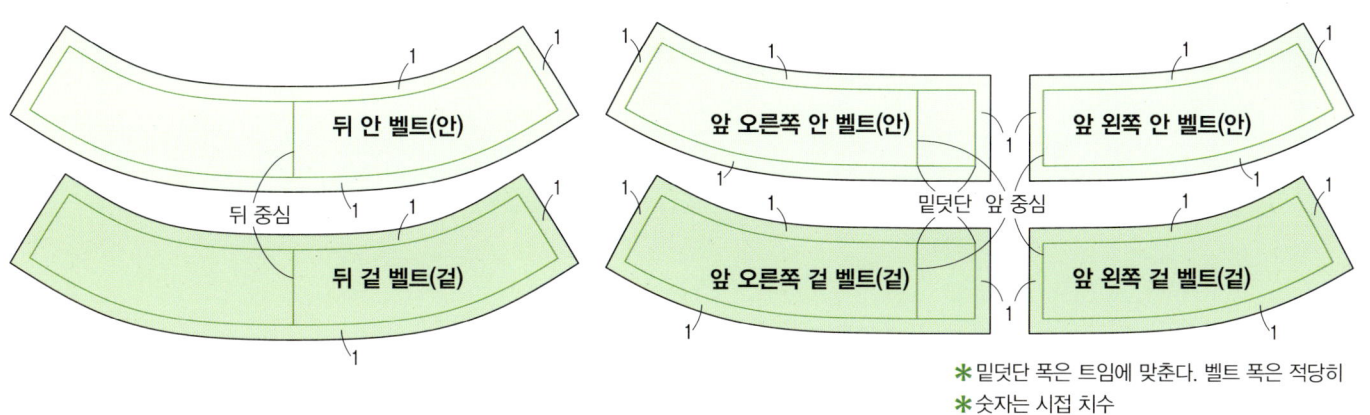

* 밑덧단 폭은 트임에 맞춘다. 벨트 폭은 적당히
* 숫자는 시접 치수

1 벨트를 박는다

뒤 고무줄

벨트를 달고 뒤에 고무줄을 끼운다. 모든 공정을 마치고 마지막에 단다

패턴은 직사각형. 뒤를 신축성 있게 연출하는 디자인에 사용. 주로 허리선에 달고 이 경우 완성의 위쪽 끝은 허리선에서 벨트 폭 분량 위가 된다. 단단하게 완성하고 싶은 경우는 앞 벨트에 접착심지를 붙인다. 직선 벨트와 마찬가지로 안 벨트의 마무리 방법이나 고정 방법에는 P.132 '벨트 유형 예'처럼 다양한 종류가 있다. 디자인이나 천에 맞춰 구분해 사용한다.

〈재단 방법〉

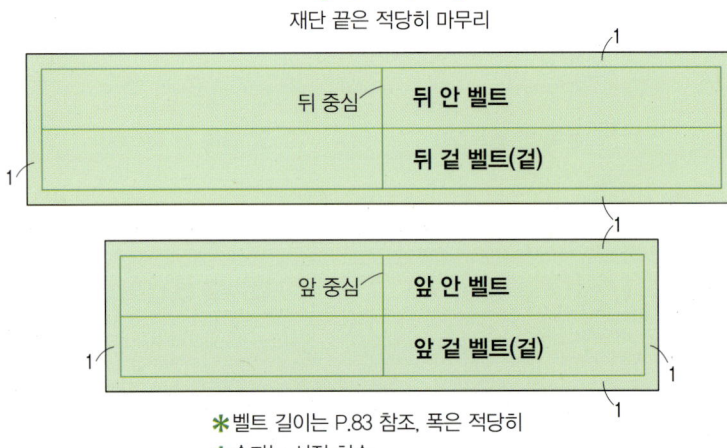

* 벨트 길이는 P.83 참조, 폭은 적당히
* 숫자는 시접 치수

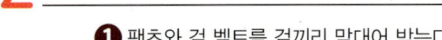

1 벨트를 박고 고무줄을 단다(오른쪽 옆으로 설명)

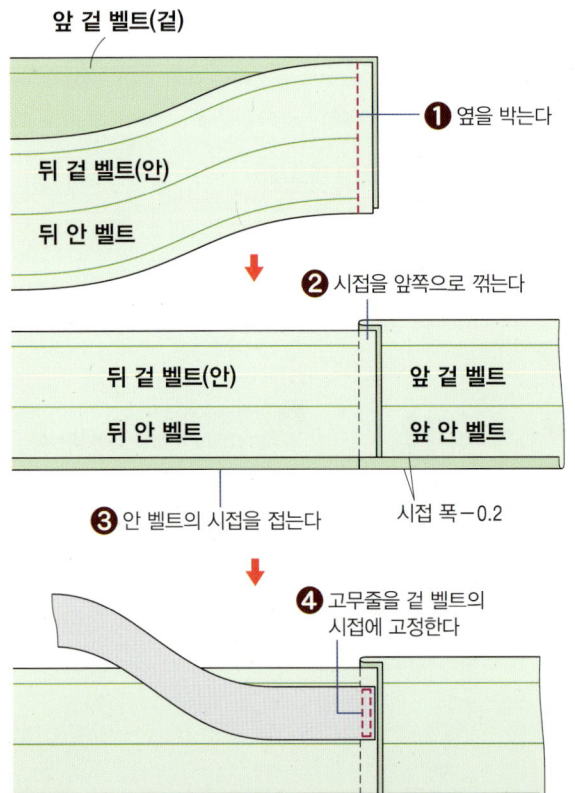

2 벨트를 단다(오른쪽 옆으로 설명)

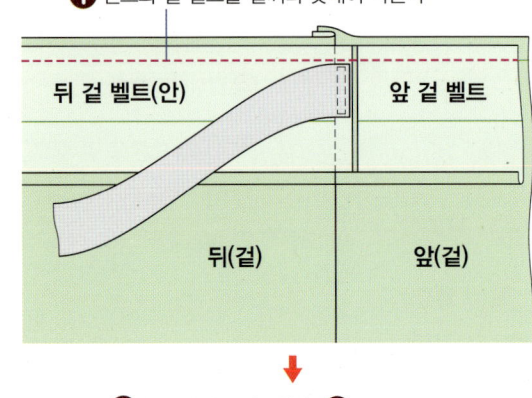

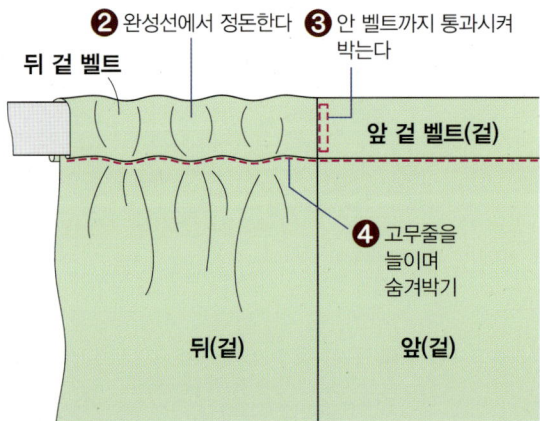

옆 고무줄

벨트를 달고 옆에 고무줄을 끼운다. 모든 공정을 마치고 마지막에 단다

패턴은 직사각형. 트임을 만들지 않고 신축성 있게 허리를 연출하는 디자인에 사용. 팬츠와 같은 치수의 벨트를 달고 허리와의 치수 차이를 옆 고무줄로 줄인다. 주로 허리선에 달고 이 경우 완성의 위쪽 끝은 허리선에서 벨트 폭 분량 위가 된다. 단단하게 완성하고 싶은 경우는 고무줄을 달지 않는 부분에 접착심지를 붙인다. 직선 벨트와 마찬가지로 안 벨트의 마무리 방법이나 고정 방법에는 P.132 '벨트 유형 예'처럼 다양한 종류가 있다. 디자인이나 천에 맞춰 구분해 사용한다.

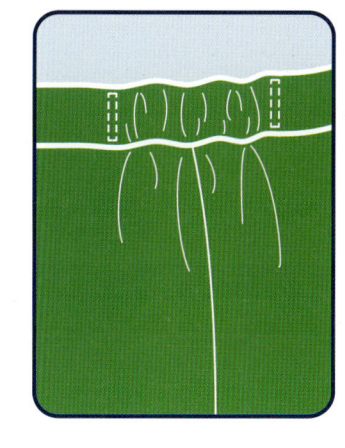

〈재단 방법〉

재단 끝은 적당히 마무리

● = 앞 허리의 완성 치수 × $\frac{1}{2} \sim \frac{2}{3}$

∅ = 뒤허리의 완성 치수 × $\frac{1}{2} \sim \frac{2}{3}$

※ = $\frac{허리의\ 완성\ 치수 - (∅ + ●)}{2} × 0.95$

*벨트 폭은 적당히

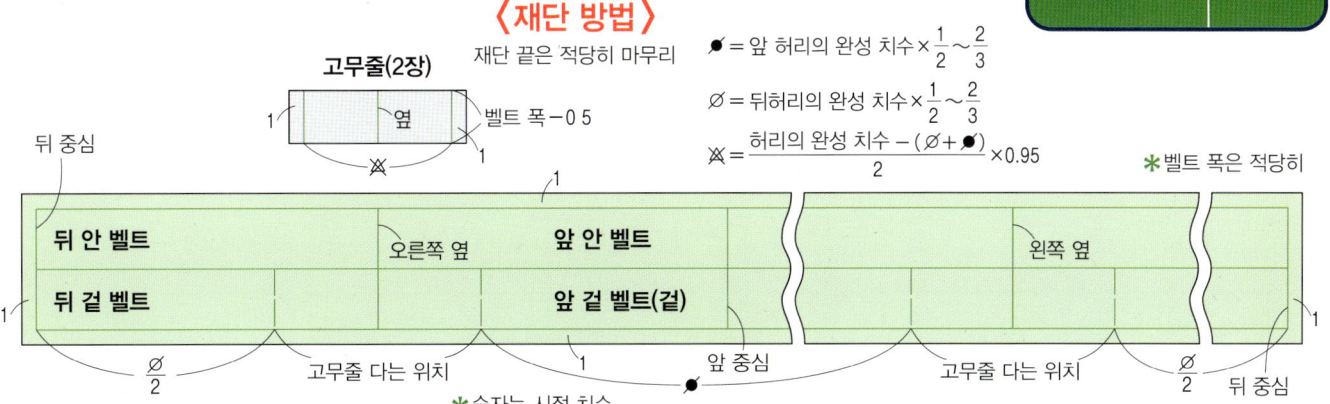

*숫자는 시접 치수

1 고무줄을 달고 벨트를 박는다

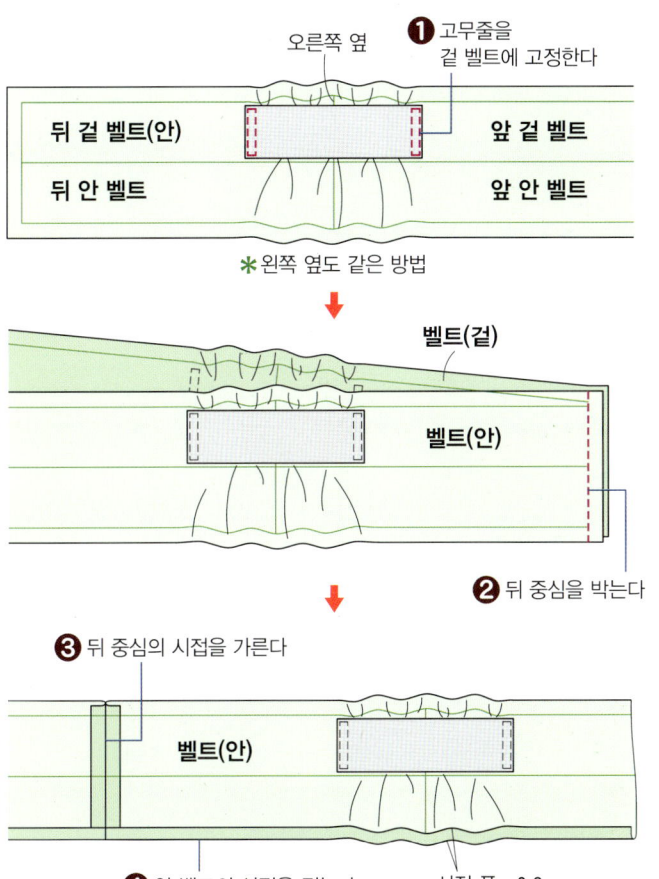

2 벨트를 단다

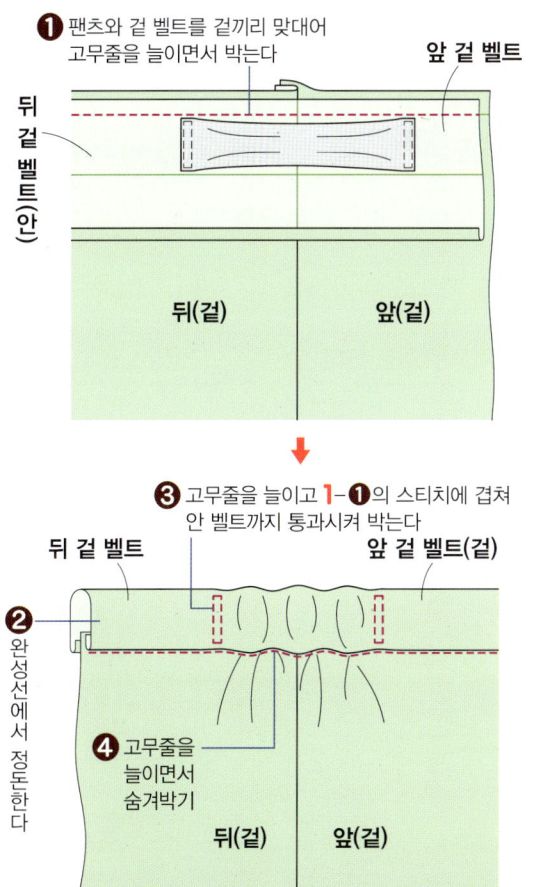

고무줄

직접 고무줄을 달아 벨트로 한다. 모든 공정을 마치고 마지막에 단다

고무줄을 벨트 대신 사용해 신축성 있게 허리를 마무리하는 간단한 테크닉. 주로 허리선에 달고 이 경우 완성의 위쪽 끝은 허리선에서 고무줄 폭 분량 위가 된다. 깔끔하게 다는 포인트는 맞춤 표시. 고무줄과 팬츠 각각의 허리를 등분해 표시하고, 시침핀으로 같은 위치를 고정해 맞춤 표시 사이의 고무줄을 늘이며 박는다.

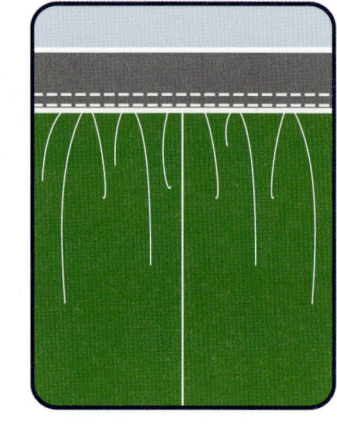

〈재단 방법〉

● = 앞 허리의 완성 치수×0.95
∅ = 뒤허리의 완성 치수×0.95

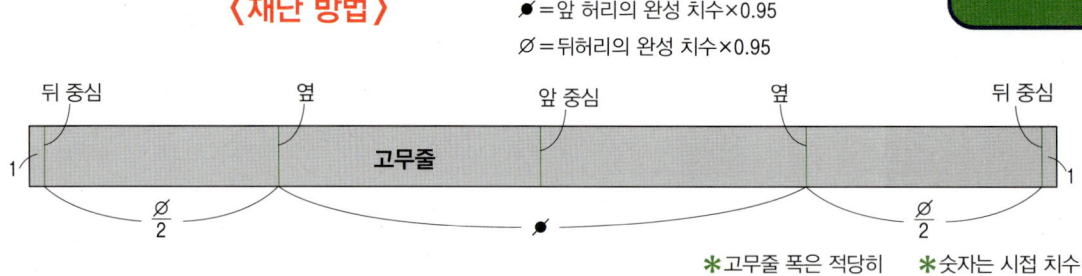

*고무줄 폭은 적당히   *숫자는 시접 치수

1 벨트(고무줄)를 박는다

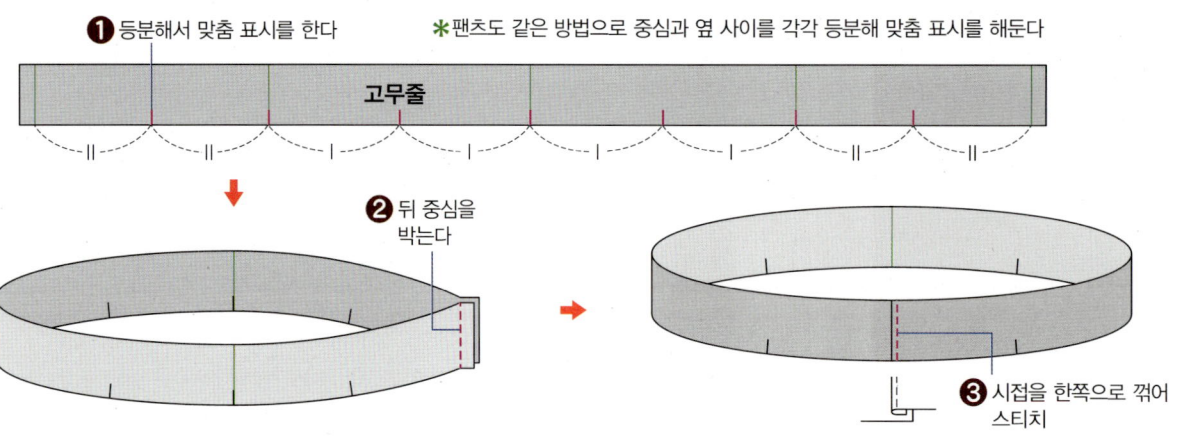

2 벨트(고무줄)를 단다

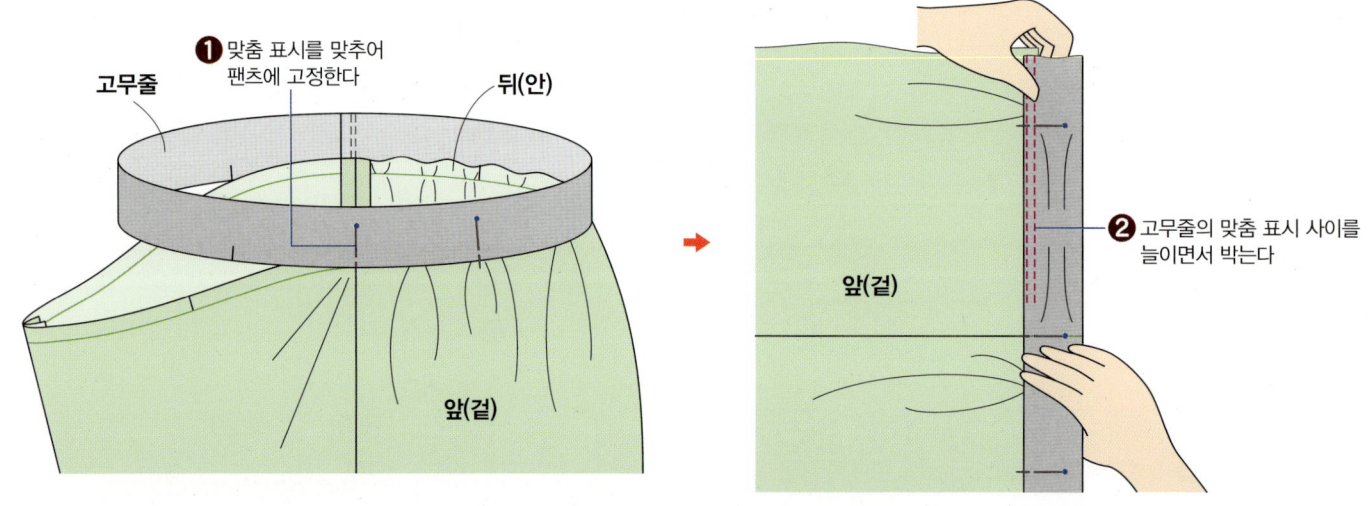

벨트 고리

시판하는 벨트를 끼우기 위한 파트. 완성한 팬츠에 단다

간단한 방법은 천의 식서를 이용해 재단 끝을 숨겨 2번 접어 완성. 완성한 팬츠의 다는 위치에 고정한다. 벨트의 위쪽 끝이 솔기인 경우는 벨트 고리 위쪽을 벨트에 끼워 넣는 방법도 있다. 이 경우 벨트를 다는 동시에 진행한다.

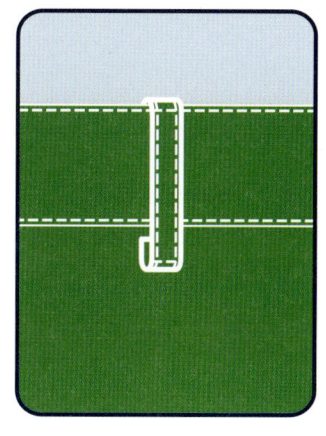

〈1개분의 길이〉

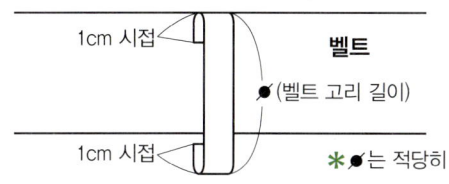

〈재단 방법〉

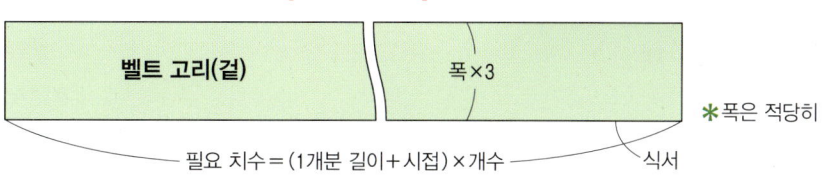

1 벨트 고리를 만든다

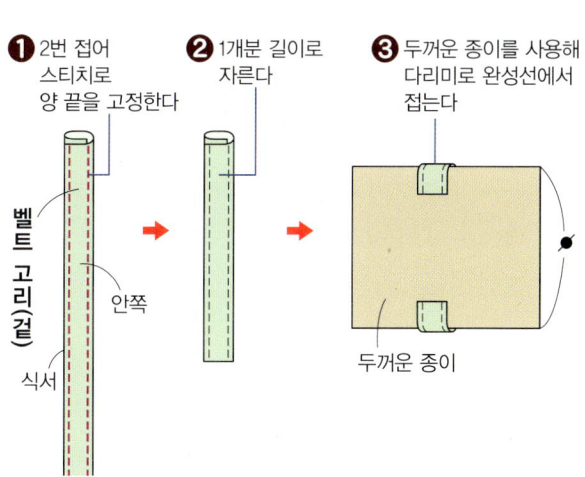

2 벨트 고리를 단다

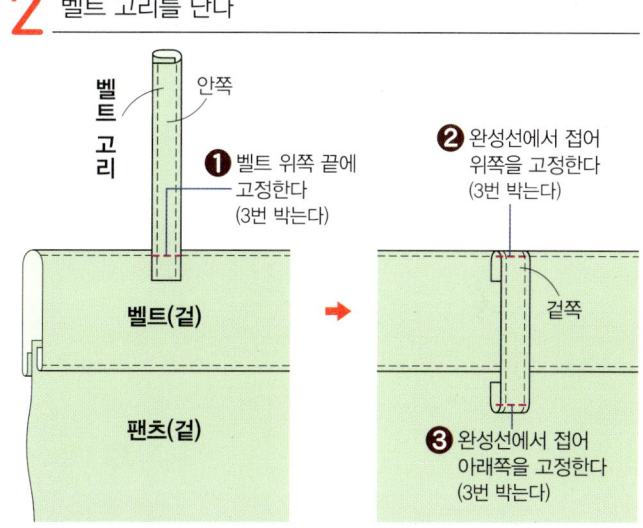

벨트에 끼워 완성하는 방법

1은 위 그림과 같은 방법으로 만들고, **2**를 아래 그림으로 변경한다. 벨트 위쪽 끝이 솔기인 경우에

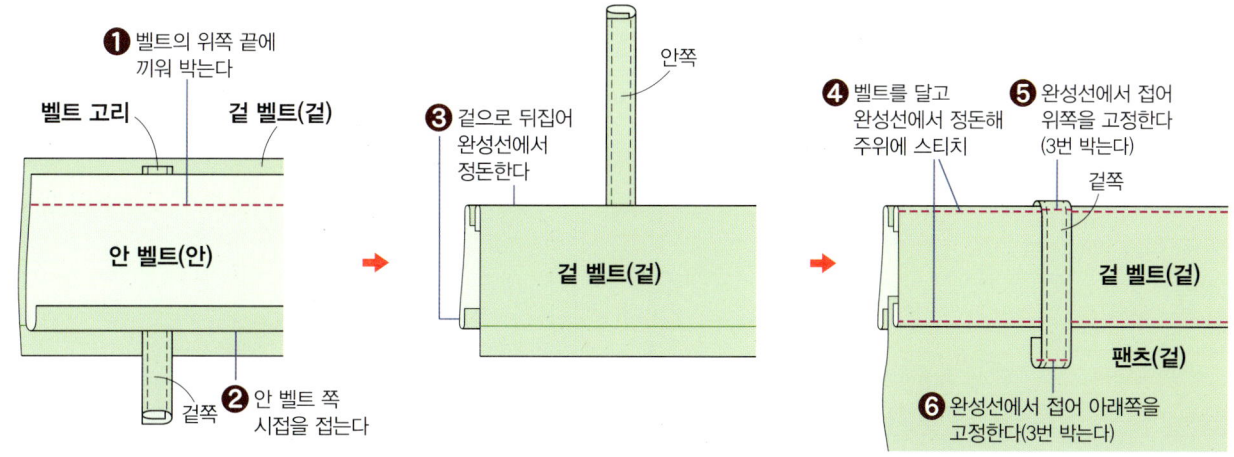

허리 마무리 / 벨트 고리

이음 포켓

맞단이 보이는 포켓. 옆을 박는 과정에서 만든다

앞에 이음선을 넣은 것처럼 보이는 기본적인 팬츠 포켓. 옆 포켓의 일종으로 옆을 박는 과정에서 만든다. 맞단(마중천, 맞은천, 옆 천)의 모양은 아래 그림의 삼각형 타입 외에도 곡선형 가로로 긴 타입 등 여러 가지 디자인이 있다. 맞단과 주머니 천을 이어서 재단하면 손쉽게 만들 수 있지만, 겉감이 두꺼운 경우는 별도로 재단하고 주머니 천으로 슬리크 등을 사용한다. 단단하게 완성하고 싶은 경우는 팬츠의 포켓 입구에 접착심지를 붙인다. 포켓 입구의 안팎 가장자리를 맞추는 방법으로 설명하지만, 1-❷에서 주머니 천을 조금 띄워 접는 방법도 있다.

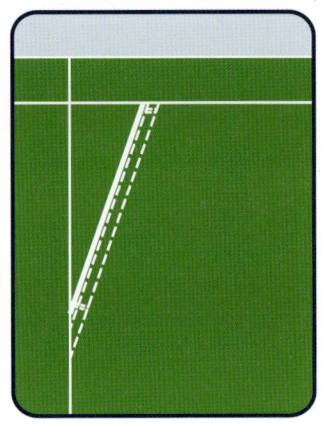

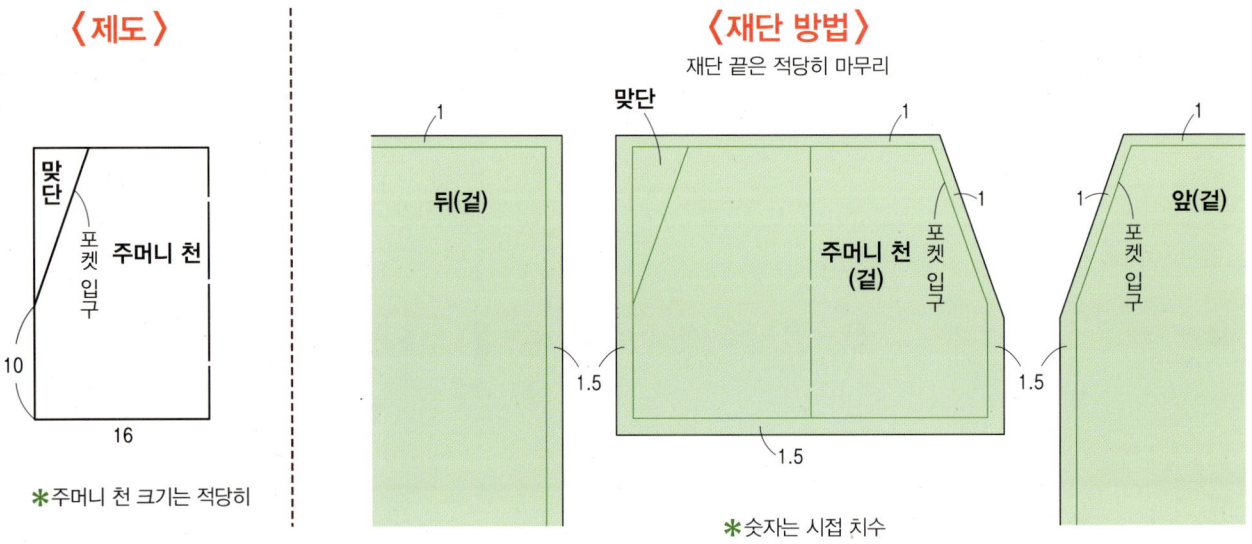

1 맞단, 주머니 천을 단다

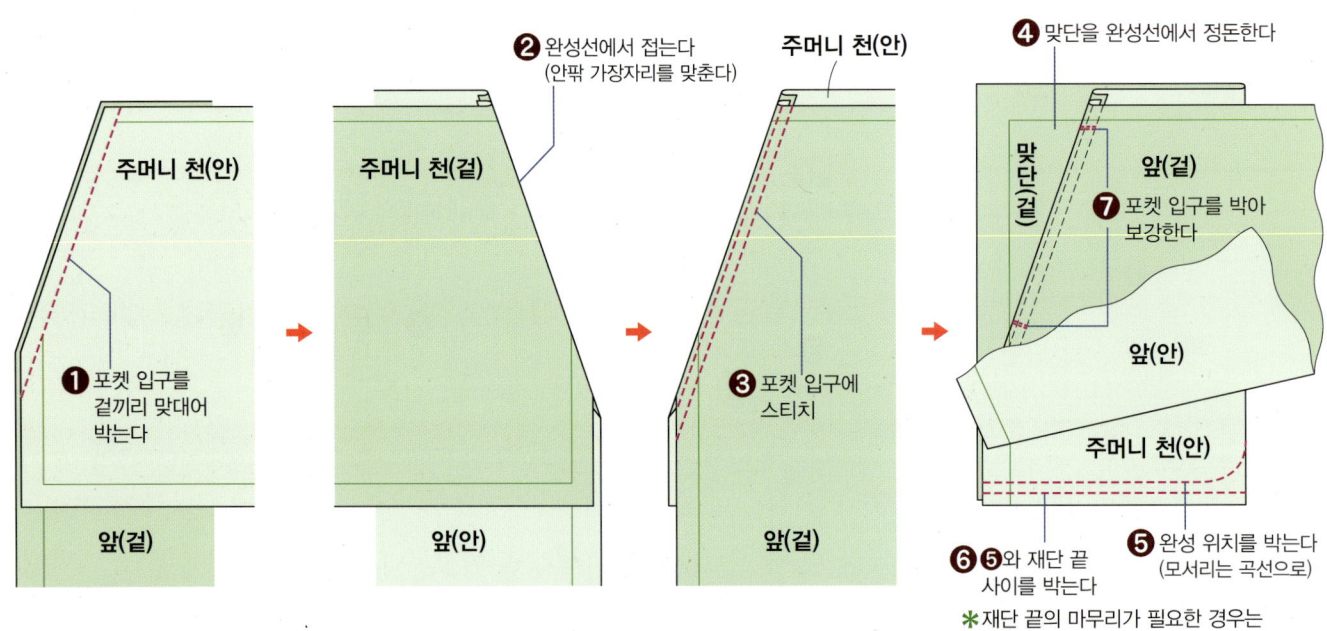

2 옆을 박는다

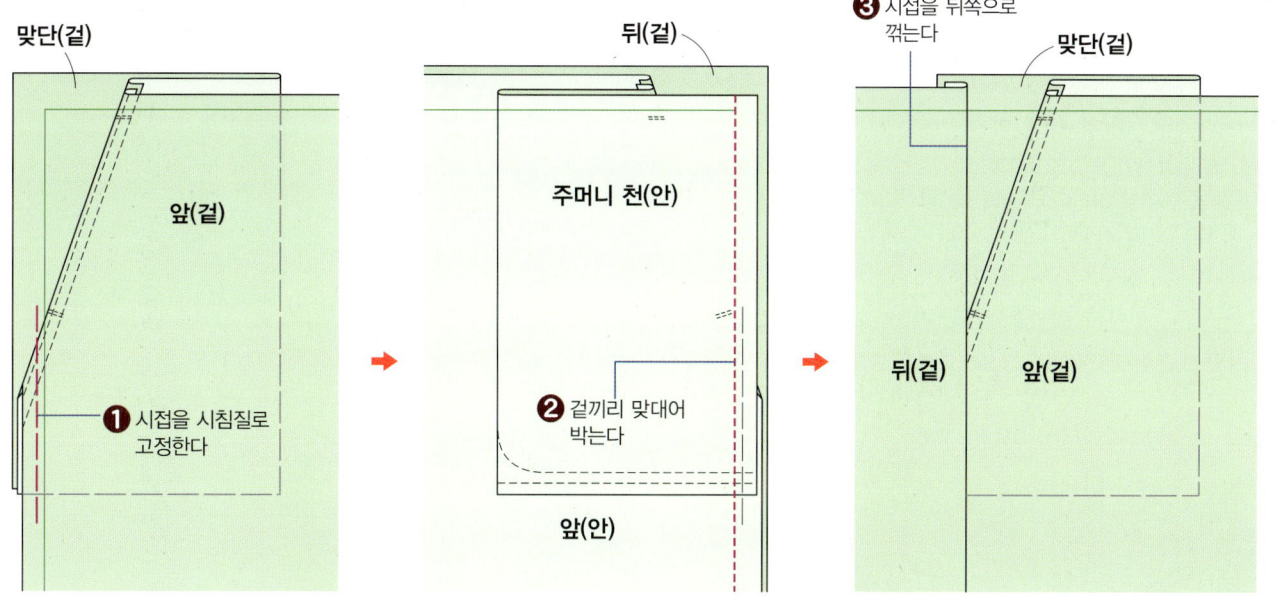

주머니 천을 별도 천으로 하는 방법

박는 법은 같다. 맞단과 안단을 주머니 천에 겹쳐서 완성한다. 주머니 천은 슬리크 등을 사용

〈제도〉

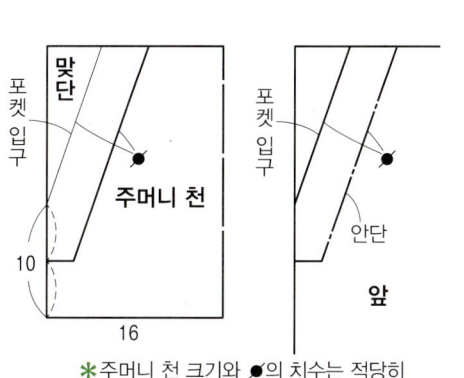

* 주머니 천 크기와 ●의 치수는 적당히

〈재단 방법〉

앞, 뒤는 왼쪽 페이지와 같은 방법. 재단 끝은 적당히 마무리

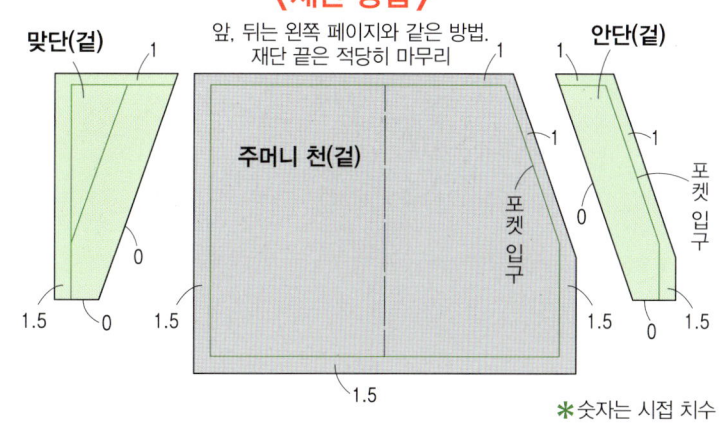

* 숫자는 시접 치수

〈겹치는 방법〉

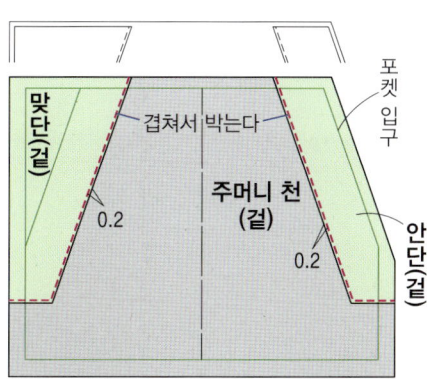

맞단만 겹친다

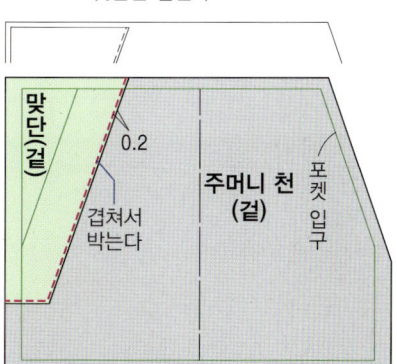

〈겹치는 방법 응용〉 주머니 천의 맞단, 안단 부분을 자르고 겹친다

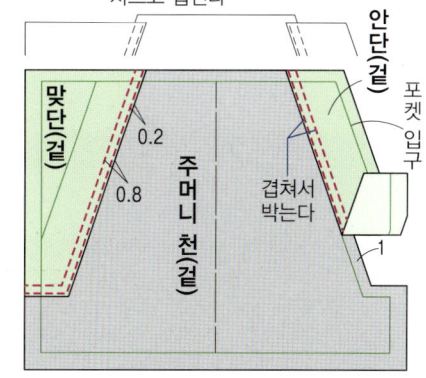

옆 솔기 이용 포켓

옆 솔기를 이용한 포켓. 옆을 박는 동시에 만든다

옆을 박는 공정에서 만든다. 깔끔하게 만드는 포인트는 정확한 패턴 제작과 포켓 입구를 성긴 바늘땀으로 고정해두는 것. 주머니 천을 2장 사용하는 방법은 포켓이 눈에 띄지 않는 디자인이다. 손등 쪽 포켓 입구는 늘어나기 쉬워 늘어짐 방지 테이프를 붙여 보강한다.

〈재단 방법〉
재단 끝은 적당히 마무리

팬츠의 앞, 뒤와 주머니 천 B의 포켓 입구 위치에 맞춤 표시(0.3~0.5cm 정도의 노치)를 해둔다

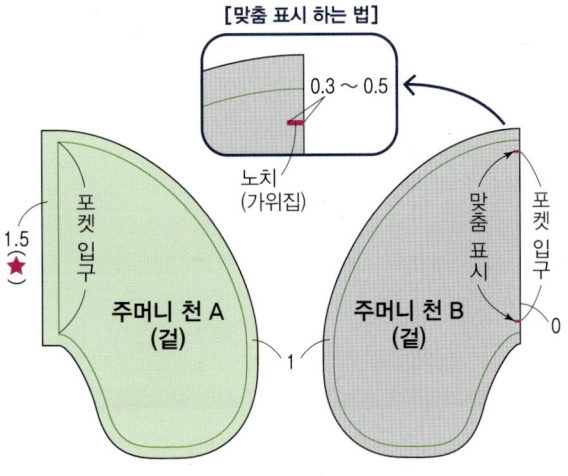

* 손바닥 쪽이 되는 주머니 천 A는 포켓 입구가 보일 수 있어 겉감을, 손등 쪽의 주머니 천 B는 잘 안 보이므로 겉감 이외에 안감이나 슬리크 등을 사용한다
* ★은 앞뒤의 옆 시접과 같은 치수로 한다
* 숫자는 시접 치수

〈제도〉

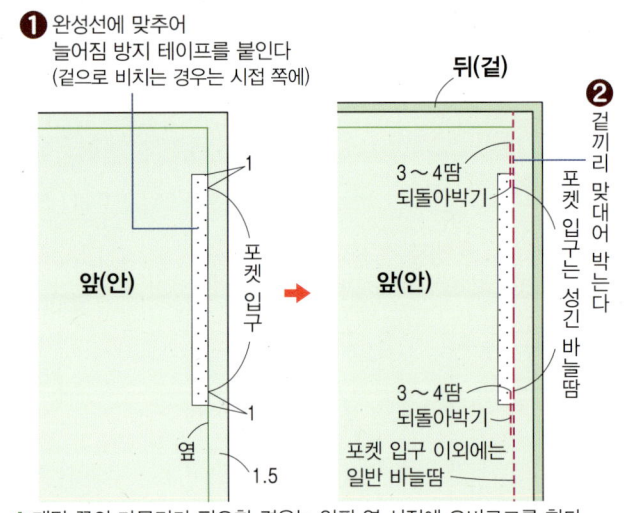

* 주머니 천 크기는 적당히

1 옆을 박는다

❶ 완성선에 맞추어 늘어짐 방지 테이프를 붙인다 (겉으로 비치는 경우는 시접 쪽에)

❷ 겉끼리 맞대어 박는다 포켓 입구는 성긴 바늘땀 3~4땀 되돌아박기 포켓 입구 이외에는 일반 바늘땀

* 재단 끝의 마무리가 필요한 경우는 앞판 옆 시접에 오버로크를 한다

2 주머니 천 B를 단다

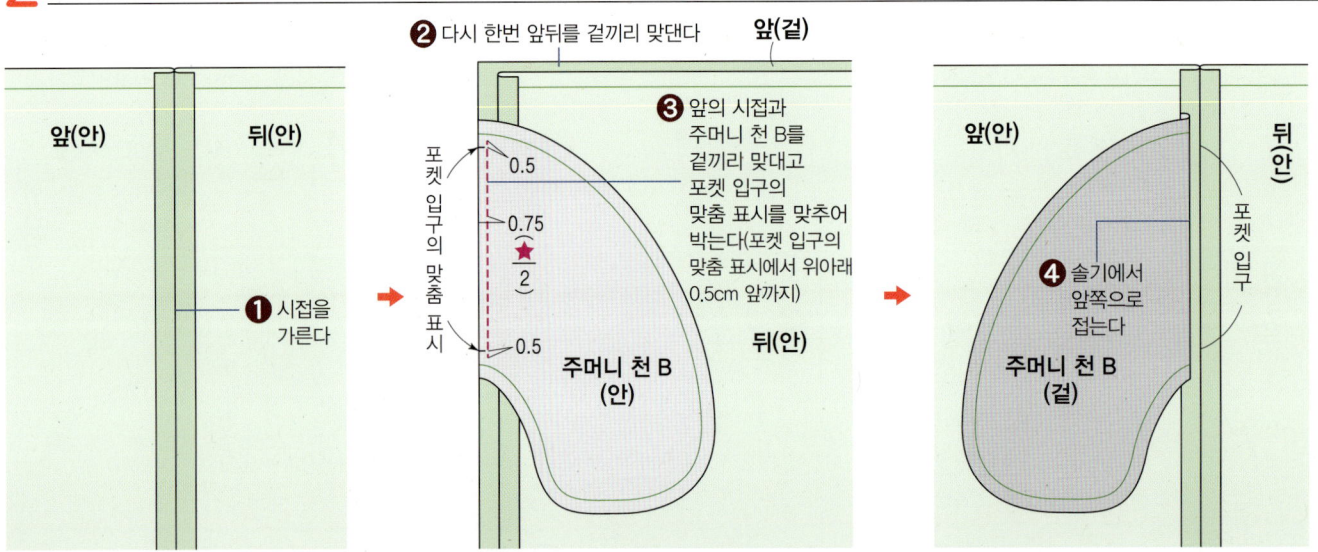

❶ 시접을 가른다

❷ 다시 한번 앞뒤를 겉끼리 맞댄다

❸ 앞의 시접과 주머니 천 B를 겉끼리 맞대고 포켓 입구의 맞춤 표시를 맞추어 박는다(포켓 입구의 맞춤 표시에서 위아래 0.5cm 앞까지)

❹ 솔기에서 앞쪽으로 접는다

3 포켓 입구에 스티치를 한다

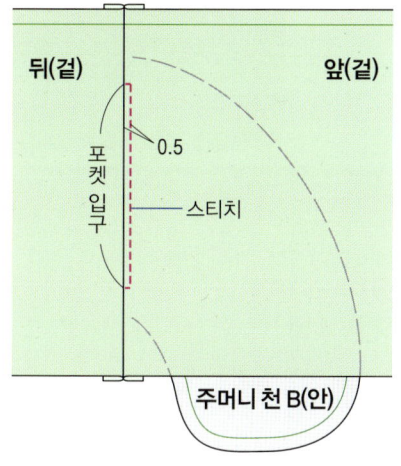

4 주머니 천 A를 단다

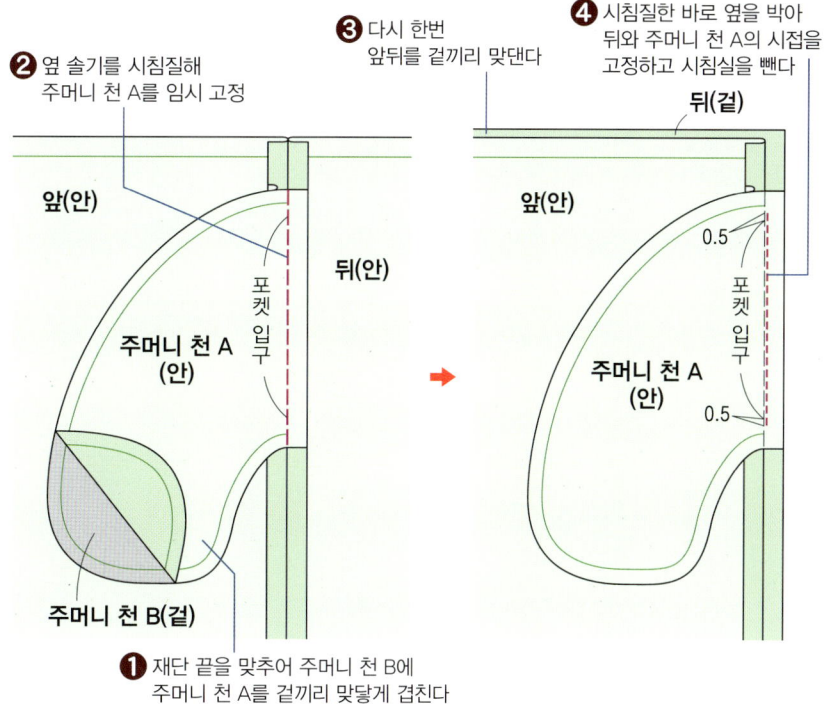

5 주머니 천의 주위를 박고 보강 박음질을 한다

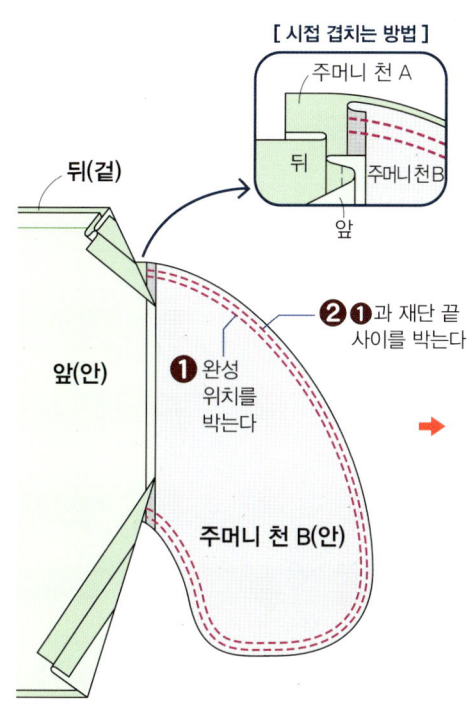

*재단 끝의 마무리가 필요한 경우는 ❷의 박음질을 오버로크로 바꾼다

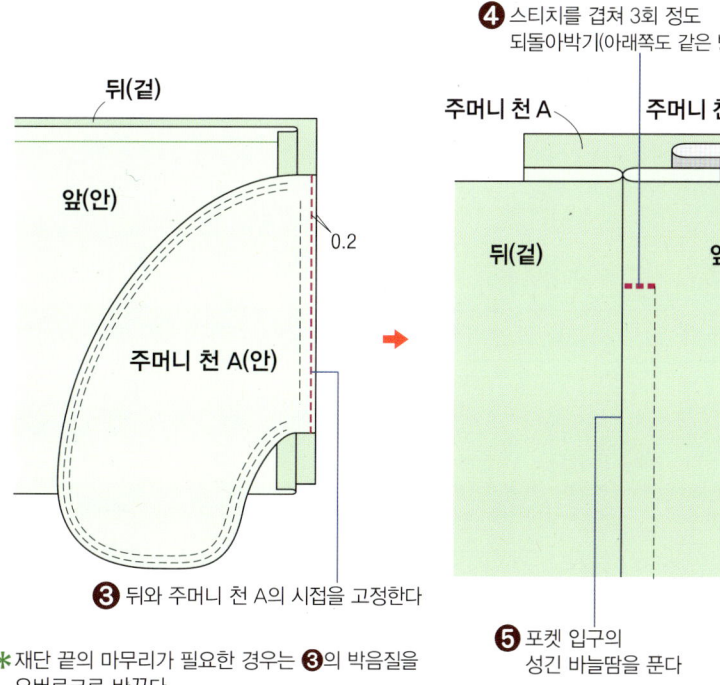

*재단 끝의 마무리가 필요한 경우는 ❸의 박음질을 오버로크로 바꾼다

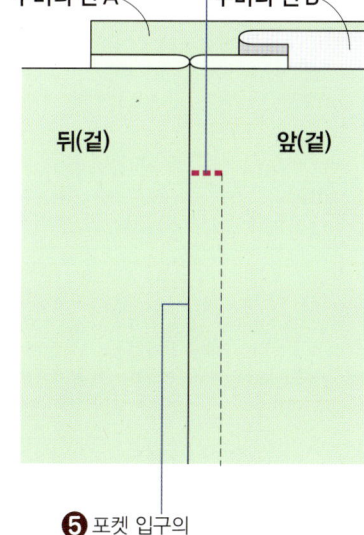

파이핑 포켓

가위집을 넣어서 만드는 포켓. 옆이나 밑아래를 박기 전에 만든다

매니시한 디자인에 주로 사용하는 포켓. 기본적으로는 뒤 팬츠의 엉덩이 위치에 만든다. 파이핑 부분과 주머니 천을 이어서 재단하고 파이핑의 좌우와 위에 스티치를 해 완성하는 방법이 손쉽다. 깔끔하게 만드는 포인트는 가위집을 신중히 넣는 것과 파이핑 폭을 일정하게 접는 것. 풀리기 쉬운 천은 주머니 천 주위를 통솔로. 얇은 천부터 보통 천에 적합.

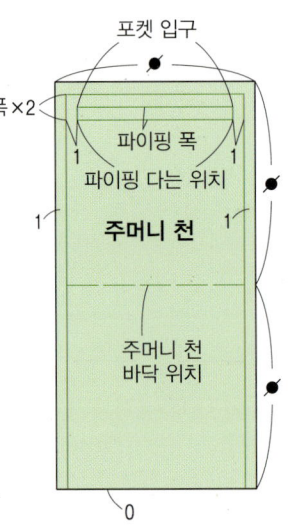

〈재단 방법〉
재단 끝은 적당히 마무리

* 파이핑 부분과 주머니 천을 이어서 재단한다
* ● 치수는 적당히
* 숫자는 시접 치수

1 파이핑 천을 단다

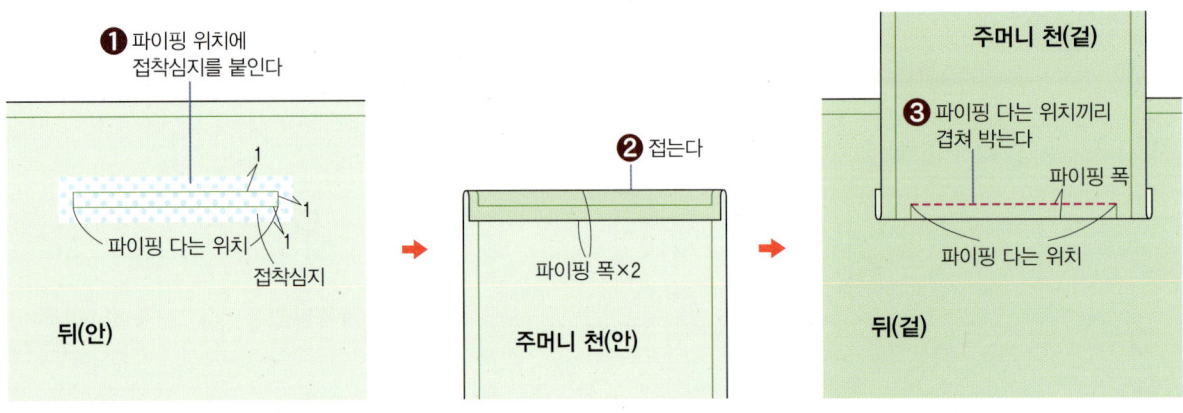

* 뒤에서 가위집을 넣을 때 풀리지 않도록 바늘땀을 촘촘히 박아야 좋다

2 가위집을 넣고 시접을 접는다(확대 그림)

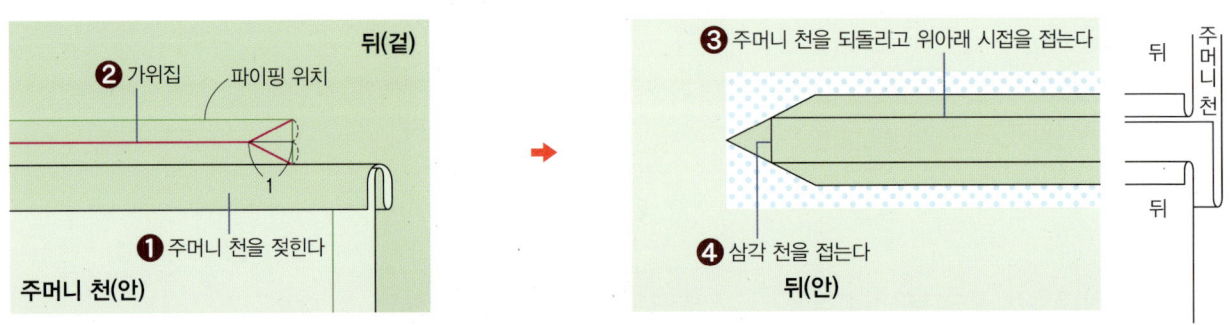

3. 주머니 천을 안쪽으로 빼내고 파이핑 천을 정돈한다

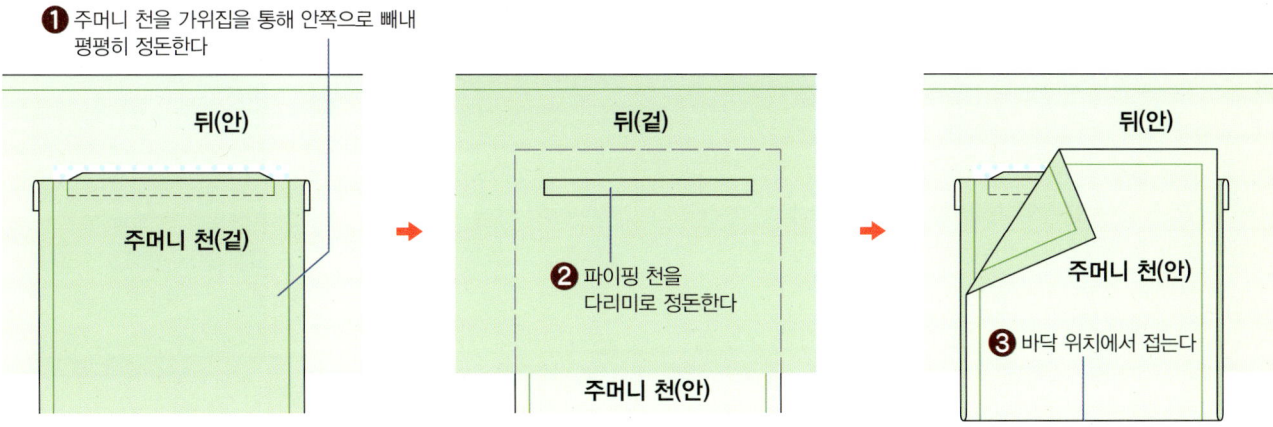

4. 포켓 입구에 스티치를 하고 주머니 천의 양 끝을 박는다

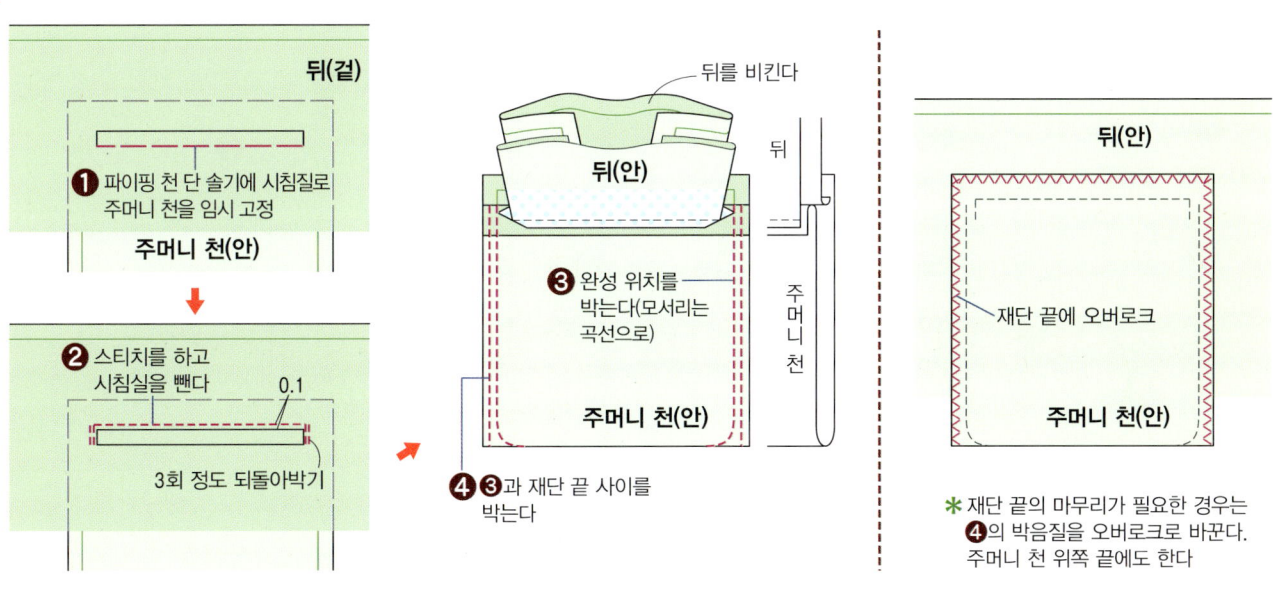

주머니 천을 통솔로 하는 방법

박는 공정의 후반을 변경. 3-❷ 다음, 주머니 천을 안끼리 맞대어 겉쪽에서 1회째 박음질을 해 겉끼리 맞닿게 뒤집고, 포켓 입구의 스티치와 2회째 박음질한다

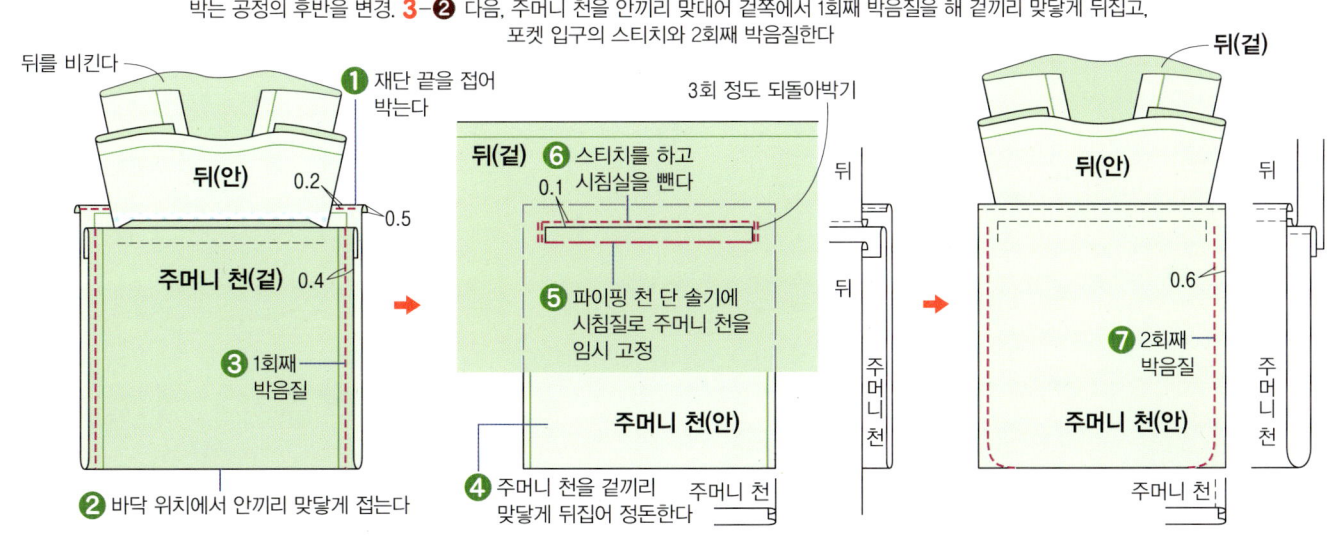

패치 포켓

바탕천에 겹쳐서 만드는 포켓. 옆이나 밑아래를 박기 전에 단다

기능과 디자인을 겸해 뒤 팬츠의 엉덩이 위치 등에 겹쳐서 다는 포켓. 기본형이 일반적. 깔끔하고 튼튼하게 완성하는 포인트는 포켓 입구의 두꺼워진 시접을 자르는 것과 힘이 실리는 포켓 입구 양 사이드를 더블 스티치 등으로 보강하는 것. 좀 더 단단하게 완성하고 싶은 경우는 포켓 입구 시접에 접착심지를 붙인다. 모서리가 둥근 디자인은 아래 그림처럼 두꺼운 종이로 둥근 모양을 만들어 다리미로 정돈한다.

〈재단 방법〉
재단 끝은 적당히 마무리

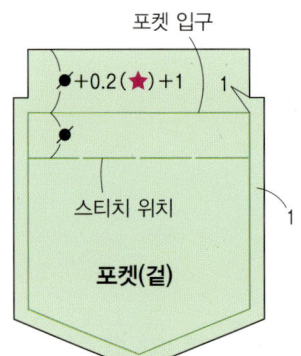

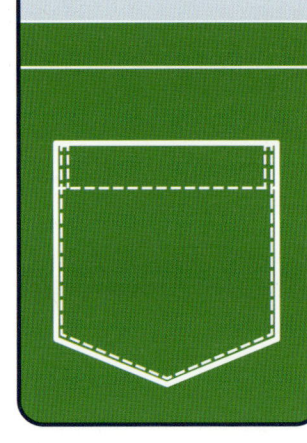

＊숫자는 시접 치수

1 포켓 입구에 스티치를 한다

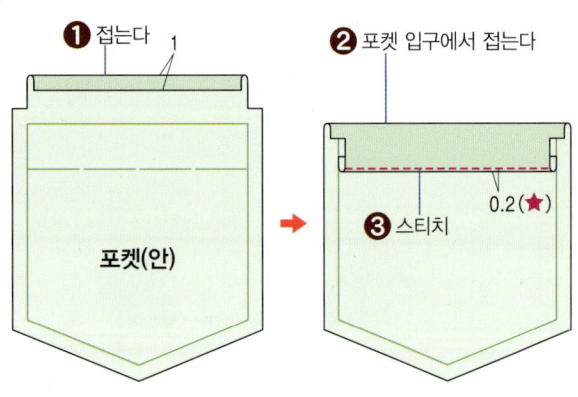

2 포켓을 단다

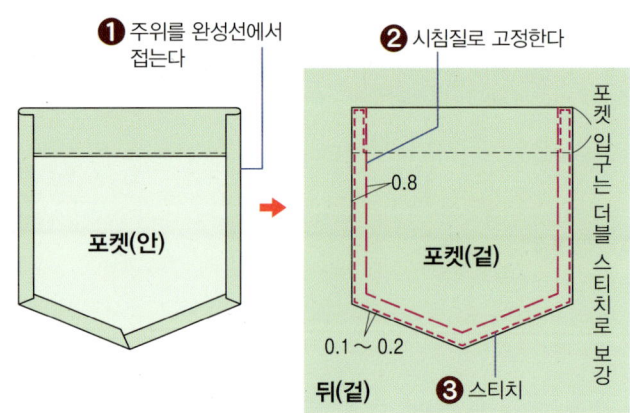

포켓 모양에 따른 접는 법 차이

패치 포켓의 모양은 다양하다. 사각형 모서리나 둥근형 곡선의 깔끔한 완성법을 소개한다.

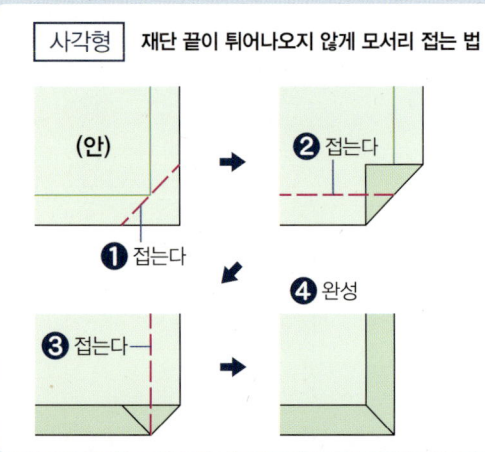

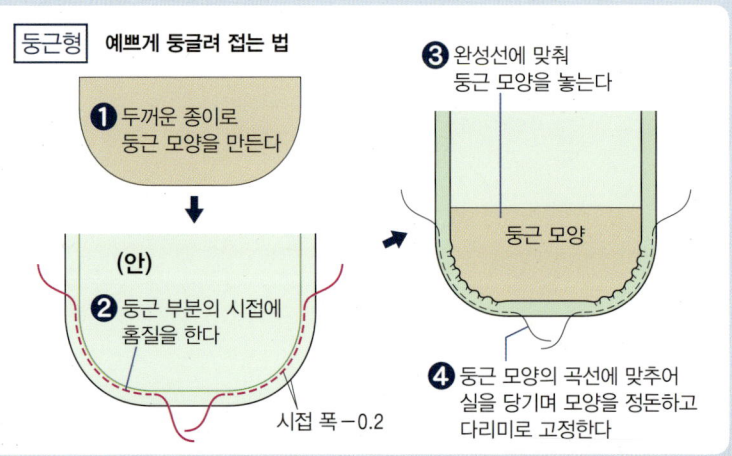

장식 박스 포켓

바탕천에 겹쳐서 만드는 장식 포켓

기능성보다 디자인을 중시해 모양만 낸 가짜 포켓. 기본적으로는 뒤 팬츠의 엉덩이 위치에 만든다. 간단한 유형으로 기본 포켓처럼 보이는 효과적인 테크닉이다. 엉덩이의 둥글림을 커버하는 역할도 한다. 단단하게 완성하고 싶은 경우는 박스 천에 접착심지를 붙인다.

〈재단 방법〉
재단 끝은 적당히 마무리

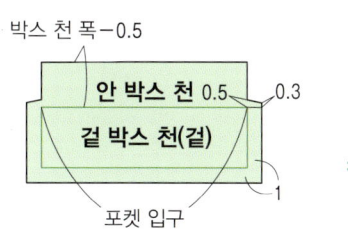

＊숫자는 시접 치수

1 박스 천을 완성선에서 접는다(확대 그림)

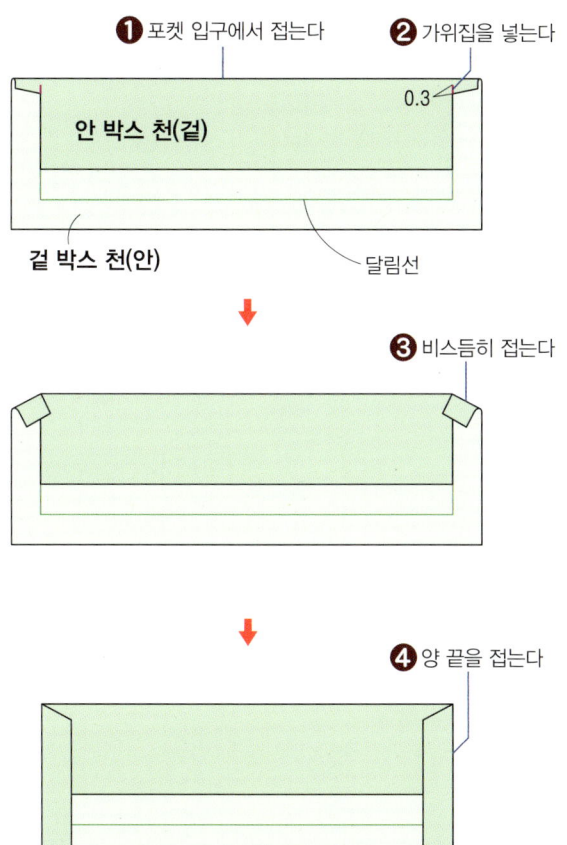

2 박스 천을 단다

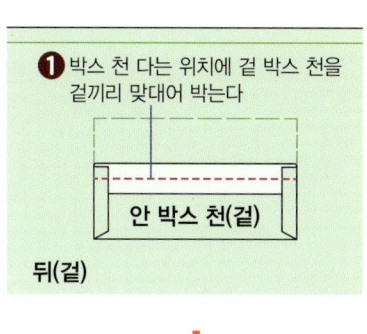

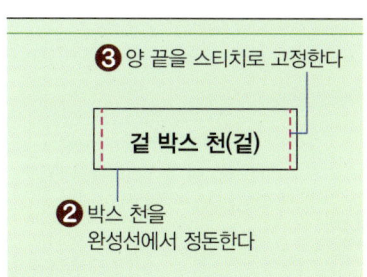

포켓／장식 박스

안감 넣기

겉감의 촉감이나 투명도에 따라 가장 알맞은 방법을 고른다

안감은 겉감 안쪽에 넣는 천. 사용하는 천은 시판하는 큐프라나 폴리에스테르 소재의 안감(안감 전용 천) 등. 안감을 넣으면 '입고 벗기 편하다', '비치는 것을 방지한다'와 같은 장점이 있다.

방법 1

전체 안감

겉감이 울이나 비치는 천, 흰색 천인 경우에. 앞뒤 팬츠 전체에 안감을 넣는다. 형태가 흐트러지지 않고 보온성이 높다. 늘림 시접을 넣어 옆과 밑아래를 박고, 밑단을 2번 접어 마무리한 다음 앞트임의 안단에 감침질한다. 트임이 없는 디자인은 허리 마무리를 할 때 합체한다.

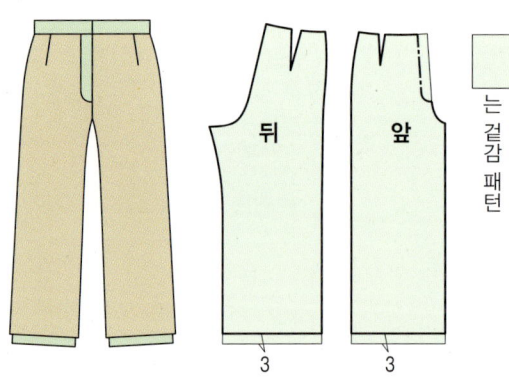

'늘림 시접'이란…

솔기에 넣는 여유분. 신축성이 적은 안감은 이 '늘림 시접'을 넣어서 박아 필요한 여유를 확보한다.

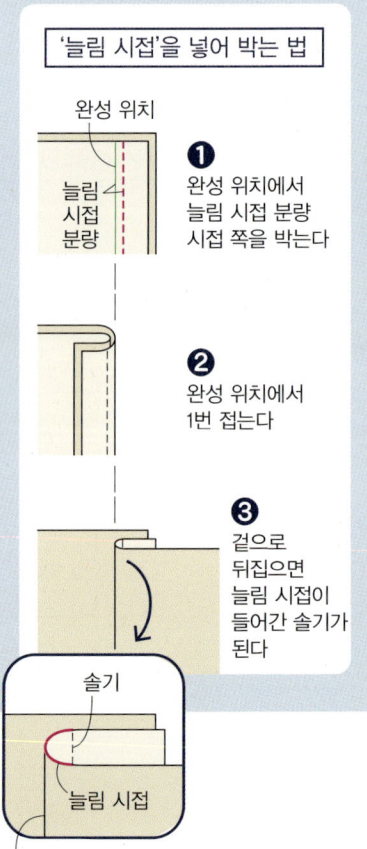

'늘림 시접'을 넣어 박는 법

❶ 완성 위치에서 늘림 시접 분량 시접 쪽을 박는다

❷ 완성 위치에서 1번 접는다

❸ 겉으로 뒤집으면 늘림 시접이 들어간 솔기가 된다

방법 2

반 안감

겉감이 울이 아니거나 두꺼운 경우로, 가볍게 완성하고 싶을 때에 쓰는 방법. 앞뒤 팬츠의 무릎 아래까지 안감을 넣는다. 비치는 천에는 적합하지 않다. 박는 법은 방법1과 같다.

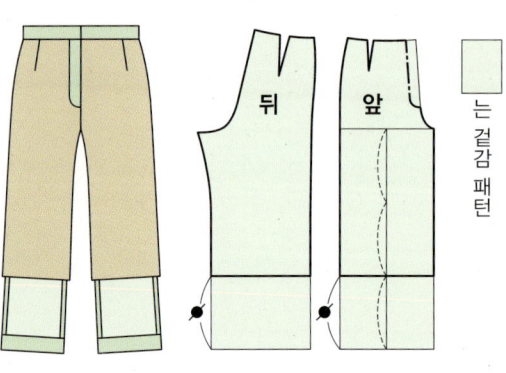

방법 3

언더 팬츠

팬츠 아래에 착용하는 속옷의 일종. 겉감인 팬츠와는 별도로 만들어두면 다양한 디자인에 대응할 수 있다. 길이는 적당히. 스트레이트 팬츠 Ⓐ(기본 패턴 ❶)의 패턴을 사용해 만든다. 늘림 시접은 필요 없다.

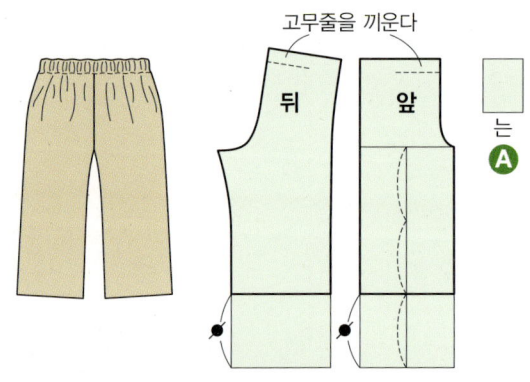

Lecture on Pattern-making

제도와 패턴 제작을 도와주는
집중 강의

부록 실물 대형 패턴의 사용법과 자세한 제도 순서부터
'맞댄다', '잘라서 벌린다' 같은 처리 방법,
정확한 패턴 제작에 필요한
'맞춤 표시', '패턴 체크', '시접 넣기'까지 자세히 설명한다.
패턴 제작의 기초를 다질 수 있다.

집중 강의 1

기본 패턴 ①② 만드는 법

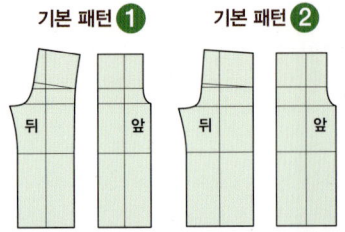

엉덩이 사이즈가 맞으면 부록 실물 대형 패턴을 사용하자. P.149~153에서는 처음부터 제도하는 방법도 자세히 설명한다. 밑아래 길이는 65cm로 설정. 원하는 길이로 바꾸거나 적당히 커스터마이징해 사용한다(P.107).

기본 패턴 ①② 공통 실물 대형 패턴을 사용하는 방법

부록 실물 대형 패턴은 3호(엉덩이둘레 85cm)~25호(엉덩이둘레 107cm)까지. 밑아래 길이는 각 사이즈 공통으로 65cm로 하고, 줄이는 위치에서 윗부분을 게재했다. 맞는 사이즈를 표에서 골라 다른 종이에 베끼고, 줄이는 위치부터 아랫부분 선을 추가해 완성한다. ①의 경우로 설명한다.

1 선택한 사이즈를 베낀다(뒤도 같은 방법)

실물 대형 패턴 위에 제도용지를 겹쳐 외형과 HL, 밑위선, 줄이는 위치, 접음선을 베낀다

2 아랫부분 선을 긋는다(뒤도 같은 방법)

접음선을 연장해 밑아래 길이를 잡고, 줄이는 위치와 같은 치수로 밑단선을 수평으로 그린다. 밑아래선, 옆선을 긋는다. 밑아래 길이를 65cm 이외로 하는 경우는 줄이는 위치를 계산해 구하고 선을 긋는다

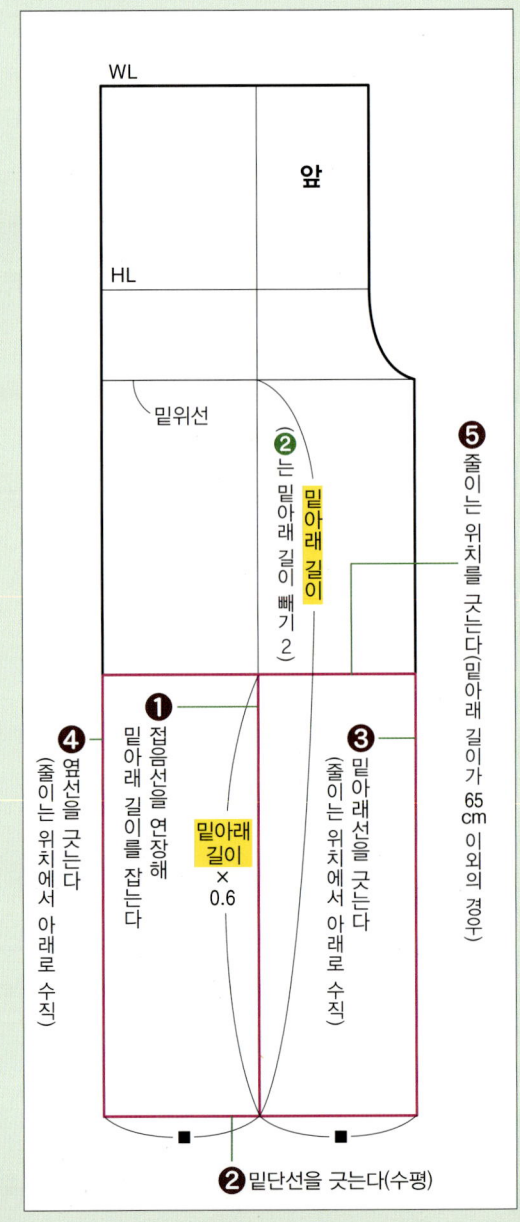

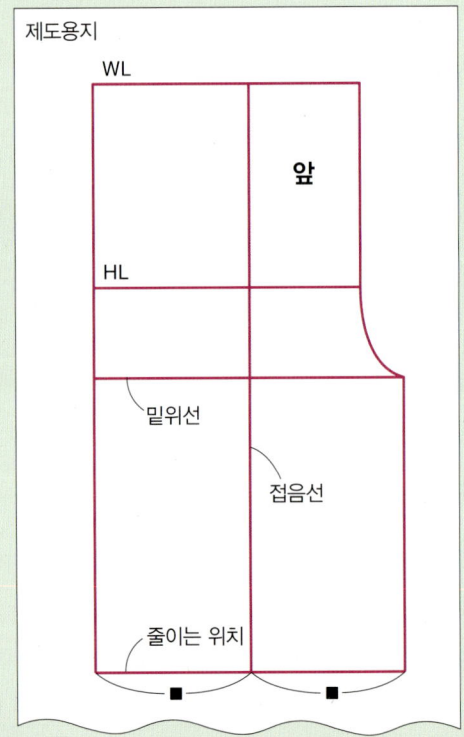

Point 수평·수직선을 그을 때는

❶ ①의 선에 맞춘다
평행
❶ 용지 끝과 평행으로 수직선을 긋는다
제도용지
❷ 수평선을 긋는다

제도용지의 끝이나 모눈자를 활용하면 어긋나지 않게 정확히 선을 그을 수 있다. 긴 선은 어긋나기 쉬우니 치수를 재서 확인하는 것이 좋다.

| 기본 패턴 **1** | 제도하는 방법 |

실물 대형 패턴을 사용하지 않고 각자의 치수를 토대로 제도한다.

1. 앞의 외형을 그리고 안내선을 긋는다

엉덩이둘레(H), 엉덩이 길이, 밑위 길이, 밑아래 길이의 각 치수를 토대로 직사각형을 그리고 접음선, 줄이는 위치, 밑위길이의 안내선을 긋는다

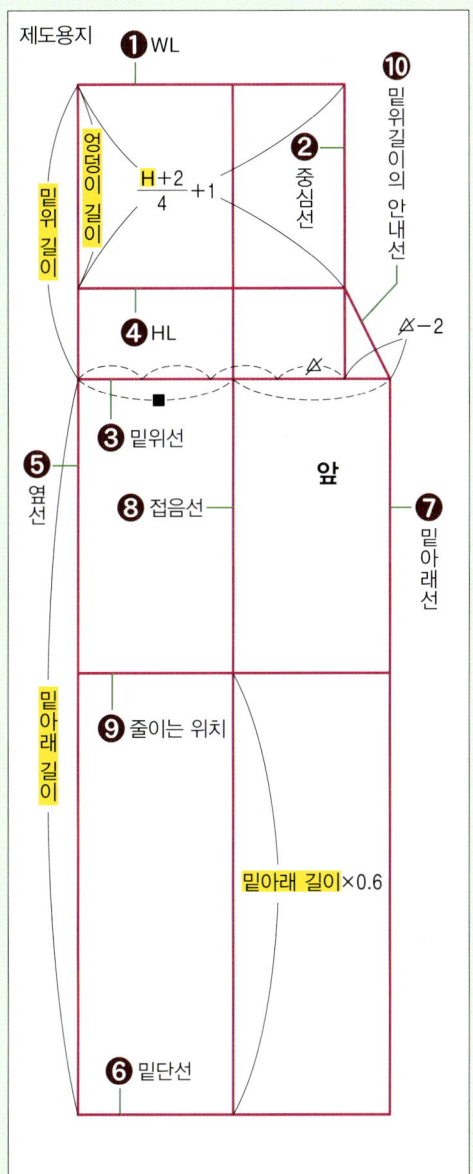

❶ WL
❷ 중심선 — $\dfrac{H+2}{4}+1$
❸ 밑위선
❹ HL
❺ 옆선
❻ 밑단선
❼ 밑아래선
❽ 접음선
❾ 줄이는 위치 — 밑아래 길이×0.6
❿ 밑위길이의 안내선 — △−2

엉덩이 길이 / 밑위 길이 / 밑아래 길이

2. 밑위길이선을 그리면 앞 완성!

밑위길이 위치의 삼각형을 이용해 밑위길이의 곡선을 그린다

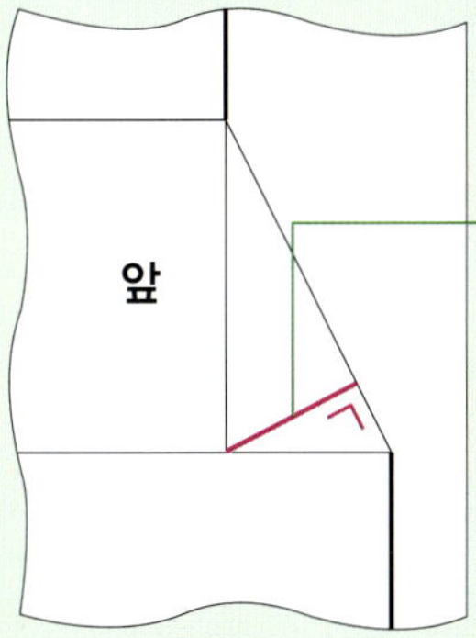

❶ 안내선을 긋는다(**1**의 ❿에 직각)

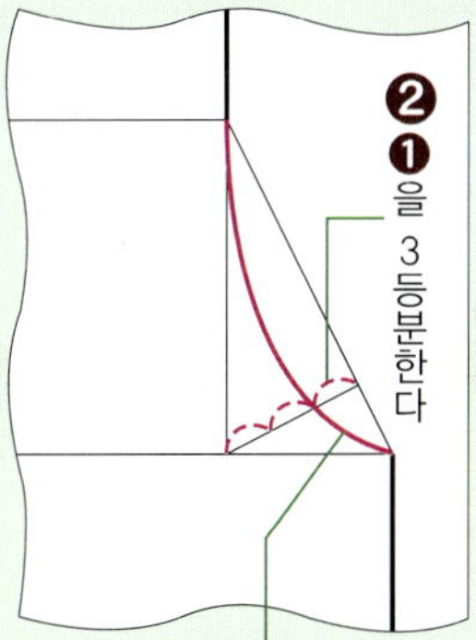

❷ ❶을 3등분한다

❸ 밑위길이선을 그린다
(❷의 $\dfrac{2}{3}$를 지나는 자연스러운 곡선으로)

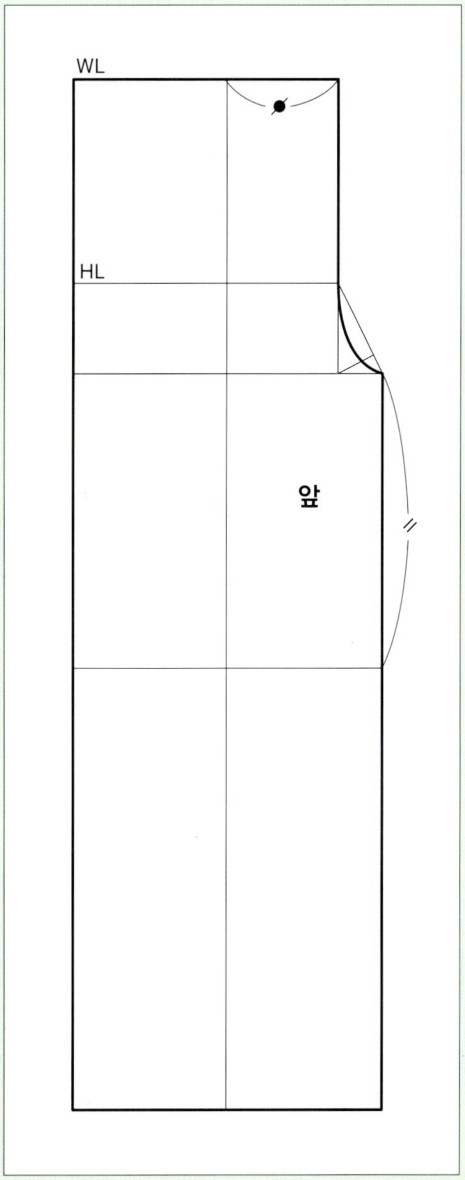

집중 강의 1

3 뒤의 안내선을 긋고 줄이는 위치에서 아래 외형을 그린다

엉덩이 길이, 밑위 길이, 밑아래 길이의 각 치수를 토대로 안내선을 긋고, 줄이는 위치와 밑아래선, 옆선을 긋는다

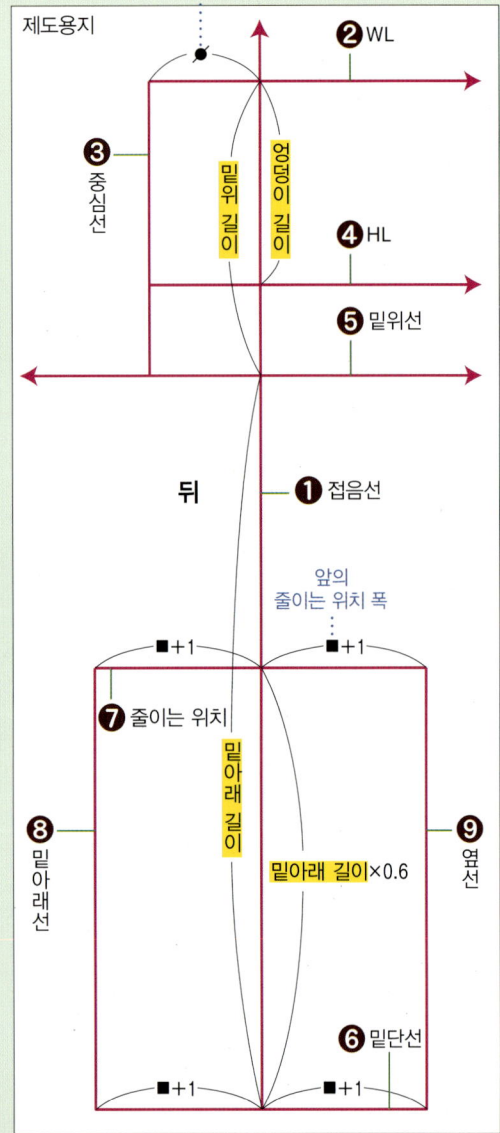

4 새로운 중심선을 긋고 WL과 HL, 옆선을 그린다

중심선을 긋고 직각으로 엉덩이의 필요 치수를 잡아 엉덩이 위치의 직사각형을 그린다. L자(P.8)를 사용하면 그리기 쉽다

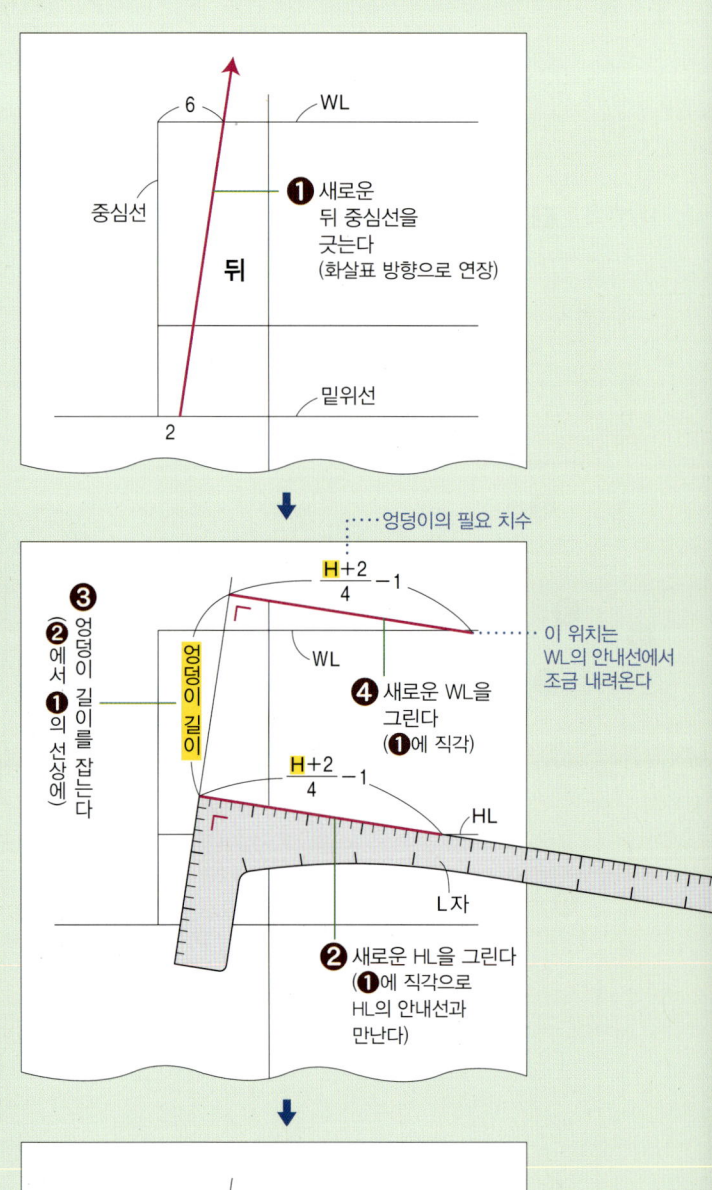

Point 뒤의 WL과 HL 그리는 법

사선에 직각으로 치수를 잡는 경우는 L자가 편리. HL은 짧은 변을 중심선에 맞추고 움직여가면서 지정된 치수로 원래의 HL과 만나는 포인트를 찾는다.

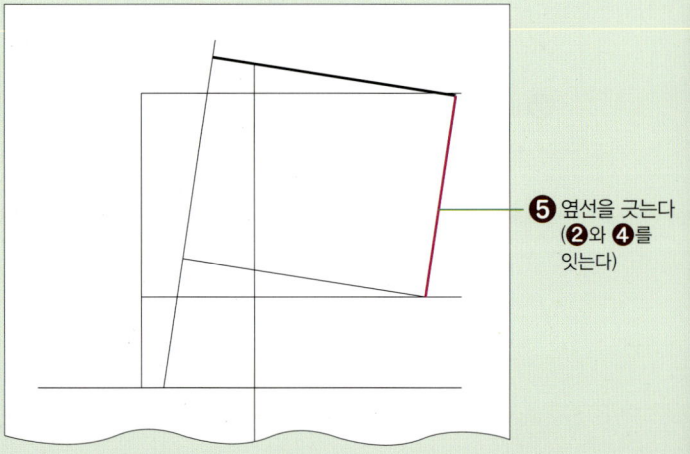

5 줄이는 위치에서 위 옆선, 밑아래선, 밑위길이선을 그린다

밑위선상의 중심 쪽에 추가하는 치수를 잡아 밑위길이와 밑아래의
안내선을 긋고 옆선, 밑아래선, 밑위길이선의 순서로 완성한다.
뒤 밑아래선은 곡선이 되도록 앞보다 조금 짧게 해두고
맞춰 박을 때 늘여서 치수를 맞춘다

❺ 밑아래의 안내선을 긋는다(줄이는 위치에서 ❷와 만난다)

❻ 안내선을 긋는다 (❺의 2등분 위치에서 직각)

❾ 밑위길이선을 그린다 (❽의 $\frac{1}{3}$을 지나는 자연스러운 곡선으로)

WL
뒤
HL
❸ 밑위길이의 안내선을 긋는다
❷ 안내선을 긋는다(아래로 수직)
❶ 추가 치수를 잡는다
$(\frac{H+2}{4}+1)÷4$
밑위선
❹ HL과 줄이는 위치를 잇는다
줄이는 위치
밑단선

밑위선
−0.7
앞의 밑위선과 줄이는 위치 사이의 치수
줄이는 위치

1
❼ 밑아래선을 그린다 (완만한 곡선으로)

❽ 안내선을 긋는다 (❸에 직각)

6 옆선의 HL 위치를 완만하게 수정하면 뒤 완성!

모서리가 없게 완만한 곡선으로 수정한다

뒤
HL

10
HL
0.3

기본 패턴 ❷ 제도하는 방법

실물 대형 패턴을 사용하지 않고 각자의 치수를 토대로 제도한다.
앞의 그리는 법은 기본 패턴 ❶과 같은 방법(P.149)이지만, 엉덩이 여유분이 다르니 주의하자. 뒤의 그리는 법도 조금 바뀐다.

1 뒤의 안내선을 긋는다

엉덩이 길이, 밑위 길이, 밑아래 길이의 각 치수를 토대로 안내선을 긋는다

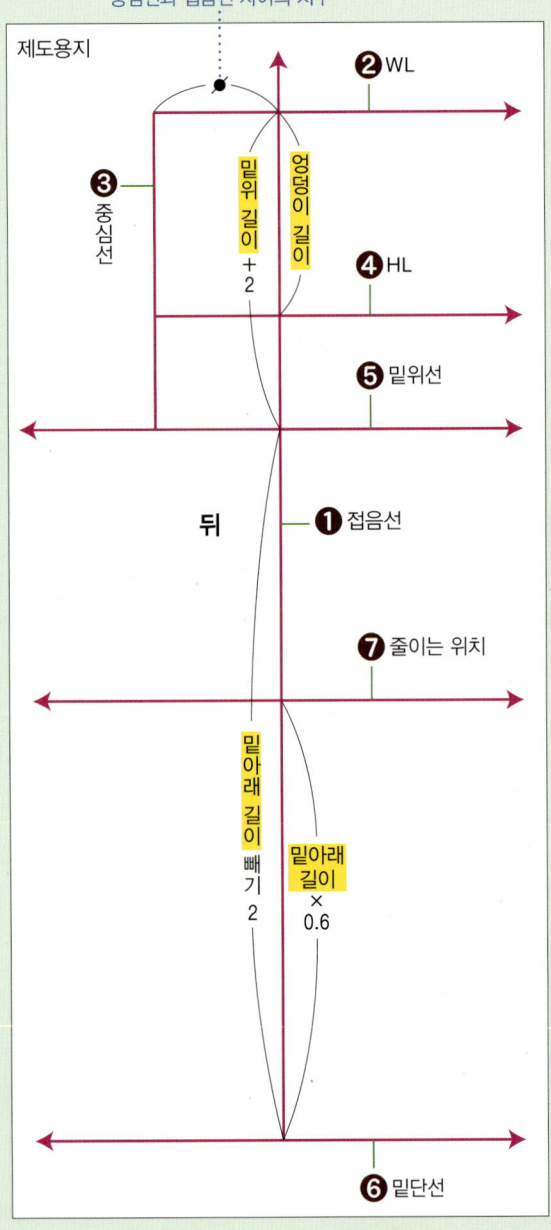

2 새로운 중심선을 긋고 WL과 HL, 옆선을 그린다

중심선에 직각으로 엉덩이의 필요 치수를 잡고, 엉덩이 위치의 사각형을 그린다. L자(P.8)를 사용하면 그리기 쉽다

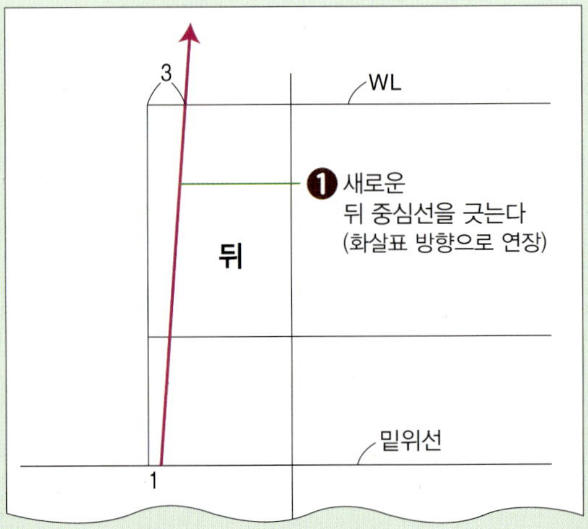

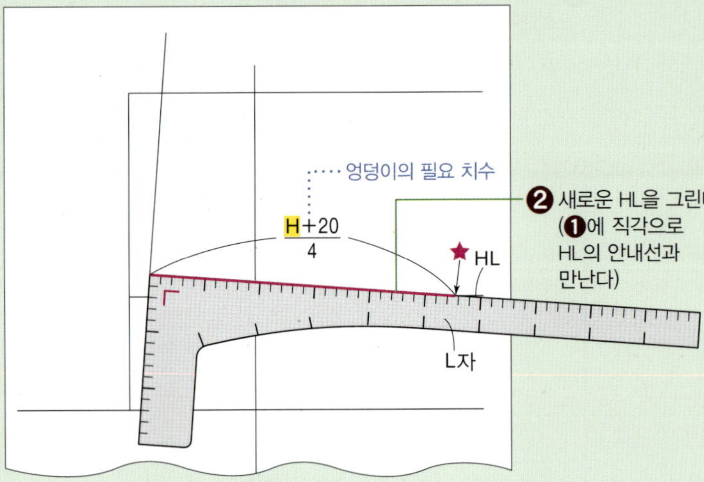

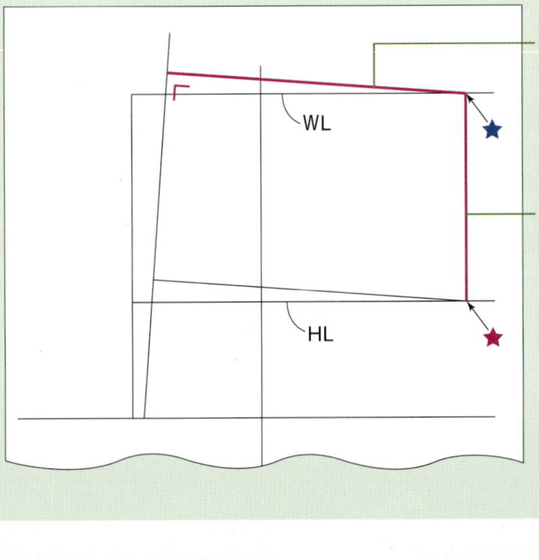

❶ 새로운 뒤 중심선을 긋는다 (화살표 방향으로 연장)

엉덩이의 필요 치수 $\frac{H+20}{4}$

❷ 새로운 HL을 그린다 (❶에 직각으로 HL의 안내선과 만난다)

❹ 새로운 WL을 그린다 (❶에 직각으로 ★과 만난다)

❸ 옆선을 긋는다 (★에서 WL의 안내선까지 위로 수직)

3 옆선과 밑아래, 밑위길이의 안내선을 긋는다

옆선을 그으면 옆쪽의 밑단 너비가 결정되고,
같은 치수를 밑아래 쪽에 잡으면 뒤 밑단 너비가 결정된다.
밑위선상에 추가 치수를 잡고,
밑위길이와 밑아래의 곡선을 그리기 위한 안내선을 긋는다

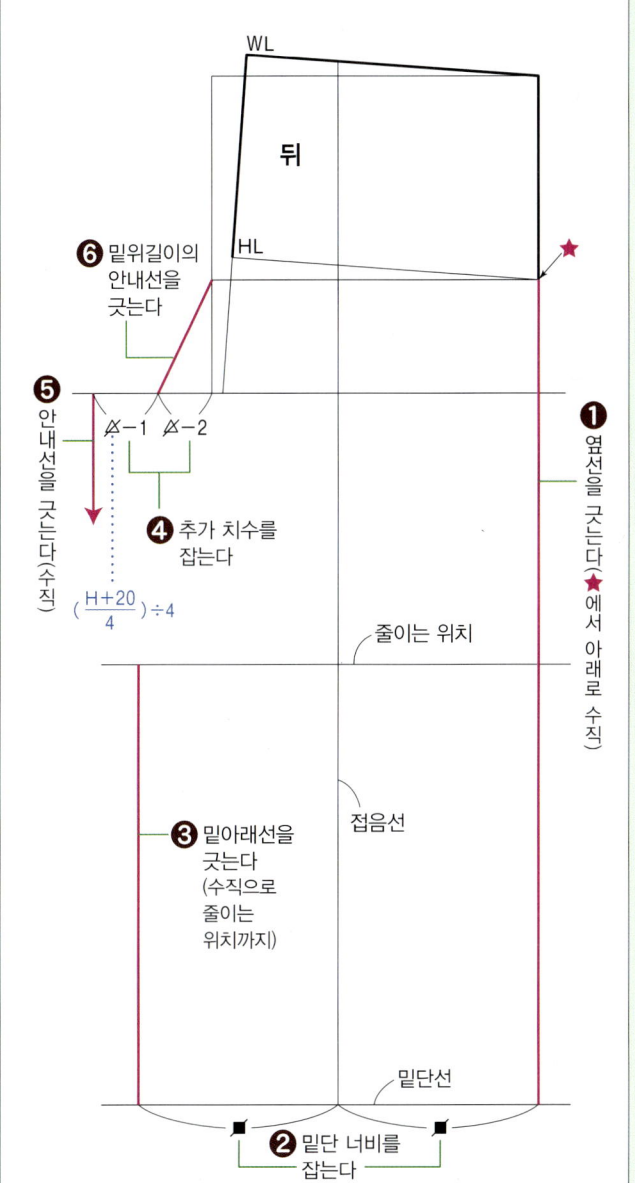

4 밑아래선과 밑위길이선을 그리면 뒤 완성!

밑아래와 밑위길이의 곡선을 그린다. 밑아래선은 앞보다 조금 짧게
해두고 맞춰 박을 때 늘여서 치수를 맞춘다

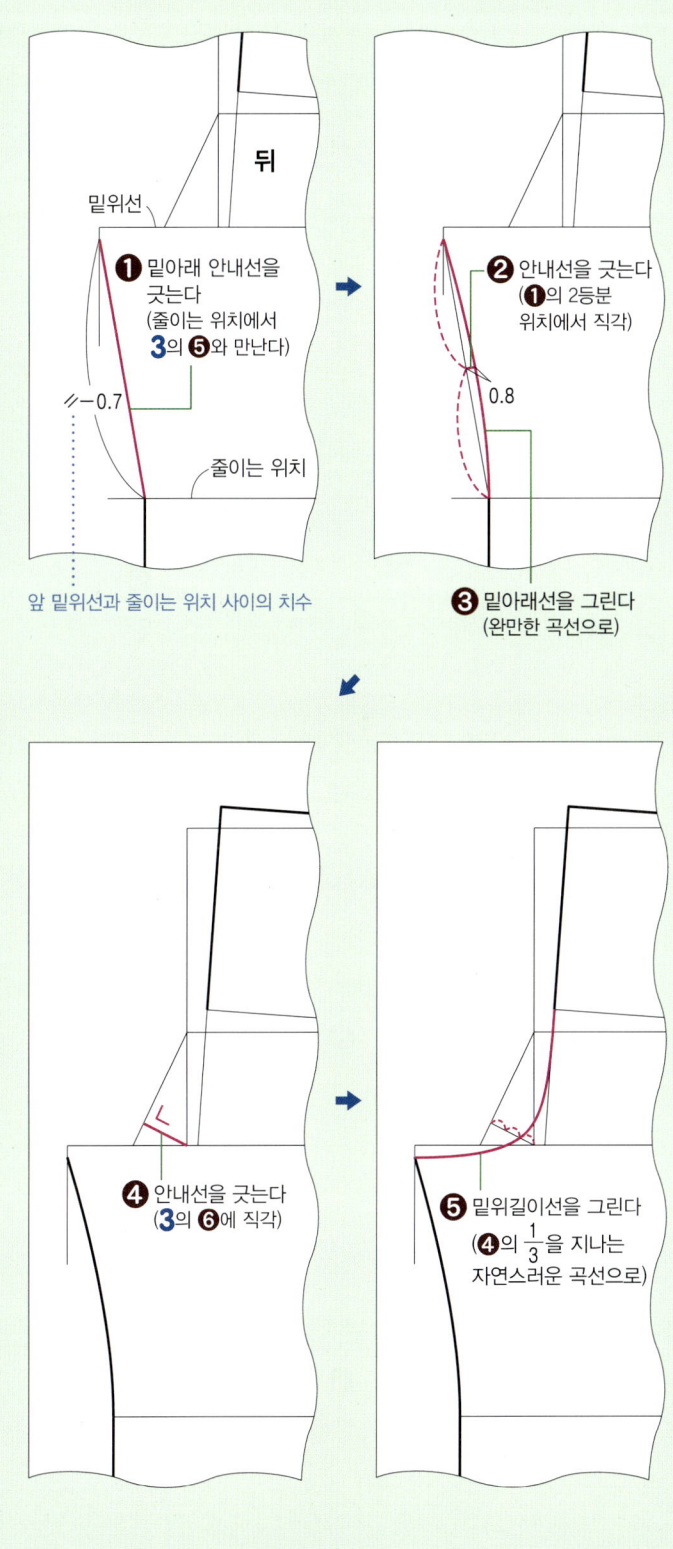

집중 강의 1

기본 패턴 ❸ 만드는 법

실물 대형 패턴이 없기 때문에 처음부터 제도한다.
밑아래 길이는 65cm로 설정. 원하는 길이로 바꾸거나 적당히 커스터마이징해 사용한다(P.107).

기본 패턴 ❸

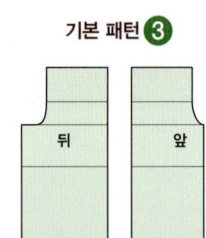

기본 패턴 ❸ 제도 방법

각자의 치수를 토대로 제도한다. 밑위길이선 이외에는 모두 수평·수직선이라서 간단하다.

1 앞의 외형과 안내선을 긋는다

엉덩이둘레(H), 엉덩이 길이, 밑위 길이, 밑아래 길이의 각 치수를 토대로 직사각형을 긋고 줄이는 위치, 밑위길이의 안내선을 긋는다

2 밑위길이선을 그리면 앞 완성!

밑위길이 위치의 삼각형을 이용해 밑위길이의 곡선을 그린다

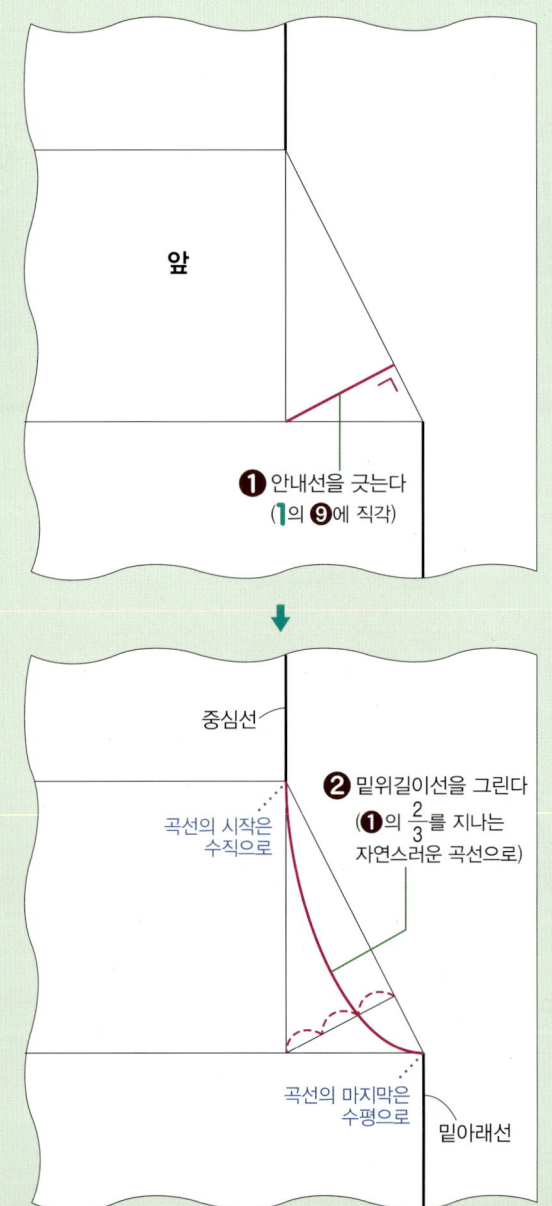

❶ WL
❷ 중심선
❸ 밑위선
❹ HL
❺ 옆선
❻ 밑단선
❼ 밑아래선
❽ 줄이는 위치
❾ 밑위길이의 안내선

엉덩이 길이
밑위 길이 + 4
$\frac{H+40}{4}$
△−2
밑아래 길이 빼기 4
밑아래 길이 ×0.6

제도용지
앞

❶ 안내선을 긋는다 (1의 ❾에 직각)

❷ 밑위길이선을 그린다 (❶의 $\frac{2}{3}$를 지나는 자연스러운 곡선으로)

곡선의 시작은 수직으로
곡선의 마지막은 수평으로
중심선
밑아래선

3 뒤의 외형과 안내선을 긋는다

엉덩이둘레(H), 엉덩이 길이, 밑위 길이, 밑아래 길이의 각 치수를 토대로 직사각형을 긋고 줄이는 위치, 밑위길이의 안내선을 긋는다

4 밑위길이선을 그리면 뒤 완성!

밑위길이 위치의 삼각형을 이용해 밑위길이의 곡선을 그린다

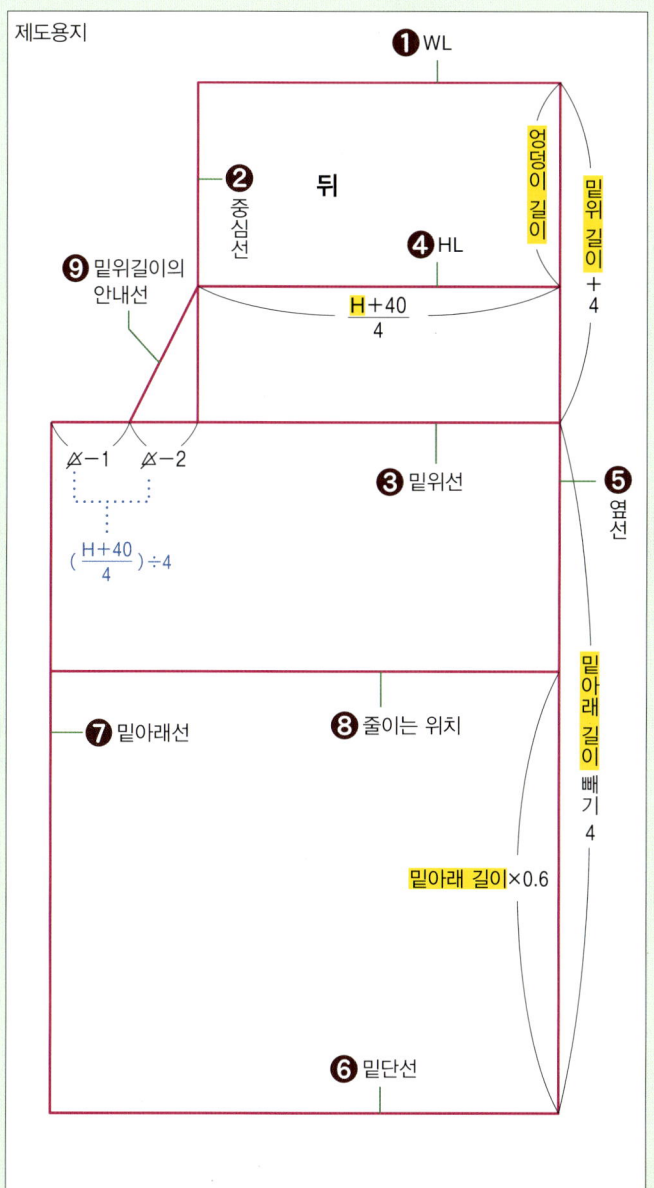
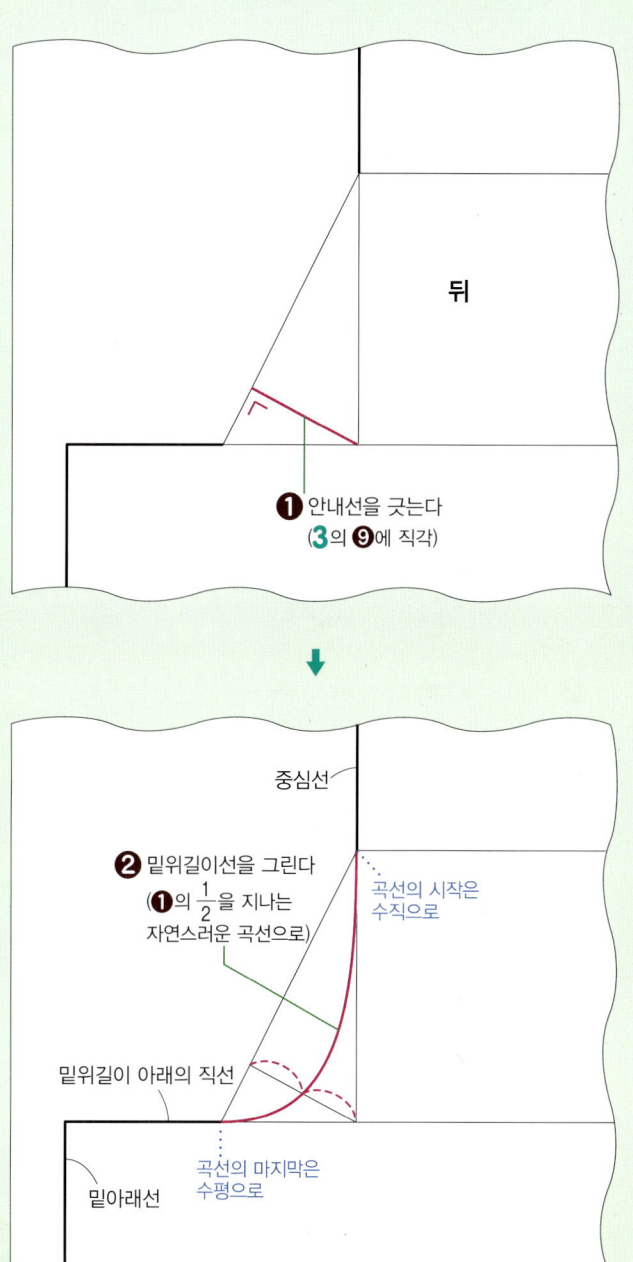

집중 강의 1

기본 패턴 ④ 만드는 법

기본 패턴 ①을 사용해 만든다. 허리를 딱 맞게 하기 위해 앞뒤 중심과 옆에서 자르고 다트를 넣는데, 그 치수는 각자의 엉덩이둘레(H)와 허리둘레(W)의 치수 차이에 따라 달라진다. 또 치수 차이에 비례해 허리선(WL)의 올림 치수도 바뀐다.

기본 패턴 ④ 엉덩이와 허리의 치수 차이가 표준(31~8cm)인 경우

각자의 H와 W의 치수 차이를 오른쪽 페이지 표에서 골라 각 치수를 앞뒤 중심과 옆에서 자르고 다트를 넣는다.

1 기본 패턴을 베낀다

기본 패턴 ①의 외형과 접음선, HL, 밑위선, 줄이는 위치를 베낀다

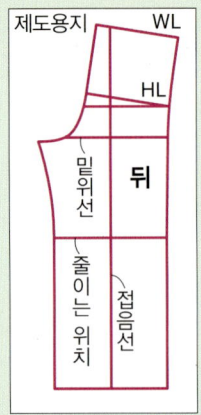
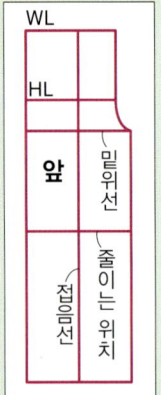

2 새로운 앞 중심선, 옆선을 긋고 WL을 그린다

앞 중심과 옆에서 WL을 올려서 자르고 WL을 곡선으로 그린다

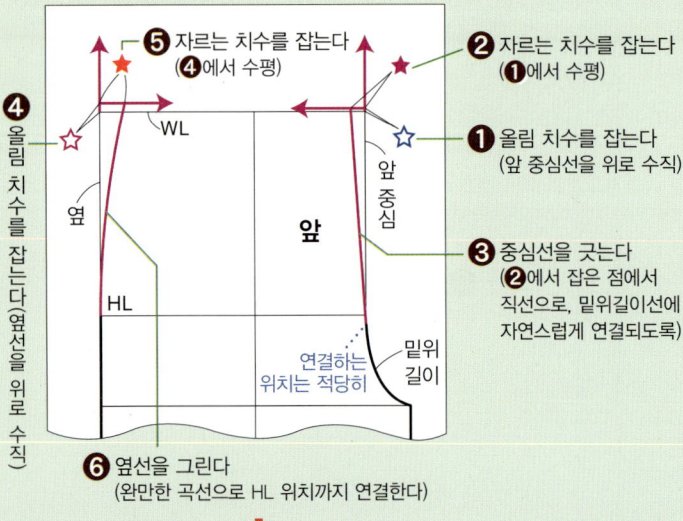

❶ 올림 치수를 잡는다 (앞 중심선을 위로 수직)
❷ 자르는 치수를 잡는다 (❶에서 수평)
❸ 중심선을 긋는다 (❷에서 잡은 점에서 직선으로, 밑위길이선에 자연스럽게 연결되도록)
❹ 올림 치수를 잡는다(옆선을 위로 수직)
❺ 자르는 치수를 잡는다 (❹에서 수평)
❻ 옆선을 그린다 (완만한 곡선으로 HL 위치까지 연결한다)

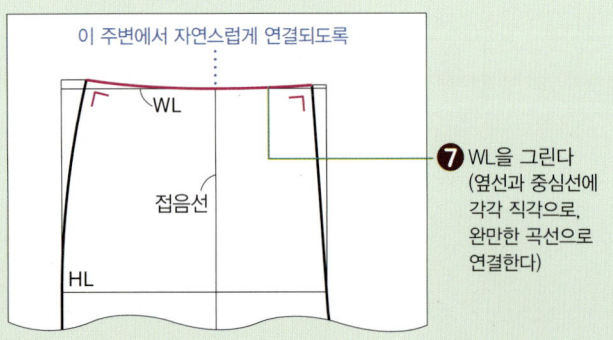

❼ WL을 그린다 (옆선과 중심선에 각각 직각으로, 완만한 곡선으로 연결한다)

3 다트를 그리면 앞 완성!

다트 위치를 정하고 다트를 그린다

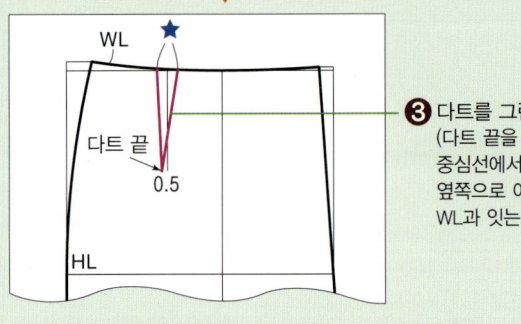

❶ 다트 분량을 잡는다 (옆과 접음선 사이의 2등분점에서)
❷ 다트의 중심선을 긋는다 (다트 분량의 중심점에서 아래로 수직)
❸ 다트를 그린다 (다트 끝을 중심선에서 옆쪽으로 이동해 WL과 잇는다)

4 뒤의 안내선을 긋고 올림 치수와 자르는 치수를 잡는다

앞과 같은 방법으로 올림 치수와 자르는 치수를 잡고, 옆과 뒤 중심의 허리 위치를 정한다

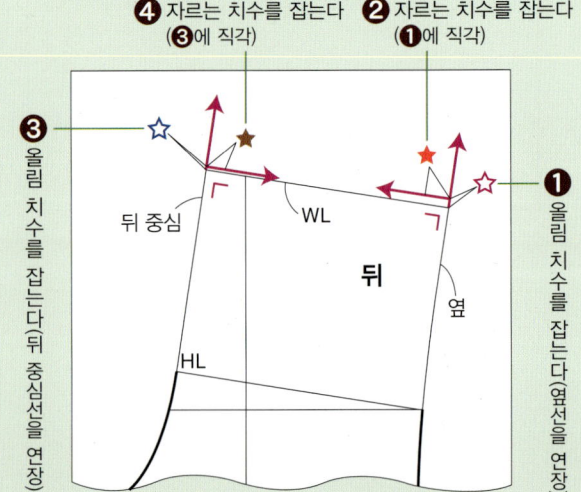

❶ 올림 치수를 잡는다(옆선을 연장)
❷ 자르는 치수를 잡는다 (❶에 직각)
❸ 올림 치수를 잡는다(뒤 중심선을 연장)
❹ 자르는 치수를 잡는다 (❸에 직각)

5. 새로운 중심선과 옆선, WL, 다트를 그리면 뒤 완성!

뒤 중심선, 옆선, WL을 그려 외형을 완성하고, 앞과 같은 방법으로 오른쪽 표에서 골라 다트를 그린다

❶ 옆선을 그린다(4의 ❷에서 잡은 점에서 완만한 곡선으로 HL 위치까지 연결한다)

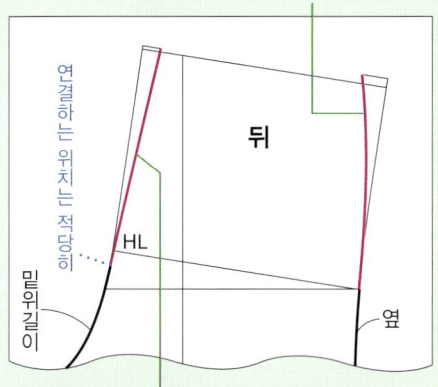

❷ 중심선을 긋는다(4의 ❹에서 잡은 점에서 직선으로, 밑위길이에 자연스럽게 연결되도록)

❸ WL을 그린다(옆선과 중심선에 각각 직각으로, 완만한 곡선으로 연결한다)

❹ 다트의 중심선을 긋는다 (안내선의 2등분점에 직각)

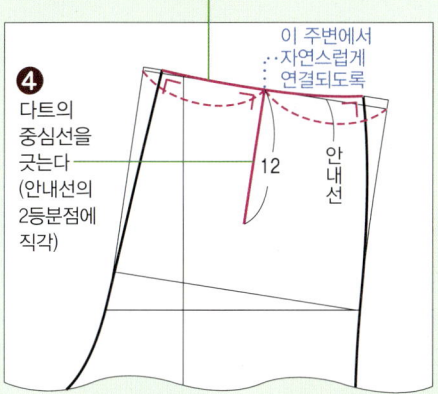

❺ 다트 분량을 잡는다 (중심점에서 좌우로 배분)

❻ 다트를 그린다 (중심선과 잇는다)

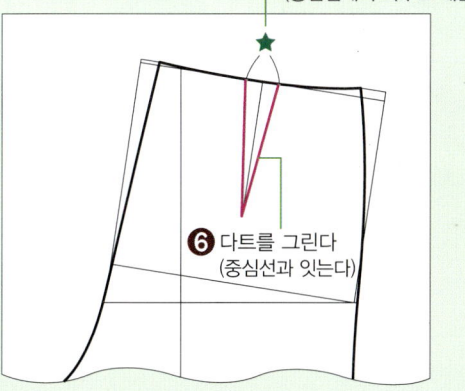

엉덩이와 허리의 치수 차이 31~8cm

엉덩이 치수와 허리 치수의 차이(H-W 치수)에 적합한 각 치수를 참조하자.

치수 차이	뒤 자름	뒤 다트	옆 자름	옆 올림	앞 다트	앞 자름	중심 올림
H-W	★	★	★	☆	★	★	☆
31	2.1	3.9	3.0	1.1	2.4	1.6	0.4
30	2.1	3.8	2.9	1.0	2.2	1.6	0.4
29	2.0	3.7	2.8	1.0	2.2	1.5	0.3
28	1.9	3.6	2.7	1.0	2.1	1.5	0.3
27	1.9	3.4	2.6	0.9	2.1	1.4	0.3
26	1.8	3.3	2.5	0.9	2.0	1.4	0.3
25	1.7	3.2	2.4	0.9	2.0	1.3	0.3
24	1.7	3.0	2.3	0.8	1.9	1.3	0.3
23	1.6	3.0	2.2	0.8	1.8	1.2	0.3
22	1.5	2.8	2.2	0.8	1.6	1.2	0.3
21	1.5	2.6	2.1	0.7	1.6	1.1	0.3
20	1.4	2.5	2.0	0.7	1.5	1.1	0.2
19	1.3	2.4	1.9	0.7	1.5	1.0	0.2
18	1.3	2.2	1.8	0.6	1.4	1.0	0.2
17	1.2	2.2	1.7	0.6	1.3	0.9	0.2
16	1.1	2.1	1.6	0.6	1.2	0.9	0.2
15	1.1	1.9	1.5	0.5	1.2	0.8	0.2
14	1.0	1.8	1.4	0.5	1.1	0.8	0.2
13	0.9	1.7	1.3	0.5	1.1	0.7	0.2
12	0.9	1.5	1.2	0.4	1.0	0.7	0.2
11	0.8	1.5	1.1	0.4	0.9	0.6	0.1
10	0.7	1.4	1.0	0.4	0.8	0.6	0.1
9	0.7	1.2	0.9	0.3	0.8	0.5	0.1
8	0.6	1.1	0.8	0.3	0.7	0.5	0.1

단위는 cm

＊ 각 치수는 엉덩이와 허리의 치수 차이를 표준적인 균형으로 배분해 산출했다
＊ 중심과 옆의 올림 치수, 옆의 자르는 치수는 모두 앞뒤 공통

Point 엉덩이 곡선 그리는 법

엉덩이 곡선은 L자 안쪽의 곡선을 이용. WL의 포인트에서 HL까지 자를 움직이면서 완만한 곡선으로 연결한다.

기본 패턴 ④ 엉덩이와 허리의 치수 차이가 많거나(35~32cm) 또는 적은(7~0cm) 경우

순서는 치수 차이가 표준인 경우(P.156)와 같다.
치수 차이가 많은 경우는 뒤 다트를 2개로, 적은 경우는 다트를 넣지 않고 그 분량을 옆에서 잘라 만든다.

치수 차이가 많은 경우(35~32cm)

뒤 다트를 2개로 한다(앞은 1개 그대로)

엉덩이와 허리의 치수 차이에 비례해 자르는 치수가 늘어나 다트 분량도 많아진다.
뒤 다트는 다트 분량을 나눠 2개로 한다

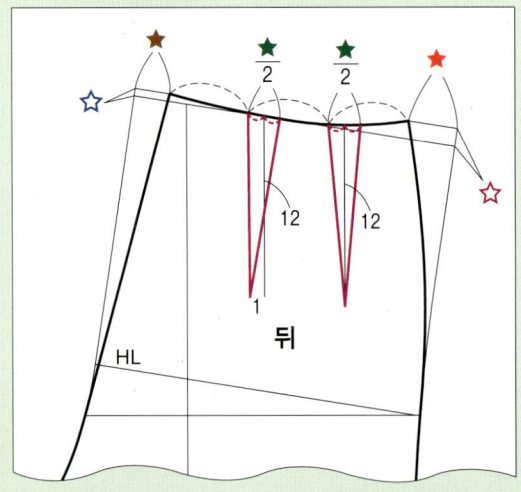

엉덩이와 허리의 치수 차이 35~32cm

엉덩이 치수와 허리 치수의 차이(H-W 치수)에 적합한 각 치수를 참조하자.

치수 차이	뒤 자름	뒤 다트	옆 자름	옆 올림	앞 다트	앞 자름	중심 올림
H-W	★	★	★	☆	★	★	☆
35	2.4	4.4	3.4	1.2	2.6	1.8	0.4
34	2.3	4.3	3.3	1.2	2.5	1.8	0.4
33	2.3	4.1	3.2	1.1	2.5	1.7	0.4
32	2.2	4.0	3.1	1.1	2.4	1.7	0.4

단위는 cm

치수 차이가 적은 경우(7~5cm)

앞 다트를 없앤다(뒤는 1개 그대로)

엉덩이와 허리의 치수 차이에 비례해 자르는 치수가 줄어들어 다트 분량도 적어진다. 앞 다트로 하기에는 분량이 너무 적어 옆의 자르는 치수에 추가한다

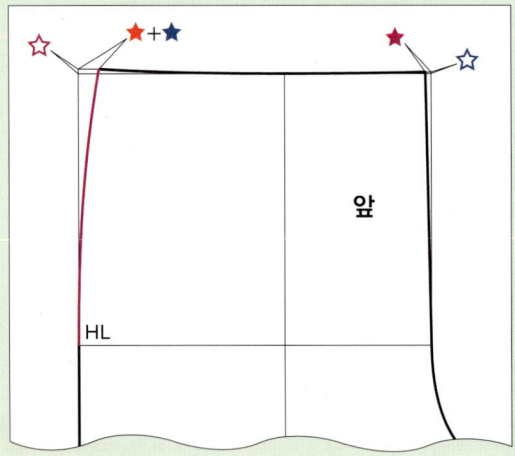

치수 차이가 적은 경우(4~0cm)

앞뒤 모두 다트를 없앤다

앞뒤 모두 다트 분량이 매우 적어
각각 옆의 자르는 치수에 추가한다

엉덩이와 허리의 치수 차이 7~0cm

엉덩이 치수와 허리 치수의 차이(H-W 치수)에 적합한 각 치수를 참조하자.

치수 차이	뒤 자름	뒤 다트	옆 자름	옆 올림	앞 다트	앞 자름	중심 올림
H-W	★	★	★	☆	★	★	☆
7	0.5	0.9	0.8	0.3	0.6*	0.4	0.1
6	0.4	0.8	0.7	0.2	0.5*	0.4	0.1
5	0.4	0.7	0.6	0.2	0.4*	0.3	0.1
4	0.3	0.6*	0.5	0.2	0.3*	0.3	0.1
3	0.3	0.4*	0.4	0.1	0.3*	0.2	0.1
2	0.2	0.3*	0.3	0.1	0.2*	0.2	0.1
1	0.1	0.3*	0.2	0.1	0.1*	0.1	0.1
0	0.1	0.1*	0.1	0.1	0.1*	0.0	0.0

단위는 cm

*기호가 붙은 다트 분량은 옆의 자르는 치수에 추가한다

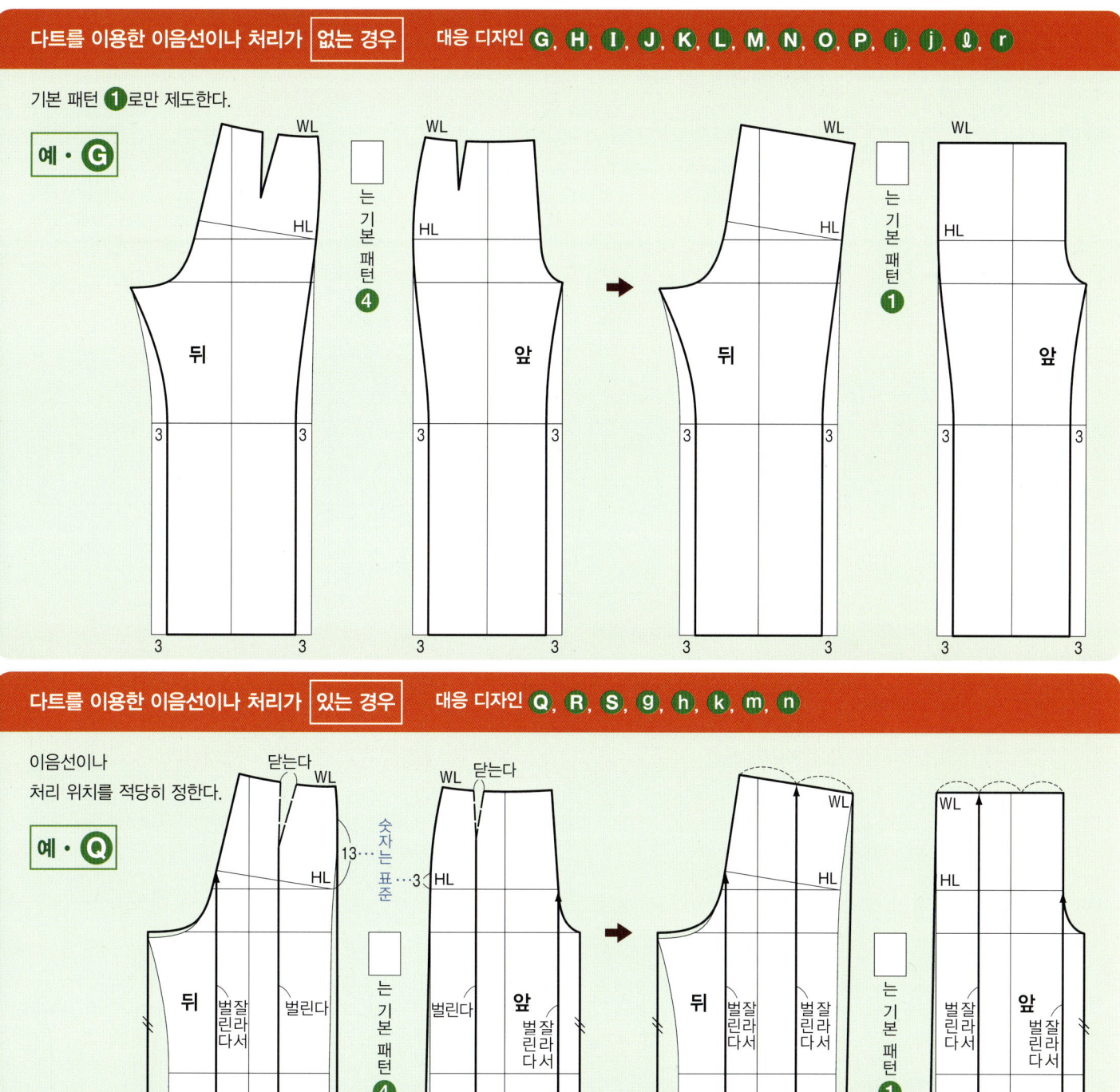

제도 방법
패턴 법칙

알아두면 패턴 제작에 도움이 되는 위치나 치수 결정법의 힌트집

완성 작품의 균형을 맞추기 위해 턱 등의 위치나 추가하는 치수의 결정 방법에는 각각 규칙이 있다. 개성적인 디자인을 선호하는 경우도 있어 필수 사항은 아니지만 알아두면 독창적인 디자인을 만들 때 참고가 된다.

법칙 1 | 잘라서 벌리는 치수는 같게

여러 곳에서 벌리고, 옆 밑단에서도 추가하는 경우 그 양쪽을 같은 치수로 하는 것이 원칙. 옆 밑단은 앞뒤를 연결했을 때 같은 치수가 되도록, 앞뒤로 반씩 배분한다. 예는 플레어 팬츠 S.

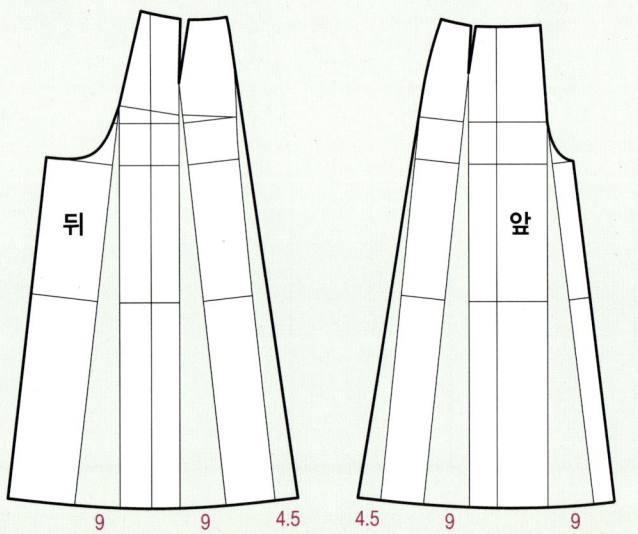

법칙 2 | 옆이나 밑아래의 추가는 같은 치수로

법칙 1과 마찬가지로 옆과 밑아래에서 밑단 너비를 추가하는 경우도 같은 치수로 하는 것이 기본. 같은 경사로 해야 균형이 잘 맞고 박기도 더 쉽다. 예는 퀼로트 S.

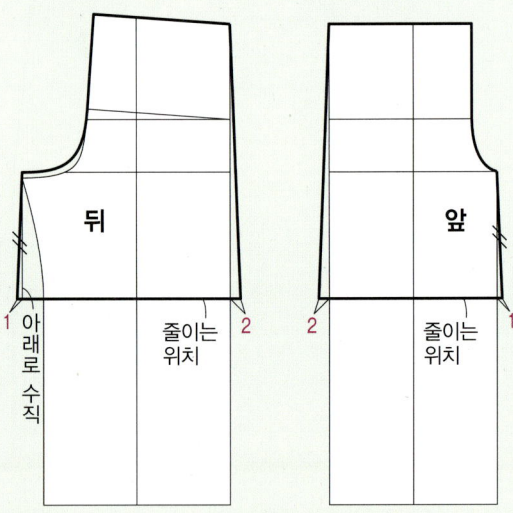

법칙 3 | 턱 위치는 허리의 완성 치수를 등분

턱을 등분한 위치에 넣으려면 허리의 완성 치수(핑크 선)를 사용해 배분한다. WL의 전체 치수(파란색 선)를 등분해 배분하면 등분한 위치가 정확하지 않은데, 이것을 디자인으로 하는 경우도 있다. 예는 턱트 팬츠 a.

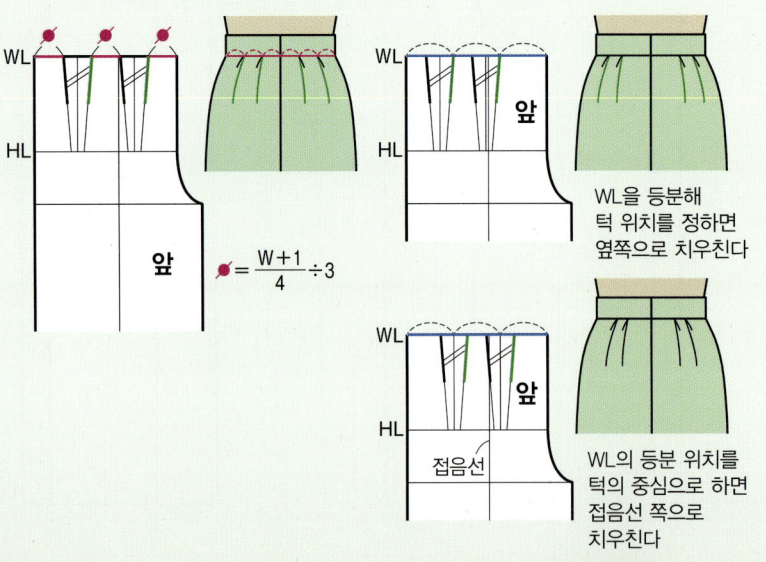

법칙 4 | 밑아래의 폭은 접음선이 중심

앞뒤 각각 중심인 접음선을 기준으로 줄이는 위치나 밑단 너비를 결정해야 비뚤어지지 않은 팬츠가 된다. 예는 슬림 팬츠 G.

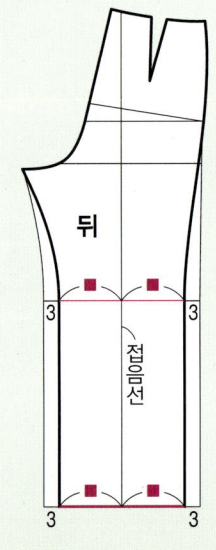 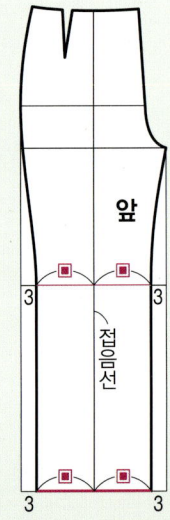

제도 방법
뒤 밑아래선 길이의 조정법

밑아래선을 그린 후 또는 그리기 전에 조정한다

뒤 밑아래는 조금 늘여서 앞과 맞춰 박으면 깔끔하게 완성된다. 따라서 기본 패턴은 뒤가 앞보다 약간 짧아지도록 설정했다. 밑아래의 경사가 급해지는 슬림 팬츠 같은 디자인은 밑아래선을 그리면 앞과의 치수 차이가 감소하기 때문에 조정이 필요하다. 방법은 2종류. 각각 슬림 팬츠 **H**를 기본 패턴 **4**에서 제도하는 경우로 설명한다.

법칙 1 | 밑아래선을 먼저 그린 후에 조정

H의 밑아래선을 그리고 나서 앞과의 치수 차이를 확인해 조정한다. 간단한 방법이지만 경사가 급한 디자인에서는 넓적다리 너비가 기본 패턴의 너비보다 약간 감소한다.

법칙 2 | 밑아래선을 그리기 전에 조정

밑아래선의 조정도 포함해 **H**의 제도를 한다. 밑아래선의 안내선 **2**를 그을 때부터 치수를 조정해두고 밑아래선을 그린다. 넓적다리 너비는 변하지 않지만, 뒤 밑위길이가 약간 늘어난다.

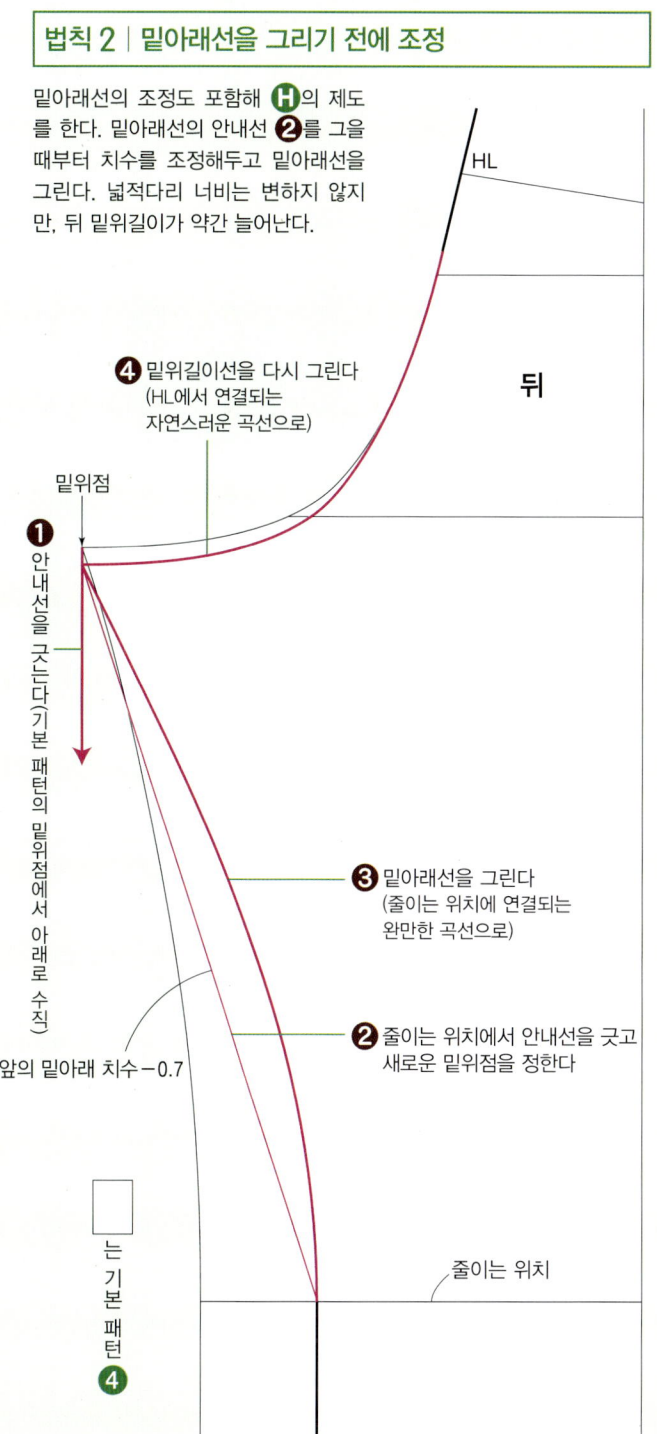

제도 방법
디자인 팬츠 V
— 레깅스 —

[P.70]
WL
◆=H−10/16
HL
H−10/2
◆
뒤
앞
겹친다
1
0.7
앞 옆
뒤 옆
는 기본 패턴 4
10
8
0.5
0.5
16
14

패턴은 앞뒤를 하나로 연결. 전체의 여유분을 자른다

기본 패턴 ❹에서 응용. 이 제도의 포인트는 기본 패턴 베끼는 법. 뒤의 필요한 선을 베끼고, 엉덩이의 필요 치수를 확보해 앞 중심과 HL의 교점(★)을 정하고 앞의 필요한 선을 베낀다. 그 후 밑아래선과 WL을 그려 완성한다.

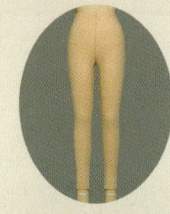

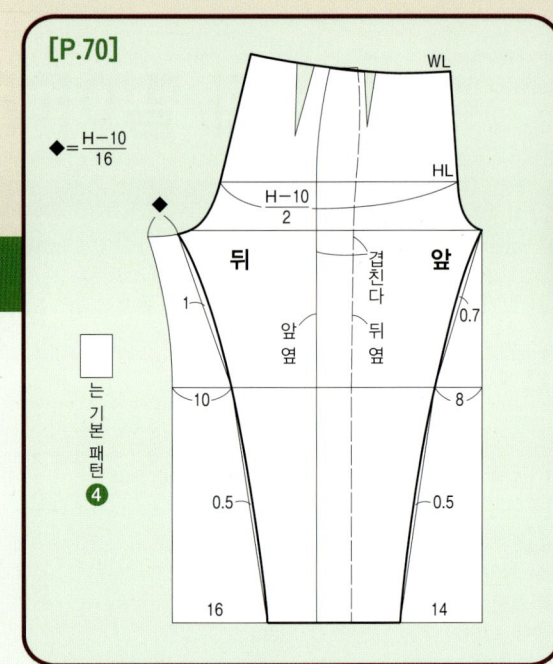

1 기본 패턴을 베낀다

WL
뒤
❷ 엉덩이의 필요 치수를 잡는다 (HL을 연장)
★
HL
H−10/2
❸ 줄이는 위치를 베낀다 (옆 방향으로 연장)
❶ 뒤의 외형을 베낀다 (다트선, 옆선 이외)
❹ 밑단선은 옆 방향으로 연장해둔다
앞
★
HL
❺ HL과 ★ 위치를 맞춰 앞의 외형을 베낀다 (다트선, 옆선, 밑단선 이외)

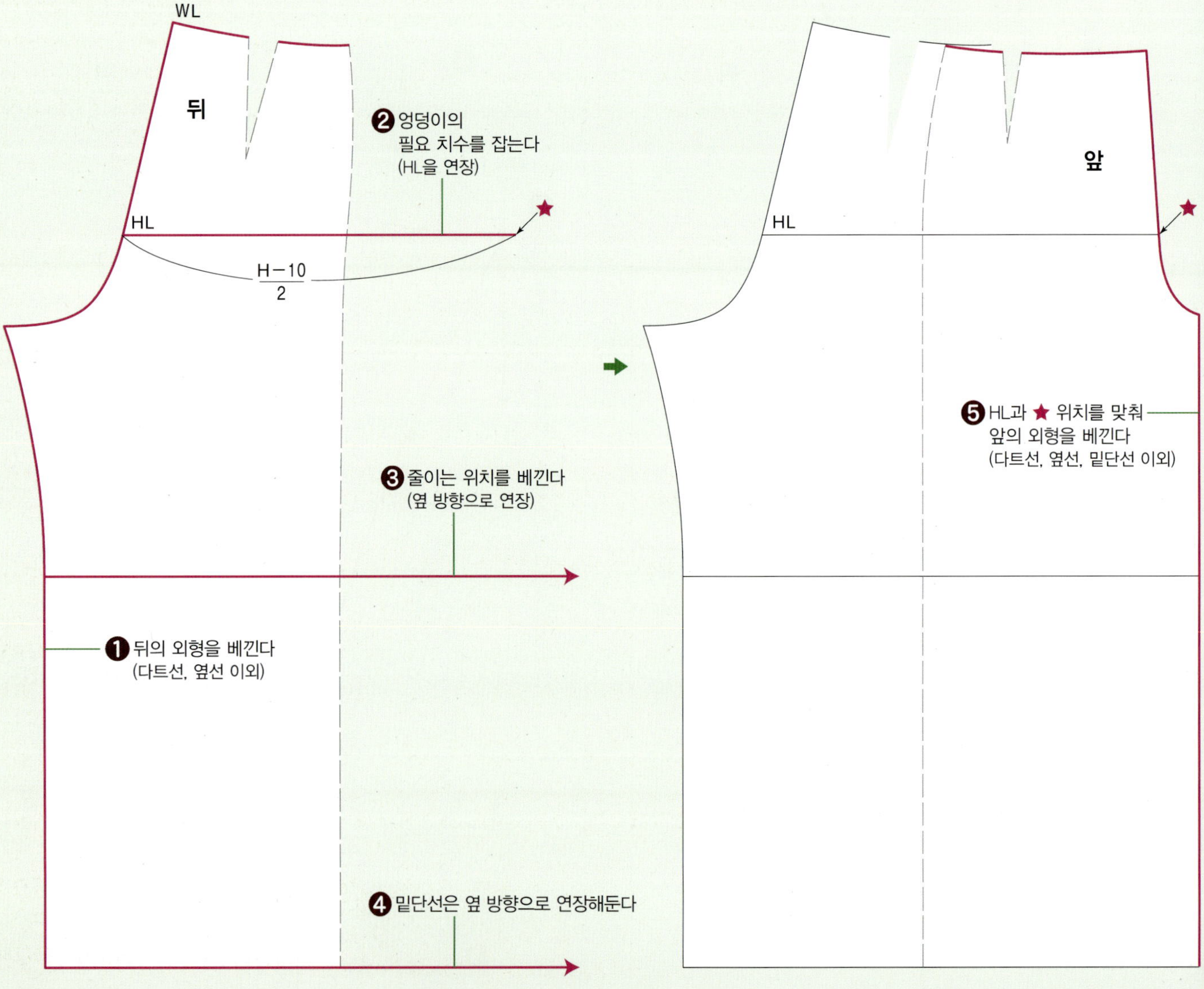

2 밑아래의 안내선을 긋는다

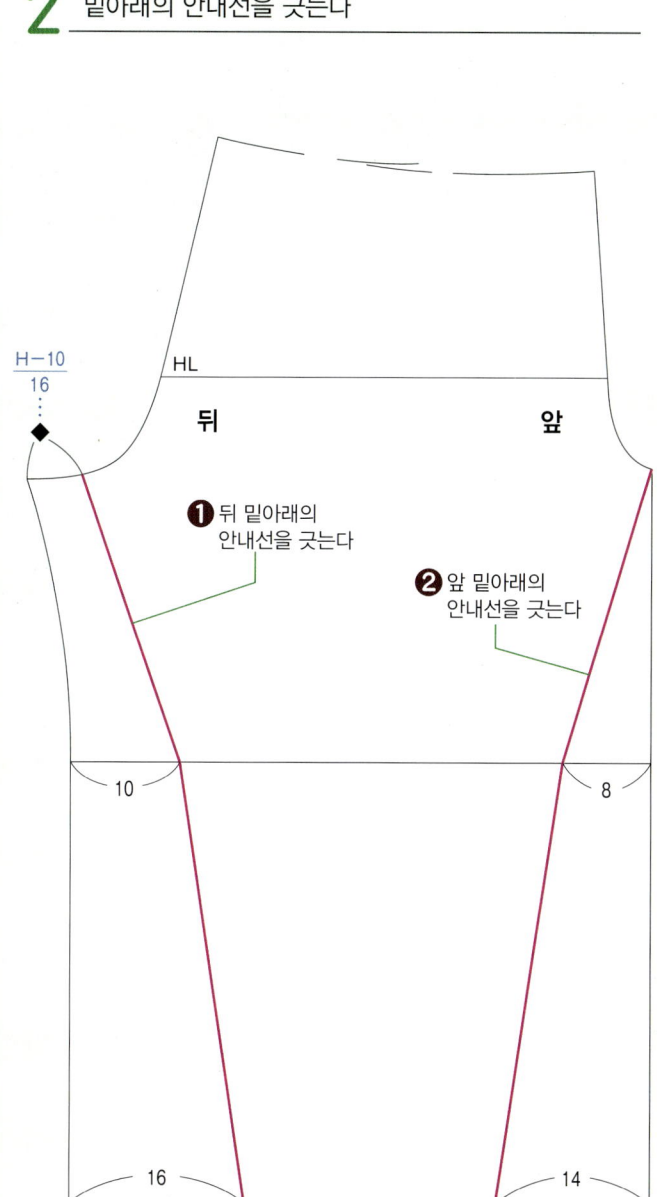

3 밑아래선과 WL을 그리면 완성!

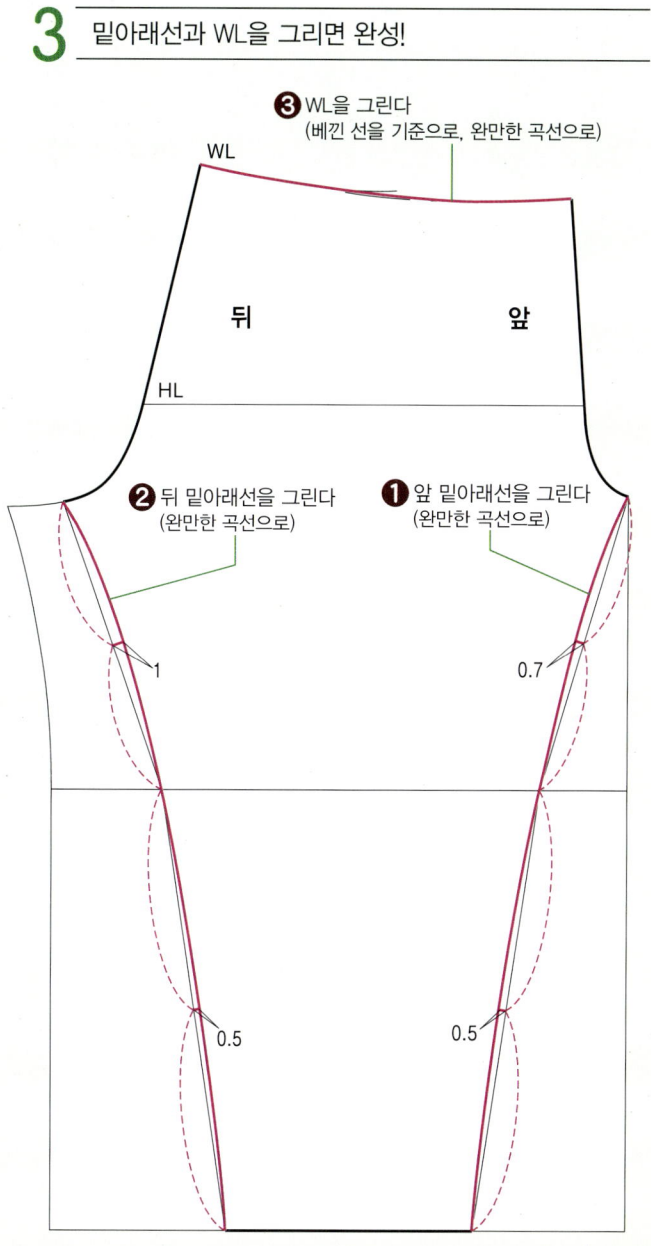

163

집중 강의 2

제도 방법
디자인 팬츠 W
― 진 ―

로 웨이스트로 변경하고 다트 없이

기본 패턴 ④에서 응용. 가장 중요한 포인트는 밑위 부분의 앞뒤 중심선 각도의 변경 방법. 다트 분량을 앞뒤 중심에서 자르고 HL과의 교점(★)과 이어 연장한다.

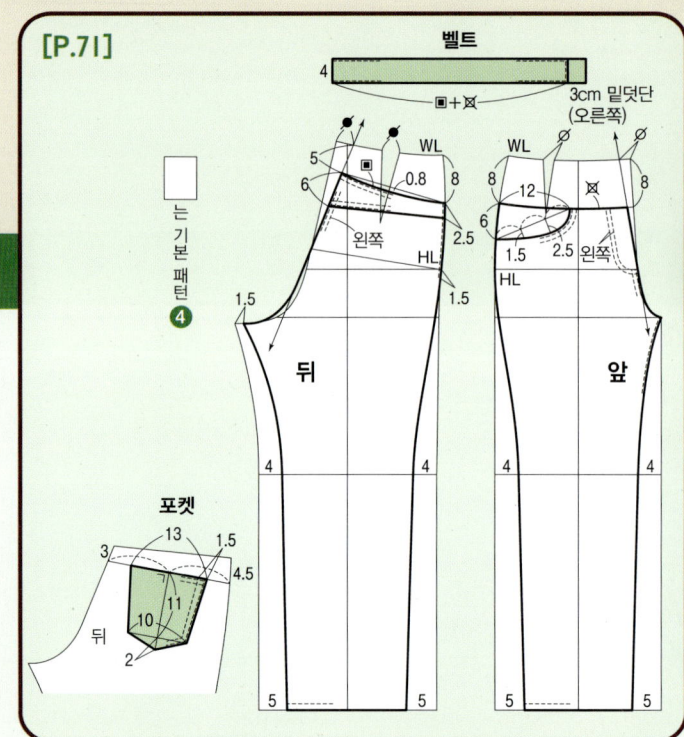

1 뒤의 기본 패턴을 베끼고 밑아래선과 옆선을 그린다

2 뒤 중심, 허리, 요크 이음선을 그린다

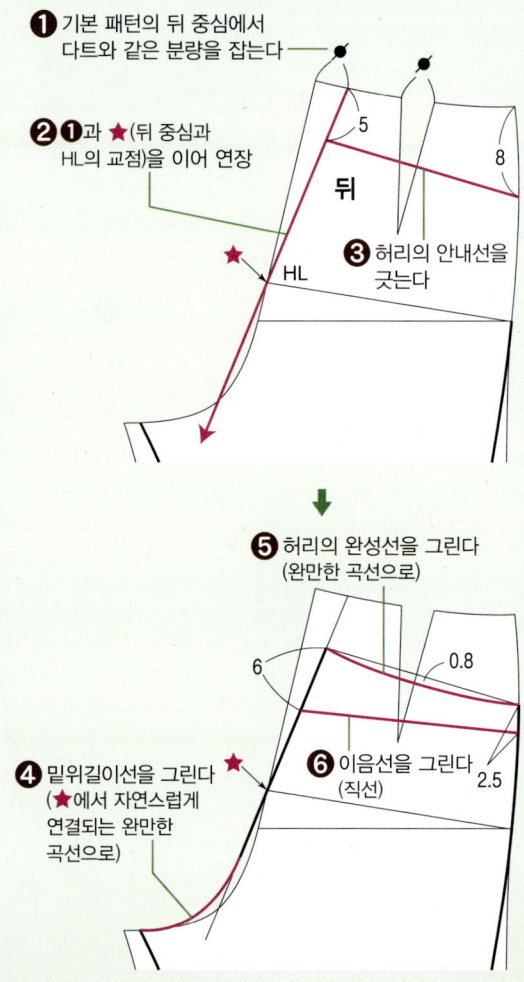

3. 포켓을 그리면 뒤 패턴 완성!

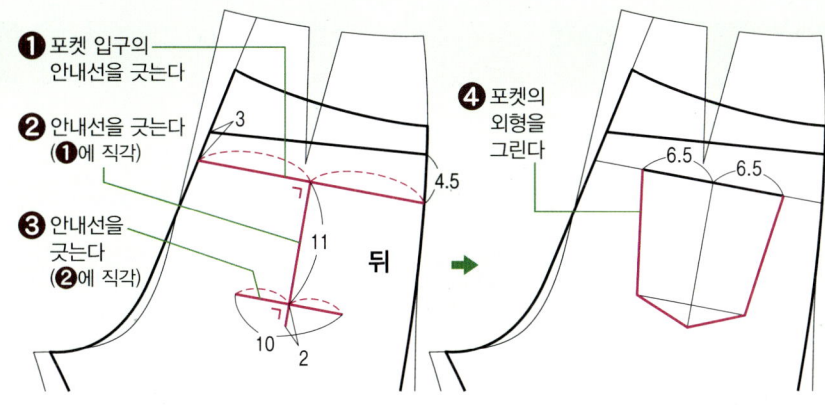

4. 앞의 기본 패턴을 베끼고 밑아래선, 옆선, WL을 그린다

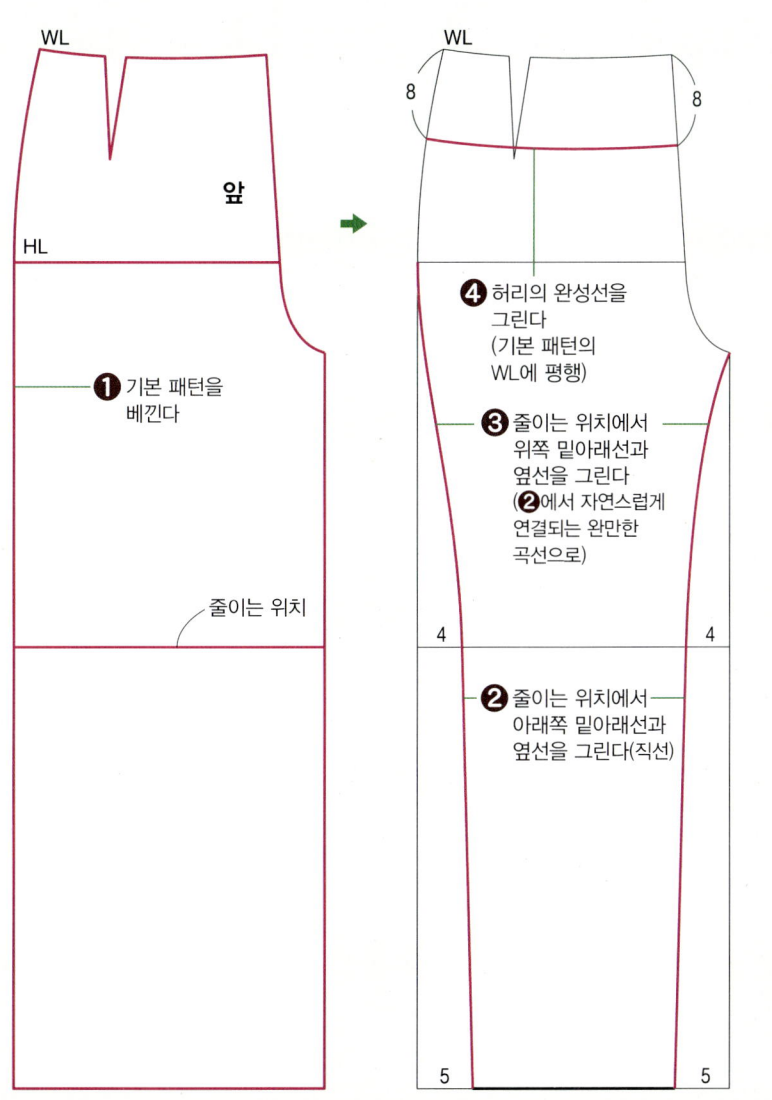

5. 앞 중심, 포켓을 그리면 앞 패턴 완성!

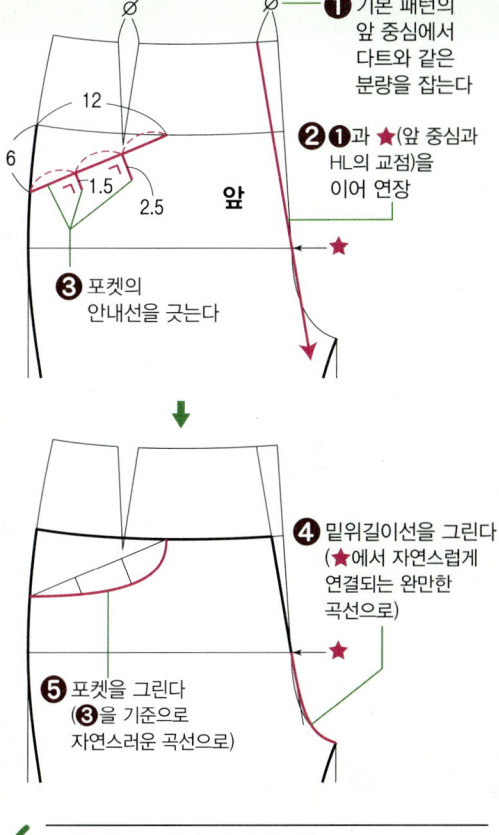

6. 벨트를 그리면 패턴 완성!

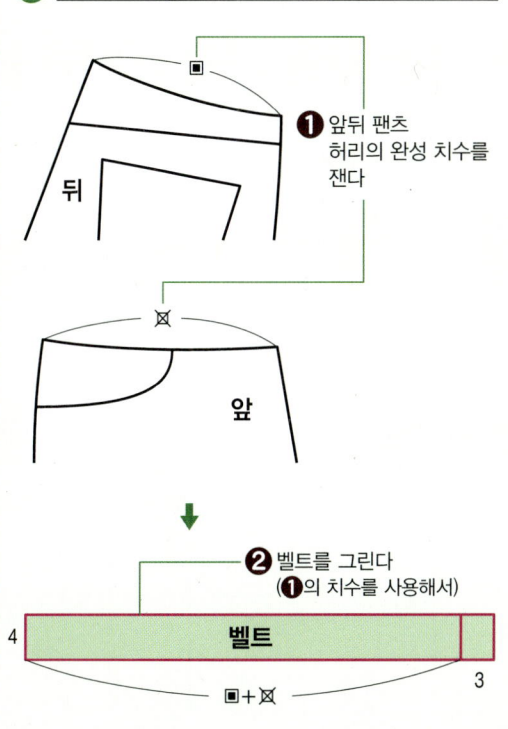

제도 방법
디자인 팬츠 Z
— 콩비네종 —

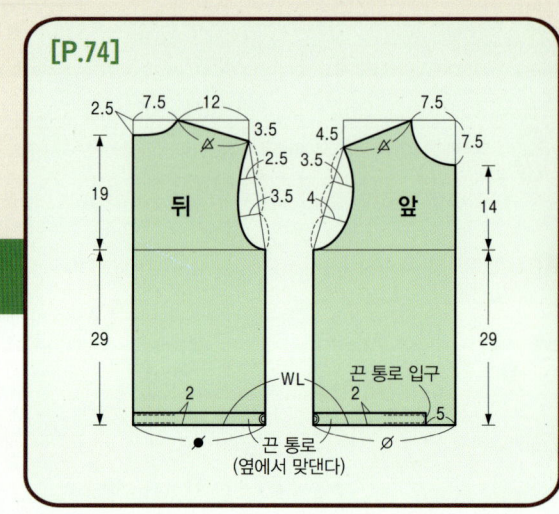

팬츠의 허리 치수를 사용해 몸판을 제도한다

팬츠 부분은 기본 패턴 ❶을 사용. 마지막에 맞대는 팬츠의 WL 위치 치수와 같은 치수로 몸판을 제도한다. 오른쪽 제도에 표시한 각 치수는 7, 9호 사이즈의 예. 다른 사이즈는 오른쪽 페이지의 치수 예시를 참조하자.

1 뒤를 그린다

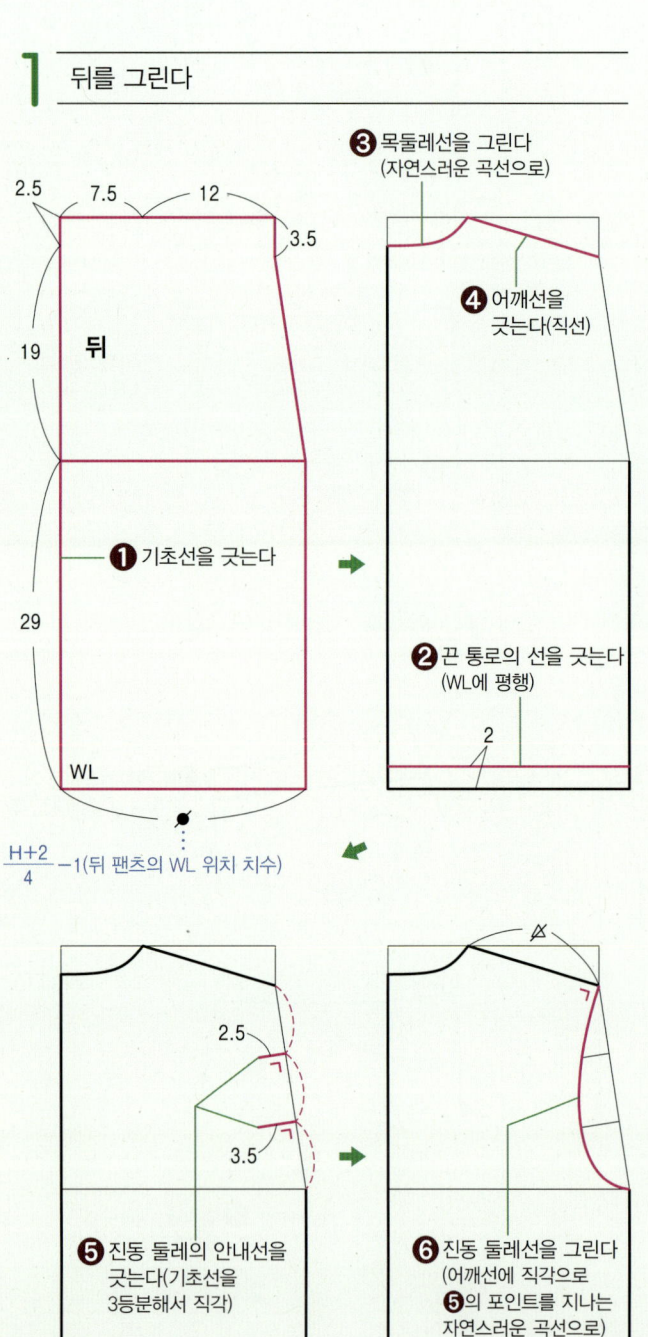

$\dfrac{H+2}{4} - 1$ (뒤 팬츠의 WL 위치 치수)

2 앞을 그린다

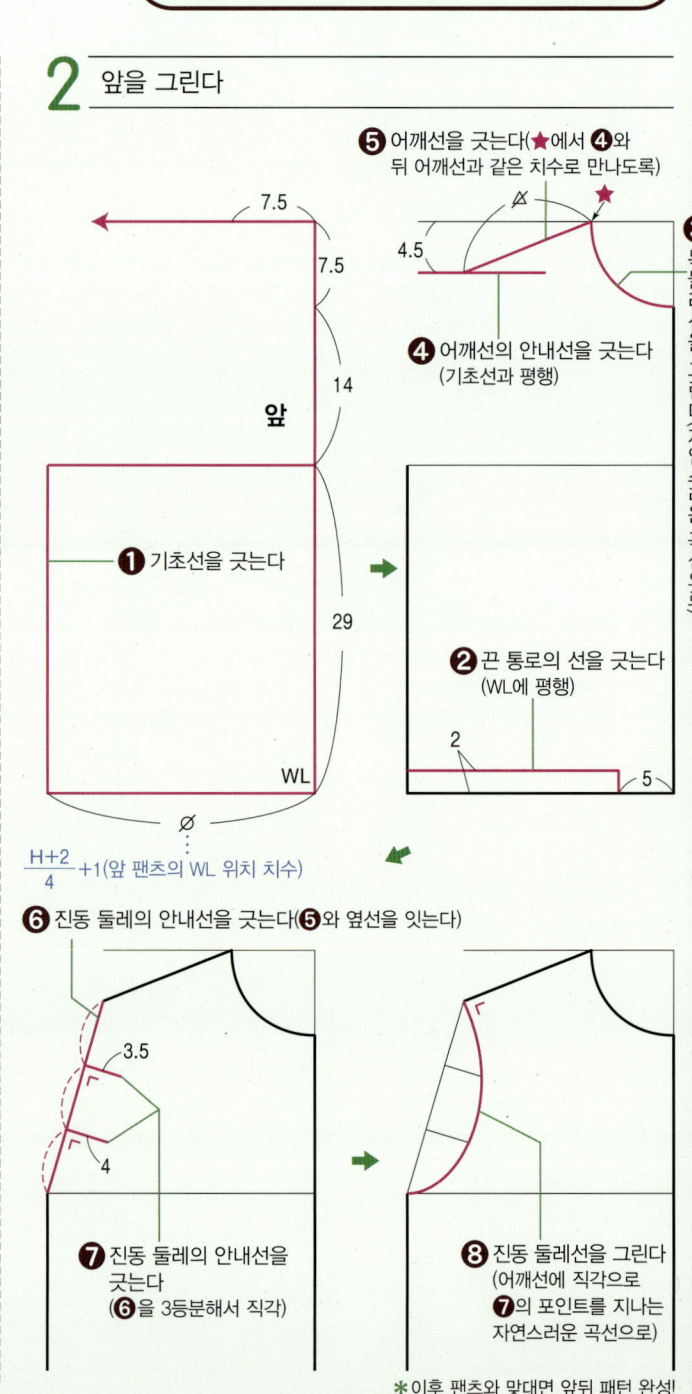

$\dfrac{H+2}{4} + 1$ (앞 팬츠의 WL 위치 치수)

＊이후 팬츠와 맞대면 앞뒤 패턴 완성!

7, 9호 이외의 치수······2 사이즈별로 제도 치수가 바뀐다

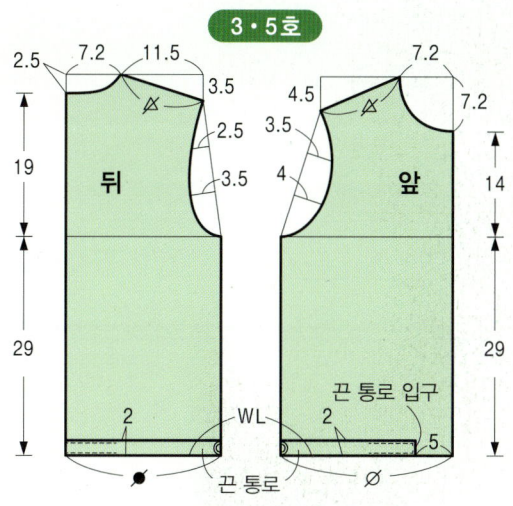
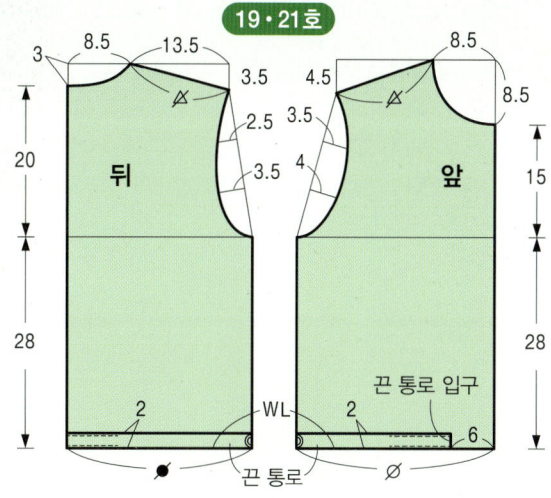
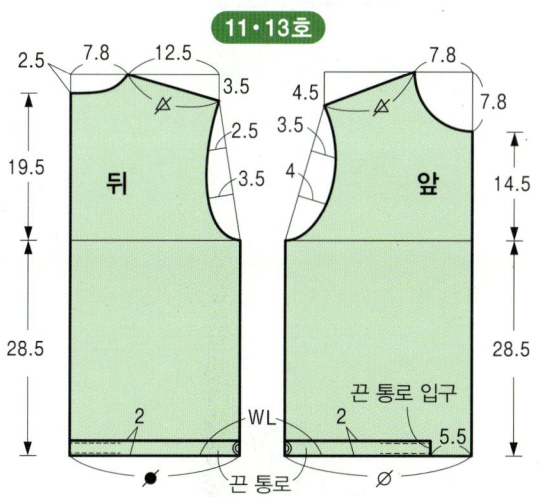
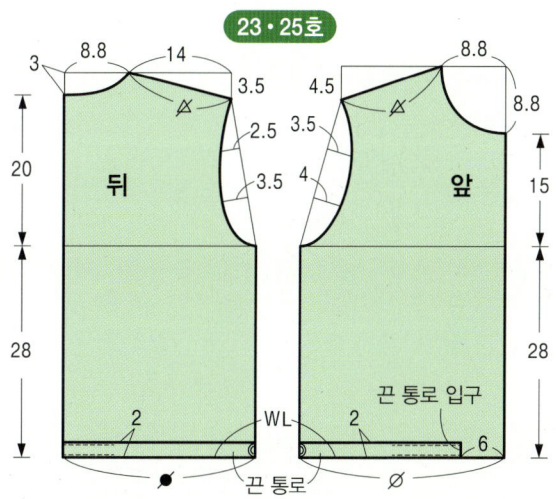
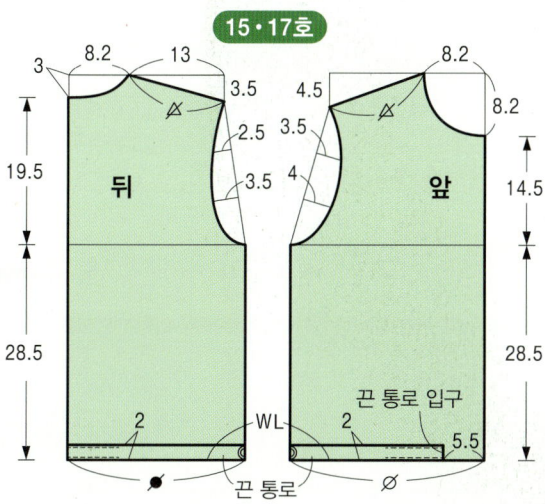

Point 가슴둘레, 목둘레, 진동 둘레의 확인과 조정

팬츠의 허리 치수를 토대로 제도하기 때문에 가슴둘레, 목둘레, 진동 둘레의 여유분 확인이 필요. 가슴둘레가 꽉 끼는 경우는 같은 분량씩 잘라서 벌리고[그림 1], 팬츠와는 별도로 재단한다. 절개 분량은 개더나 턱으로 처리. 목둘레는 원래의 선과 평행으로 가감[그림 2], 진동 둘레는 진동 둘레 아래를 수직으로 내리거나 올려서 선을 다시 그린다[그림 3].

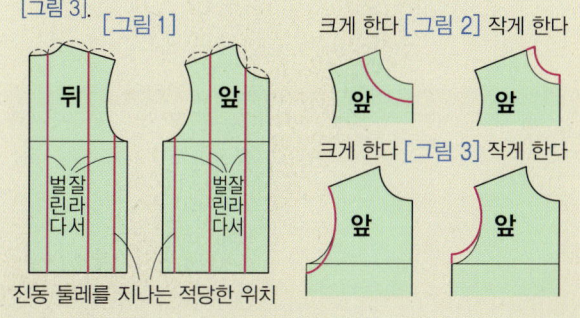

집중 강의 3

처리 방법
맞댄다

복수의 패턴을 표시가 있는 위치에서 맞대어 잇는다

제도에서는 맞대는 위치를 2겹의 반원으로 표시한다. 2개의 반원을 결합하면 완전한 원이 되듯이 패턴도 그 위치에서 맞대어 완성한다. 완성형은 '맞댄 그림'으로 표시. 아래 예는 다트로 분할한 곡선 벨트의 2개 파트를 맞대어 합체해 1장의 패턴으로 만든다.

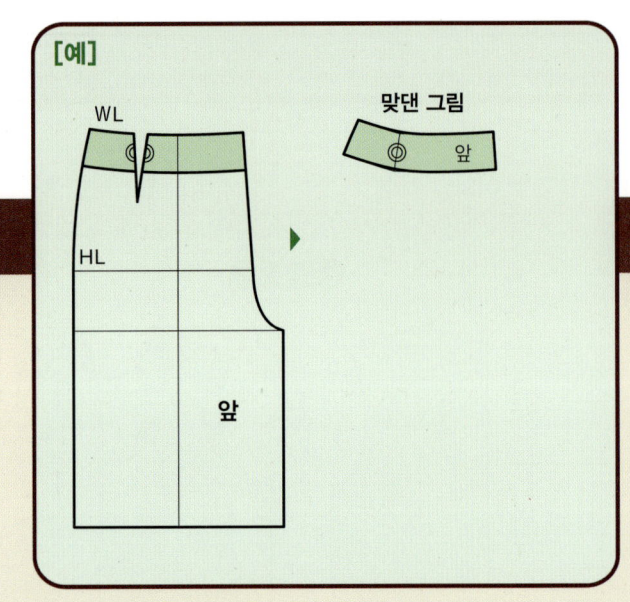

〈처리 방법〉

❶ 제도를 한다

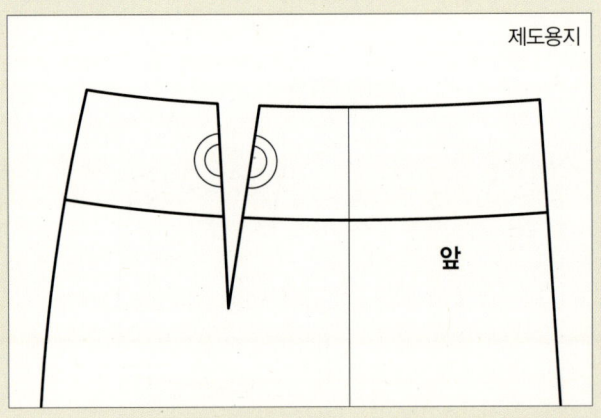

❷ 제도에 다른 제도용지를 겹쳐 중심 쪽을 베낀다

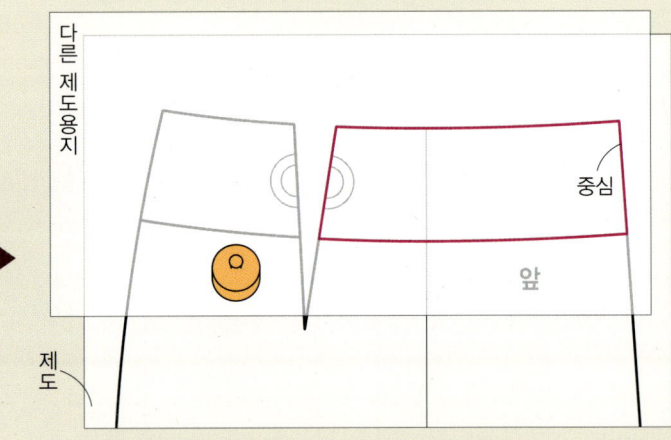

❸ 중심 쪽 다트선을 제도의 옆쪽 다트선에 겹친다

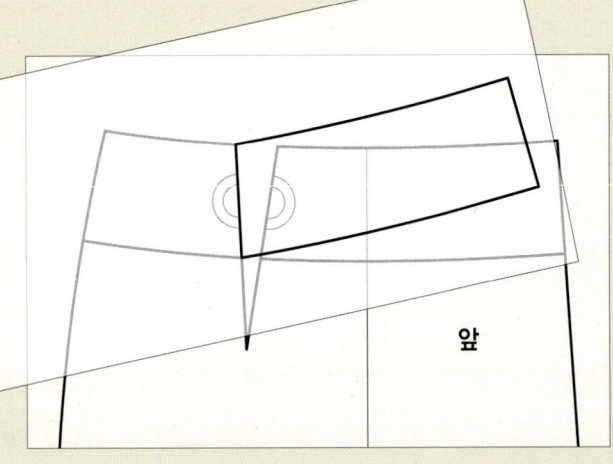

❹ 옆쪽을 베낀다.
맞댄 앞 벨트 패턴 완성!

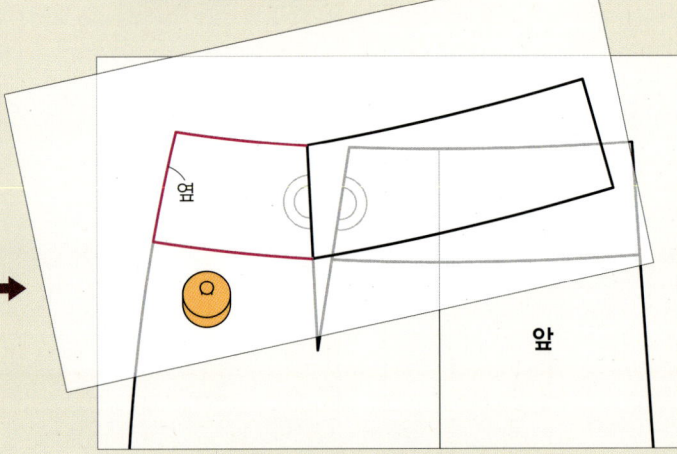

＊이후 처리한 곳(WL, 아래쪽 끝)을 완만한 곡선으로 수정한다(P.174 참조)

처리 방법
닫는다 · 벌린다 (고정 치수를 벌린다)

다트 끝을 기준점으로 밑단에서 고정 치수를 벌리면 다트가 닫힌다

'닫는다'와 '벌린다'는 한 세트다. 한쪽을 닫으면 그 반동으로 다른 쪽이 벌어진다. 완성형은 '절개 그림'으로 표시. 제도용지는 처리 후의 모양을 가정해 준비하자. 보통은 먼저 '닫는다'의 처리를 하고 벌리는데, 이 경우는 반대이다. 밑단을 고정 치수로 벌리면 그 결과 다트가 조금 닫혀 분량이 줄어서 남는다.

[예] ※숫자는 임의
절개 그림

⟨ 처리 방법 ⟩

❶ 제도를 한다

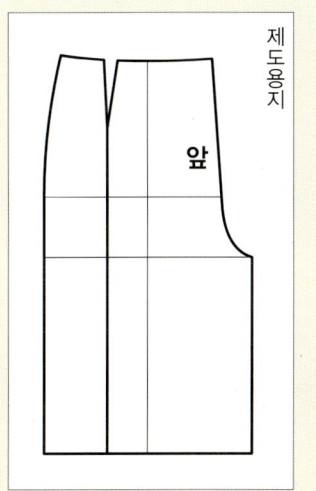

❷ 제도에 다른 제도용지를 겹쳐 중심 쪽을 베낀다

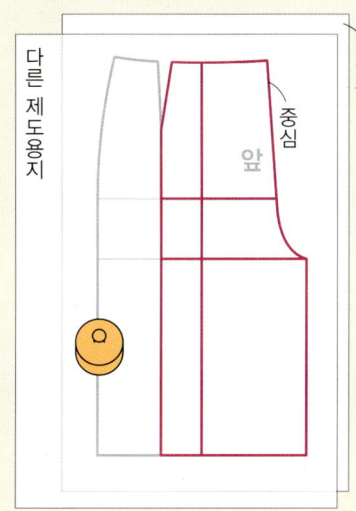

❸ 다트 끝을 연필 등으로 고정하고 겹친 제도용지를 회전해 지정된 치수를 벌린다

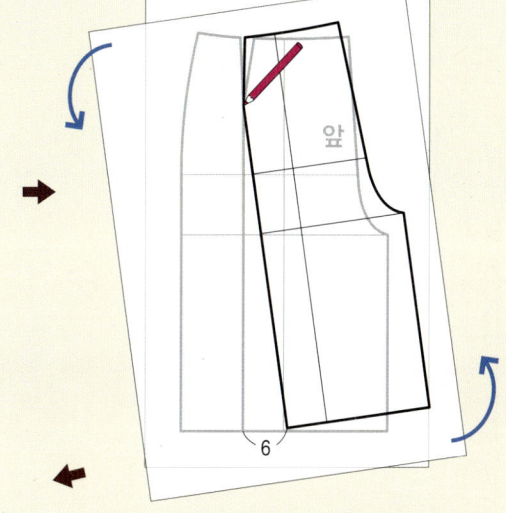

❹ 옆쪽을 베낀다

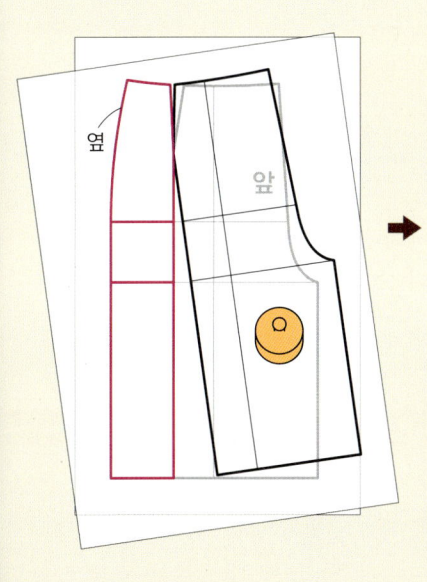

❺ 밑단을 연결하면, 다트를 닫고(분량이 줄어서 남는다) 밑단에서 벌린 앞 패턴 완성!

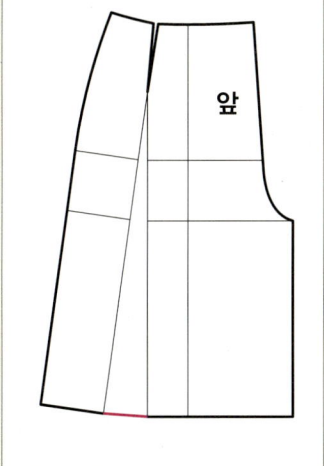

* 이후 처리한 곳(밑단)을 완만한 곡선으로 수정한다(P.174 참조)
* 남은 다트는 분량이 0.7cm 이상인 경우 그대로 다트로 하고, 0.7cm 미만인 경우는 여유분 줄임을 하거나 옆에서 잘라 다트를 없앤다

⟨ 벌리는 분량이 많아 다트 분량이 부족한 경우 ⟩

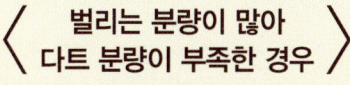

❸에서 다트의 허리 위치를 기준점으로 벌린다

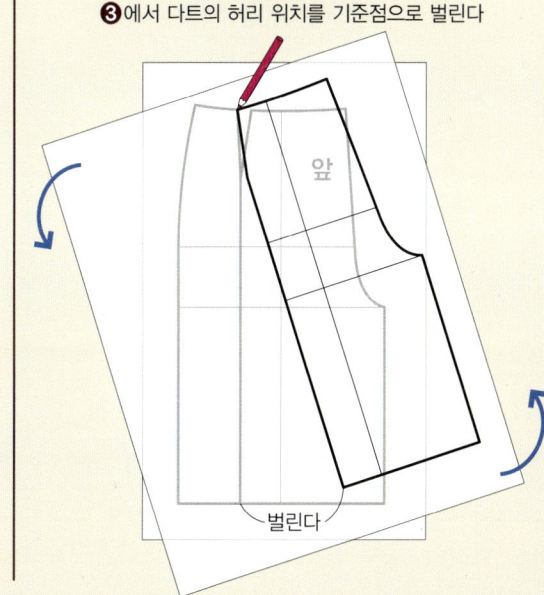

집중 강의 3

처리 방법
기준점을 잡고 잘라서 벌린다

절개선의 한쪽에만 절개 분량을 추가한다

'잘라서 벌린다'란 실제로 제도용지를 자르는 것이 아니고 잘라서 벌리듯이 제도를 베끼면서 분량을 추가하는 처리다. 절개선 한쪽의 화살표로 표시한 점을 기준점으로 다른 한쪽을 벌려 분량을 추가하는 방법이다. 완성형은 '절개 그림'으로 표시. 제도용지는 처리 후의 모양을 가정해 준비하자. 아래 예는 밑단을 기준점으로 WL을 벌린다.

[예] ※숫자는 임의

〈처리 방법〉

❶ 제도를 한다

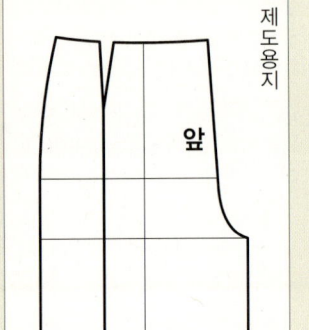

❷ 제도에 다른 제도용지를 겹쳐 중심 쪽을 베낀다

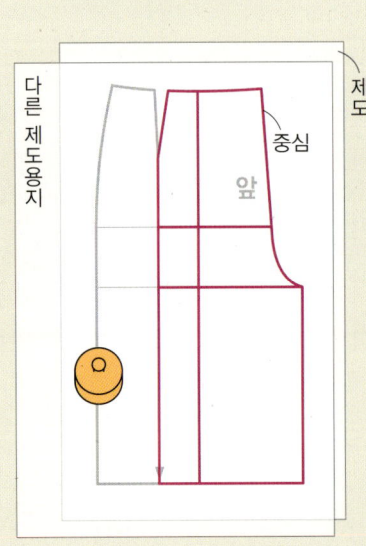

❸ 기준점을 연필 등으로 고정하고 겹친 제도용지를 회전해 지정된 치수를 벌린다

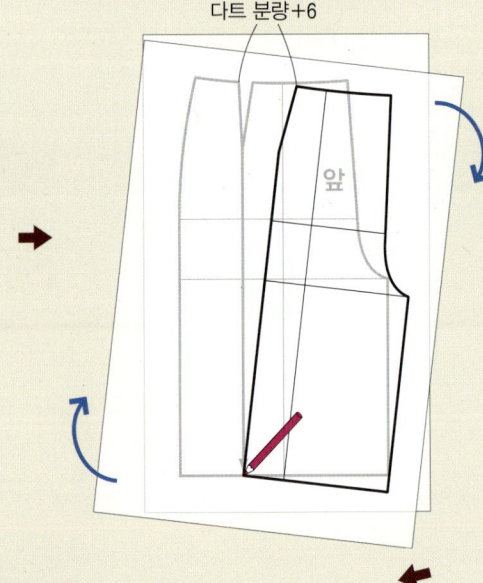

❹ 옆쪽을 베낀다

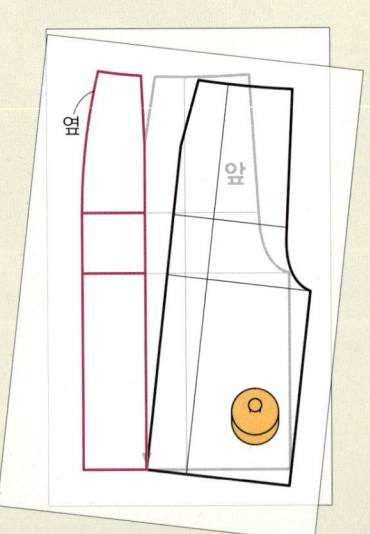

❺ WL을 연결하면, 기준점을 잡고 허리 쪽을 잘라서 벌린 앞 패턴 완성!

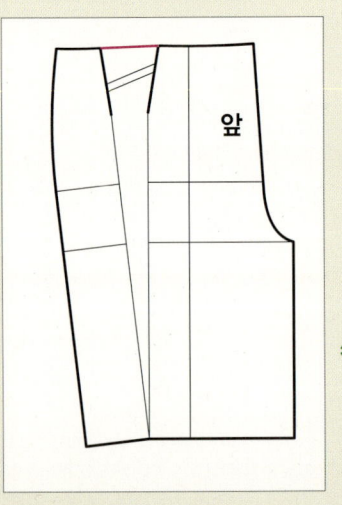

＊이후 처리한 곳(밑단)을 완만한 곡선으로 수정한다(P.174 참조)

처리 방법
평행으로 잘라서 벌린다

절개선에 직각으로 절개 분량을 추가한다

'잘라서 벌린다'란 실제로 제도용지를 자르는 것이 아니고 잘라서 벌리듯이 제도를 베끼면서 분량을 추가하는 처리다. 가장 심플한 방법. 절개선에 직각으로 위아래 2곳에서 지정된 치수를 벌린다. 완성형은 '절개 그림'으로 표시. 제도용지는 처리 후의 모양을 가정해 준비하자. 아래 예는 다트 끝에서 수직으로 내린 선에서 벌려 치수를 추가하는데, 절개선이 사선인 경우도 처리 방법은 같다.

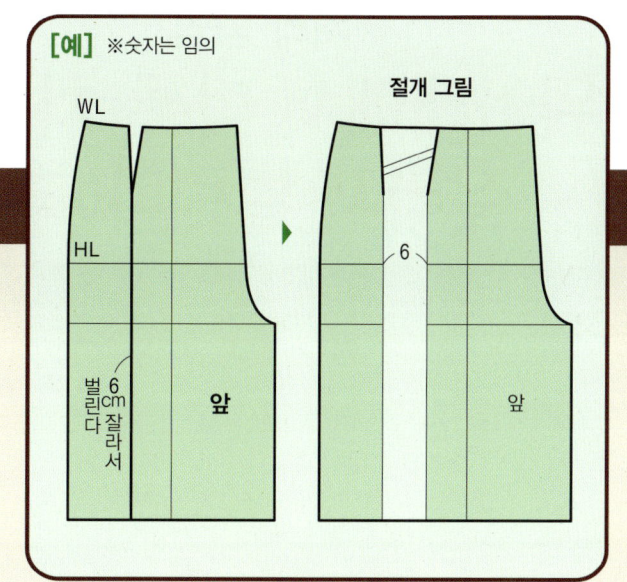

〈처리 방법〉

❶ 제도를 한다

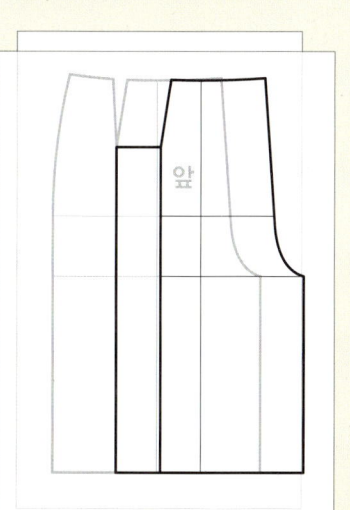

❷ 제도에 다른 제도용지를 겹쳐 중심 쪽을 베낀다

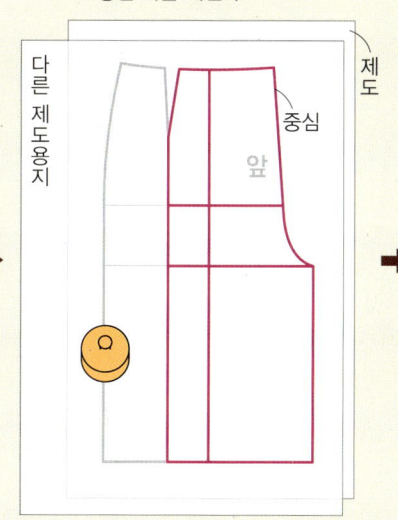

❸ 절개선에서 직각으로 다트 끝과 밑단에서 지정된 치수를 추가한다

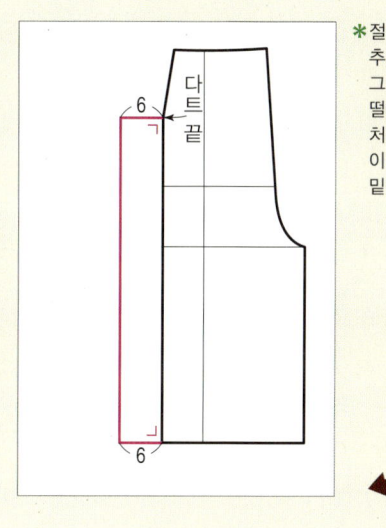

＊절개 치수를 추가하는 것은 2곳. 그 위치가 가능한 한 떨어져 있는 편이 처리하기 쉽다. 이 경우는 다트 끝에서 밑단까지 양 끝에 설정.

❹ ❸을 제도의 절개선에 겹친다

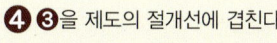

❺ 옆쪽을 베낀다

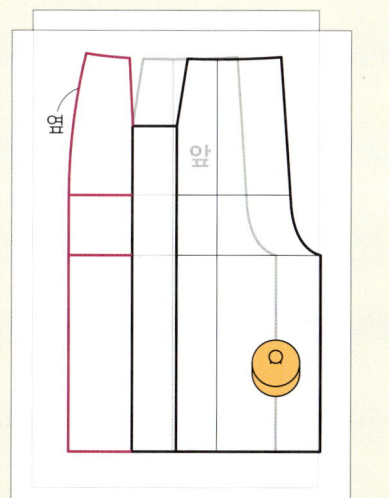

❻ WL을 연결하면, 평행으로 잘라서 벌린 앞 패턴 완성!

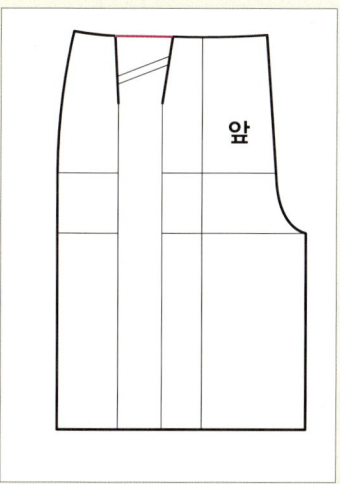

> 집중 강의 3

처리 방법
위아래에서 다른 치수를 잘라서 벌린다 (1곳)

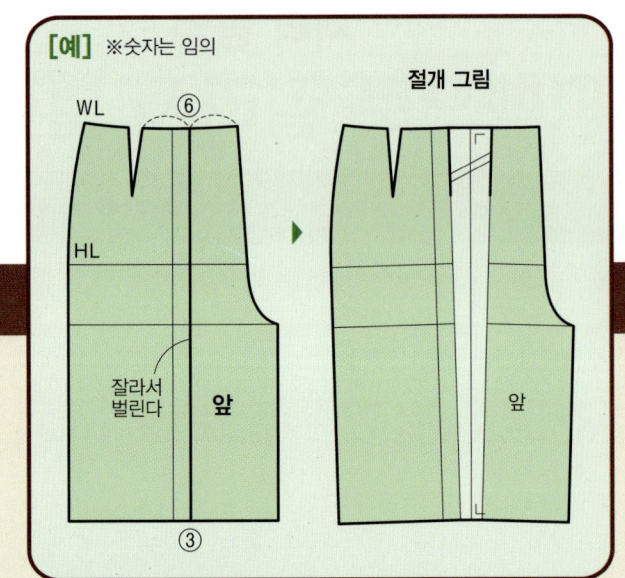

[예] ※숫자는 임의 절개 그림

절개 치수의 안내선을 그리고 처리한다

'잘라서 벌린다'란 실제로 제도용지를 자르는 것이 아니고, 잘라서 벌리듯이 제도를 베끼면서 분량을 추가하는 처리다. 절개 치수가 다른 고도의 테크닉. 처음에 절개 치수의 안내선을 그리고 나서 처리한다. 완성형은 '절개 그림'으로 표시. 제도용지는 처리 후의 모양을 가정해 준비하자. 아래 예는 중심과 다트의 중간 위치를 벌리고 치수를 추가한다.

〈처리 방법〉

❶ 제도를 한다

❷ 다른 제도용지에 절개 치수의 안내선을 긋는다 (모두 수평·수직)

❸ ❷의 제도용지 밑단 모서리(중심 쪽)를 제도의 절개선에 겹쳐 연필 등으로 고정. 안내선과 ★이 교차하는 위치까지 겹친 제도용지를 회전한다

❹ 중심 쪽을 베낀다

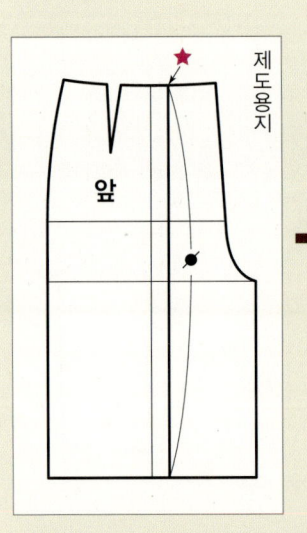 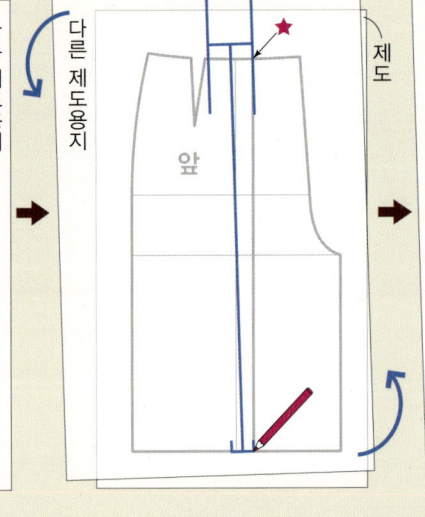 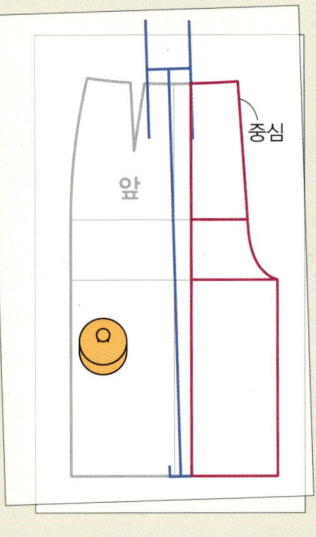

❺ 제도용지의 밑단 모서리(옆쪽)를 제도의 절개선에 겹쳐 연필 등으로 고정. 안내선과 ★이 교차하는 위치까지 겹친 제도용지를 회전한다

❻ 옆쪽을 베낀다

❼ WL을 연결하면, 위아래에서 다른 치수를 1곳 잘라서 벌린 앞 패턴 완성!

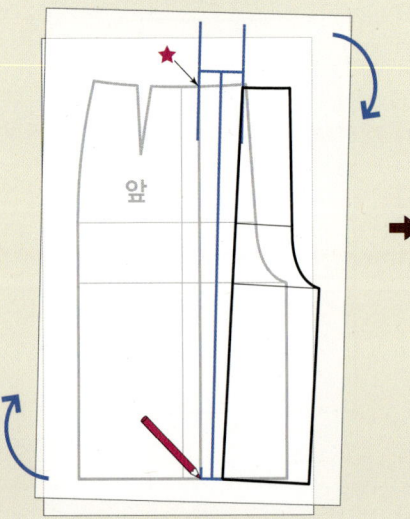 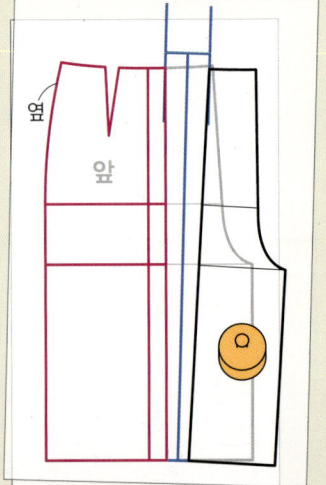 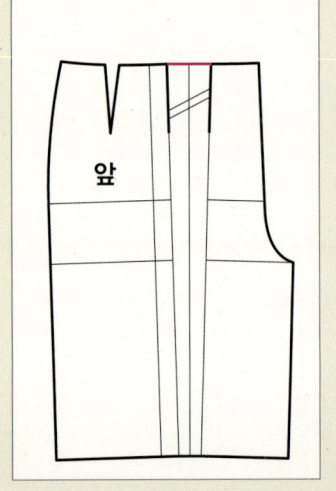

＊이후 처리한 곳(밑단)을 완만한 곡선으로 수정한다 (P.174 참조)

처리 방법
위아래에서 다른 치수를 잘라서 벌린다 (2곳 이상)

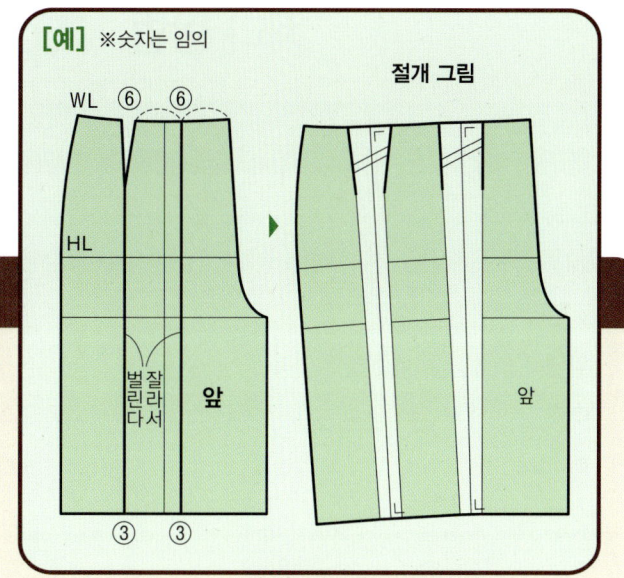

[예] ※숫자는 임의

절개 치수의 안내선을 별도로 준비해 처리한다

'잘라서 벌린다'란 실제로 제도용지를 자르는 것이 아니고, 잘라서 벌리듯이 제도를 베끼며 분량을 추가하는 처리. 이것은 절개 치수가 다르고 절개 위치도 복수인 고도의 테크닉. 따라서 절개 치수의 안내선을 그릴 제도용지(❷)가 별도로 필요하다. 완성형은 '절개 그림'으로 표시. 제도용지는 처리 후의 모양을 가정해 준비하자. 아래 예는 중심과 다트 위치의 중간점과 다트 위치 2곳을 벌려 치수를 추가한다.

〈처리 방법〉

❶ 제도를 한다

❷ 절개 치수의 안내선을 긋는다 (모두 수평·수직)

❸ ❶의 제도에 다른 제도용지를 겹쳐 중심 쪽(Ⓐ)을 베낀다

❹ ❷의 밑단 모서리(중심 쪽)와 ❸에서 베낀 밑단 모서리를 겹쳐 연필 등으로 고정. 안내선과 ★이 교차하는 위치까지 겹친 제도용지를 회전해 안내선(핑크 부분)을 베낀다

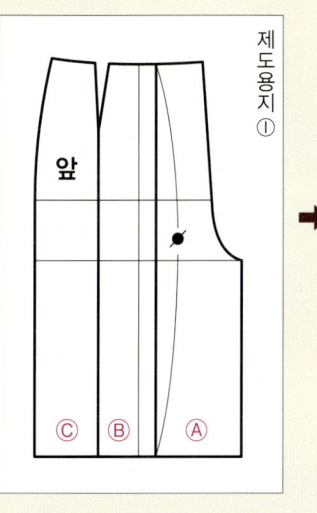
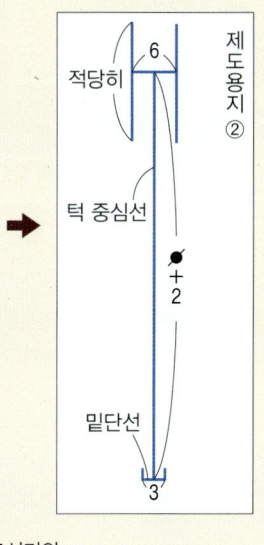
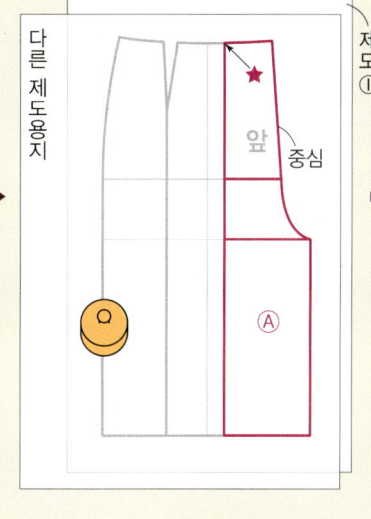
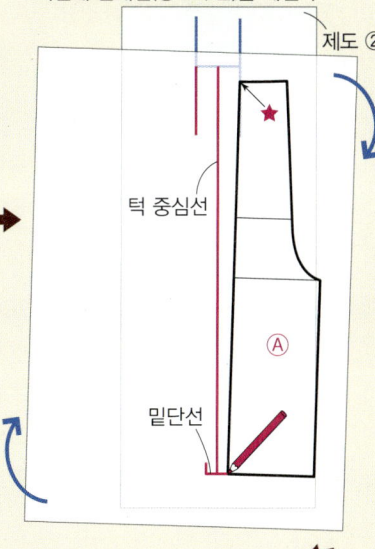

❺ ❹에서 베낀 안내선의 밑단 모서리와 Ⓑ의 밑단 모서리(중심 쪽)를 겹쳐 연필 등으로 고정. 안내선과 ★이 교차하는 위치까지 겹친 제도용지를 회전한다

❻ 중앙 부분(Ⓑ)을 베낀다

❼ ❹~❻과 같은 방법으로 제도용지 ②를 사용해 처리하고 옆쪽(Ⓒ)을 베낀다. 필요한 선을 연결하면, 위아래에서 다른 치수를 잘라서 벌린 앞 패턴 완성!

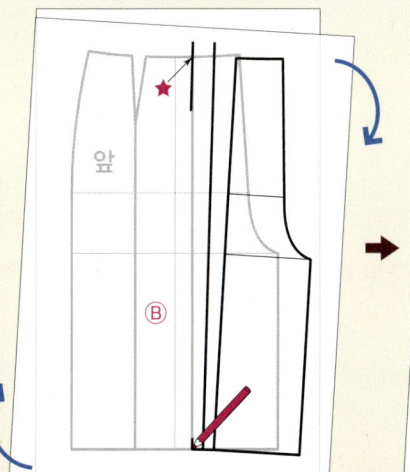
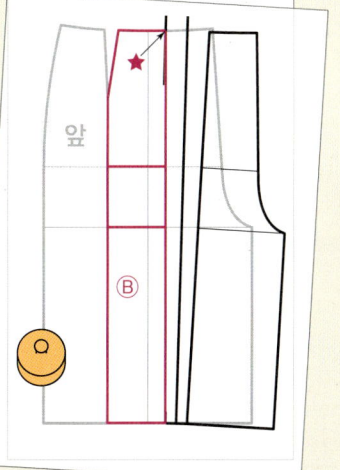
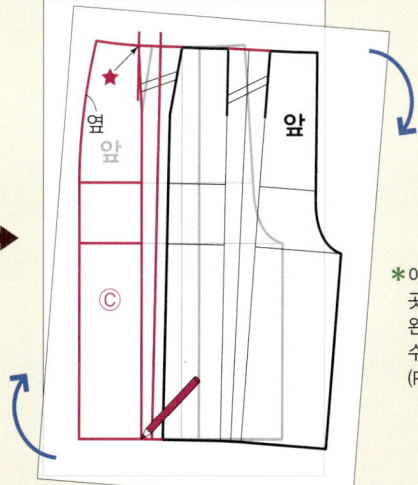

＊이후 처리한 곳(밑단)을 완만한 곡선으로 수정한다 (P.174 참조)

처리 방법 처리 위치 수정

처리로 생기는 모서리나 선의 어긋남을 완만하게 수정한다

'맞댄다', '닫는다·벌린다', '잘라서 벌린다' 등의 처리로 모서리나 단 차이가 생기기 때문에 선을 매끄럽게 연결하는 수정 작업이 필요하다. 처리 위치가 턱이나 플리트 디자인의 경우는 패턴 체크(P.176)로 수정한다.

'맞댄다'로 처리한 패턴의 위아래

단 차이나 모서리가 생겨 이것을 완만한 곡선으로 수정한다

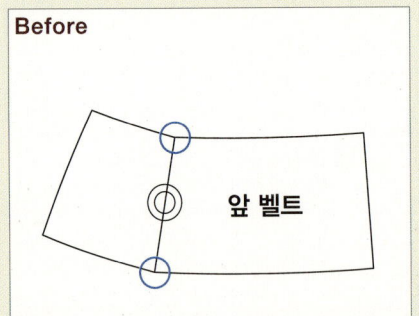
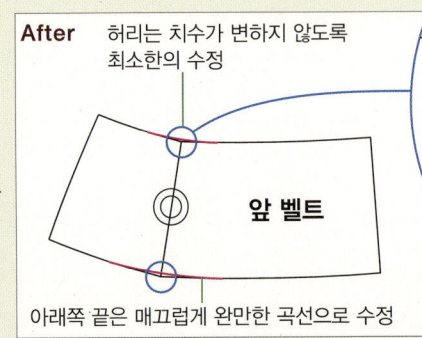
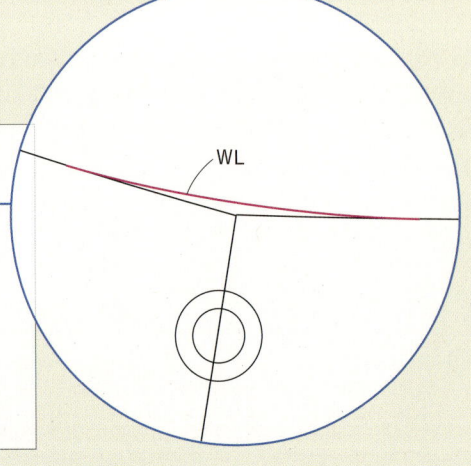

허리는 치수가 변하지 않도록 최소한의 수정

아래쪽 끝은 매끄럽게 완만한 곡선으로 수정

'벌린다'나 '잘라서 벌린다'로 처리한 패턴의 위아래

처리한 위치에 모서리가 생긴다. 이것을 완만한 곡선으로 수정한다

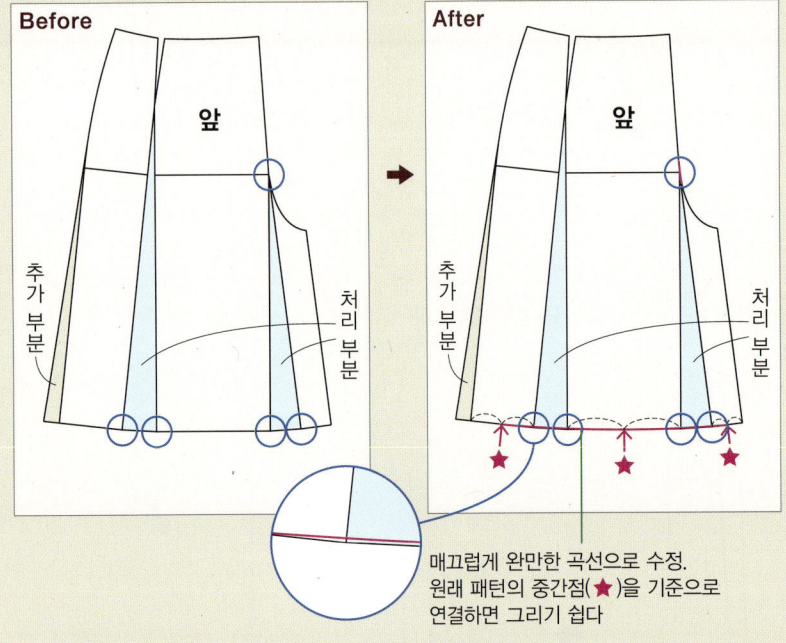

매끄럽게 완만한 곡선으로 수정. 원래 패턴의 중간점(★)을 기준으로 연결하면 그리기 쉽다

'닫는다'로 처리한 다트 위치

다트를 모두 닫은 경우에 단 차이나 모서리가 생기므로 이것을 완만한 곡선으로 수정한다

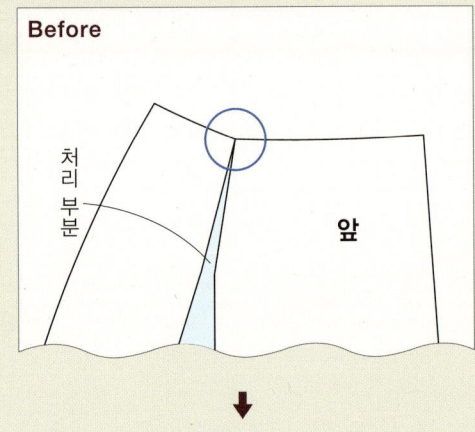
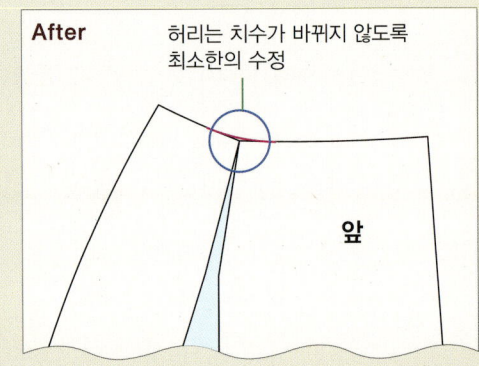

허리는 치수가 바뀌지 않도록 최소한의 수정

Point 추가한 곳의 모서리는 패턴 체크로!

팬츠의 경우, 옆 밑단의 추가 치수가 적어 미세한 조정을 위해 패턴 체크 수정만으로 OK.

패턴 마무리 방법 맞춤 표시 하기

맞춰 박을 때 패턴과 천에 표시를 한다

맞춤 표시는 천을 맞춰 박을 때 박는 위치가 어긋나지 않도록 양쪽 패턴의 중요 위치에 표시하는 것이다.
맞춤 표시는 위치에 따라 표시하는 타이밍이 다르기 때문에 표를 참조해 잊지 말고 표시한다.
패턴에 한 맞춤 표시는 재단 후 천에 표시한다.

맞춤 표시를 하는 타이밍과 위치		
각 파트로 분리할 때	패턴 체크 시	패턴 체크 후
앞뒤 중심, HL, 다트, 턱, 박음질 끝, 트임 끝, 개더 끝, 줄이는 위치	턱 위치, 플리트 위치, 이음선 위치, 벨트의 앞뒤 중심, 옆	긴 봉합의 중간점

Point 맞춤 표시가 필요한 이음선 위치는?

맞춰 박는 한쪽은 이음선이 있지만, 다른 한쪽에는 같은 위치에 맞추는 기준이 없는 경우 맞춤 표시가 필요하다.

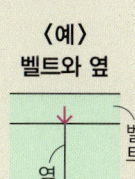

Point 맞춤 표시는 완성선과 직각

완성선에 직각으로 그려 넣는 것이 원칙. 모서리는 같은 각이 되게 한다. 완성선보다 바깥쪽으로 내는 치수는 시접 폭보다 조금 길게.

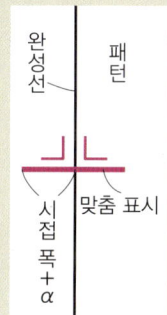

각 파트로 분리할 때 하는 맞춤 표시

앞뒤 중심, HL, 다트, 트임 끝, 줄이는 위치, 박음질 끝

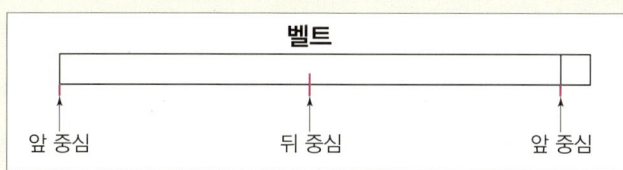

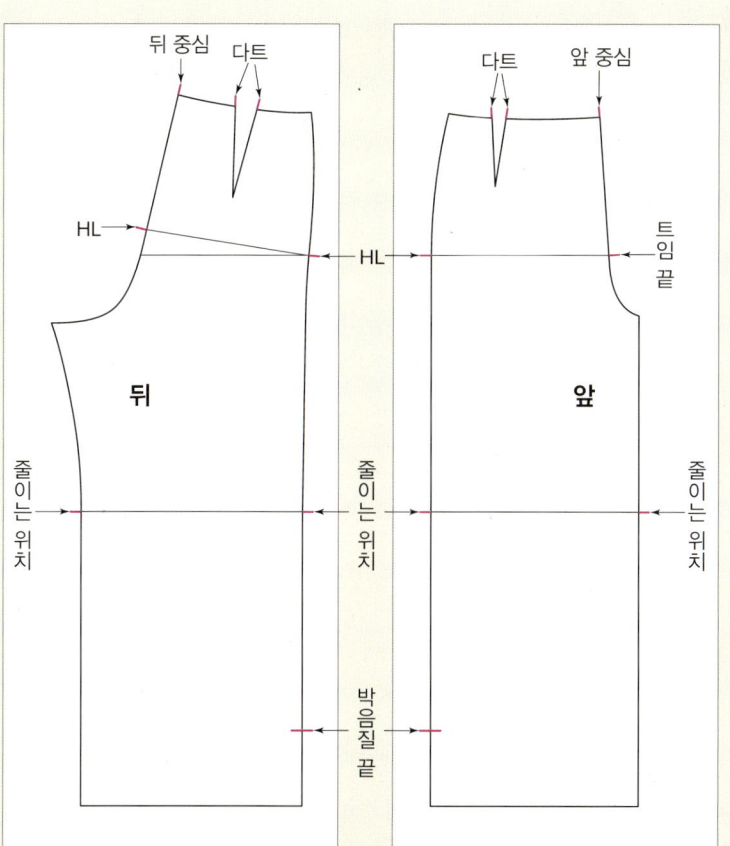

패턴 체크 시 하는 맞춤 표시

턱 위치

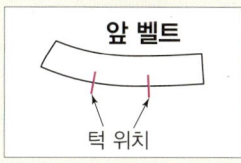

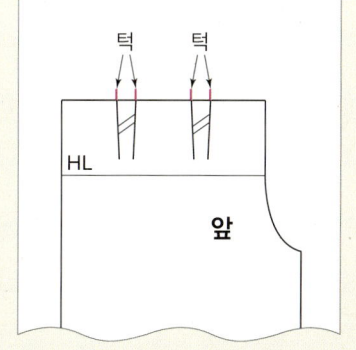

패턴 마무리 방법 패턴 체크

맞춰 박는 위치를 모두 맞추고, 선의 길이와 연결을 확인, 수정한다

정확하게 맞춰 박아서 깔끔하게 완성하기 위해 꼭 필요한 것이 패턴 체크. 패턴은 파트별로 다른 종이에 베껴서 여분을 많이 두고 자른다. 맞춰 박는 선끼리 겹쳐 각 포인트를 확인한다. 길이가 다르거나 선이 매끄럽지 않은 경우는 완만한 곡선(일부 직선인 경우도)으로 수정한다. 패턴이 정확해도 베끼거나 처리하는 과정에서 어긋날 수 있으므로 패턴 체크는 필수. 동시에 이 단계에서 해야 하는 맞춤 표시도 그려 넣는다.

패턴 체크의 대략적인 순서
① 허리선 ➡ ② 밑위길이선 ➡ ③ 밑단 ➡ ④ 벨트

허리선
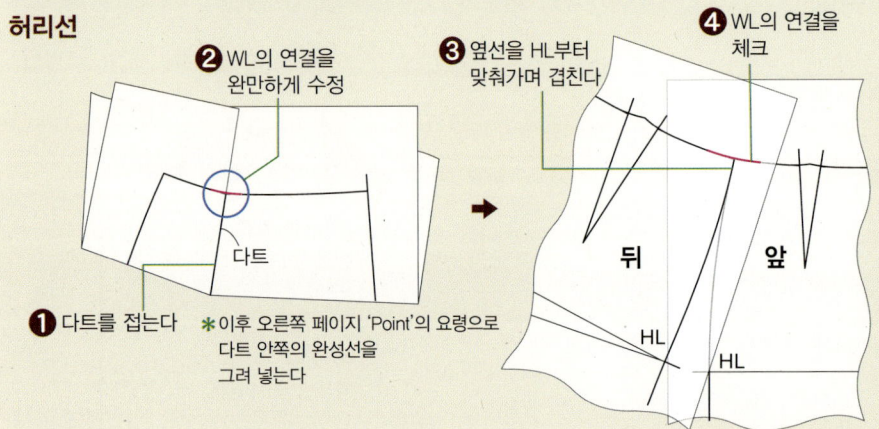

밑위길이선
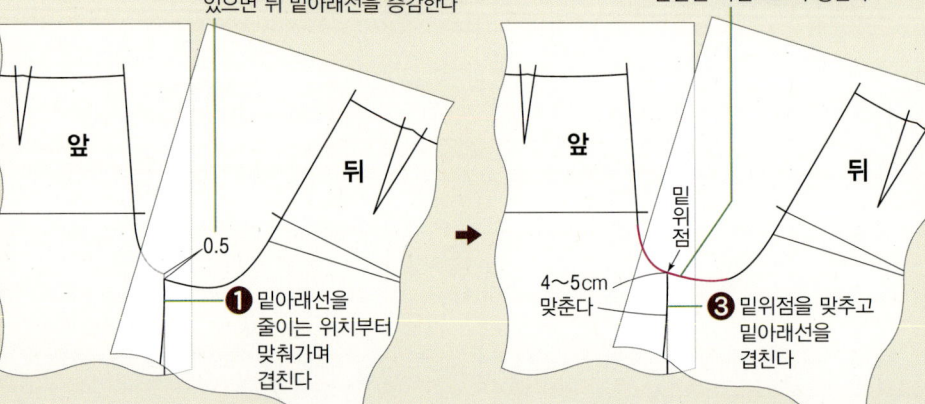

벨트 (앞트임의 경우)

Point 허리선의 곡선 그리는 법

완만한 곡선은 D커브자(P.8)를 사용하면 그리기 쉽다. 모양이 맞는 위치를 찾아 수정선을 그린다.

Point 허리선 체크 시 치수 확인

허리선의 연결을 체크해 수정한 다음 허리 치수가 맞는지 확인한다. 오차가 있는 경우는 앞뒤 중심에서 증감한다.

Point 선끼리 맞추는 법

샤프펜슬 등 끝이 뾰족한 것으로 이음선끼리 맞추고, 핀 포인트를 누르면서 위에 놓인 패턴을 조금씩 회전해간다. 곡선이 급할 때는 누르는 간격을 좁게 잡으면 치수를 정확히 맞출 수 있다. 이것이 힘든 경우 각각의 선을 재서 확인하는 방법도 OK.

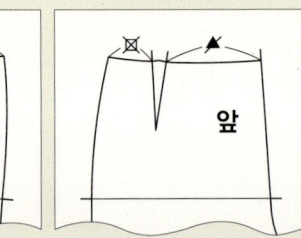

패턴 마무리 방법 시접 넣기

밑위길이선 이외는 평행. 위치에 따라 적당한 폭으로 시접을 넣는다

팬츠는 박는 위치가 어느 정도 정해져 있어 시접 넣기도 간단하다. 모눈자 등을 사용해 완성선에 평행으로 넣는 것이 기본. 맞춰 박는 선끼리 시접 폭을 같게 하는 것이 중요하다.
※ 여기서는 밑단을 접어 올릴 때 필요한 '접단'도 설명의 편의상 '시접'이라는 표현으로 통일해 해설한다.

1 밑위길이선 이외

완성선에 평행으로 시접을 넣고 모서리는 연장한 완성선에 직각으로 그린다

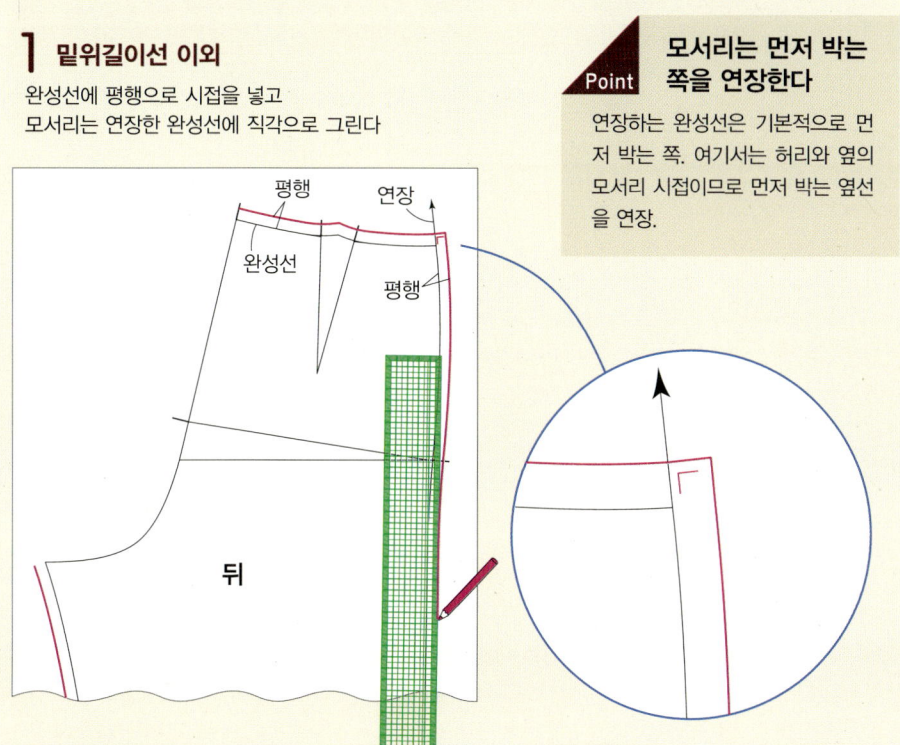

Point 모서리는 먼저 박는 쪽을 연장한다

연장하는 완성선은 기본적으로 먼저 박는 쪽. 여기서는 허리와 옆의 모서리 시접이므로 먼저 박는 옆선을 연장.

Point 다트나 턱 안쪽의 완성선

완성할 때 허리 시접이 부족한 것을 방지하기 위해 안쪽 선을 그려두자. 여기서는 룰렛을 사용하는 간단한 방법을 소개. 허리선을 확인, 수정한 후에 패턴을 접은 상태로 진행한다.

❶ 수정한 선을 룰렛으로 덧그린다

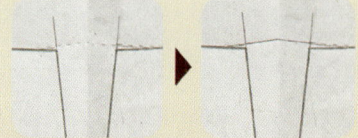

❷ 패턴을 펼쳐 룰렛 표시대로 선을 그린다

2 밑위길이선

앞은 완성선에 평행.
뒤는 HL 주변부터 위쪽을 완만하게 많이 넣는다. 이것은 강도나 허리 치수의 미세한 조정분을 고려하기 위해.
모서리는 **1 밑위길이선 이외**와 같다

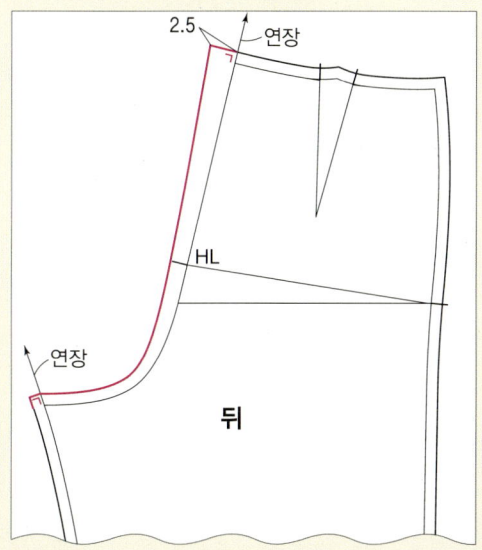

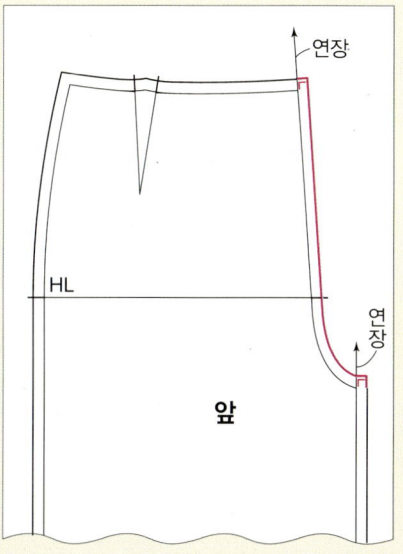

Point 시접 폭 기준

이 표를 참고로 결정한다. 사용하는 천이 잘 풀리는 경우는 이것보다 많게 한다. 스티치를 하는 경우는 스티치 폭에 따라 적당히 조정하자. 불안한 경우는 조금 많게 두고 나중에 자르면 OK.

부위·파트	시접 폭
벨트, 포켓의 주위, 벨트를 다는 허리	1
옆, 밑아래, 밑위길이, 이음선	1~1.5 *1
1번 접기 또는 2번 접기의 허리	3~5
1번 접기 또는 2번 접기의 밑단	1~5 *2

단위는 cm

*1 뒤는 HL에서 WL까지 완만하게 2.5cm로 넣는다
*2 곡선이 급한 경우는 1cm

SHIJO · PATTERN-JUKU Vol.3 PANTS-HEN
Supervised by Harumi Maruyama
Edited by BUNKA PUBLISHING BUREAU
Copyright ⓒ 2017 by EDUCATIONAL FOUNDATION BUNKA GAKUEN BUNKA PUBLISHING BUREAU
First published in Japan in 2017 by EDUCATIONAL FOUNDATION BUNKA GAKUEN BUNKA PUBLISHING BUREAU, Tokyo
Korean translation rights arranged with EDUCATIONAL FOUNDATION BUNKA GAKUEN BUNKA PUBLISHING BUREAU
through Japan Foreign-Rights Centre/ Shinwon Agency Co.

이 책의 한국어판 저작권은 신원에이전시를 통한
EDUCATIONAL FOUNDATION BUNKA GAKUEN BUNKA PUBLISHING BUREAU와의 독점 계약으로 도서출판 이아소에 있습니다.
저작권법에 의해 한국 내에서 보호받는 저작물이므로 무단 전재와 무단 복제를 금합니다.

감수 Harumi Maruyama(BUNKA FASHION COLLEGE)
일본어판 발행인 Sunao Onuma
편집인 Mikinori Kojima(BUNKA PUBLISHING BUREAU)
북 디자인 Kobitokaba Book
촬영 Norifumi Fukuda(BUNKA PUBLISHING BUREAU)
작품 제작 협력 Noriko Abe, Mika Gonoo, Atsuko Takahashi
DTP Bunka Photo Type
교열 Masako Mukai
정리 진행 Yasuko Obana, Hiroaki Hidaka(BUNKA PUBLISHING BUREAU)
편집 Hiroko Tanaka, Tomie Kobayashi, Megumi Matsuzaki, Rie Naito
　　(BUNKA PUBLISHING BUREAU)

패턴 학교 Vol.3 팬츠 편

초판 1쇄 발행 2018년 7월 7일
초판 5쇄 발행 2022년 6월 10일

감　수 마루야마 하루미
옮긴이 황선영
감　수 문수연
펴낸이 명혜정
펴낸곳 도서출판 이아소
디자인 황경성

등록번호 제311-2004-00014호
등록일자 2004년 4월 22일
주소 04002 서울시 마포구 월드컵북로5나길 18 1012호
전화 (02)337-0446　**팩스** (02)337-0402

책값은 뒤표지에 있습니다.
ISBN 979-11-87113-23-2 14590
ISBN 979-11-87113-01-0 (세트)

도서출판 이아소는 독자 여러분의 의견을 소중하게 생각합니다.
E-mail : iasobook@gmail.com

이 도서의 국립중앙도서관 출판예정도서목록(CIP)은 서지정보유통지원시스템 홈페이지(seoji.nl.go.kr)와
국가자료공동목록시스템(nl.go.kr/kolisnet)에서 이용하실 수 있습니다. (CIP제어번호 : CIP2018017938)